郑欣淼文集

故宫与故宫学初集

郑欣淼 著

北京出版集团
北京出版社

图书在版编目（CIP）数据

故宫与故宫学初集 ／ 郑欣淼著． — 北京：北京出版社，2023.5
　　（郑欣淼文集）
　　ISBN 978－7－200－17243－0

　Ⅰ．①故… Ⅱ．①郑… Ⅲ．①故宫—文集 Ⅳ.
①K928.74－53

中国版本图书馆 CIP 数据核字（2022）第 111556 号

郑欣淼文集
故宫与故宫学初集
GUGONG YU GUGONGXUE CHUJI

郑欣淼　著

*

北　京　出　版　集　团
北　京　出　版　社　出版

（北京北三环中路 6 号）
邮政编码：100120
网　　　址：www.bph.com.cn
北 京 出 版 集 团 总 发 行
新　华　书　店　经　销
北京雅昌艺术印刷有限公司印刷

*

170 毫米×240 毫米　　16 开本　　25 印张　　336 千字
2023 年 5 月第 1 版　　2023 年 5 月第 1 次印刷
ISBN 978－7－200－17243－0
定价：150.00 元
如有印装质量问题，由本社负责调换
质量监督电话：010－58572393
责任编辑电话：010－58572383

序言

　　故宫的价值与地位是客观存在，但对它的认识则是一个不断深化的过程。深刻地认识故宫，既是做好世界文化遗产故宫的保护与故宫博物院工作的前提，更是弘扬传承久远灿烂的中华文明的需要，因而也成为我多年来所着力进行的一项研究任务。

　　正是在这个持续的研讨中，正是在对故宫内涵努力发掘的基础上，我认识到故宫是一个博大精深的文化整体，逐渐形成并明确提出了"故宫学"这一学术概念，并对故宫学的研究范围、学科特点及故宫学的发展历程做了初步的探索与梳理。

　　收在这个集子中的21篇文章，就是我在以往6年中对故宫价值认识与故宫学探索的一个小结，一个阶段性成果。这些文章，其中10篇是在各个学术研讨会或报告会上的演讲，6篇是工作研究或专论，1篇是序言，另有4篇是记述或考证类文章。除了《探索故宫学的体会》为首次面世外，其余都曾在不同刊物上发表过，其中4篇被《新华文摘》转载。需要说明的是，故宫的文物藏品，以前公布的数量是94万件或近百万件，2005年把本应属于文物的古籍特藏、殿版书书版等列入文物总账，对外公布的藏品总数为150万件（套），由于文章发表时间不同，因此就出现了不同的说法。

这些文章约略分为三个部分：第一编10篇，为故宫与故宫博物院的概说；第二编7篇，为故宫学的探讨；第三编4篇，论述与故宫有关的人和事。或长或短，文体亦颇不类，但主旨则一，就是从不同方面述说故宫、研究故宫、认识故宫。又由于文体不一，有的有注释，有的则没有，现仍保留原貌，不求统一。

笔者近年来孜孜于故宫价值发掘与故宫学的探索，个中甘苦，"如鱼饮水，冷暖自知"。但囿于对故宫认识的程度以及学养，对故宫这座学问的大厦来说，仍难窥见其中奥妙。所谓"夫子之墙数仞，不得其门而入，不见宗庙之美，百官之富。得其门者或寡矣"。（《论语·子张》）这里借用子贡称颂孔子的话，把"夫子之墙"当作故宫学的围墙，我也只是在苦苦寻求进入墙内的门径罢了。现在不揣浅陋，把这些探索之作刊印出来，主要是抛砖引玉，期望有更多的人士关注并投入故宫学研究，期望故宫学研究有新的发展，取得更多的成果。

郑欣淼

2009年2月1日

目录

CONTENTS

第二编

第三编

故宫博物院是在明清两代皇宫和宫廷旧藏文物基础上建立起来的，以宫殿建筑群、古代艺术品及宫廷文化史迹为主要展示内容的大型国家级博物馆。

故宫博物院的创立，具有两方面的意义：其一是民主革命的又一胜利，是对复辟势力的一次致命打击；其二是我国文化艺术史上的一个伟大业绩。

关于故宫与故宫博物院

一　紫禁城的意蕴与故宫的修缮

"故宫"一词，是历史上后一个朝代对前一个王朝皇宫的称谓，比如明代人就把元大都宫殿称为故宫。北京明皇宫在明朝灭亡后，清朝继续使用，直到清朝灭亡后，才称故宫，作为明清两朝皇宫的时候称为紫禁城。中国古代星象学认为，紫微垣星座（核心是北极星）位于中天，是天帝所居，号称天子的皇帝居住的皇宫位于皇城的中心地区，而且禁卫森严，因此便称为紫禁城。

明朝永乐四年（1406），皇帝朱棣下诏将北平升为北京，开始在元大都基础上，仿照南京和安徽凤阳明皇宫营建新的宫殿。1420年，即永乐十八年，紫禁城建成。它的营造，举全国之人力物力，汇天下之能工巧匠。建材来自四面八方：四川（上好的楠木）、贵州、江西、湖广的木材，山东临清产的用作殿基的澄浆砖，苏州特产的殿内铺用的金砖，北京琉璃厂、门头沟的琉璃瓦，陶然亭一带的黑瓦，房山、顺义以及河北曲阳的石头，山西的石灰，河北宣化的包金土，苏州的金箔，等等。当时参加营建的各工种技师，有人估计为10万人，辅助工约为100万人。参与营建、规划的有陈珪、薛禄等人，但在总体规划设计方面，贡献最大的是蔡信。著名的匠师有瓦工杨青，石工陆祥，木工蒯祥，彩绘工王顺、胡良等人。这都是见于记载的哲工良匠。精美雄伟的整体设计布局，近万间宫殿房屋，经过10年的筹备，仅用了3年多就拔地而起，不能不说是中国古建筑史上的一个奇迹。

紫禁城占地72万平方米，现在保留的建筑面积为16.7万平方米，是世界上现存规模最大、保存最完整的古代宫殿建筑群。与世界著名宫殿相比，法国卢浮宫的建筑面积不到故宫的1/4；俄国圣彼得堡的冬宫相当于故宫的1/9；莫斯科的克里姆林宫，号称欧洲最大宫城，面积不足故宫的一半；英国白金汉宫的建筑面积相当于故宫的1/10；日本东京皇宫的全部面积（包括御苑部分）也不及故宫的1/3。这是单士元先生提供的一组对比数字。紫禁城以其规模宏大的建筑以及丰富独特的历史文化价值，1961年被国务院公布为第一批全国重点文物保护单位，1987年被联合国教科文组织列入《世界遗产名录》。

紫禁城是供皇帝使用的，因此不是一般的建筑物，其中蕴含着深刻的政治、文化意义。从政治上讲，它是中国古代中央集权和国家统一的重要象征，体现了"皇权至上"的伦理思想；从建筑上讲，它作为我国古代宫殿建筑发展的集大成者，在建筑技术和建筑艺术上代表了中国古代官式建筑的最高水平；从规划设计上讲，它基本上是附会封建宗法礼制的，继承了传统的宫城、内城、外城的三重城制度，居都城中央，"前朝后寝""左祖右社""五门三朝"，体现了儒家的理想和封建礼制；另外，其建筑布局反映了我国传统哲学思想（如天人合一）和美学思想（如壮丽重威、平衡对称）。

传统的五行学说在紫禁城建筑中也得到运用。有人研究发现，五行学说中的五色与宫殿建筑色彩就有密切的关系。黄色与处于中央部位的土对应，故以金黄色象征富贵，皇帝服饰、宫殿瓦顶用黄色。赤色象征喜庆，宫墙等则采用红色。清代乾隆年间营建的南三所，是幼年皇子们的宫室。由于幼年属于五行中的"木"，生化过程属于"生"，方位在东方，对应五色中的青（即绿或蓝色，为草木萌芽之色），所以用绿色瓦顶。而太后、太妃的生化过程属于"收"，属于"金"，方位在西，所以太后、太妃居住的寿安宫、寿康宫、慈宁宫都布置在西部。阴阳学说也有生动体现。如在外朝和内廷两大部分中，外朝属阳，内廷为阴。外朝的主殿布局采用奇数，如三大殿；内廷宫殿多用偶数，如"两宫"（乾清、坤宁两宫，交泰殿为以后增建）、"六宫"（东西六宫）都是偶数。以上充分说明，紫禁城是中国传统文化的重要载体。

紫禁城曾进行过多次维修、重建、改建：

1. 重建。由于缺乏避雷装置和有效的消防设备，宫殿常因雷击发生火灾，特别是太和、中和、保和三大殿，永乐十八年（1420）建成后，不到9个月便被一场雷火烧光，20年以后才再建完成；嘉靖时三殿又遭火灾，延烧奉天门、左右顺门、午门外左右廊，从嘉靖三十六年（1557）起用5年时间复建完成；万历二十五年（1597）烧毁后用30年时间始再建完成；清康熙十八年（1679）太和殿被烧，19年后再建完成。大家现在看到的三大殿，太和殿为清康熙年间重建，中和、保和二殿为明万历年间重建。

2. 改扩建。明代较大的扩建工程发生在嘉靖年间；清乾隆年间因修宁寿宫、建福宫而拆改了东西两部的不少建筑；民国初年办古物陈列所，增建宝蕴楼，对武英殿、文华殿等内部做了一些改造。总的来看，紫禁城仍保持了始建时的基本格局并遗存了许多不同时代的建筑物。

3. 保养维修。这是一项日常性的重要工作，向有"3年一小修，5年一大修"的说法。清乾隆时每年岁修费为2万—3万两白银。清末至民国初年，许多建筑坍塌倒闭，院落破败不堪。1925年，故宫博物院成立后，虽对部分殿堂有所修缮，但由于当时经费大都来自国内外社会团体或个人捐赠，大规模的维修难以展开。新中国成立以来，每年都有维修项目，20世纪50—70年代，每年的维修费在100万—200万元，80年代为每年400万元，90年代则增至800万元，2001年跃升至1200万元。当然这些维修费并不算多，但我们可以看到，随着国家经济的发展，故宫的维修费用呈逐步增加的趋势。

2002年，故宫开始了大规模的维修工程，这已引起海内外的关注。这次维修有如下特点：

1. 这是在对故宫重要地位和价值充分认识基础上的新决策。过去我们也重视故宫古建筑，但对它本身的巨大价值认识还是不够的。对故宫来说，这些古建筑不只是个"壳"，不只是个场所，它与故宫的珍贵藏品一起，成为中华传统文化的一个载体与中华文明成就的一个标志。这个建筑群的价值，除古建筑方面外，由于它是明清的政治中心，是皇权的标志，更具有突出的历史价值和文化价值。因此，国务院领导强调，故宫维修是国家的大事。

2. 这是对故宫按照世界遗产保护要求，依据我国《文物保护法》而进行全面维修的重大举措。此次维修，本着不改变文物原状的原则，在保持其历史真实性和完整性的前提下，采取维修保养、环境整治、消除安全隐患等措施，旨在使故宫祛病延年、健康长寿。根据由国家文物局核定的维修方案，故宫博物院正在制定《世界文化遗产故宫保护规划》。整个工程将延续19年，每年平均投入1亿元。到2005年故宫博物院建院80周年时，基本完成中轴线上古建筑的维修保护任务；到2008年北京奥运会前夕，全面完成故宫重点古建筑的维修保护任务，开放面积由现在的43万平方米扩大到57万平方米；到2020年故宫建成600周年时，全面完成古建筑的内外环境整治和整体保护工作，使其常规维修全面进入良性循环。这是故宫百年来规模最大、持续时间最长、投入经费最多的一项维修工程。

3. 这是以恢复故宫康乾盛世风貌为目标的大手笔。故宫维修，坚持不改变古建筑原状的原则。具有580多年历史的故宫古建筑，维修以什么时代的原状为准？多数人认为，应以康乾盛世为准。虽然对康乾盛世的认识还有争论，但无可争辩的是，它是中国封建社会晚期国力强盛的时代，故宫当时维修、重建的一些档案、图纸也有保存。当然对此不能机械地理解为把建筑物都修成康乾时代的样式。我们认为，恢复到当时的风貌，是就建筑群的整体气概而言，通过重现昔日皇宫恢宏气象，使之成为生动反映中国历史上国力强盛时代的重要载体；通过高水平的管理和现代科技手段的运用，实现有效保护与合理运用，以故宫为典范展现我国今天国力不断强盛以及作为世界文化遗产保护强国的形象；在具体工作中，精心组织，精工实料，精益求精，再现故宫辉煌时期的工艺技术水平。这是个鼓舞人心的目标，当然任务也是非常艰巨的。

2002年10月，武英殿试点工程的开工，拉开了故宫百年大修的序幕。一年来，故宫博物院成立了领导小组，组建了专家咨询委员会，调整了工作机构，调整和建立了规章制度，解决了古建方面的遗留问题，在一些部门进行了试点改革，组织资料信息中心等部门密切配合，落实有关基础设施等前期工作的调查研究项目，对所需建材实行统一采购定制，并按国家要求对工程实行招投标。同时努力做好海外捐助的建福宫花园复建工程、倦勤斋内装修工程等。由于"非典"，工程进度受到一定影响，但总的来看进展还比较顺利。当然也有不少困难，我们决心努力克服困难，完成国家交给的这个光荣的任务。

二 故宫博物院创立初期的艰难与在新中国的重大发展

故宫博物院是在明清两代皇宫和宫廷旧藏文物基础上建立起来的，以宫殿建筑群、古代艺术品及宫廷文化史迹为主要展示内容的大型国家级博物馆。

在世界范围内，大多数皇宫经过近代革命都很快变为博物馆，帝王收藏则变为国家博物馆收藏。例如，1789年法国大革命爆发，1791年新政权就做出把没收的王室藏品集中于卢浮宫的决定，1793年卢浮宫作为国立美术馆正式开放；1918年，即俄国十月革命后的第二年，政府就把属于皇宫的艺术珍品收归国有，成立了包括冬宫在内的国立艾尔米塔什博物馆。清宫收藏承袭宋、元、明三朝宫廷旧藏，再加上清朝的大力搜集，文物尤为丰盛。1911年，清政府被推翻，故宫博物院并没有马上成立，直至14年后才成立故宫博物院，这个过程颇为曲折。

故宫大致分"前朝"与"后廷"两部分。辛亥革命后，根据《清室优待条件》，逊帝溥仪占据后廷，仍然称孤道寡。前朝收归民国政府。1914年，古物陈列所在武英殿成立，收藏和展出的宫廷文物主要是从沈阳故宫和承德避暑山庄运来的20多万件文物，应该说这是我国近代第一座国立博物馆。1924年11月5日，爱国将领冯玉祥驱赶溥仪出宫，临时政府组织成立"清室善后委员会"，李煜瀛（石曾）任委员长，政府方面聘任的委员多为国民党人士和倾向民主的北洋政府官员，负责清点清宫物品，开始筹组图书、博物馆的工作。但仅过了二十来天，张作霖进京，冯玉祥被排挤，段祺瑞上台。清室遗老与王公大臣乘机百般破坏，反对清点，企图让溥仪回宫，段祺瑞临时政府也多方阻挠，善后委员会对此坚决抵制，坚持进行清点。在清点中，发现了宫中文物大量流失的账单，特别是清室遗臣、保皇派头子与溥仪相互串通、企图复辟的信件。善后委员会认为，这些信件是图谋复辟的罪证，事关国家共和政体的安危，当即抄录并致函京师地方检察厅（后转京师高等检察厅），请其对有关人员分别提出公诉，但在段祺瑞政府的庇护下未能实现。鉴于当时形势紧迫，善后委员会认为应迅速成立博物院，使清宫善后之事成为公开局面，才能杜绝清室方面的复辟妄想。根据图书、博物馆筹备会完成的情况，善后委员会于1925年9月召开会议，果断地决定在后廷部分成立故宫博物院，10月10日隆重举行了成立典礼，并通电段祺瑞政府及全国，通报了故宫博物院的成立情况。故宫首次开放，观者如堵，盛况空前。在新开辟的文献陈列室，金梁、康有为等密谋复辟的条陈、函件也作为展品公之于世。根据1925—1930年出版的《故宫物品点查报告》，当时故宫博物院共有明清宫廷遗留文物117万件，据此，故宫博物院应是当时世界上藏品最多的博物馆之一。故宫博物院的成立，是民主革命的又一胜利，是对封建复辟势力的致命打击，也是我国文化艺术史上的一个伟大业绩。

但在当时，由于北洋军阀的内战，加上经费方面的困难，故宫博物院的发展举步维艰。1926年3月19日，段祺瑞临时政府忽然以无端的"罪名"通缉筹建故宫博物院的组织者李煜瀛、易培基，二人潜离京师，故宫博物院顿失首领，从此至1928年6月的两年多时间，故宫博物院处于异常艰难困苦的时期，经历了所谓的"维持时期""保管委员会""维持会""管理委员会"4次改组。为了避免段祺瑞政府插手故宫事务，故宫博物院宁可向银行贷款并靠门票收入惨淡经营，也不向段政府要求拨款。1928年，北伐胜利，国民政府接收了故宫博物院，但国府委员经亨颐却提出"废除故宫博物院，分别拍卖或移置故宫一切物品"的荒唐议案，并函请中央政治会议再行复议有关故宫博物院的决定及相关法令。后经多方力争，才否决了经亨颐的议案。1928年10月，《故宫博物院组织法》与《故宫博物院理事会条例》先后公布，明确故宫博物院"直隶于国民政府，掌理故宫及所属各处之建筑古物图书档案之保管开放及传布事宜"；确定了院内各部门的业务职责，基本上适应了博物馆的性质与工作规律。由政府任命的第一届理事会共30多名理事，包括当时全国政界、军界、财界、宗教界、文化界的众多著名人士，如蒋介石、汪精卫、张学良、阎锡山、于右任、宋子文、九世班禅、蔡元培、李煜瀛、易培基、马衡、陈垣、沈兼士等。至此，故宫博物院有了理论依据以及法律保障，加上一个在特殊历史条件下产生的强大的理事会，又有一大批优秀学者为骨干，故而很快迎来了发展的黄金时代，在陈列展览与开放参观、文物整理保护与传拓刊印以及古建筑管理维修与道路工程方面，都取得了重大成果。

值得一提的是，1930年10月，故宫博物院院长易培基向国民政府行政院提出"完整故宫保管计划"，并以理事蒋中正领衔呈送国民政府。此议案建议将古物陈列所与故宫博物院合并，将天安门以北各宫殿直至景山、太庙、皇史宬、堂子、大高玄殿并入故宫。这项议案虽当即得到行政院批准，但直到1948年初议案提出的建议才得以实现。

好景不长，1931年"九一八"事变爆发，日本侵略者的铁蹄蹂躏着我国东北三省，平津震动，华北告急。为了保护中华民族的珍贵文化遗产，故宫博物院将院藏文物精品装箱南迁。古物集中装箱的以书画、铜器、瓷器、玉器为主，象牙雕刻等工艺类文物也不少；图书方面，可以说宫中所存值得运走的全部装了箱；文献方面，主要有档案、册宝、舆图、图像、乐器、服饰等。数十万件文物，装了13491箱又64包。先存上海，后转运南京朝天宫新库房储放。抗日战争全面爆发后，这批文物又先后分三批避敌西迁，水陆辗转，最后集中存放在四川的巴县、乐山、峨眉。

努力保护体现本民族、本国家文化精粹的文物，是第二次世界大战中所有被侵略国家都十分重视的一项任务。在美国人L.H.尼古拉斯所写的《欧洲的掠夺——西方艺术品二战蒙难记》一书中，我们可以看到纳粹德国对欧洲文物的劫掠以及各国千方百计保护的苦心与艰辛。在日本偷袭珍珠港后，连美国也紧急动员，进行艺术品及档案资料的收藏搬家。但比较起来，中国文物保护的持久与艰苦，则是绝无仅有的。这批文物从1937年11月开始西迁入川，到1947年6月全部东归南京，在后方整整过了10年。这10年间，文物没有大的损失，可以说，中国文物人创造了第二次世界大战中人类文化遗产保护的奇迹。

故宫博物院得到稳定、重大发展是在新中国成立以后。党和政府十分重视故宫的发展，加大了对故宫的维修、环境治理与重要工程建设的投入力度。新中国成立后，故宫除了经常性的维修外，还有三大工程值得一提：一是20世纪50年代初清理宫内垃圾瓦砾，而后即组织古建维修队伍，制定着重保养、重点修缮的规划，并着手逐步实施。二是20世纪八九十年代修建2万平方米的地下库房。三是20世纪末投资6亿元、耗时3年的护城河治理工程。

新中国成立之初，故宫博物院的清宫旧藏文物只有71万件（套），后来通过购买珍品、接受捐赠、国家调拨等方式，陆续增加了24万余件文物。例如，1951年，国家百废待兴，全国财政收入才130多亿元人民币，但仍不惜重金，用48万港币从香港购回著名的"三希"中的"二希"：王献之的《中秋帖》和王珣的《伯远帖》。政府还拨交了包括《清明上河图》在内的一批珍贵文物。这些文物中有不少原本就属清宫旧藏，最近故宫筹巨资购藏的隋人书《出师颂》亦属此类。另外，在更新陈列展览、重视专业队伍建设方面，故宫博物院也有了新的发展。

故宫博物院现有文物100万件（套），占全国文物系统博物馆藏品总量的1/10；其中一级文物8272件（套），占全国文物系统馆藏一级文物总数的1/6。故宫博物院作为保护和展示人类重要文化遗产、弘扬中华文明的重要窗口，全年365天开放，开放面积43万平方米，占全院总面积的55%。近5年每年接待观众500万—700万人次（其中境外观众约占1/6），名列世界博物馆前茅。近年来每年接待重要国宾40人次以上。

在故宫博物院78年的历程中，先后共有6位负责人：创立初期设临时董事会和临时理事会，李煜瀛主持院务，但不到半年，就被逼离开故宫；第二任易培基院长（1929—1933年在任），他是首任院长，为教育学家；第三任马衡院长（1934—1952年在任），为金石学家，中国近代考古学与博物馆事业的开拓人；第四任吴仲超院长（1954—1984年在任），为出色的文物管理专家；第五任张忠培院长（1987—1991年在任），为著名考古学家；第六任即现任郑欣淼院长（2002年上任）。

三 向世界一流大型博物馆迈进的目标与当前的主要工作

故宫博物院是世界上极少数同时具备艺术博物馆、建筑博物馆、历史博物馆、宫廷文化博物馆等特色且符合国际公认的"原址保护""原状陈列"基本原则的博物馆和文化遗产，是一座博大精深的中国历史文化宝库。不论在人类文明发展史上，还是在中国当代社会主义文化建设中，故宫博物院都有不可替代的重要作用。

故宫的目标是建成国内领先、世界一流的现代化博物馆。但是，从目前的情况来看，差距仍然不小，要做的工作很多。故宫正围绕这一目标，从实际状况出发，制定发展的总体规划。总的来说，就是加强基础工作，提高综合管理水平，重现故宫在康乾盛世时的风貌，重铸故宫博物院当年人才济济、成果斐然的盛况。当前的重点工作有以下几方面：

1. 加大对"世界文化遗产"故宫的保护力度。按照我国新修订的《文物保护法》及《保护世界文化和自然遗产公约》等的要求，深化对故宫价值和内涵的认识，除了按规划搞好维修外，还要从三个方面加大全面保护、抢救故宫文物的力度。第一，扎扎实实做好基础管理工作。建立健全古建完整档案。做好100万件（套）院藏文物的账物核对，首先完成地库60万件（套）文物的账物核对。加大文物科技保护投入力度，提升文保科技含量。第二，紧急抢救、保护、整理、研究以前未引起足够重视、尚未列入文物系列，但具有重大价值的数十万件文献资料与实物。做好这一抢救性工作，故宫院藏文物将会增加数十万件（套）。第三，重视保护无形文化遗产，即非物质文化遗产，自觉承担起无形文化遗产传承职责，包括古代官式建筑技术、艺术的传承，文物保护技艺的传承等。这次对古建维修全过程进行跟踪影像记录，即为此目的。另外，要继续推进广泛的开放合作，充分发挥故宫品牌形象优势，动员吸引全社会参与文化遗产保护事业，扩大"故宫文化"在世界范围内的影响。正在合作的项目有：与中国香港地区合作的建福宫花园复建项目，与美国合作的倦勤斋内装修复原项目，与意大利合作的太和殿保护项目，与日本合作的文化资产数字化应用研究所建设项目，以及与中央电视台合拍100集大型电视专题片《故宫》等。

2. 全面发挥不可移动文物（古建筑）与可移动文物（藏品）的作用，努力提高为人民服务、为社会各界服务的能力和水平。在大修中，统筹规划，做好宫廷原状陈列和展览空间的设置。加大相对固定的陈列和专题展览的软硬件投入力度，加强内容和形式的设计策划，提高制作工艺水平，为观众提供展览精品。改善、提高说明及讲解服务水平，加大宣传力度。故宫要在为社会服务上下功夫：举办学术讲座，满足不同层次的文化需求；为兄弟馆、地方馆提供服务；办好出国展览；为社会提供研究、鉴定等特色服务；为国家编纂清史做好服务工作；大力开发富有故宫特色的文化商品，多层面多渠道传播故宫文化；等等。

3. 加强科研规划，提高科研水平，加快人才培养步伐。科研水平决定着故宫博物院的工作水平、学术地位和长远发展。故宫博物院80年历程中涌现出李煜瀛、易培基、马衡、陈万里、陈垣、唐兰、孙瀛洲、罗福颐、单士元、王璞子、冯先铭、刘九庵、朱家溍等一批大家，在世的有徐邦达、于倬云、耿宝昌等大家，他们为故宫博物院的发展做出了重大贡献，在学术界产生了重要影响。但目前科研整体水平与故宫的价值地位、发展要求很不相称，尤其是古建保护、文物修复人才后继乏人，管理、科技保护、跨学科研究、外语、陈列设计、出版宣传、现代信息、文化产业等方面人才缺乏。我们必须从故宫长远发展的高度认识提高科研水平的重要性。要清楚认识故宫的科研特点，制订整体的科研规划。关键要在理念上、机制上取得突破性进展。要根据故宫的特点和优势，鲜明地提出建立"故宫学"的学科目标，规划"故宫学"学科框架，紧密结合具体业务工作，在1—3年内，建立古陶瓷研究中心、古书画研究中心、古建筑研究修缮中心、明清宫廷文化研究中心等。实施学术带头人科研项目制管理。确定院、部处、个人不同层次的研究课题。以中心为科研平台，与国内外高等院校科研机构联合，吸纳院外研究力量，通过具体项目出成果出人才。实现人力资源的整合与优势互补。与名校联合办学，培养人才，并继续完善师承制。

4. 稳步推进信息化建设。故宫信息化建设的总体目标，是用最现代的技术手段实现最古老优秀文化的最大社会化，逐步建成"数字故宫"，全面提高故宫的综合管理、科学研究、社会服务水平，使故宫对古建和文物的保护更加有效，对古建和文物的利用更加合理。近年来，故宫在基本平台建设、核心数据库建设、数字化加工利用、网站建设等方面打下了较为坚实的基础。目前，配合故宫古建大修工程，古建信息库系统完善和数据采集工作正加紧进行，文档数据库开始前期调研工作。文物管理系统完成了5万余件文物数据的采集核对并新增影像信息9000余条。故宫网站日访问量超过30万次，目前正在不断增容，准备增加英、日语版内容。网站文字和图像信息总量已达国内领先水平。为对大修工程等实行全程追踪摄像记录，故宫博物院组建了视频采集加工科并已开展工作。与日本凸版印刷公司合作组建了故宫文化资产数字化应用研究所，这是我国文博界第一个中外合作的实体。

5. 发挥故宫在两岸关系中的特殊作用。大家知道，台北也有个故宫博物院。之所以冠以"故宫"的名字，是因为其藏品主要来自北京故宫。蒋介石逃离大陆时，挑选故宫南迁文物2972箱运往台湾，这些文物虽只占南迁文物的22%，但颇多精品，其中器物4.6万余件、书画5500余件、文献典籍54.5万余册（件），共59万余件；另有1933年在南京成立的中央博物院筹备处的1.1万件，共计60.8万余件。1965年，台北故宫博物院在台北近郊外双溪建立，蒋复璁任院长，17年后由秦孝仪接任，又过了17年，即2000年，由杜正胜继任。杜正胜标榜"以去政治化、回归艺术文化本质经营故宫博物院，揭橥本土、中华与世界兼具的多元文化观，注重美的普世性"。1987年，台北故宫博物院正式成为行政院部会级的一级机关。北京、台北两个博物院的同时存在，引起国际社会与两岸同胞的关注。但是，故宫只有一个。基于台北故宫博物院在台湾地区所具有的特殊地位，基于虽有两个故宫博物院但故宫只有一个的中华民族文化认同感，以及两个博物院收藏的文物都是中华民族的文化遗产的事实，北京故宫一直重视两岸两院的文化学术交流。台湾方面也十分关注北京故宫在古建修缮、展览宣传、学术研究、信息化建设等方面的发展。除了相互交流，事实上还存在着看谁做得好的隐性竞争。值得关注的是，台湾当局也利用故宫文物在国际上推行文化台独。北京故宫深感责任重大，要努力把做好自身工作置于祖国统一大业的大局中，发挥故宫在两岸关系中的特殊作用，推动两岸文化交流，促进祖国统一。2005年是故宫博物院成立80周年，北京故宫将举办隆重的系列庆祝活动，主题为"保护世界遗产，弘扬中华文化"。据悉，台北故宫博物院也将举办庆祝活动。北京故宫争取于院庆之际，与台北故宫博物院联合举办展览，以增强中华文化的感召力。

（本文为2003年10月22日在部级领导干部历史文化讲座上的讲演稿，原载《部级领导干部历史文化讲座·2003》，北京图书馆出版社，2004年）

故宫的价值与故宫博物院的内涵

　　在故宫博物院建院80周年即将来临之际，故宫人正围绕着本院总体发展规划，回眸不平凡的历程，对博物院应有的内涵进行着广泛的思考和热烈的讨论。

　　故宫博物院是什么？1928年的《故宫博物院组织法》是这样规定的："中华民国故宫博物院直隶于国民政府，掌理故宫及所属各处之建筑、古物、图书、档案之保管开放及传布事宜。"旋因战争原因，故宫所藏古物南迁，辗转十数年，保护文物成为第一要务。新中国成立后，故宫博物院步入正轨，稳步发展。按1993年出版的《中国大百科全书·文物博物馆卷》的释文，故宫博物院"是中国最大的古代文化艺术博物馆"。这颇有代表性的定义，反映了它在较长时期的发展方向和工作重点。

　　故宫与故宫博物院密切相关，对故宫价值认识的程度影响着对故宫博物院内涵的理解与功能的定位。故宫人经过长期的实践与探索，不断深化对故宫价值的认识，使得故宫博物院的内涵更为丰富，功能发挥更充分，对故宫博物院定义的表述也更为全面。这主要表现在四个方面：对文物认识的深化、对古建筑的高度重视、对宫廷历史文化的挖掘、对无形文化遗产传承的自觉。

一　对文物认识的深化

众所周知，故宫的"宝物"多，它的百万件（套）藏品占全国文物系统馆藏总量的1/10，其中一级文物占全国文物系统馆藏一级文物的1/6，而且品类齐全、体系完备，这是故宫博物院的一大特色。这些文物绝大多数是明清两代的皇家收藏，它们是中国历代艺术品的珍粹，是中国传统文化载体的精华，是中华民族的瑰宝，需要我们不断地、认真地、深入地进行研究。

应该看到，故宫还有为数不少的明清宫廷遗物长期不被作为文物对待，而仅仅列为资料，其原因主要是这些遗物缺乏艺术性、不完整、大量重复、时代晚近、材质普通。例如，2万余幅帝后书画，4000余件戏衣、盔头，大量的武英殿殿本书版，以及数量不小的未曾流通的清代各朝的货币，等等。

把上述物品全当作"非文物"，故宫人逐渐认识到这种做法是不对的。这就牵涉到对什么是"文物"，以及故宫博物院到底要收藏什么的认识。"文物"一词，古已有之，含义颇多，其中一个重要内容即指历代相传的文献古物。它与"古物""古董""古玩"的概念一脉相承，且深入人心，均指年代久远并有价值的器物。虽然在1982年的《文物保护法》中以法律形式把"文物"的定义固定了下来，并赋予了新的含义，即文物包括可移动文物、不可移动文物的一切有形历史文化遗存，在时限上不只古代，也包括近现代以及当代。但是根深蒂固的"古董"意识仍不时顽强地表现出来，"文物"本来的含义也因过去形成的思维惯性常常影响着人们的认识。现在不少人还把考古发掘当作"挖宝"来看待，就是这种意识的反映。

价值是人类评判事物的一种尺度。而文物价值的评判则主要在于它自身所蕴含的积淀于其中的历史文化信息。文物的价值是其本身所固有的，是客观存在的，也是多方面的，但能否对它有全面的评价，则与人们受一定社会历史条件制约的认识水平有关。我们说文物具有历史的、艺术的和科学的价值，这无疑是正确的。但对这些价值的理解也要随着人们认识的提高而有所发展。从原来的"文物"含义到现在的"一切历史文化遗存"，就说明人们对文物的社会文化价值越来越重视。从文化遗产的视角去看待故宫里的宫廷遗存，并挖掘、突出它的社会文化价值，这些不起眼的物件就会有独特的历史文化内涵。宫廷遗存中有的重复品多，一般来说，文物的存量与价值成反比，某类文物的存量越少，每件文物的价值就会相对越高。但是，这个"多"，是就皇宫而言，从全国来说，则是相当少的。例如，当时有大量八旗盔甲，现在保存很少，人们以为保存大量的重复品对个体的认知并无意义。今天看来，正是有大量的重复品，才能体现出八旗军的军威和气势。

受对文物认识的局限性的影响，当时还把不少与文物联系在一起或者本身就是文物一部分的物品剔除在外。例如，作为支撑、包装、稳固文物的各种质地（紫檀、雕漆、玻璃等）的附件，如匣、盘、座、托等，这些东西极其精美，不少也是难得的工艺品，但因为不是文物本体，便被排除在外，长期堆放在一间大屋子里。1999年，故宫博物院以这些物品为对象，办了个"宫廷包装艺术展"，引起轰动，其中不少展品不仅被评为全国陈列精品，还赴国外展出，深受人们欢迎。故宫有20余万册古籍特藏，包括皇帝写经、满蒙藏文本典籍、清抄本、不乏孤本的方志等，人们虽早已认识到它们的价值，并进行了重点保护，但受传统文物观念的影响，对外公布的藏品并不包括这些典籍。故宫的藏品，至少在120万件以上。

故宫对文物价值的认识，应该说是当时中国整个文物博物馆界认识的反映。这也不能苛求前人。对文物价值的全面认识需要一个过程，既与我国社会的发展、文物保护的实践相关联，又与国际上不断进步的文物保护观念的影响分不开。文物不应仅是经济价值大的或者稀有的宝物，而应是一切反映人类历史文化的遗存。同样，博物馆也不只是"藏珍"之所，而是要收藏"人类和人类环境的见证物"，在收集、保护、研究、传播和展览上下功夫，"为社会和社会发展服务"。在不断提高认识的基础上，故宫人从20世纪80年代后期以来，对所留存的"非文物"和资料进行着认真的清理，原已注销的一些文物又收库保存，有一些正在整理，有的等待登记。这方面的任务很重，例如2万余件帝后书画，10年前就开始整理，至今工作未完成。放在古建部资料库房内的屏风、隔扇等，要找到原来所在的宫殿与摆放位置，还要费很大力气。但是，大家有信心全面清查，逐件登记，摸清家底。

二 对古建筑的高度重视

由于战争与历史的原因，故宫博物院的藏品曾长期南迁，与故宫分离，1965年台北也成立了故宫博物院，收藏着南迁文物中1/4的原清宫旧藏文物。国宝虽分两地，但故宫只有一个。故宫本身就是最重要的文物，是首批公布的全国重点文物保护单位，并被列入《世界遗产名录》。

故宫占地72万平方米，建筑面积达16.7万平方米，是世界上现存规模最大、保存最完整的皇宫建筑群。作为古代宫城建筑制度的标本，故宫基本上是附会封建宗法礼制来布局的。故宫继承了传统的宫城、内城、外城的三重城制度，居都城中央，前朝后市，左祖（太庙）右社（社稷坛），体现了儒家的理想和封建礼制。高低参差的外朝、内廷和穿插其中的一些服务性建筑，规模宏大又秩序井然。贯穿宫城的中轴线上的建筑精华，更成为反映中国古建筑布局特点最杰出最宏大的实例。红墙、黄瓦和白色台基构成了皇宫的基调，用大量彩画做点缀，使皇宫既有庄严的气势，又有丰富的色彩。

不能说我们对故宫古建筑不重视。新中国成立前，故宫坍塌严重，破败不堪。从1952年开始，故宫人仅用数年时间即清理出大量垃圾、瓦砾。清除垃圾后，即组织古建维修队伍，制定着重保养、重点修缮的全面规划，并着手逐步实施。清乾隆年间，紫禁城每年岁修经费为两三万两白银。新中国成立以来，每年都有维修项目。20世纪50—70年代，每年的维修费用为100万元—200万元人民币，80年代为每年400万元，90年代则增加到800万元，2001年跃升为1200万元。当然这些维修费并不算多，但随着国家经济的发展呈逐步增加的趋势。

在列入《世界遗产名录》以后，全社会对故宫古建筑更加重视。从国际上看，保护人类遗产的呼声日高，对遗产保护的研究也日益深入；在我国，对历史文化名城的保护得到社会强烈关注，一些地方乱拆古建筑的做法受到严厉抨击，保护古建筑的自觉性普遍提高。故宫作为全国规模最大的古建筑群，更受到海内外瞩目。海外一些机构或捐资（例如建福宫花园的复建，倦勤斋内装修的修复，以及在虚拟影院中对古建筑的全面展示等，都是利用海外的资金），或在保护技术上给予帮助。

故宫人对古建筑的重视，主要表现在对它的价值的认识进一步深化，即对故宫博物院来说，故宫古建筑不只是个"壳"、是个场所，它与故宫的珍贵藏品一起，成为中华传统文化的一个载体与中华文明成就的一个标志。这个建筑群的价值，除古建筑方面外，由于它是明清政治中心，是皇权的标志，具有突出的历史价值和文化价值，许多建筑物本身就有非同寻常的意义。比如，故宫过去佛堂不少，它表现了清政府的民族政策、宗教政策，反映了皇帝治国平天下的思想轨迹，也体现了建筑艺术方面各民族文化的交流与融合。至今保存完整的雨花阁就是一例。雨花阁是乾隆年间仿西藏阿里古格的托林寺而建的，是一座藏传佛教的密宗佛堂。外看三层，内实四层，是用来供奉藏传佛教"四续部"佛像的立体坛城。一层有三座精美华贵的大坛城，为宫中特有，连西藏各寺庙都没有。在清代皇家佛堂中，雨花阁不仅保存完整且年代最早，内部陈设的佛像、唐卡和祭法器也保存了下来，它的佛像陈设立体地展示出完整的藏密修行四部系统思想。六世班禅和三世章嘉国师均有影堂在此。雨花阁的研究对于揭示清前期宫中的佛教面貌、乾隆帝本人的宗教思想和章嘉国师对于宫廷佛教建设的贡献，具有重要的意义。对此类建筑物，故宫将在认真维修、整治的基础上，有计划地开放，让更多的人了解有关历史，了解故宫。

如果说投资6亿元、费时3年的故宫护城河治理是国家重视保护故宫的一个有力措施，那么从2002年开始的故宫古建筑维修，则是故宫维修保护进入一个新阶段的标志。国务院领导强调，故宫维修是国家的大事。这是在对故宫重要地位充分认识上的新决策、大手笔。本着不改变文物原状的原则，在保持其真实性和完整性的前提下，采取维修保养、环境整治、消除安全隐患等措施，将从整体上恢复故宫在康乾盛世时的风貌。这是百年来故宫规模最大、持续时间最长、投入经费最多的一项维修工程。目标是鼓舞人心的，任务也是非常艰巨的。计划到2005年故宫博物院建院80周年时，基本完成中轴线上古建筑的保护；到2008年北京奥运会前夕，完成故宫重点古建筑的全面维修保护任务，开放面积由现在的43万平方米扩大到57万平方米；到2020年故宫建成600周年时，全面完成故宫古建筑的内外环境整治和整体保护工作，使其常规维护全面进入良性循环。在具体工作中，首先要充分理解故宫古建筑群及其环境是体现康乾盛世风貌的载体，是中国历史上国力强盛时代生动具体的反映；其次，要通过高水平的管理和现代科技手段的运用，达到有效保护与合理利用的最佳结合，以故宫为典范展示我国今天繁荣富强以及作为世界文物保护强国的形象；最后，要将精心组织、精工实料、精益求精作为我们的工作要求，再现故宫辉煌时期的工艺水平，达到让故宫祛病延年、健康长寿的目的。

三　对宫廷历史文化的挖掘

明清两代是中国古代王朝典制发展臻于完备的时期，是中国封建专制主义政治体制的典型代表。故宫及其藏品的最大特色，是能反映宫廷典章制度（包括政治制度、礼仪制度）及日常生活的宫廷历史文化。对于故宫蕴含的宫廷历史文化价值，过去并未引起足够重视，原因大概有三方面：

其一，辛亥革命催生了中华民国，根据《清室优待条件》中清帝逊位后"暂居宫禁""尊号仍存不废"等条款，清室小朝廷又在紫禁城内苟延残喘了13个春秋。在这期间，溥仪仍以皇帝的名义封官授爵，受着一小撮怀抱复辟梦想的旧官僚及遗老遗少的拥戴，而发生在故宫的袁世凯称帝、张勋复辟的闹剧，更使人们看到清除封建专制主义的复杂性与艰巨性。在1928年北伐胜利的炮火声中，故宫博物院正着手重新筹划之际，国府委员经亨颐提出"废除故宫博物院，分别拍卖或移置故宫一切物品"之案，他说："故宫博物院，如其作为这种性质（指供研究用的），那么是研究宫内应如何设备，皇帝所用的事物应如何办的，岂不是预备那（哪）个将来要做皇帝，预先设立大典筹备处吗？"投身国民革命的经亨颐的话显然有些偏颇，他的提案最终也未能通过，但从中可以看出革命者对于封建复辟势力的警惕和反对。皇家文化在其时还未成为历史，它还在中国的社会政治中掀波推浪。它不可能被人们心平气和地进行研究，而只能是鞭挞的对象。

其二，在新中国成立之后的很长时间，封建专制主义虽然被彻底打倒了，但在阶级斗争为纲的思想指导下，皇宫文化当然也在扫荡之列。20世纪70年代，故宫办过"慈禧罪行展"，也办过"收租院"展览，为了这些展览，宫殿内部做了改造，拆掉了一些原状陈列。

其三，缺乏对反映宫廷历史文化的大量遗物的正确认识。故宫宫廷部有大量被列为"资料"的物品，它们对于了解当时宫廷的一些制度与习俗很有帮助。例如，能反映清代官员觐见皇帝制度的红绿头签，以满汉文书写官员的官衔与姓名，故宫现存近万件，其中包括袁世凯、张勋等人的绿头签和一些满族宗室亲王的红头签；作为皇宫门卫制度最好见证的腰牌，上书颁发机构与时间、持牌人职务及相貌特征，并加盖火印戳记，故宫现存近千件；区分明清官员品级尊卑的官服"补子"，故宫现仍保存相当多；皇帝书写的"福"字、"龙"字，至今还藏有500余件；此外，还有部分已做各种销毁标记的废旧印信、皇后陪嫁的做女红的材料、一般嫔妃或太监使用的日常用品等。这些以前虽未列入文物藏品，但在其背后都有一连串故事，都有深刻的社会历史背景，对于人们了解威严的皇权、森严的等级制度、递进嬗变的封建文化，无疑有着重要作用。

对故宫宫廷历史文化的重视，既与对故宫价值与特色的深刻认识有关，也与社会上对清宫历史渴求了解的要求有关。宫廷历史文化的主体是宫廷典制，而封建社会对皇帝来说，国和家是一体的。因此，宫廷典制中许多内容就是王朝典制，即国家典制。这些典制是封建国家机器得以正常运转的根本。宫廷历史是一个王朝历史的重要组成部分。此外，故宫最大的特色是能反映"皇宫""皇帝""皇权"的皇家文化，是历史上皇权的缩影。它生动真实地保存着皇帝和皇家衣、食、住、行、宗教、教育、医疗、婚姻、休憩、丧葬的场所、遗物和制度记载，是皇家生活方式的标本。它还保存了一些满族习俗，如建筑的"支窗"，外糊窗户纸，曲尺形炕和灶，以及萨满教祭祀仪式等，也可以说是满族贵族生活习俗的标本。由于清代距今不远，清代的历史为今人所格外重视，争相上映的反映清代政治及社会生活的影视剧铺天盖地，皇帝到底怎么上朝，军机处是什么样，人们都充满兴趣。在"戏说"之风盛行的情况下，故宫有责任也完全能够向人们提供准确的、活生生的有关场所、实物，俾使人们以历史唯物主义的态度了解当时的典章制度。故宫在大修中，拟增加原状陈列展览，就是为了适应人们的这种需要。故宫近年来在国内外举办的文物展览中，表现皇宫生活及典章制度的文物深受欢迎，已成为一个突出的优势。宫廷历史文化的资源十分丰厚，故宫人正在努力挖掘它、整理它、利用它。

四　对无形文化遗产传承的自觉

从传统的古物概念扩展到保护文化遗产，这是故宫人在对故宫价值认识上的一个深化；在文化遗产中区分有形文化遗产与无形文化遗产，不仅要保护有形的，而且要高度重视、努力抓紧保护无形的文化遗产，这是故宫人对故宫价值认识的进一步深化。

根据联合国教科文组织的定义，所谓无形文化遗产或称非物质文化遗产，是指来自某一文化社区的全部创作，这些创作以传统为其文化和社会特性的表达形式，其准则和价值通过模仿或其他方式口头相传。也就是说，无形文化遗产是指所有形式的传统、流行或民俗文化。它的形式包括语言、文学、音乐、舞蹈、游戏、神话、礼仪、习惯、手工艺、建筑及其他艺术。无形文化遗产是整个文化遗产的一个组成部分，是传统文化除物质遗产外的另一种存在方式，它的特点在于依托人本身而存在，以声音、形象和记忆表现手法，并以身口相传而得以延存。故宫在无形文化遗产保护上负有重要的责任。其实，好多这方面的工作一直在进行，有的还引起了人们的高度重视，但过去未从保护无形文化遗产的角度来认识，因此自觉性不够高，计划性不够强，工作措施也不够得力。对故宫博物院来说，保护无形文化遗产的任务，既使它的内涵有所扩大，也给它提供了发挥应有作用的好机遇。故宫博物院正在从以下三个方面加强对无形文化遗产的保护：

其一，对古代官式建筑技术、建筑艺术的传承。这是故宫的优势。宫殿是古代帝王所建造的最宏大、最高级的建筑，是古代帝王权威的象征，故不惜耗费大量人力、财力、物力，殚精竭虑而为之，因而代表了所处时代建筑技术与建筑艺术的最高标准。明清封建统治的王朝典制比历史上任何一个朝代都要完备，对礼制、宗法的推行比任何一个朝代都要严格，其对官式建筑的影响，使它走向高度的定型化和更为严格的规范化。紫禁城作为古代宫殿建筑发展的集大成者，是研究古代官式建筑技术的最好范例，其建筑门类包括宫殿、书房、戏台、园林、道场等诸多类型，建筑性质涵盖殿宇厅堂、亭台楼阁，可以说，故宫是研究明清建筑结构技术、空间技术和施工技术的百科全书。故宫还是研究古代官式建筑艺术的最好范本，其布局艺术、空间艺术、装饰艺术、色彩艺术，在紫禁城都有系统而完整的体现。传承古建技术对故宫来说还有两项其他地方难以比拟的优势。一是有大量的历史资料、文档。故宫存有清代世袭的皇家建筑师"样式雷"家族留下的2000余张包括故宫一些建筑物在内的样式图，还保留了80余具烫样，即当时做的建筑模型。清代档案中的奏销档、奏案、陈设档、活计档（零星维修档）、旨意题头档（活计档底本）等，30多万件，1000多册，其中不少与故宫的建设、维修有关。《明实录》《明会典》《清实录》《清会典》等，都有关于故宫古建筑的记载，1949年以来的维修档案也都完整保存着。故宫在复建建福宫花园时，就从历史资料中收集整理了几十万字的参考资料，并内部印行。这次故宫大修，从各种档案中整理有关资料，也是规模浩大的工程。另一个优势是故宫长期以来一直有专门的维修管理机构和施工队伍，他们不仅服务于故宫，而且惠及社会。在古建方面，故宫有一代宗师单士元，还有王璞子、于倬云等大家，在保护的实践领域还涌现出了一批工艺人才。在北京乃至北方，俗称"铁三角"的瓦石作朴学林、木作赵崇茂、油饰彩画作王仲杰及其他一批名师仍活跃在古建保护第一线。这次故宫大修，决定设置专门机构，对全过程进行跟踪影像记录，就是为了使古建技术得以保存。

其二，文物保护技艺的传承。故宫由于藏品丰富、门类繁多，且从1931年就开始进行保护维修，因而培养了不少各具特长、身怀绝技的专门人才，他们曾在许多方面独冠一时，饮誉全国，当今知名的有从事书画装裱的张金英、从事钟表修复的秦世明等。然而总的来看，故宫现在的人才队伍尚不尽如人意，传统技艺的传承是个紧迫的问题。故宫已感受到了这方面的压力，决心加强工作，使"绝活"后继有人。

其三，宫廷遗物中一些具有无形文化遗产价值的物品的抢救。例如，故宫存有清末京剧名角谭鑫培等进宫演唱时的唱片，这批唱片不仅在京剧发展史上，而且在体现宫廷艺术欣赏品位上，都是极为珍贵的无形文化遗产。这批唱片与4000余件当时宫廷中唱戏使用的戏衣、盔头等一起展示，才能全面反映清代宫廷戏曲文化的繁盛。宫廷中对昆曲艺术的推崇，四大徽班进京，是促进京剧艺术形成的重要原因。但是这批唱片因年代久远，保管得并不理想，急需采用新技术，将其演唱声音还原复制到新型光盘中，以利于长久保存。

通过上述对于文物、古建筑、宫廷历史文化及无形文化遗产四个方面认识的深化，故宫人对故宫博物院内涵的认识也在不断扩展，看到故宫不只是"中国最大的文化艺术博物馆"，而且是世界上极少数同时具备艺术博物馆、建筑博物馆、历史博物馆、宫廷文化博物馆等特色且符合国际公认的"原址保护""原状陈列"基本原则的博物院和文化遗产，是一座博大精深的中国历史文化宝库。这是故宫几代人努力探索、实践取得的共识，也是故宫进一步发展的基础。

故宫博物院是中国最大的博物馆，它走过的路，某种程度上是中国文物博物馆事业的一个缩影。以故宫为个案，可以得到如下三点启示：

第一，先进的文物保护理念是博物馆事业发展的基础。对故宫价值的全面评价需要一个过程。我们不能苛求故宫博物院的前人，过去的作为不能不受当时文物保护理念的制约。即如对文物概念的认识，从具体的"古玩""古物"到一切历史文化遗存的拓宽，从有形文化遗产到无形文化遗产的发展，从保护文物本体到同时重视保护它的环境，无论是国际社会还是中国国内，都有一个曲折的过程。而对博物馆性质和任务的表述，国际博物馆协会的若干次定义，更是一个不断探索的记录。可贵的是，故宫人认识到故宫与故宫博物院是一而二、二而一的密切关系，在努力接受先进的文物保护理念、树立正确的文物观的基础上，认真探求故宫的价值，同时使博物院的内涵更为丰富，从而更进一步加强文物的保护，突出文物的文化价值，实现文化遗产对当代社会的重要作用。当然现在也不能说"臻于至境"，对故宫的认识还会随着时间的推移与观念的变迁而有新的发展，因此要不断开阔视野，与时俱进。

第二，每个博物馆都应找出自己的特点。特点就是个性，就是与众不同之处。找到了特点，就能突出重点，办得更有成效。故宫博物院的最大特点就是与"皇宫""皇权""皇帝"等皇家文化联系在一起，是研究和剖析封建专制制度的标本。从这个特点出发，不管是研究它的藏品还是它的建筑，都要突出皇家文化这个重点。例如，研究故宫明清旧藏书画，不能单纯地评估某幅书画作品的价值、作者的地位，否则就与其他博物馆的藏品研究没有多大的区别了。而如果与某位皇帝的题跋结合起来，弄清它的流传、收藏经过，就可以从中看到皇帝的审美趣味和鉴赏能力，这幅作品就有了它的特殊意义。再如故宫收藏的帝后肖像画中雍正戴假发扮洋人的画像、乾隆着汉装的画像以及慈禧扮观音的照片，从中可以窥探这些君临天下的人物复杂而丰富的内心世界。

第三，像故宫这类兼文物保护单位与博物馆于一体并带有遗址博物馆性质的大型博物院，一定要注意文物之间的联系性，树立整体保护的观念。故宫的藏品、建筑与蕴含其中的丰富的宫廷历史文化本来就是融为一体的，也只有把它们作为一个整体对待，研究才能深入。孤立地强调某一方面，就难免陷入片面性。

（本文为2003年3月26日在上海博物馆的讲演稿，原载《中国文物报》，2003年5月9日；《故宫博物院院刊》，2003年第4期）

故宫的价值与地位

故宫是什么？是紫禁城，是皇室藏品，是曾在这里出现过的人和事，还是这几方面所组成的文化整体。故宫有着非同寻常的价值以及特殊的地位。认识了它的价值和地位，才能说了解了故宫，也才能明确故宫在当代的意义。

一　对故宫价值认识的四个阶段

故宫的价值是客观存在的，但对它的认识则是一个不断深入的过程。故宫博物院建立80多年来，人们对故宫的认识经过了四个阶段。

（一）作为皇宫的故宫（1911 年以前）

故宫是明清两代的皇宫，又叫紫禁城，中间虽经多次修缮和扩建，但仍保持了初时的格局。从1420年建成至1911年清朝统治结束，491年间先后有24位皇帝在此居住并执政。

皇宫是封建帝王发布政令的统治中心和豪华生活、奢侈享受的所在，因此总是力求宏大壮丽。西汉初年，天下还未定，萧何大发民役营作未央宫，"壮甚"，汉高祖刘邦以为过度，怒责萧何，萧何回答说："天下方未定，故可因遂就宫室。且夫天子以四海为家，非壮丽无以重威，且无令后世有以加也。"①刘邦听了大悦。因此，宫殿营造的指导思想是儒家礼制，是尊卑贵贱的等级制度，它鲜明地反映了中国传统文化中注重巩固人间社会政治秩序的特点，特别是体现统治者的权威与财富，也象征着封建王朝的强大。唐初骆宾王有诗说："山河千里国，城阙九重门。不睹皇居壮，安知天子尊？"②王维的诗句"九天阊阖开宫殿，万国衣冠拜冕旒"③，使人们感受到唐代大明宫早朝时的庄严、帝王的尊贵以及唐王朝的威仪。

宫殿是中国古代建筑中发展最为成熟、成就最高、规模最大的一类建筑，故宫则是历代宫殿建筑的集大成者，也是我国古代宫城发展史上现存的唯一实例和最高典范。故宫占地面积达到72万平方米，现存建筑面积16.7万平方米。紫禁城蕴含着深刻的政治、文化意义，体现了"皇权至上"的伦理思想。它的规划设计是附会封建宗法礼制的，继承了传统的宫城、内城、外城的三重城制度，居都城中央。有大明门、承天门、端门、午门、奉天门及奉天（太和）殿、华盖（中和）殿、谨身（保和）殿五门三朝。包括三大殿等南部建筑为"外朝"，以北建筑为"内廷"，乾清门内及乾清宫之廷为"燕朝"，也就是所谓的"寝"。总体规划布局仍可见"五门三朝""前朝后寝""左祖（太庙）右社（社稷坛）"，体现了儒家的理想和封建礼制。传统的阴阳五行学说在紫禁城建筑中也得到运用。

如果说秦汉宫殿主要是通过高台建筑形式追求"非壮丽无以重威"，那么隋唐宋元以来，则通过纵向排列，从空间序列上取得整齐、庄重、威严的艺术效果；而紫禁城正是将以往的实践经验兼收并蓄，成为我国封建社会后期宫殿建筑的典范。在建筑布局上，故宫强调所谓"中正无邪"，即采用中轴对称的方式，从永定门开始，经前

---

① 《史记·高祖本纪》。

② 《帝京篇》。

③ 《和贾舍人早朝大明宫之作》。

门、天安门、端门、午门、太和殿、景山、地安门、鼓楼、钟楼，北京城市和皇家建筑形成一条长约8公里的中轴线。故宫在这条中轴线的中部，其中最重要的建筑外朝三殿和内廷三宫都坐落在这条中轴线上，其余建筑则对称布置左右，形成强烈的反差与对比。同时以层层推进、步步深入的手法，给人以深远、悠长之感。太和殿是整个宫殿建筑的中心，它不仅占据了最主要的建筑空间，而且在布局和建筑上调动了种种手段来衬托它，集中体现了皇帝至高无上的封建威权，"非壮丽无以重威"在此得到绝好的印证。

故宫建成后，当时的文渊阁大学士金幼孜作了《皇都大一统赋》称颂："萃四海之良材，伐南山之巨石。""以相以度，以构宫室。栋宇崇崇，檐楹秩秩。以盖以覆，陶冶埏埴。以绘以图，黝垩丹漆。焕五采之辉煌，作九重之严密。""超凌氛埃，壮观宇宙。规模恢廓，次第毕就。奉天屹乎其前，谨身俨乎其后。惟华盖之在中，竦摩空之伟构。文华翼其在左，武英峙其在右。乾清并耀于坤宁，大善齐辉于仁寿。""左祖右社，蔚乎穹窿（隆）。有坛有庙，有寝有宫。"[1]

作为皇宫的故宫，是皇权的象征，是封建王朝的中枢所在地，成为鲜明的政治符号，有着至高无上的地位，它庄严、肃穆，也充满神秘感。

（二）作为博物院的故宫（1925年以后）

故宫博物院的创立，具有两方面的意义：其一是民主革命的又一胜利，是对复辟势力的一次致命打击；其二是我国文化艺术史上的一个伟大业绩。

辛亥革命结束了清朝的统治，根据《清室优待条件》，溥仪还暂居紫禁城内廷，且一住就是13年。不仅大清皇帝"尊号"仍存，且继

---

[1] 转引自［清］于敏中等编纂：《日下旧闻考》（一），北京古籍出版社，2001年，第93—94页。

续使用宣统年号，并享受中华民国对待外国君主之礼遇。逊清皇室在北洋政府的庇护下，不断进行与民国政府法令相抵触的活动。1917年，张勋复辟破坏共和的闹剧，便是其中的一幕。1924年9月的第二次直奉战争中，爱国将领冯玉祥发动震惊中外的"北京政变"，修正《清室优待条件》，驱逐溥仪出宫，完成了辛亥革命未完成的事业。接着成立"清室善后委员会"，负责清理清室公产、私产及一切善后事宜，成立图书、博物馆筹备会。在点查过程中，清室遗老及保皇怀旧军阀、官员的阻挠与破坏从未停止。点查中发现的溥仪与内务府大臣金梁、保皇派头子康有为的密谋复辟的往来信件，使人们进一步看清，冯玉祥将军驱逐溥仪出宫是正确的，因为只要溥仪还住在紫禁城内，逊清遗老、旧臣和保皇党人就断不了复辟的念头。鉴于当时的紧迫形势，善后委员会认为，应迅速成立博物院，使清宫善后之事成为公开局面，如此才能杜绝清室方面的复辟妄想。根据图书、博物馆筹备会完成的筹备工作，善后委员会决定于1925年10月10日举行故宫博物院成立典礼。10月10日是中华民国的国庆日，这当然是颇有用意的。在成立大会上，曾任摄政内阁总理的黄郛致辞说："今日开院为双十节，此后是日为国庆与博物院之两层纪念；如有破坏博物院者，即为破坏民国之佳节。吾人宜共保卫之。"执行驱逐溥仪出宫的警卫司令鹿钟麟说："大家都听过'逼宫'这出戏，人们也指我去年所作之事为'逼宫'。但彼之'逼宫'为升官发财，或为作皇帝，我乃为民国而'逼宫'，为公而'逼宫'。"（《益民报》，1925年10月11日）人们在讲话中一再强调在这一天成立故宫博物院的深意。把博物院与民国等同起来，既说明博物院的意义重大，也表示了要像保护民国一样保护博物院的决心。

博物馆是以文化教育为目的，收藏、研究、展示和保存实物的机构。19世纪下半叶在洋务运动、维新运动中，有识之士不断提倡引进西方类型的现代博物馆，作为"开民智"的重要措施。由于办博物馆被视为"新政"之一端，故而遭到清政府的反对。故宫博物院的成立，将紫禁城这座昔日帝王居住的宫苑禁区，变为了平民百姓可以自由参观的场所；将作为君主法统象征和仅供皇帝观赏享用的珍贵文物，变为了全民族的共有财富。故宫博物院成立时，就制定了《故宫博物院临时理事会章程》。1928年，国民政府颁布了《故宫博物院组织法》，这是中国历史上第一部有关博物馆的法律，后来又颁布了《故宫博物院理事会条例》。这两份文件在故宫博物院的发展史上具有十分重要的意义，标志着博物院已由草创走向成熟，也是中国博物馆事业走上正轨的开端。

故宫博物院以其宏伟壮丽的宫殿建筑和精美绝伦的古代艺术珍品名扬海内外。但是，由于故宫博物院是在反对帝制复辟的背景下成立的，反对封建主义又是民主革命的重要任务，因此，如何在反对封建主义的同时保护好历史文化遗产，就成为需要正确认识和处理的一个问题。在一个较长时期，故宫博物院被定为艺术类博物馆，人们相对重视的是故宫的艺术品。故宫古建筑，因是封建帝王的皇宫，虽然在维修保护上做了很大努力，但未得到应有的重视。对于文物藏品，看重的是传统的铜、瓷、书、画等，不少宫廷遗物被当作非文物做了简单处理，例如：处理宗教画；拆毁乾隆年制的八旗甲胄卖铜钉、革；清代2万多幅帝后书画作品，也没有当作文物对待。为了适应展览的需要，或因其他原因，拆除了一些殿堂的原状陈设或改造其内部格局，例如皇极殿、奉先殿的室内原状陈设被拆除并处理给另外的文物单位，乾清宫东西侧的端凝殿、懋勤殿、上书房、南书房等地方的室内原状皆被拆除等（参阅朱家溍《忆单士元兄》及1998年6月10日《中国文物报》）。1959年，更有人提出故宫"地广人稀，封建落后"，要对它进行改造。在处理反封建与保护历史文化遗产的关系上，我们是有教训的。

（三）作为世界文化遗产的故宫（1987年以后）

1972年，联合国教科文组织在法国巴黎通过了《保护世界文化和自然遗产公约》，确定为了人类的今天和未来，将世界范围内被认为具有突出和普遍价值的文物古迹和自然景观列入《世界遗产名录》，以确保遗产的价值能永续保存下去。公约规定，对于世界遗产，整个国际社会都有责任予以保护。1987年，故宫被列入《世界遗产名录》。世界遗产组织对故宫的评价是："紫禁城是中国5个多世纪以来的最高权力中心，它以园林景观和容纳了家具及工艺品的9000个房间的庞大建筑群，成为明清时代中国文明无价的历史见证。"

故宫成为世界文化遗产，使人们对故宫古建筑价值的认识有了深化。建筑是人类历史文化的纪念碑，伟大的建筑往往成为一个城市、一个民族甚至一个国家的象征物。故宫就是这样的象征物，故宫不只是宏伟的古建筑，还包括珍藏其间的文物精品，它们联结在一起，成为中华传统文化的一个载体与中华文明成就的一个标志。故宫所代表的是已经成为历史的文化，而且有着宫廷文化的外壳，同时它还代表了当时的主流文化，经过了长时期的历史筛选和积累，当然不能简单地用"封建落后"来概括。故宫和博物院不是毫不相干或对立的，而是有机统一的，是相得益彰的。把它们结合起来就可看到，故宫博物院是世界上极少数同时具备艺术博物馆、建筑博物馆、历史博物馆、宫廷文化博物馆等特色，并且符合国际公认的"原址保护""原状陈列"基本原则的博物馆和文化遗产。世界文化遗产的基本精神是文化的多样性，从世界文化遗产的角度，人们正努力挖掘和认识故宫具有的突出的和普世的价值。

"文化遗产"观念的引入，突破了传统的"文物"观念的局限，强化着遗产的环境意识、共享意识，以及全社会都必须承担管理和保护责任的理念，促使人们从"大故宫"的观念来看待故宫保护。这在故宫保护中得到充分体现。不仅要保护故宫本身，还要保护它的环境。过去只重视对故宫本身的保护，后来人们认识到与皇宫连在一起的护城河也是皇宫的当然组成部分，必须治理，于是就有了20世纪90年代投入6亿元人民币、费时3年的护城河治理，此项工程改变了长期存在的故宫周边脏、乱、差的面貌。根据联合国教科文组织世界遗产委员会的要求，在文化遗产地的周边必须划定"缓冲区"，以保护其周边原有的历史风貌和环境。2005年，故宫缓冲区方案确定，总面积达到1463公顷。这一方案的实施，将使故宫外围环境传统风貌的历史真实性得到有效保护。北京旧城是以故宫为中心规划发展起来的，人们更认识到，整体保护北京旧城必须重视作为中心区域的故宫的保护。这种不断提升的文物保护意识与理念有力地推动着故宫的整体保护。

故宫作为世界文化遗产，对它的保护被提到了重要的议事日程。2002年10月17日开始的故宫百年来的最大规模修缮，引起海内外的高度关注。这次维修，旨在通过保护故宫整体布局、彻底整治故宫内外环境、保护故宫文物建筑、系统改善和配置基础设施、合理安排文物建筑的使用功能、提高文物展陈艺术品位与改善文物展陈环境等"完整保护、整体维修"的任务，使故宫重现盛世庄严、肃穆、辉煌的原貌。故宫维修坚持祛病延年、最少干预、最大限度地保存故宫古建筑真实性和完整性的原则。从世界遗产的高度来看，故宫修缮工程既是保护我国珍贵的文化遗产，也是履行我国对国际社会的庄严承诺，它的根本意义在于实现人类文明延续和可持续发展。世界遗产事业所倡导的是由各国政府保护文化的多样性。故宫修缮所秉持的保护理念及修缮中所坚持的具有中国传统特色、实践证明是正确的技术与做法，不但对国内，而且对国际世界遗产保护理论做出了应有的贡献。2007年5月，在北京召开的"东亚地区文物建筑保护理念与实践国际研讨会"通过的《北京文件——关于东亚地区文物建筑保护与维修》（简称《北京文件》），对中国遗产保护的政策和原则给予了很高评价，对故宫等世界遗产地的修缮给予了充分的肯定，这是对不同文化背景的世界遗产及其特色的保护方式的尊重。

（四）故宫学视野下的故宫（2003 年以来）

"故宫学"是2003年提出的，它是以故宫及其丰富收藏为研究对象的一门学科。故宫学研究主要包括紫禁城宫殿建筑群、文物典藏、宫廷历史文化遗存、明清档案、清宫典籍及故宫博物院的历史六个方面，有着丰富深邃的学科内涵。故宫文化是以皇帝、皇权、皇宫为核心的皇家文化。从反映皇家文化的特点来划分故宫学有狭、广两义。狭义的故宫学是人文科学的一门独立学科，广义的故宫学则是一门知识和学问的集合。故宫博物院成立后长达80年的有关故宫的实践和研究成果是故宫学的基础，故宫学的提出并确立将使其研究进入自觉阶段，从整体上提高故宫学研究的水平。故宫学体现出的故宫博物院对传承弘扬中华文明的强烈的责任感、使命感和自觉性，它倡导的"故宫在中国、故宫学在世界"理念所蕴含的开放的工作思路、自觉的创新意识，不仅引领着故宫学术研究从自发走向自觉、积极规划故宫的学术前景、提高故宫的学术影响力和学术地位，更为故宫保护和博物馆建设事业提供了理论指导。

从故宫学的视野看待故宫，不仅认识到故宫古建筑、宫廷文物珍藏的重要价值，而且看到宫廷历史遗存有着同样重要的意义；更为重要的是，古建筑、文物藏品、历史遗存以及在此发生过的人和事，是一个不可分割的文化整体。这一认识是故宫学得以产生的重要依据，也有利于进一步挖掘故宫的历史文化内涵。故宫文化的这一整体性，也使流散在院外、海外的清宫旧藏文物、档案文献有了一个学术上的归宿。基于此，两岸故宫博物院在学术研究上的交流与合作就是不可避免的，人为的阻隔只能是暂时的，事实上这种交流也是在不断地发展着。

在故宫学的影响下，故宫博物院的文物保护观念有了新的变化，对文化遗产概念的理解与认识逐步深化，从而更加自觉地对故宫进行全面的保护。制定了《故宫博物院2004—2010年藏品清理工作规划》，启动了彻底清理藏品的工作。对原来认为是"资料"的10万多件藏品予以重新鉴别定级，对由于历史原因而重视不够的大量宫廷遗存给以新的认识。在认真清理文物藏品的基础上，正在编印《故宫博物院藏品大系》《故宫博物院藏品总目》，这些图书将向社会公开发行，以便更好地为公众服务，并为院内外乃至海内外的故宫学研究者提供便利。文物征集也有了新的思路。突破了旧有的收藏理念，入藏现当代著名画家李可染、吴冠中等和一批国家工艺美术大师的代表作品，确立起从传承民族文化角度审视当代艺术品、从保护民族财富的高度认识征集收藏的新理念。

从故宫学角度审视，故宫不仅是举世闻名的物质文化遗产，同时也承载着重要的非物质文化遗产内容，其中最突出的是中国古代宫殿建筑的工艺技术。它们一方面以物质的形态存在于建筑物中，一方面以手艺的形态通过工匠口传心授世代相传。故宫有专门的维修管理机构和施工队伍，涌现过一批古建大家和专门工艺人才。这次故宫大规模维修，进行全过程跟踪影像记录，实行"师承制"，就是为了使古建筑技术薪火相传。书画装裱等文物保护传统技艺，也是需要保护和传承的非物质文化遗产。2007年，故宫博物院已将中国古代官式建筑传统工艺和书画装裱工艺申报列入国家非物质文化遗产。

故宫学的提出与确立，正在推动着故宫学术视野的扩大与研究的深入。以保护文化遗产和弘扬传统文化为主旨的《故宫学刊》于2004年创刊，《故宫博物院院刊》《紫禁城》成功改版，并在其他图书出版方面，大力开拓、挖掘故宫文化资源。院古书画研究中心、古陶瓷研究中心、古建筑研究中心陆续成立，正在筹建的还有藏传佛教文物研究中心、明清宫廷史研究中心。积极主动地与院外科研院所进行联合考古、学术考察和办学，学术成果大量涌现，故宫价值及丰富内涵不断得到发掘。

二　故宫的国宝地位

故宫的地位与价值是相关联的。故宫的地位，概括地说，是国宝的地位。

　　长期以来，故宫的文物藏品被称为"国宝"。前几年，有一部反映故宫文物南迁的电视剧，名字叫作《国宝》。故宫博物院前辈专家那志良先生写了一本书，书名就是《典守故宫国宝七十年》。现在人们也把一些极为珍贵的文物称为"国宝"，意为国之瑰宝。但是，把故宫文物称为"国宝"，则有别于一般的"国之瑰宝"的概念，它有着国宝本身所具有的特殊含义。

　　什么是"国宝"？所谓国宝，指的是国家的宝器，又称国器，是祭祀之器。在古代，"国之大事，在祀与戎"①。《国语·鲁语上》载："夫祀，国之大节也。而节，政之所成也。故慎制祀以为国典。"视祭祀为国典，强调祭祀与国家制度的重要关系，说明当时将祭祀视为国家头等重要之事。《周礼·春官·天府》云："天府，掌祖庙之守藏与其禁令。凡国之玉镇、大宝器藏焉。若有大祭、大丧，则出而陈之；既事，藏之。"宋夏僎《尚书详解》卷一〇《商书·汤誓》云："国之宝器，即祭天地诸神宝玉之类。"国之宝器，原本皆指宗庙祭祀之器，这些祭器象征着王位。传统的祭祀礼俗，以祭祖、祭社与祭天最具重要性。在古人看来，"天"主宰王朝的兴替，是人世君主的父亲，因而周王遂被称为"天子"。从政治功能而言，祭天就是政权合法性的象征，也只能是君主的专权。直到明代，犹有法律颁布，提醒百姓"庶民祭里庄、乡厉及祖父母、父母，并得祀灶，余皆禁止"②。相传夏禹铸九鼎，历商至周，为传国的重器，亦称之为国宝。《史记·平原君列传》记平原君用毛遂出使楚国，谋合纵成功，叹云："毛先生一至楚，而使赵重于九鼎大吕。"《索隐》云："九鼎大吕，国之宝器。"《正义》云："大吕，周庙大钟。"宗庙为国家象征，其宝器之存亡，往往作为国家存亡之标志。"国宝"又特指

---

　　① 《左传·成公十三年》。

　　② 《明会典·祭祀通例》；参阅洪德先：《俎豆馨香——历代的祭祀》，载《敬天与亲人》，台湾联经出版事业公司，1983年。

传国玺，它更是与国家的统治权联系在一起。此外，"国宝"还有国家宝贵人才之义。

我国文物博物馆界用国宝称呼相当珍贵的文物，大约与日本的影响有关。日本于1928年就颁布了《国宝保存法》。对于重要文化遗产，他们从世界文化的角度考虑，把其中具有较高价值的、不同类型的国民之宝指定为"国宝"，有美术工艺品，也有建筑物①。日本的国宝是文化遗产的最高等级名称，有明确的对象，我国则是泛指极其珍贵的文物。把故宫的文物藏品统称为"国宝"，与这种泛指显然有着区别，虽也说明故宫藏品的极端重要性，但应注意到它与国宝的本来含义的关系。

故宫文物国宝地位的形成，有着多种原因，也有一个强化的过程，我们可以从以下四个方面来认识：

（一）皇家收藏的国宝意义

收藏作为一种活动，贯穿于人类社会发展的始终。现代重大考古发现证明了史前人类收藏行为的存在。从商代起，王室就重视文物的搜集和保存。殷商的文物多集中于宗庙。周代王室文物、珍品收藏之处名曰"天府""玉府"，并有专职官员负责管理。在青铜器时代，象征着权力之源的青铜器是最受尊崇的王室宝物。汉朝的"天禄""石渠""兰台"，则是汉宫贮藏珍贵文物及图书之所。到宋徽宗时，收藏尤为丰富。《宣和书谱》《宣和画谱》《宣和博古图》，就是记载宋朝宣和内府收藏的书画鼎彝等珍品的目录。清代帝王重视文物收藏，特别是乾隆皇帝，更使宫廷收藏达到了极盛，《西清古鉴》《西清续鉴》《宁寿鉴古》《石渠宝笈》《秘殿珠林》《天禄琳琅》《四库全书总目》等，是清乾隆时期编辑的宫中所藏古铜器、书画、图书的目录。在古代中国，"溥天之下，莫非王土；率土之滨，

---

① 王军：《日本的文化财保护》，文物出版社，1997年。

莫非王臣"①，掌握着绝对权力的封建帝王，必然是全社会中最高档次同时也是最为丰富的奢侈品、礼仪用品、珍奇品及古董的拥有者；由于皇帝以"内圣外王"的身份出现，被人为地推崇为全社会伦理的最高典范，这样皇室又成为祖先、民族、国家象征物的最大收藏者②。

人类收藏的动机与目的是多方面的。对于源远流长的皇室收藏，它不仅是"宜子孙"的一笔宝贵财富，也不仅是供皇帝个人赏玩的珍稀艺术品，更重要的是这些藏品所具有的强烈的政治与文化的象征意义。皇室收藏文物，更重视这些文物所寓有的某种至高德行的含义，认为它的聚集可被视为天命所归的象征。因此，新的王朝接受前朝的旧藏，表示着它继承前朝的天命；或者如有的研究者所认为的，皇家收藏是中国历代统治者确定其政权合法性的重要来源③。故宫的收藏，可以上溯到宋朝，至今已有千年历史，而所收藏的文物，则反映了中华5000年的文明史。宋代宫廷收藏宏富，靖康之乱，图籍、书画、宝器，悉归于金；宋高宗南渡，迁都临安，又积极搜集。南宋灭亡，临安未遭兵革，元相伯颜派郎中董祺将南宋收藏由海运到大都，即今日的北京。元为明所灭亡，明将徐达将元内府所藏全部运到南京；后来明成祖迁都北京，这些宝物又由南京运到北京。明代亡国，这些宫廷藏品又悉数为清所得。见于著录中的很多古代文物早已散失，但也有不少珍品几经聚散，历尽沧桑，保存到今天。例如，晋王珣《伯远帖》、隋展子虔《游春图》、唐韩滉《五牛图》、五代顾闳中《韩熙载夜宴图》等著名书画，都曾载在《宣和书谱》、《宣和画谱》或《石渠宝笈》中，现仍藏在故宫。这部分藏品是中国皇家收藏传统的延续。

皇室收藏与王朝命运的紧密联系，使这些藏品成为皇权的象征。因而清宫旧藏文物本来就具有国宝的意义。

① 《诗经·小雅·北山》。
② 吴十洲：《紫禁城的黎明》，文物出版社，1998年，第148页。
③ [美]珍妮特·埃利奥特，沈大伟：《中国皇家收藏传奇》，当代中国出版社，2007年，第9页。

（二）故宫博物院的成立，象征君主法统的清宫旧藏为人民所共有并同享，为其国宝意义赋予了维系中华民族文化、传续中华文明血脉的新内涵

在封建时代，"朕即天下"，国即家，家即国，整个天下都是帝王的，皇宫里的所有物品，自然都是帝王的财产，谁也动不得。乾隆皇帝曾规定，宫中的一切物件，哪怕是一寸草都不准丢失。养心殿的一个景泰蓝小罐里盛着36根一寸（约3.33厘米）长的干草棍，他拿了几根放在几案上，叫人每天检查，少一根都不行，这叫作"寸草为标"。溥仪曾回忆道："这堆小干草棍儿曾引起我对那位祖先的无限崇敬，也曾引起我对辛亥革命的无限愤慨。"[1]

辛亥革命后，紫禁城的三大殿交给了中华民国政府，但溥仪还暂居内廷，皇宫里大量堆积的文物珍宝仍然由皇室占有。为了解决经费困难，小朝廷1922年曾公开用投标的办法拍卖古物，还在向各银行借款时抵押了大量金器古董。"这些财宝每一分钟都在被赠送、出售或典押，甚至被偷窃。"[2]不仅溥仪小朝廷认为这些文物珍宝属于自己，甚至民国政府也承认这是皇室的私有财产。1914年，民国政府成立古物陈列所，在文华殿、武英殿展出了从沈阳故宫与热河行宫运来的20万件清宫藏品，据庄士敦称，这些艺术品是被"借"来而尚待民国政府购买的皇室藏品[3]。

对于溥仪等拍卖或抵押宫中大量文物的行径，社会舆论予以高度的关注。这些文物到底是国家财产还是皇家私产？皇室是否有权处理？一些报刊时评发出抗议的言论，认为被处置的物品是国家财产，皇室没有权力出卖它们。湖北省教育会为制止清室出售古物致内务部

---

① 溥仪：《我的前半生》，群众出版社，2003年，第55页。
② ［英］庄士敦：《紫禁城的黄昏》，山东画报出版社，2007年，第228页。
③ ［英］庄士敦：《紫禁城的黄昏》，山东画报出版社，2007年，第228—230页。

代电（1923年11月12日）更有代表性，认为这些古物是"全国五千年之文物"："窃我国与埃及、希腊、印度同为数千年前古国，其文明久为中西所慕。清室之古物，尤为历代帝室递嬗相传之珍秘，并非一代一人所得私有。合全国五千年之文物，集于首都之清室，一涉疏忽，不徒散佚堪虞，即立国精神且将无从取征。清室以经费短绌，转售东邻，不啻将五千年立国精神捐弃一朝，念及此，能勿痛心。"[1]

驱逐溥仪后，成立了清室善后委员会，首先就是清点清宫物品，分清公产与私产。1924年11月7日，国民政府发出大总统令："着国务院组织善后委员会会同清室近支人员协同清理公产私产，昭示大公。所有接收各公产，暂责成该委员会妥慎保管。俟全部结束，即将宫禁一律开放，备充国立图书馆、博物馆等项之用，藉彰文化，而垂永远。"[2]原清宫的物品，有公私产之分。属于私者，为溥仪生活衣物、财钱，包括金、银锭等，均由溥仪带去；属于公者，是与中国历史文化相关的部分，必须交给人民并努力保卫。也正因这个原因，当溥仪出宫时行李中所藏的王羲之《快雪时晴帖》和仇十洲的《汉宫春晓图》一卷，因系公物被扣了下来，而存放在库房中的101382两银元宝，则悉数发给了溥仪。清室善后委员会在点查时发现溥仪的"赏溥杰单"等文件，后以《故宫已佚书籍书画目录四种》为题刊行，其序言中强调"国宝散失，至堪痛惜"。

对清宫旧藏文物的这种内涵，并不是所有人一下子都能认识。1928年6月，国府委员经亨颐提出一项议案，认为故宫是逆产，要求废除故宫博物院，分别拍卖或移置院内一切物品。国民政府会议审议了这一荒谬提案，并要求中央政治会议重新复议有关故宫博物院的决定及有关法令。故宫博物院同人向社会各界特别是政府高层做了大量

---

[1] 引自中国第二历史档案馆编：《中华民国史档案资料汇编第一辑·文化》，江苏古籍出版社，1994年，第222—223页。

[2] 引自中国第二历史档案馆编：《中华民国史档案资料汇编第一辑·文化》，江苏古籍出版社，1994年，第292—293页。

的宣传工作，阐述保护故宫文物的重要意义以及故宫博物院的历史使命，对经亨颐提案的五个要点逐条反驳。两个月后，中央政治会议否决了经亨颐提案，故宫博物院保存下来了。这次交锋，留给世人印象最深的是张继以古物保管委员会主席委员身份提交的长篇呈文，他在最末一段中说道："现欧洲各国，为供历史之参考，对于以前皇政王政时代物品，莫不收罗保存，惟恐落后，即苏俄在共产主义之下，亦知保护旧物，供学者之研究，一代文化，每有一代之背景，背景之遗留，除文字以外，皆寄于残余文物之中。大者至于建筑，小者至于陈设，虽一物之微，莫不足供后人研究之价值。明清两代，海航初兴，西化传来，东风不变，结五千年之旧史，开未来之新局，故其文化，实有世界价值，而其所托者，除文字外，实结晶于故宫及其所藏品。近来欧美人士，来游北平，莫不叹为大可列入世界博物院之数，即使我人不自惜文物，亦应为世界惜之。"[①]这里突出故宫古建筑及其藏品的"世界价值"，是难能可贵的认识。

1932年，"北平政务会议"对故宫做出了三项决议方案，其中第一项是呈请中央拍卖故宫古物，用于购买飞机500架。经院长易培基等多方努力，国民党中央政治会议议决保护故宫，拍卖文物一案被否决。

每次争论的结果，都使人们加深了对故宫文物国宝地位的认识：这是数千年中华文明的精粹，来之不易，不可当作寻常古董任意处置。

（三）文物南迁进一步强化和提升了故宫文物的国宝地位[②]

1931年，日本发动"九一八"事变，占我东北，华北告急。故宫博物院理事会考虑日军一旦入侵华北，故宫文物就有被毁或被劫的危险，于是决定选择院藏文物中的精品，迁往上海储藏。这一计划得到

---

① 转引自刘北汜：《故宫沧桑》，紫禁城出版社，2004年，第83页。

② 石守谦在《清室收藏的现代转化——兼论其与中国美术史研究发展之关系》一文中对此有所论述。该文载台北故宫博物院编《故宫学术季刊》第23卷第1期。

国民政府批准后，故宫就开始了文物南迁的准备工作。首先是挑选文物，集中装箱。1933年1月，日军进入山海关，华北地区形势更为紧张。故宫博物院理事会于是决定，将已装箱的文物从当年1月起分批运往上海。

故宫文物南迁的消息经报纸披露后，引起截然不同的反响。支持者认为，日军极有可能得寸进尺，继续南侵，有必要把故宫重要文物转移到南方安全地带。国土沦丧犹可力图恢复，任何文物之损失，终将万劫不复。反对者则认为，迁运文物犹如弃国土于不顾，势将造成民心浮动、社会不安。反对最力者为北平名流周肇祥，他于中南海成立"北平民众保护古物协会"并自任主席，发通电，散传单，公然表示将以武力手段阻止文物南迁。当时一些文化界名人也反对南迁，如胡适、鲁迅等，鲁迅写有"寂寞空城在，仓皇古董迁"①及"文化一去不复返，古城千载冷清清"②的讽刺诗句。而有意思的是，此后不久即担任故宫博物院院长的马衡先生正在为文物南迁奔忙时，他的儿子马彦祥却以笔名在报纸上发表多篇文章，对文物南迁提出批评："因古物之值钱，结果弄得举国上下人心惶惶、束手无策，这种现象，想起来实在有点好笑。"他说："我们国难一来的时候，不是大家都众口一词地说'宁为玉碎，勿为瓦全'么？现在为了一点古物，便这样手忙脚乱，还说什么牺牲一切，决心抵抗？要抵抗么？先从具有牺牲古物的决心做起！"③想不到的是，1937年11月下旬，有两列装载故宫文物的火车要从南京发往陕西，缺少押运员，院秘书便请马彦祥帮忙押运，他却担负了这个重任。从四年前的反对，到这次甘冒战火参与到押运故宫文物西迁的行列之中，马彦祥的认识已有了重大转变。

故宫的文物不能简单地视为古董、古物，而是国宝，是祖宗留

---

① 《南腔北调集·学生与玉佛》。

② 《伪自由书·写实》。

③ 转引自马思猛：《参与故宫文物西迁》，载《攒起历史的碎片》，北京图书馆出版社，2007年，第185—186页。

给我们的文化遗产，其中蕴含着民族的历史、民族的文化、民族的情感，不能以币值论价。故宫文物南迁的争论，使人们对它的国宝地位有了进一步的认识。文物南迁十多年，受尽种种险阻，始终为国人所关注。而文物的常常化险为夷，使"古物有灵"的说法广为传诵[1]，且与"国家的福命"联系了起来。1947年9月3日，马衡院长在北平广播电台做了《抗战期间故宫文物之保管》的著名演讲，简要介绍了抗战时期文物南迁、西迁的经过以及保管之困难等。他说：抗战八年（实为十四年）之中，文物多次险遭灭顶之灾，例如当9000多箱文物由重庆运往乐山途中暂存于宜宾沿江码头时，重庆以及宜宾上游的乐山和下游的泸县都遭到敌人的狂轰滥炸，唯有宜宾幸免；长沙湖南大学图书馆在文物搬出后不到4个月就被炸毁；重庆的几个仓库在搬出后不到1个月，空房也被炸掉；从南郑到成都时，在把存放在南郑文庙的文物运出后刚12天，文庙就遭敌机投下的7枚炸弹夷平。"像这一类的奇迹，简直没有法子解释，只有归功于国家的福命了。"[2]

从现在来看，历史已经证明，当时还不可能有比南迁更为有效的保护文物的方法。为了避开战争的灾难性破坏，为了保证在这一个非常时期文物不受损失，最为可能的方法就是将文物迁到安全的地方。迁徙疏散成了战时文物保护与保管的手段。

不仅中国，在第二次世界大战中，欧洲许多国家为了防止德国的侵掠，也都纷纷疏散、藏匿本国博物馆的艺术精品。以英国为例，英国博物馆的主管们1938年就做了转移藏品的准备。他们计划将艺术收藏品转移到英国西北部的威尔士隐藏起来。在伦敦，地铁未用地段被预置为储存点。在国家美术馆，大幅画的边框都做有特别的槽口，以便很快从框中取出画装入存放在地下室的箱子里。经过多次操练，一个大美术馆能在7分钟内清空。1939年8月23日《苏德互不侵犯

---

① 参阅那志良：《典守故宫国宝七十年》，紫禁城出版社，2004年，第110页。
② 马衡讲演稿，现藏故宫博物院图书馆。

条约》宣布后，欧战不可避免地加快步伐，英国博物馆即着手装箱外运。装满了包装好的首都藏品的皇室列车只能以每小时10英里（1英里≈1.6千米）的速度行进，以使颠簸震动降低到最小限度。大多数英国藏品甚至在9月3日正式宣战前就抵达了指定隐匿地点，9月5日，所有重要物品都撤离疏散。

再以美国为例。日本偷袭珍珠港后，美国本土主要博物馆即着手转移它们最有价值的收藏品，弗里克、大都会和其他艺术品收藏机构做出了授权转移收藏品的决定。文化资源保卫委员会1943年3月的报告称，仅华盛顿就有4万立方英尺（1立方英尺≈0.028立方米）的书籍、手稿、印刷品和绘画，加上第一面星条旗，以及那些代表着美国民主发展步伐的档案被送往"内陆腹地的三处教育机构"；《独立宣言》原件则送往诺克斯堡保存①。

欧洲及美国博物馆的文物藏品，绝大多数来自世界各地，一般不是本国本民族的艺术品，而故宫的文物，全是中华文明的结晶，是中国5000年艺术长河的重要载体和见证。与欧美相比，故宫文物精品在外十多年，受尽艰难曲折，更是创造了第二次世界大战中保存人类文化遗产的奇迹。

第四，海峡两岸两个故宫博物院的同时存在，为两岸同胞及国际社会所关注，也更加彰显着故宫及其藏品的国宝意义。

20世纪40年代末，抗日战争时期故宫博物院南迁文物的1/4被运到了台湾，1965年在台北成立故宫博物院。从此，世界上同时有了两个故宫博物院。

北京故宫博物院在新中国成立后得到重大发展。1949年1月31日，北平和平解放。2月7日，故宫博物院在闭馆40多天后重新对外开放。3月21日，北平市军事管理委员会接管了故宫博物院，全体工作

---

① ［美］L. H. 尼古拉斯：《欧洲的掠夺——西方艺术品二战蒙难记》，江苏人民出版社，2000年，第63—65、271页。

人员原职原薪，马衡继续任院长。6月7日军事管制结束。20世纪50年代，故宫博物院百废俱兴，维修颓坏古建筑，整顿脏乱环境，充实院里人力，制定了明确的发展方针，特别是通过文物清理以及政府调拨、购买、接受捐赠等，一批流失在海内外的清宫旧藏重新回到了故宫，而且补充了更多的过去清宫所没有的精美艺术品，使北京故宫成为世界上收藏中国文化艺术品最为宏富的宝库。

台北故宫博物院现有文物藏品65万件（套），清宫旧藏及遗存占到92%以上。截至2006年9月底，藏品总数为655279件（册），其中铜器5994件，瓷器25310件，玉器12103件，漆器707件，珐琅器2510件，雕刻651件，文具2379件，钱币6952件，绘画5257件，法书2959件，碑帖450件，拓片756件，丝绣279件，织品88件，折扇1641件，印拓7件，杂器12293件，善本书籍176713册，清宫档案文献386729件（册），满蒙藏文献书籍11501册[①]。

北京故宫博物院的文物藏品约150万件（套），85%为清宫旧藏和遗存。依据不同质地、形式和管理的需要，分为绘画、法书、碑帖、铭刻、雕塑、铜器、陶瓷、织绣、玉石器、金银器、珍宝、漆器、珐琅、雕刻工艺、其他工艺、文具、生活用具、钟表仪器、帝后玺册、宗教文物、武备仪仗、善本文献、外国文物和其他文物等，共25大类69小项。其中绘画43202件，法书54927件，碑帖25464件，清代帝后书画约25000件，铭刻32144件，陶瓷349161件，铜器29169件，玉器28461件，石器1395件，金银器3317件，珍宝1121件，漆器17707件，珐琅器6155件，雕塑9738件，雕刻工艺10148件，其他工艺12348件，织绣139592件，文具65055件，家具及生活用具35487件，钟表仪器2629件，帝后玺印4941件，宗教文物41123件，武备仪仗乐器19501件，外国文物4903件，善本特藏195318件（册），书版230000块，古建筑类文物5468件，另有正在整理的其他

① 转引自《物华天宝》，台北故宫博物院，2007年，第7页。

文物资料及古籍等约20万件（册）。

比较起来，北京故宫博物院在文物藏品总数、文物种类以及精品总数上，都远远多于台北故宫博物院。但是两岸两个故宫博物院同根同源，其藏品有着很强的互补性。通览两个故宫博物院的文物藏品，还有三个明显特点：

其一，故宫文物的经典性。从物质层面看，故宫只是一座古建筑群，但它不是一般的古建筑，而是皇宫。中国历来讲究器以载道，故宫及其皇家收藏凝聚了传统的特别是辉煌时期的中国文化，是几千年中国的器用典章、国家制度、意识形态、科学技术以及学术、艺术等积累的结晶，既是中国传统文化的物质载体，又是中国传统文化最有代表性的象征物，就像金字塔之于埃及、雅典卫城神庙之于希腊一样。因此，从一定意义上说，故宫文化是经典文化。经典具有权威性。故宫体现了中华文明的精华。经典具有不朽性。故宫属于历史遗产，它是中华5000年历史文化的积淀，蕴含着中华民族生生不已的创造精神，具有不竭的历史生命。经典具有传统性。传统的本质是主体活动的延承。故宫所代表的中国历史文化与当代中国文化是一脉相承的。中国传统文化与今天的文化建设是相连的。对于任何一个民族、一个国家来说，经典文化永远都是其生命的依托、精神的支撑和创新的源泉，都是其得以存续和赓延的筋络与血脉。

其二，故宫文物是中华5000年文明的重要载体和见证。故宫是世界上最丰富、最重要的中国古代艺术品的宝库。在两岸故宫博物院的210万件（套）文物中，论时代，上自新石器时代，下至宋元明清直至近现代；论范围，囊括了古代中国各个地域的文明精华，包容了汉族和古代许多少数民族的艺术精粹；论类别，包含了中国古代艺术品的所有门类。故宫庋藏的各主要类别文物，其本身就完整地记录了该类文物从萌生、发展到辉煌的文化链。以书法为例，故宫的藏品涵盖了从契刻到书写进而发展成为一门独立的书法艺术的历程，藏品从甲骨文、钟鼎文，直至晋朝开始形成书法艺术，此后，历朝各代的名家流派，几乎一应俱全。再以陶瓷为例，从新石器时代的黑陶、彩陶，直到两宋的五大名窑，元青花瓷，明代白瓷、釉里红、斗彩等，无所不包。清代的粉彩和珐琅彩等，其他如玉器、铜器和许多工艺品等，也是如此。为了这条历史文化长河永远奔腾流淌、润泽后代，故宫还在收藏现当代的艺术精品。因此，故宫是一部浓缩的中华5000年文明史。中华民族绵延不断的历史文化在故宫博物院的各类文物藏品里均得到了充分的印证。

其三，故宫藏品与故宫古建筑都是旷世之宝。故宫藏品的一个重要特点是与故宫古建筑的不可分割。故宫是世界文化遗产，故宫的文物藏品因此也是世界文化遗产故宫的重要组成部分，它不仅是中国的，同时也是全人类的共同财富。

基于虽有两个故宫博物院但故宫只有一个的中华民族文化认同感，以及两个博物院的收藏都是中华民族文化遗产的事实，努力保护好这笔丰厚的文化遗产，并为弘扬中华传统文化、使中华文明赓续不断而努力，就成为两个故宫博物院庄严而神圣的历史使命。

概括起来，故宫的国宝地位有以下五个特点：

1. 故宫的皇家收藏，决定了它的国宝意义；故宫博物院的成立及其不平凡的经历，给皇家收藏赋予了新的意义，使它与民族文化血脉的传承联系在一起。

2. 故宫的国宝，统指故宫的所有文物藏品，也包括故宫古建筑。

3. 故宫国宝具有中华文明与中国传统文化的象征意义。

4. 故宫的国宝地位是历史形成的。

5. 故宫是不可替代的。

故宫文化的整体性、丰富性及象征性，使故宫成为取之不竭的文化宝藏。保护故宫及其藏品，就是保持我们与祖先联系、沟通的渠道，就是保护中华民族的文化根基。故宫丰厚的文化资源，对于我们传承中华民族的优秀传统文化，对于弘扬和培育民族精神、建设中华民族共有的精神家园，对于加强同世界各国的文化交流、扩大中华文明的国际影响力，都能够发挥独特的重要作用。在今天兴起社会主义文化建设新高潮的伟大实践中，故宫博物院决心努力探索在保护中利用、在传承中创新、在弘扬中发展的新思路、新举措，为实现中华民族的伟大复兴和中华文化的继往开来做出应有的贡献。

（原载《光明日报》，2008年4月24日"光明讲坛"第7期）

故宫 80 年与中国现当代文化

　　故宫即明清两代的皇宫紫禁城。故宫博物院是在紫禁城及其收藏的基础上建立起来的国家级博物馆。博物馆本身就是一种人类文化现象，由于故宫博物院的特殊地位与影响，它的80年历史就成为中国现当代文化史的一个重要组成部分，并在当代中国新的文化建设中发挥着不可代替的作用。

一　故宫博物院创立的意义

　　1924年11月，辛亥革命后仍盘踞紫禁城内廷达13年之久的清逊帝溥仪被驱逐出宫，紫禁城成为故宫，次年10月10日，在进行文物清点及其他筹备工作的基础上成立了故宫博物院。故宫博物院既是故宫古建筑群与宫廷史迹的保护管理机构，也是以明清皇室旧藏文物为重点的中国古代文化艺术品的收藏、研究和展示机构。

　　故宫博物院成立于新文化运动高潮之后，旧思想、旧道德、旧文化受到批判，新思想、新道德、新文化得到提倡，封建主义被猛烈冲击，民主主义广泛宣传，促进了人们的思想解放。当时参与清宫物品点查与故宫博物院建设的骨干力量主要来自北京大学，而北京大学已成为全社会在文化思想与新学科研究方面的先导。北京大学成立了研究所国学门，"于古代研究，则提倡考古学，注意古器物之采集；

于近代研究，则重公家档案及民间风俗"（沈兼士语），把批判、继承传统文化问题引向深入。胡适在谈到当时的整理国故时说："'国故'是'过去的'文物，是历史，是文化史；'整理'是用无成见的态度、精密的科学方法，去寻那以往的文化变迁沿革的条理线索，去组织局部的或全部的中国文化史。……北大研究所的态度可以代表这副精神。"这种精神与态度也深深影响着新成立的故宫博物院。于是皇宫变成博物院，不只是重大的历史变革，又具有用新文化的思想审视、研究传统文化的意义。

具体来说，故宫博物院的创立在中国现代文化史上有三方面的意义：

其一，故宫博物院创建在封建王朝的宫殿里，有力地冲击了封建的文化专制主义，传播了新文化运动民主与科学的精神。故宫是明清两代24位皇帝居住执政的地方。在491年中，这里是中国政治的枢纽、封建王朝的统治中心。皇宫自是戒备森严，宫中珍藏也仅为皇帝个人所有及赏玩。博物馆从本质上体现的是建立在民主、平等基础上的文化共享与文化参与。皇宫变成博物院，平民百姓在宫苑禁地自由出入，建院当日，"游人杂沓，各现满意之色，盖三千年帝国宫禁，一旦解放，安得不惊喜过望，转生无穷之感耶？"（林白水的报道）这是继辛亥革命从政治体制上打倒皇权后，进一步通过对皇宫的改造，打破了封建的文化专制主义。这是个翻天覆地的变化，其深层意义在于对"家天下"政治形态所模塑的各种传统观念的冲击。

其二，故宫博物院的创立有力地保护了封建统治者聚集的最珍贵、最具代表性的民族文化遗产，并开放于社会，服务于社会。清宫收藏承袭自宋、元、明三朝宫廷，再加上清朝自身的收集，文物极为丰富。在"朕即天下"的封建社会，宫廷收藏具有体现全社会最高文化成就的特征。这些收藏包括了古代艺术品的所有门类，具有级别、品类以及数量上的优势和突出的历史、艺术、科学文献价值，是中国皇家收藏传统的延续和仅存硕果，是历史文化递传的结晶，是源远

51

流长的中华文明的最重要载体。溥仪在辛亥革命后居住内廷期间，大量珍贵文物以各种方式流出宫外，建福宫花园及所藏的珍宝被付之一炬。成立博物院后，这批藏品从此得到认真的清理、保护、展示和研究，其深刻意义在于使最有代表性的民族文化遗产得到传承。

其三，故宫博物院创建了组织最完备、藏品最丰富、专业精英最为众多的中国第一座规模最大的国家博物馆。中国的博物馆发轫于张謇1905年在南通创办的博物苑，由于地域等条件的限制，博物院很难在当时产生影响全国与"开风气之先"的作用。1912年开始筹建国立历史博物馆，到1926年才正式开馆。1914年，内务部在故宫文华殿和武英殿成立古物陈列所，主要收藏陈列清廷盛京（沈阳）和热河行宫的20余万件珍贵文物，"始具博物馆之雏形"，开国立博物馆之先河，"此外，大规模之博物馆尚无闻焉。有之，自故宫博物院始"。（马衡语）博物馆是舶来物。故宫博物院的建立是吸收外来文化，改造旧的文化，创造出新的文化的成功实践。故宫博物院是个大型的综合性博物馆，成立时公布的藏品即超过100万件，这个数量在当时世界博物馆中也是不多见的。建院时就设置了董事会、理事会，直接借鉴西方博物馆管理的经验。1928年公布的《故宫博物院组织法》，是中国历史上第一部有关博物馆的法律。故宫博物院的成立是中国博物馆事业走上正轨的开端。它的实践又在中国博物馆学的诞生和发展中起了重要作用。1934年，故宫博物院院长马衡等人联系博物馆界，倡议组织中国博物馆协会，次年马衡被推举为新成立的博物馆协会会长。故宫博物院今天也在总体上反映着中国博物馆事业的发展水平。

二　典守重责与服务公众

故宫及其文物藏品是民族文化的重要载体和历史缩影，对它的保护牵动着人心。故宫博物院成立80年来，恪尽典守重责，使这些中华民族极为珍贵的历史文化遗产得到了很好的保护。

对文物藏品的保护，为人所熟知的是"文物南迁"。1931年日本帝国主义发动"九一八"事变，东北沦陷，华北告急。鉴于时局不断恶化，故宫博物院为了使院藏文物免遭劫毁的危险，报经国民政府同意，将院藏文物中的精品南迁上海储存。从1933年1月至5月分5批运出13427箱零64包。此外，随同故宫文物迁沪的还有古物陈列所、太庙、颐和园和国子监的文物6066箱。后在南京修建库房，成立南京分院保管。"七七"事变后，南京形势日趋紧急之际，这批文物又奉命被疏散到西南大后方，或称"西迁"。从1937年到1945年日本帝国主义投降，这一迁又是8年。这8年中故宫同人以储藏整理、保护文物完整为首务，备尝艰难，文物多次险遭灭顶之灾，有的工作人员还付出了自己的生命，但他们无怨无悔，忠于职守。他们对自己所承担的神圣责任有着深刻的认识，正如马衡院长所说："本院西迁以来，对于文物安危原无时不在慎微戒惧、悉力保护之中，诚以此仅存劫后之文献，俱为吾国五千年先民贻留之珍品，历史之渊源，秘籍艺事，莫不尽粹于是，故未止视为方物珍异而已矣。"在第二次世界大战中，欧洲许多国家为了防止纳粹德国的劫掠，对本国艺术珍品的保护相当重视，不少著名博物馆曾把藏品运到偏远的地方隐匿起来，就连美国的一些博物馆、档案馆也积极采取对策，以防不测。这是人类努力保护历史文化遗产的壮举。故宫博物院的同人在多方支持下，历时十余年，行程数万里，艰苦卓绝，文物基本无损，创造了可歌可泣的奇迹，是对抗日战争的巨大贡献。中华人民共和国成立以来，建设现代化库房，提高文物保护科技水平，为这些珍贵文物不断创造了良好的保护条件。

对故宫古建筑群的保护是故宫博物院的重要职责。故宫博物院从1925年成立以来，几乎每年都有维修项目，通过一系列切实的措施和坚持不懈的努力，基本保证了故宫古建筑的安全。1961年，故宫被公布为第一批全国重点文物保护单位，1987年成为中国首批列入《世界遗产名录》的文化遗产。在对故宫本身价值认识不断深入的同时，对故宫保护的力度也在逐步加大。从2002年10月开始的百年来规模最大的故宫维修，也是一项重大的文化建设工程。世所瞩目的故宫保护维修的方针是"完整保护、整体维修"；目标是再现故宫庄严、肃穆、辉煌的盛世风貌，充分展示其历史文化价值与内涵；原则是保护和保存文物及其环境的真实性、完整性，实现文物的延续。任务有互相联系的四个方面：保护故宫整体布局，整治内外环境；保护故宫的文物建筑；系统改善和配置基础设施，合理解决文物建筑的使用功能；提高展陈艺术品位并改善文物的保存和展陈环境。三年来，进行并完成了武英殿院落、午门正楼、钦安殿、御茶膳房、戏衣库、中轴线西庑等约3.4万平方米古建筑的保护维修，达到了预期效果，整体色彩与外观协调。故宫保护的理念与实践，也是世界文化遗产保护理论的宝贵财富。

　　故宫博物院作为公共文化机构，向公众展示故宫古建筑及其宏富的文物藏品，努力弘扬优秀的中华传统文化，是其又一重要职责。故宫古建筑本身就是一组规模宏大的艺术杰作，集中体现了中国古代建筑艺术的优秀传统和独特风格，其建筑设计反映了中国传统文化的丰富内涵。许多人来故宫，主要就是为了感受古建筑的壮美。陈列展览故宫的文物，这是从1925年建院以来一直坚持进行的工作，是博物院的重要任务。最有代表性的是宫廷史迹的原状陈列，它以保存历史原貌为宗旨，根据历史文献对宫殿（如三大殿、后三宫等）进行布置陈设，最大限度地再现了当时皇家政务和内廷生活场景，使人们准确而直观地了解宫廷的有关礼仪活动等，雅俗共赏，受到观众普遍欢迎。为了充分展示古代各种艺术品，故宫又设立专馆，陈列展出书画、陶瓷、青铜器、钟表、玉器等，同时还设有专门的临时展览场所，为举办院藏文物的小型专题展和引进国际、国内的陈列展之用。专馆陈列为观众了解中国古代辉煌灿烂的历史文化提供了直接的可视材料。另外，院里还经常举办各种专题性的临时展览，并重视到国内进行巡回展出。据统计，从1929年到1948年，故宫博物院举办各种陈列展览159个，每年平均8个；从1949年到2005年，则达到732个，每年平均近13个，当然展览水平也有很大提高。故宫近年来每年吸引着800万来客驻足观赏，其中海外游客占1/6。越来越多的人从伟大的紫禁城建筑中，从丰富珍贵的藏品中，从来自故宫的所有信息中，学习、思考、认识和总结历史的经验，汲取创造新生活的智慧和力量。

到国外举办文物展，传播中华文明，故宫博物院取得了令世人瞩目的成绩。1935年，故宫从南迁文物中精选735件文物赴英国伦敦参加"中国艺术国际展览会"，这是故宫也是中国文物首次大规模出国展览。这次展览观众达42万人次，在西方社会引起轰动，使他们加深了对博大精深的中华传统文化的认识，也对危亡中的中国人民有了新的了解。20世纪50年代，故宫文物出国展览曾出现一个高潮，主要是到苏联及一些东欧国家展出。改革开放以来，中国与世界的友好往来日益加强，故宫的出国展览又在其中起着积极的促进作用。从20世纪80年代至今的20余年间，故宫举办出国展览近90项，足迹遍及欧、亚、美、澳各大洲，而且规模大、精品多、影响广的展览越来越多。故宫博物院在推动中外文化交流方面发挥着越来越重要的作用。

三　方兴未艾的故宫学研究

故宫博物院也是我国学术研究重地，在明清历史和宫廷文化、中国艺术史、中国古代建筑以及文物保护与鉴定等领域，占有重要而独特的地位，拥有一大批专家学者，产生过众多研究成果，为中国现当代的文化建设、学术积累做出了贡献。

在迎接故宫博物院建院80华诞时，我们提出了故宫学。故宫学之所以能成为一门学科，因为它本身就是一个文化整体。在漫长的中国封建社会，宫廷在一般情况下起着核心和主导的作用，它包含了政治、经济、文化等诸多方面的历史信息。故宫不只是古建筑群，还与宫廷的珍藏及大量的档案、典籍等连在一起，不仅如此，其中还蕴含了丰富的宫廷历史文化。这三个方面是有机结合在一起后，同时也成为故宫学研究最有代表性的东西。故宫学的内涵很丰富，涉及的范围很广泛，从已有的研究成果看，许多都是中国文化史、中国艺术史、中国明清史的重大课题。

故宫学的提出有其必然性。它已有了80年学术研究的基础，有了长期的理论的积累和准备，它的独特内涵正日益被人们所认识。这是提出它的客观基础。同时也有客观的需要，从故宫本身的内涵和地位来看，从故宫研究存在的学术视野不够开阔、研究方法比较单一、研究人员的学养有待提高等实际状况看，故宫研究还需要有所创新、突破，因此，有必要提出并加强故宫学的建设，即明确故宫学是一门学科。这对于从整体上提高故宫研究水平有着重要的意义。

推进故宫学研究，是故宫博物院在21世纪的学术使命、学术责任。在故宫学研究中，要继承并弘扬故宫学术研究的传统，这就是公开、开放的好风气。故宫博物院创始人之一的李煜瀛曾明确提出"多延揽学者专家，为学术公开张本""学术之发展，当与北平各文化机关协力进行"，集中并吸引了一批一流的专家和学者。边清点清宫藏品边向社会公布，院藏的各类文物不断向人们介绍，整理的多种档案文献尽量及时刊布，研究成果注重交流，办有多种刊物，出版了一批书籍，在学术界产生了很大的影响。20世纪80年代以来，故宫博物院对外交流与合作的步伐不断加大，在学术研究上也出现了成果迭出、大批人才脱颖而出的新气象。事实证明，只有立足故宫，树立开放的理念与心态，吸引和组织社会力量参与，加强与海内外高等院校、研究机构、学术团体、专家学者的合作交流，才能推进故宫研究的不断深入。

故宫学是开放的学科，一方面，由于其特有的研究对象与范围，注定了它的学术地位，必然会引起学界的关注；另一方面，由于清末国势日衰，政治腐败、外患频出，清宫文物珍藏多次遭到劫掠或毁损，许多被抢到异域，不少流失民间。由于多种原因，国外一些研究机构、学校及图书馆藏有不少清宫文物。清宫文物在海内外的散佚，客观上为更多的机构与个人参与故宫学研究提供了条件，故宫学的提出也使这些流散的文物有了一个"学术归宿"，它们的文化精神是故宫学的一个部分。

故宫博物院在故宫学研究中有着特殊的地位，也负有重要的责任。它不仅要利用自身优势，在已有基础上有新的提高，而且要为海内外故宫学研究提供服务。在这方面，正在进行的有为期七年的文物藏品的清理并向社会公布，加强故宫基础资料、史料的整理，编辑出版有关故宫文物遗产的志书、实录、编年、纪事等，并重视学术著作的出版等。最近故宫博物院成立了古书画、古陶瓷两个研究中心，聘请了海内外有关的著名专家学者担任客座研究员，并制订研究规划，扎实地开展工作，力求取得更多的成果，并在一些重大课题上有所突破和创新。

故宫学的提出，根本目的在于充分发掘故宫深厚的文化内涵，更好地传承中华文明，弘扬民族精神。我们的研究对象是封建社会的政治、经济、文化中枢，是历史文化，当然应具有清醒自觉的反省意识与批判精神，应有科学的传承观。故宫学研究方兴未艾，它的不断深入，既是故宫博物院保持生机与活力的体现，也必将在我国当代再创文化的辉煌中发挥其应有的作用。

（原载《文汇报》，2005年10月16日《每周讲演》专栏）

永远的故宫　永远的保护

——作于中国第一个文化遗产日到来之际

　　故宫是久远辉煌的中华文明的重要载体，是中华民族历史和传统的重要象征，是世界文化遗产；故宫博物院是我国最大的综合性国家级博物馆，文物珍藏占全国文博系统博物馆藏品总数的1/10。在我国第一个文化遗产日到来之际，在文化遗产保护日益引起全社会关注的情况下，对故宫的保护工作进行认真、全面的检省，进一步提高保护意识，加强保护措施，自有其重大的意义。

一　故宫保护的指导思想

　　从我国关于文化遗产"保护为主、抢救第一、合理利用、加强管理"的方针以及故宫的地位与特点出发，故宫遗产的保护在指导思想上应明确以下五点：

（一）故宫安全及遗产保护是故宫一切工作的基础，是重中之重

　　任何文物单位都有文物的安全问题，但在故宫博物院，安全则有特殊的意义。这一点突出反映在故宫古建筑的防火安全上。由于中国传统的土木材料及独特的建筑结构，火灾是对紫禁城最大的威胁。火灾的原因一是雷击，二是人为。明永乐十八年（1420）紫禁城完工，

但第二年就遭雷击焚毁，15年后才重新修复。从永乐十八年到崇祯十七年（1644）的225年中，宫内共发生大小火灾45次之多，其中人为28次，雷击17次，平均5年发生一次。在清代267年中，紫禁城共发生大小火灾16次，其中人为9次，雷击7次，平均17年一次，较之明朝减少近七成。从史料可以看出，清朝皇帝吸取明朝教训，采取了一些行之有效的措施。

故宫博物院成立后，故宫的安全尤其是消防安全一直受到重视，在许多方面做了努力。中华人民共和国成立以来，故宫博物院在消防安全方面采取了一些重大举措，如建立专职消防队伍、改造消防基础设施、更新装备、安装避雷针、制定防火安全规章制度、实行集中供热等。1982年，国务院专门开会研究并批准了《北京故宫消防设施规划》，文化部批准了《北京故宫技术安全系统总体规划》。此后故宫又完成了高压水管网工程，建成了监控中心，使消防科技达到了前所未有的水平。但是，这绝不是说防火工作可以有丝毫的松懈。1971—2000年，故宫共发生火险33起，其原因之一是雷击，目前对此尚不能完全控制；二是外来人员，包括经商从业者、维修民工等防火安全意识淡薄，缺乏应有的防火安全意识，问题时有发生；三是一些观众吸烟后乱扔烟头所致。目前故宫正在大修，每天数以千计的民工在院内干活，游客每年高达800多万且有增无减，加上经商者数量增多，更增加了防火安全的严峻性。因此，故宫的消防安全工作不可须臾大意，要慎之又慎，常抓不懈。

（二）故宫的文化遗产是一个整体，要有全面保护的意识

故宫博物院是建立在明清两代皇宫的基础上，兼容建筑、藏品与蕴含其中的历史文化为一体的博物馆，这一构成就使故宫博物院有三个特点：

1. 它是有多方面内涵的综合性博物馆，它不仅是中国古代艺术博物馆、中国古代建筑博物馆、中国明清历史博物馆、中国古代宫廷文

化博物馆，还是符合国际公认的"原址保护""原状陈列"基本原则的博物馆和文化遗产。这一特点决定了它的文物藏品的丰富珍贵及其巨大的价值。

2. 故宫的16.7万平方米的古建筑群，珍藏的150万件文物（其中85％以上为清宫旧藏），以及大量宫廷历史文化遗存，三者有着密切的关系。古建筑中曾有明清24位皇帝在此生活与执政，清宫旧藏是中国历代皇家收藏的延续和结晶，宫廷遗存反映了491年间宫中的人物和事件，每一处建筑、每一件旧藏，都有一段故事，都有值得探究的内容。从反映特定时期的历史见证物而言，这些文化遗产都有着同样的重要性，都是应该认真保护的。

3. 在这些看得见、摸得着的古建筑及文物藏品中，还包含着一些需要挖掘、整理、抢救、传承的无形的文化遗产，它们与有形的遗产一起，共同构成了完整的故宫遗产，体现了故宫的整体价值。

从以上三方面特点可以看到，故宫文化遗产既是丰富多样的，同时又有着内在的联系，是不可割裂、不可孤立对待的文化整体。

（三）正确处理博物院与故宫古建筑保护的关系

这里牵涉到对博物院的定位，也关系到对古建筑价值的评判。故宫博物院依托故宫古建筑而建并负有管理、保护故宫的任务。博物院有相当丰富的中国历代艺术精品，故宫本身也需要向公众陈列展示。在过去一个较长时期，博物院的定位主要在古代文化艺术方面，对古建筑的保护虽也重视，采取了许多保护措施，但对它的价值缺乏应有的认识，出于举办展览的需要，有的殿堂改变了原有格局，有的拆掉了内装修，这都影响到古建筑的完整性。在"大跃进"和人民公社化的1958年，故宫博物院做出了"清除糟粕建筑物计划"，将绛雪轩罩棚、养性斋罩棚、集卉亭、鹿囿、建福门等一批不能体现"人民性"的"糟粕"建筑清理拆除，造成了难以弥补的损失。随着文物认识视野的开阔，人们对故宫价值的认识也在深化，即对故宫博物院来说，故宫古建筑不只是个"壳"，是个场所，它是世界文化遗产，本身有着突出的历史价值、科学价值和艺术价值，是精美的不可移动的文物，它与故宫的珍贵藏品一起，成为中华传统文化的重要载体与中华文明成就的一个标志。从这一认识出发，故宫博物院就具有丰富的内涵，故宫的古建筑既是博物院的重要组成部分，同时又有其独特的展示价值和意义。

（四）正确处理保护与利用的关系

保护是重要的，在保护的前提下让故宫及其藏品发挥其应有的社会作用，也是博物院的重要工作。由于展陈条件的限制，故宫过去展出的文物较少，效果也不尽如人意。近年来，故宫博物院从贯彻以人为本、坚持公益性方向上认识为公众多办展览、办好展览的重要性，积极采取措施，让更多的艺术珍宝不再长期沉睡于库房，而是走进展室，服务社会，供人们研究、珍赏、品玩。2005年，院内各种展览即达20多个，展览水平也在不断提高。近几年赴海外展览每年都在4—5次。故宫博物院的陈列展览都在古建筑中举办，往往既影响展陈效果，也给古建筑保护带来一定影响。这里确实存在着矛盾，但并不是绝对的。几十年的实践已使故宫摸索出了一些利用古建筑进行陈列展览的经验，午门城楼的展厅就是文物专馆建设的一个实例，成为"将高水准的当代设计理念成功融入历史内涵的最新建筑作品"，获得2005年联合国教科文组织亚太文化遗产保护评审团创新奖。同时，故宫博物院也正积极筹建新的现代化的展览馆，以满足一些有特殊条件要求的文物的展出。

（五）故宫的保护需要社会的积极参与

故宫以其特殊的地位和影响，一直受到海内外的广泛关注与支持。故宫虽然由故宫博物院管理，但这绝不单是故宫博物院的事。国务院领导说过，故宫的大修是国家的事。国家的事就是全国人民的事。全国人民的关注，既是监督，又是支持。故宫的保护与历史文化名城北京的保护关系很大。半个多世纪以来北京城市的改造、建设，直接影响到故宫的保护。按照中国属地管理的体系，故宫的保护范围、建设控制地带以及作为世界文化遗产缓冲区的划定和管理工作，也由北京市人民政府负责。故宫的保护举措也常引起国际社会的关注，一些海外组织也给予多方面的支持和帮助，他们不只带来资金和技术，还带来一些新的理念。这在故宫保护中都起着重要的作用。

二　故宫古建筑的保护

故宫古建筑保护是故宫博物院的一项重要而艰巨的任务。特别是中华人民共和国成立以来，故宫的保护日益受到重视，故宫博物院组建了专门的施工队伍、研究机构和管理机构，适时确定维修的方针，制订规划，对古建筑进行了坚持不懈的有效的维修管理。随着对故宫价值的充分认识，加之社会各界的支持，从20世纪90年代以来，故宫博物院在故宫保护中先后采取了一些重大的举措，取得了明显的效果。

从2002年开始的海内外瞩目的故宫修缮工程，是国务院做出的决策，在我国文物保护中具有标志性的意义，它是国家综合实力发展水平的反映，又是国家对文化遗产保护工作空前重视的表现。故宫修缮既是重大的文物保护工程，又是重大的文化建设项目。三年来，进行了武英殿院落、午门正楼及城台、钦安殿、中轴线周围建筑、御茶膳房、戏衣库等约3.4万平方米古建筑的保护维修，目前这些工程已经陆续竣工并投入使用。修缮后的古建筑达到了庄严、肃穆、辉煌的预期效果，整体色彩与外观相协调，得到了专家的肯定。从今年开始，故宫中体量最大、规格最高、技术要求最严格的太和殿动工修缮，这在故宫大修中有着重要的意义。这次百年来未有过的修缮工程，与以往的维修有着很大的不同，主要体现在以下三点：

（一）明确了"完整保护、整体维修"的方针

这个方针很重要，它着眼于整个故宫古建筑群及其景观环境的保护，解决"祛病延年"的核心问题，因此就要求有充分的准备，制订科学的规划。首先对故宫古建筑及其环境的保存、管理及利用的现状进行调查研究，接着对故宫的价值和调查结果进行评估，在此基础上制订保护规划，确定保护原则、保护对策和主要规划措施。反复征求专家意见的《故宫保护总体规划大纲》（以下简称《规划大纲》）由国务院授权国家文物局做了批复。贯穿《规划大纲》的原则是保护和保存文物及其环境的真实性、完整性，实现文物价值的延续。《规划大纲》明确了展现庄严、肃穆、辉煌的风貌，充分展示历史文化价值与内涵的目标。在确定的故宫保护对策中，把通过合理利用促进古建筑保护列为一项，认为科学地拓展开放有利于古建筑的保护，从根据古建筑相对价值划定的类别及其可辟为展室的几种形式出发，把古建筑保护工程与为将来使用配置的有关设施建设结合在一起。

以上这些提法的形成是故宫博物院80年来在故宫保护方面大量经验教训的总结，是在新的时期进行科学探索的成果，是故宫保护理论的丰富和升华，在故宫修缮中发挥着重要的指导性作用。

（二）在整个修缮过程中重视研究工作

故宫修缮是个复杂的系统工程，它不仅要利用已有的科研成果，在整个修缮过程中也必须坚持开展研究，所有的保护程序都要以研究的成果为依据。研究工作主要落实在文献资料的查阅和采集（包括明清档案整理、古代文献查阅、故宫历年维修保护档案及测绘资料的整理和查阅），古建筑、园林及其环境的现场勘查、测绘和记录，基础设施的勘察、测绘与环境监测，以及材料、技术的研究等环节和方面，并且要在每一处工程竣工后，撰写出版工程报告，最终形成故宫古建筑的一套档案。以上每类都有一系列研究课题，绝大部分已落实，

有的已可结题。这样就能使工程的实施建立在科学可靠的基础上，避免盲目性和简单化，也才能使《故宫保护总体规划大纲》落到实处。

（三）修缮成果要在理论和实践上做出应有的贡献

故宫是中国最具有代表性的古建筑，有自己的材料、技术、工艺等特点，这些特点决定了中国古建筑在修缮中，既要遵循国际上一些公认的原则，同时也要从中国的实际出发，形成符合中国古建筑修缮实际的特殊要求。只有这样，才能更好地保护古建筑。因此，旷日持久、规模空前的故宫修缮工程就具有理论和实践两方面的意义。这项工程所积累的经验以及所形成的理念，将会对故宫以外的中国古建筑维修保护起到积极的引导作用和良好的示范作用。同时，也会对中国乃至世界文化遗产保护理论的发展做出应有的贡献。

我们目前特别强调正确认识大修与日常维护的关系。大修是带有阶段性的任务，像目前如此规模的大修工程在故宫历史上也是很少的，保护故宫古建筑，重要的是日常的保养维修。故宫近600年来能完整保存下来，日常维护是个最重要的原因。过去皇宫都有"岁修"工程，乾隆年间"营造司承办宫内及各等处咨修工程"，每年所需银两约3万两。乾隆十六年（1751）谕旨："紫禁城内各处俱当洁净整齐，如有应修之处，亦当即行补修，岂可致令不洁不整？"①乾清宫等处三年一次修葺，每年定时拔草、淘沟等。乾隆三十二年至三十四年（1767—1769年），宫殿丹雘以岁久色旧，特拨款饰新，自外朝至大内，三年完成，"焕丽倍增于前"。故宫博物院成立80年来，所进行的各项大小维修工程650余项。正是这些持久不懈的认真维护，起到了防微杜渐的作用，延长了古建筑的寿命。这次故宫大修的目的，就是通过全面完成古建筑的内外环境整治和整体保护，解决历史"欠账"，在此基础上使常规维护进入良性循环。因此在大修中，对于已

① 转引自章乃炜、王蔼人：《清宫述闻》，紫禁城出版社，1990年，第13页。

经修缮完成和尚未维修的宫殿都要加强日常的维护，发现问题及时处理；维修结束后，决不等于万事大吉，还要继续进行经常的维护，永远不能懈怠。

三　故宫可移动文物的保护

故宫博物院藏的150万件可移动文物是故宫博物院赖以存在及开展业务活动的重要基础，保护这些藏品也是博物院的一项专业工作。故宫的文物藏品主要是清宫遗存，大致由宫廷历史文物、古代艺术珍品与清宫典籍和档案等三部分组成。新征集的文物，其中不乏原藏清宫后流散在外，再由仁人捐赠或以重金购入者，而更多的则是流传有绪的传世历代艺术珍品和善本典籍。故宫的藏品包括了中国古代各个历史时期及艺术品的所有门类，并具有级别上、数量上的优势。管理、保护好这些藏品，责任重大。

故宫博物院对文物的管护一直很重视，从清室善后委员会在点查清宫物品时形成的"出组"制度，到在文物南迁14年中颠沛辗转、用生命守护文物的事迹，以及中华人民共和国成立50多年来的辛苦努力，都表现了故宫人珍护国宝的高度负责的精神，正是这种精神保证了80年来故宫文物基本保存完好。按照国务院《关于加强文化遗产保护的通知》中提出的"提高馆藏文物保护和展示水平"的要求来审视，故宫博物院在可移动文物的保护中还存在不少薄弱环节，需要做的工作很多，目前正在开展的有以下三个方面：

（一）彻底清理文物藏品

故宫已开始为期7年的文物藏品清理工作，下决心弄清家底。清理的重点是宫廷物品。过去由于受传统的文物观念的影响，许多珍贵的宫廷遗物仅作为"文物资料"对待，有些储放过遗物的殿堂从未进行过彻底清理，一些"文物资料"的准确情况并不完全清楚。有些同类物品由不同部门管理，有些还没有定级。这次结合古建筑大修，要进行一次全面、彻底的清理。清理工作又与提高文物管理的信息化水平、进行抢救与修复以及文物定级等工作结合在一起。这是博物院文物保护的基础性、专业性工作。家底明白了，文物的保存状况清楚了，就可以有的放矢，采取切实的保护措施。这项工作任务量大，难度也不小，我们一定要克服畏难情绪，坚持搞好。在认真清理的基础上，适时编印并向社会公开发行故宫博物院藏品总目及珍品图录，以便更好地为社会服务，也有利于社会对故宫文物保护状况的监督。

（二）加强文物管理工作

故宫博物院约有80万件藏品存放于地下库房，在恒温恒湿的条件下得到了较好的保护，但仍有很大一部分藏品存储在地面库房。虽然大部分地面库房的文物保管条件正在得到改善，但由于自身条件的限制，在密封和温湿度控制等方面与文物保护的要求仍有一定差距。随着故宫古建筑修缮的逐步开展，我们将加大对库房建设的投入力度，以适应各类文物保护的特点和要求。藏品库房的安防设施水平也要进一步提高。文物保管是一项专门的学问，不但需要相关的知识，更需要日积月累的经验。随着业务部门中年轻人员的增多，还要不厌其烦地进行思想教育和业务能力的培养。

（三）重视文物的修复和抢救

故宫博物院的文物藏品特别是大量宫廷物品，因多年来缺少维护，或保管方面的原因，有些损坏严重，要逐步修复，有的则带有抢救性质。这主要反映在两方面：一方面是宫廷文物。故宫博物院宫廷部列出了匾联、灯具、乐器、车轿、卤簿仪仗、家具、钟表、生活用具、外国文物、旧藏唱片、祭法器、武备、唐卡、盔头、玺印及册、地毯、天文仪器、卷幅、成衣、铺垫帷幔、冠帽等共21个种类目前需要抢救修复，数量巨大。例如，家具类在账的共5811件（包括屏联、贴落），约2500件家具上镶嵌的各种质地嵌件脱落、缺损严重，需补配；屏风镶各类纺织品、纸画芯破损严重，需补配；另有约500件没有列为文物而被视为"资料"的家具散架，零件缺失，需补配各类材质的木料并重新修复。另一方面是原状陈列。由于自然损耗，特别是近年来有害环境的加剧，许多陈列品因质地、原状等原因表现出不同程度的损坏，急需抢救或予以必要的复制。故宫需要修复的文物很多，但修复技术力量严重不足。图书馆藏古籍善本35万册，3/10需修复，其中虫蛀、水湿、糟朽、霉烂的2万册古籍需抢救，而本院专事图书修复者仅2人，年修复量为100册左右。问题相当严峻。故宫博物院拟采取多种办法解决这一问题，如适当借助社会力量，按已定的工作项目，或直接从社会上吸纳相关人才，或与具有相关文物修复能力的单位签订协议，借用其技术人员等。这方面的困难和问题还很多，我们一定要从完整保护文化遗产、传承中华文明的使命感和责任感出发，努力完成这项事关重大而又十分紧迫的任务。

四　故宫非物质文化遗产的保护

非物质文化遗产是故宫遗产的重要组成部分，需要认真研究、发掘、保护和传承。非物质文化遗产是近年来出现的一个新的概念，或称无形文化遗产，是相对于有形的物质形态的文化遗产而言的。提出非物质文化遗产，是人们在文化遗产保护观念上的一大发展。对于故宫博物院来说，提高这方面的认识很重要。过去故宫博物院从自身工作任务出发，对属于传统工艺、技术等方面的非物质文化遗产还是重视的，例如古建筑的工艺、技术，文物修复、装裱的传统技艺等，都有专门机构与专业人才，做得还是比较好的；但由于没有从非物质遗产的高度来看待，因此视野不开阔，思路不广，自觉性也就不高，有些应该保护尚缺乏认识，有的则在传承上还存在困难。非物质文化遗产保护给故宫博物院带来了新的机遇，拓宽了文物保护的新天地，对博物院自身的功能完善和组织结构调整也会起到促进作用。故宫博物院的非物质文化遗产保护，要重视与社会力量的结合。目前正在努力进行的工作有三方面：

（一）古建筑传统技术的继承与发扬

紫禁城作为古代宫殿发展的集大成者，代表了所处时代建筑技术和建筑艺术的最高标准，是研究古代官式建筑技术的最好范例。传承古代建筑技术是故宫义不容辞的责任。长期以来故宫有自己的古建筑队伍，他们在故宫古建筑保护和北京古建筑保护方面发挥过重要作用。这次故宫维修，在传统材料生产技术、传统瓦木石土油漆彩画技术以及传统内装修材料、工艺、技术等方面，既坚持传统工艺技术对于质量的要求，同时还认真抓了传承，有的则属于抢救，如在倦勤斋内装修的修复中，从南方民间找到了面临失传的内墙与顶棚的裱糊材料——桑皮纸的生产技术。故宫也积极采用新的技术，作为传统的补充。为了传承，在维修的全过程实行跟踪影像记录，实行师傅带徒弟的办法，编写、出版记录传统工艺和技术的工程报告等。

（二）文物保护技艺的传承

故宫藏品丰富，且门类众多，在文物保护方面出现了不少各具特长、身怀绝技的专门人才。但现在人才队伍尚不尽如人意。故宫决心加强这方面工作，抓好重点，使"绝活"不绝，后继有人。

（三）对与一些文物相关的非物质文化遗产的发掘、研究和传承

故宫有些文物与非物质文化遗产有密切关系，但过去只看到它是"物"，看不到它与无形的文化遗产的关系。例如2003年，中国的传统音乐——古琴艺术被联合国教科文组织宣布为"人类口头和非物质

遗产代表作"，引起极大反响，使这一日渐式微的古老艺术又为世人所关注。故宫博物院现收藏古琴46张，不仅数量上在全国博物馆中居于首位，而且属于唐、宋、元三代的典型器就占藏琴的1/3，在质量上也是最好的。过去认为只要把古琴保护好就行了，现在则认识到，与古琴有关的古琴艺术同样是要很好保护的，它的保护方式主要是传承。全国被确认的包括港、台地区在内的52位古琴传承人，故宫只有1位。有这么多、这么好的古琴，故宫有理由在古琴艺术传承上做出更大贡献。又如清朝宫廷音乐大体分为两部分，其主要部分是用于内朝的典制性音乐，包括祭祀乐、朝会乐、宴飨乐、行幸乐等，另一部分是用于内廷、御园等处的娱乐性音乐。典制性音乐最有代表性的是中和韶乐，又称为"八音之乐"，它是传统的宫廷雅乐，创立于3000多年前的周代，专用于宫廷礼仪及祭祀，明代洪武年间改称"中和韶乐"，一直沿用到清末。延续数千年的中和韶乐，是民族音乐的一个重要组成部分，自有其独特的价值。故宫博物院现有宫廷乐器2053件，包括中和韶乐在内所用的各种乐器都被保留了下来，又有完整的宫廷乐谱，也有专家多年来对中国古代宫廷音乐文化遗产进行研究、整理。诸如此类的非物质文化遗产的挖掘、研究、传承，故宫博物院要做的工作还很多。

五　提高文物保护科技水平，加快"数字故宫"建设

故宫博物院文物收藏丰富，涵盖面广，涉及古建筑（彩绘、土、木、砖、瓦、石）、书画、纺织品、金属、陶瓷、漆器、木器等不同质地，需要解决的问题很多。故宫博物院现有一支80多人的文物保护队伍，半个多世纪以来为文物的保护、修复做出了重大贡献。近年来，故宫十分注重科学技术在文物保护中的作用，采取了一些措施，取得了明显效果，主要体现在以下几方面：

（一）从院藏文物保护的实际需要出发，研发并应用了一批科技成果

"大型环氧乙炔熏蒸消毒设备的定制与应用研究"解决了防止有机质地文物从地面库房移入二期地库时将虫霉隐患带到地下的问题；根据故宫有机质地文物数量多、规格形式差别大、虫害治理任务量重的情况，完成了"大型低温冷冻杀虫设备的定制与应用研究"，定制了冷冻杀虫设备，发挥了很好的作用；研制的多功能洗画机，可解决或有效改善书画清洗过程中的许多问题；"蜡笺纸及其复制的研究"，恢复了失传已久的传统蜡笺的制作工艺，填补了国内空白；"应用EVA热溶胶膜加固糟朽纺织品""古代纺织品文物霉斑清除研究""负压书画保存筒的研制"等项目，以及铜器的传统烫蜡封护技术、角楼宝顶的镏金技术、渗金多宝塔的氩弧焊接技术、修复青铜器的制版技术等，都在文物保护中发挥了实实在在的作用。这些成果凝结着故宫科研人员的心血，是故宫文物科技保护水平的重要体现。

（二）树立开放意识，积极开展对外合作

为了克服自身的局限，更多地吸取新的科学技术，故宫博物院近年来加强了与国内外有关机构的合作。在对外合作方面，有与意大利政府文化遗产部开展的太和殿区域保护合作项目，主要针对太和殿室内油饰保护、墙体装饰保护以及室外石构件的保护。根据两年多的调研和现场试验已取得的阶段性成果，初步形成了比较安全、可行的保护方法。与美国世界纪念建筑基金会合作的倦勤斋保护项目，对室内通景画的修复固色、内檐装修保护进行了深入研究和有益尝试，对传统修复保护工艺的继承与发展有很好的促进作用。在对一些可移动文物的保护中，也重视与国外合作或引进比较先进的技术。在国内，联合相关的研究机构、大专院校和文博单位，利用各自优势，形成互补，例如与教育部有机硅化合物及材料工程研究中心、北京化工

大学、有色金属研究院、北京理化分析检测中心、西安文物保护中心、荆州市文保中心等单位合作，对一些文物的保护进行协作研究，成果明显。故宫博物院还召开了"古建筑彩绘和壁画保护技术研讨会""砖、石文物保护技术研讨会""传统装裱技术研讨会"等，邀请国内有关专家出席，互相切磋，开阔了视野，交流了经验，从理念与技术上都得到启发与提高。由于文物保护对象的复杂性，故宫在积极对外交流与合作中，认识到文物保护工作更应强调针对性和适用性，不能照搬。同时注重在传统技术中融进现代保护理念和手段，认知传统技术中的科学性，使传统技术在文物科学保护中得到更好的发展。

（三）加快"数字故宫"建设步伐，加强文物保护与利用的力度

"数字故宫"是为更好地保护和利用故宫博物院的丰富的文化资源而提出的全新理念。将各种文物、古建筑乃至蕴含其中的历史文化资源，通过多种形式的数字化采集、加工管理、存储、发布手段，使之能在文物资产管理、展览陈列、科学研究、观众服务等诸多方面得到充分利用，从而实现故宫文物总体上抢救的及时化、保护的科学化、利用的合理化以及价值利用的社会化。经过多年的努力，"数字故宫"建设已在计算机通信网络建设，资料信息采集、加工、储存平台建设，核心数据库建设，信息化管理工作平台建设，以及数字化文化展示平台建设等方面，取得了阶段性成果，获得了文化部文化创新奖。文物管理信息系统的建成，初步实现了院藏文物信息的资源共享，提高了业务部门对文物管理、利用的方便程度，提升了文物库房的管理水平，也为彻底盘清故宫的文物家底奠定了基础。故宫博物院国际互联网站以其12个主要栏目、3.5万张影像和4000余万的文字成为故宫面向世界的窗口，也是宣传中华优秀传统文化的平台。目前日点击量约60万次。现继续以每月60篇文稿和一个网上主题展览的更新速度扩充着网站的内容。故宫与日本凸版印刷公司合作开展的文化资

产数字化应用研究，侧重于利用三维数字技术保存和展示古建筑及文物数据，合作完成的两部节目，利用虚拟现实技术恢复了紫禁城宫殿金碧辉煌的原貌，形象地展示了紫禁城传统建筑的文化内涵和古建筑营建技术等非物质文化遗产信息。"数字陶瓷馆"是一个全新的文化展示系统，它通过网络传送的多媒体信息，在传统陈列室内极大地扩展和深化了展示内容的疆界、深度和层次，也为我院今后提升文化展示技术探索了新路。新建成的"电子画廊"则通过精细影像浏览技术以零等待、近距离、超清晰的图像质量，为专家学者们的书画研究和鉴定服务提供了全新的技术手段。古代书画珍品的高精度仿真复制，将为传承优秀文化、扩大珍品文物的社会影响力以及拓展文化产业，起到积极的推动作用。与美国IBM公司共同进行的"跨越时空的紫禁城"项目，即将开展实质性工作。这个项目的切实推进将使故宫的文化展示工作整体迈上新的台阶。故宫博物院把打造"数字故宫"视为使传统的博物馆跟上时代步伐，使古老的故宫焕发出青春气息的战略性举措，决心继续推进，不断发展。

文物保护工作的实践，全国科学技术大会的推进，都使故宫博物院进一步认识到科学技术在博物馆建设中的重要意义，认识到科技工作是文物保护的首要任务。从这一认识出发，故宫博物院决心更加重视文保科技工作，加强文保科技部的建设，明确定位，搞好规划，从新的任务出发进行机构调整，转变工作方式，增加必要的仪器和设施，特别在人才培养上下功夫，鼓励科技创新，努力解决实际问题。同时在全院要形成重视科学技术的氛围。科学技术不只是技术层面的事，当前我们还要重视科学精神、科学态度、科学理念、科学方法，加强这些基本的训练，为做好包括文物保护在内的各项工作打好基础。

文化部部长孙家正在故宫修缮工程专家咨询委员会的一次会议上说："我认为故宫博物院走过的80年历史，已经形成了一种突出的文化思想、文化气节和文化精神，对祖先遗留文物的无比珍视和舍命坚守，对民族优秀文化遗产和博物院事业发展的无比自豪和敬业精神，就是这种文化的核心。它仍然在形成和发展，并汇流到社会主义主流文化之中。"这是对故宫精神的概括和褒扬。文物保护工作不是孤立的，它是博物院自身建设和发展水平的反映，是职工综合素质的体现，故宫博物院决心不辜负全国人民的重托，不断提高对文物保护的认识，增强文物保护能力，使中华民族的瑰宝永续相传，使民族传统文化永放耿光！

（原载《故宫博物院院刊》，2006年第3期）

故宫博物院 80 年

故宫博物院已走过80年历程。回眸检视，这是一段不平凡的岁月。时代的风雨使它留下了太多曲折而又始终前进的印痕，也记载着中华民族对自己的历史记忆和对文化遗产的认识过程。今天的故宫博物院正以努力开创新的局面迎来一个重要发展时期，在我们科学地传承文明、再创文化辉煌中发挥着特有的作用。

一　故宫博物院见证了历史的沧桑

故宫博物院是中国近现代社会变革、文化转型的产物，见证了历史的沧桑，今天它作为中华民族历史和传统的重要象征，正为人们所深刻认识和空前重视。

在近代欧洲许多国家，以革命手段推翻旧的封建专制政权后，宫殿连同宫廷收藏往往随之变为国立博物馆。但在中国，由皇宫变为博物馆却经历了一个较长的过程。辛亥革命推翻了封建帝制，结束了清王朝的统治，但根据《清室优待条件》中清室"暂居宫禁""日后迁居颐和园"的规定，以溥仪为首的逊清皇室仍在内廷苟延残喘了13年。溥仪享受中华民国对待外国君主之礼遇，在宫内不仅"大清皇帝"尊号仍旧，且继续使用"宣统"年号，并在北洋政府的庇护下，不断进行与民国法令相抵触的活动。许多遗老遗少都把居住内廷的溥仪作为图谋复辟的希望。大量珍贵文物以各种方式流出宫外，建福宫花园及所藏的珍宝被付之一炬。

1924年10月，冯玉祥将军借第二次直奉战争之机，发动了震惊中外的"北京政变"，溥仪遂于11月5日交出"皇帝之宝""宣统之宝"御玺两方并携同眷属迁出宫禁。冯玉祥曾说过："民国六年（1917）张勋复辟，破坏共和，捣乱虽在张逆，祸根实在清廷。看样子不取消清宫优待条件，不把逊帝那小孩子请出宫，今后难免有人再搞复辟，今后共和政体势难安宁！"冯的话一语中的。接着成立的清室善后委员会在组织的清宫物品点查中，就发现清室密谋复辟的函件。这使人们进一步看到冯玉祥将军驱逐溥仪出宫是正确的。鉴于当时的紧迫形势，善后委员会认为，要使清宫善后之事成为公开局面，杜绝清室方面的复辟妄想，必须迅速成立博物院。经过一系列紧张的筹备工作，故宫博物院终于在1925年10月10日宣告建立。皇宫成了故宫，成了故宫博物院，深宫禁苑向平民百姓开放，这是民主革命的又一胜利。

故宫博物院的成立正值新文化运动高潮之后，新旧思想道德、新旧文化剧烈碰撞之际。已成为全社会在文化思想与新学科研究方面先导的北京大学，不仅积极参与清宫物品点查，并在故宫博物院的建设中起了主导作用，其研究所国学门一开"于古代研究，则提倡考古学，注意古器物之采集；于近代研究，则重公家档案及民间风俗"（沈兼士语）的风气，也使故宫博物院的研究工作在创立伊始就有了一种新的学风。于是皇宫变成博物院，不只是重大的历史变革，又具有用新文化的思想审视、研究传统文化的意义。

故宫建成博物院后，与我们民族共命运，见证了时代的风雨。1931年"九一八"事变后，为了保护中华民族的珍贵文化遗产，故宫博物院数十万件文物迁往南京。抗日战争全面爆发后，又分三路西迁四川，历时十余年，行程数万里，艰苦卓绝，但文物基本无损，创造了第二次世界大战中保护人类文化遗产的奇迹，这也是故宫同人对抗战的巨大贡献。抗日战争胜利后，北平战区的受降典礼在故宫太和殿前举行。1945年10月10日，第11战区司令长官孙连仲将军接受日军华北司令官根本博中将的降书，根本博等日军代表将他们手中沾满中国人民鲜血的战刀放置于受降桌上。当时前来观礼的北平民众达10万有余。这一天又恰逢故宫博物院建院20周年纪念。古老的紫禁城，恢宏的太和殿，被选择为这一辉煌的历史性受降典礼之地，也更说明了作为中华民族传统文化载体的故宫对前进中的中华民族仍是一种文化象征。

故宫建筑宏伟壮丽，故宫庋藏多是瑰宝，因此才成立故宫博物院。但故宫又曾是封建皇宫，在许多反对封建、推翻帝制的革命者头脑中，总有一个阴影挥之不去：如此看重故宫对不对？保护故宫与反封建宗旨是否相一致？1928年，国民政府委员经亨颐提出"废除故宫博物院，分别拍卖或移置故宫一切物品"的议案，就是这种思想认识的集中反映。为了保存故宫博物院，故宫同人遂拟写传单，向社会散发，将建院经过、建院的必要性及经亨颐提案之不当等情况，陈述于国人面前。对经亨颐批驳最有力的，是由张继以大学院古物保管委员会主席名义给中央政治会议写的长篇呈文，呈文对经氏提案中的五个要点逐一驳斥，并请"仍照原议，设立专院，使有责成，而垂久远"。例如，经氏说："故宫博物院……研究宫内应如何设备，皇帝所用的事物……岂不是预备那（哪）个将来要做皇帝，预先设立大典筹备处吗？"张继批驳道："是说诚荒唐之尤者，研究以前的历史，是完全学术之供应，而非为实行彼时之现象。"又如，经氏说："皇宫不过是天字第一号逆产就是了。逆产应当拍卖。"张继批驳道："故宫已收归国有，已成国产，更何逆产之足言？故宫建筑之宏大，藏品之雄富，世界有数之博物院也。保护故宫，系为世界文化史上尽力，无所谓为清室逆产尽力也。且故宫诸藏物，皆由明清两代，取之于民，今收归国有，设院展览，公开于民众，亦至公也，与拍卖之后，仅供私人之玩弄者，孰公孰私，不待辩而即知矣。"

值得重视的是张继呈文中最末一段话。他从欧洲近代皇宫变为博物馆的趋势出发，力陈保护故宫及故宫藏品的重要意义："现欧洲各国，为供历史之参考，对于以前皇政王政时代物品，莫不收罗保存，惟恐落后，即苏俄在共产主义之下，亦知保护旧物，供学者之研究，一代文化，每有一代之背景，背景之遗留，除文字以外，皆寄于残余文物之中。大者至于建筑，小者至于陈设，虽一物之微，莫不足供后人研究之价值。明清两代，海航初兴，西化传来，东风不变，结五千年之旧史，开未来之新局，故其文化，实有世界价值，而其所托者，除文字外，实结晶于故宫及其所藏品。近来欧美人士，来游北平，莫不叹为大可列入世界博物院之数，即使我人不自惜文物，亦应为世界惜之。还观海外，彼人之保惜历史物品如彼，吾人宜如何努力？岂宜更加摧残？"这一看法突出了故宫在学术研究、传承文化以及在明清两代文化转型中所体现的"世界价值"，这应是当时对故宫价值最为深刻的阐述。

经亨颐的提案在复议时被否决，故宫博物院到底保存下来了。但经氏的这一观点却并未销声匿迹。中华人民共和国成立后，这种思想不绝如缕，常以不同方式表现出来，其实质仍是如何对待我国的历史和传统。国家对故宫博物院很重视，但皇宫、皇帝与"封建"的联系仍像梦魇一样使许多人困惑。20世纪60年代初，曾有人提出故宫"地广人稀，封建落后"，要对它进行改造：在故宫内部建设一条东西向的马路，并将文华殿、武英殿改造成娱乐场所。所幸此议并未实行。在"横扫一切"的"文化大革命"初期，故宫出现了一个荒诞可笑而又十分可怕的"整改方案"：在太和殿前竖立两座大标语牌，一东一西，高度超过38米高的太和殿，用它压倒"王气"；太和殿宝座要扳倒，加封条；在宝座台上塑持枪农民像，枪口对准被推翻的皇帝；把过去供皇帝到太和殿主持大典之前临时休憩的中和殿改建为"人民休息室"，把一切代表封建意识的宫殿、门额全部拆掉；等等。这些方案中有的项目竟然实现了，"人民休息室"也布置起来了，其他项目因当时无暇顾及，才使有关殿堂得以幸免。

故宫曾是中国最后两个封建王朝的皇宫。封建专制时代随历史潮流结束了，但故宫仍有重要的研究价值和象征意义。它代表了中国的过去，新的政权就是在这个历史基础上建立起来的。它是中国传统文化的重要载体。传统文化既有糟粕，又有精华，人们只有在扬弃传统文化的基础上，才能创造新的文化。因此，我们只有摒弃以阶级斗争为纲和历史虚无主义的史观，坚持唯物辩证法，才能正确地评估历史，才能正确地评价传统文化，也才能看清故宫的重要价值。这个认识是在曲折发展的历史中逐步形成的，并且正在转化成巨大的物质力量。故宫博物院自20世纪80年代以来发展较快，得到党中央、国务院及社会各界的重视和支持，就与社会上这个认识的不断提高密切相关。

二　故宫博物院反映了中国博物馆事业的发展水平

故宫博物院的80年，历经艰难曲折，今天以其宏富的收藏、多样的展示、丰硕的科研成果为世所瞩目，从整体上反映着中国博物馆事业的发展水平。

1905年，张謇在南通建立中国第一座公共博物馆，中国的博物馆事业迈出了难能可贵的第一步。1912年国立历史博物馆开始筹建，1926年正式开馆。1914年，内务部在故宫文华殿和武英殿成立古物陈列所，主要收藏陈列沈阳故宫和热河行宫的20余万件珍贵文物，"始具博物馆之雏形"，开国立博物馆之先河。"此外，大规模之博物馆尚无闻焉。有之，自故宫博物院始。"（马衡语）

故宫博物院的成立是中国博物馆事业发展中划时代的大事。建院时就制定了"临时组织大纲"及"董事会章程"、"理事会章程"。

直接借鉴西方博物馆管理的经验，运用董事会与理事会的形式，说明中国博物馆自起步就与国际通行做法相接轨。国民政府接管故宫博物院后，颁布了《故宫博物院组织法》，这是中国历史上第一部有关博物馆的法律；接着又颁布了《故宫博物院理事会条例》。这两份文件在故宫博物院的发展史上意义重大，标志着博物院已由草创走向成熟，同时也是中国博物馆事业走上正轨的开端。故宫博物院的实践也催生了中国博物馆学。1934年，故宫博物院院长马衡与北平图书馆馆长兼故宫博物院图书馆馆长袁同礼、中央博物院筹备委员傅斯年等联系博物馆界，倡议组织中国博物馆协会，次年马衡被推举为新成立的博物馆协会会长。

故宫博物院80年历程，以1949年为界，可分为前24年和后56年两个时期。在前24年中，故宫博物院经历了初期的坎坷、短暂的辉煌和南迁的颠沛。由于北洋军阀政府的内战，政局的不稳与变化，加上经费的短绌，使博物院甫一出世便举步维艰。从1926年3月到1928年6月的两年多时间，就经过维持员、保管委员会、维持会、管理委员会四个时期，院领导机构有四次"改组"。但故宫守护者仍坚忍不拔，惨淡经营。1928年6月，国民党的北伐军占领了北京，接收了故宫博物院。1928年10月，经亨颐提案风波平息后，故宫博物院各项工作逐步走上正轨，陈列展览与参观开放、文物整理保护与传拓刊印、古建筑维修及开通道路等，各方面都有值得称道的成绩，出现一派兴旺景象。突出的是对清宫档案的整理与刊布，共编辑出版各类档案史料书刊达50余种300多册1200万字，同时也造就了我国近代第一批从事历史档案工作的专业队伍。

抗日战争中故宫文物南迁西运，文物保护成为首要任务，其他工作几陷停顿。中华人民共和国成立前夕，南迁文物中的一部分被运往台湾。1965年11月12日，在台北市士林区外双溪成立故宫博物院。从这一天起，中国有了两个故宫博物院。现在台北故宫博物院的65万件文物中，有60万件是清宫旧藏。两个博物院同根同源，其基本收藏都是清宫旧藏，都是中华文化遗产，都在向海内外弘扬着中华传统文化，并强化着中华民族的文化认同感。1995年出版的《国宝荟萃》，是两岸故宫博物院首次合作的成果，该书从文物的价值上体现了国家和民族的统一。两个故宫博物院同时存在，但故宫只有一个，因此故宫在两岸文化交流中起着特殊的作用。

1930年10月，故宫博物院院长易培基曾向国民政府行政院提出"完整故宫保管"的议案，并以理事蒋中正领衔呈送国民政府，当即得到行政院的批准，同意将设在紫禁城外朝的古物陈列所与故宫博物院合并，将中华门以北各宫殿，直至景山、太庙、皇史宬、堂子、大高玄殿等一并归入故宫博物院。这是开创故宫博物院全新局面的一个议案。但因多种原因，一时难以付诸实践。抗日战争胜利后，这些与故宫密不可分的建筑物陆续收归故宫博物院，古物陈列所也于1948年3月归并到故宫博物院，故宫的外朝、内廷合在一起，易培基任院长时的愿望终于实现。

中华人民共和国成立后，故宫博物院进入新的发展时期。在56年的历程中，其间虽然也有曲折，但总的是稳步地前进，特别是20世纪80年代以来，随着国家改革开放的步伐，故宫博物院的各项工作都有了很大进步，在整体上体现着中国博物馆事业的发展水平。突出表现在三个方面：

其一，充实文物藏品。当年文物南迁，决定尽量挑选精品，事实上并未完全做到。各库藏品数以万计，大量珍品贮藏其间，大部分仍留存未动，有的库甚至整库文物未动。同时，各个陈列室须维持正常开放参观，就要保留一定数量的展品。也有的装箱人员因对文物缺乏研究而留下真品，选走赝品，还有的虽系精品但因故未及装箱，等等。在日寇投降后，北平故宫本院就接管了大批散失在平津地区的文物，同时也收购了一些私人收藏家的藏品，如杨宁史青铜器、郭葆昌觯斋瓷器、存素堂织绣、天津溥仪旧宅留存文物、清宗人府玉牒、陈仲恕汉印等，其中不乏稀世珍宝。中华人民共和国成立后，故宫博物院又在充实院藏上下了很大功夫。一是认真清点院藏文物。故宫当时有一些库房仍未清理，还有大量珍宝被清室人员藏匿在隐秘之处，通过清点，在绘画、青铜器、瓷器、工艺品等方面都发现了大批珍品。二是在中央政府及各省市政府的积极支持下征集、购买散佚的清宫文物及其他国宝。"三希堂"中的"二希"《伯远帖》《中秋帖》就是国家花巨资从境外购回的。近些年来，故宫博物院也坚持珍品收购，如2003年就花2200万元购回隋人书《出师颂》。三是社会各界人士的慷慨捐赠。迄今为止，先后有600多人次向故宫捐献文物，其中不少是无价国宝。故宫博物院1949年以来新入藏的文物达20余万件，加上40万件珍本善本书籍、武英殿殿本书版及有待继续清理的10余万文物资料，现在故宫藏品约150万件。这说明北京故宫博物院即使在部分文物运台后仍然有着宏富的瑰宝，是名副其实的中国历代文化艺术的最大宝库，是最有代表性的中华文明载体。与北京故宫博物院藏品构成不同的是，台北故宫博物院的65万件文物中，有38万件是档案，而北京故宫博物院的明清档案部1980年划归国家档案局，当时明清档案即达800多万件。

其二，认真举办各类展览。在20世纪30年代，故宫博物院从皇宫特点出发，确定了宫廷原状与历代艺术的陈列体系，但限于当时的主客观条件，陈列展览还缺乏整体规划与系统分类，陈列方法基本是将整理过的文物精品和盘托出。中华人民共和国成立后，在原来基础上有了重大改进和发展，形成了拥有包括宫廷原状陈列、固定专题展馆和临时专题展览在内的完整展览体系。特别是在颇有特色的宫廷史迹陈列上花了很大精力，因为这是一项极为细致和繁难的工作。研究人员查阅文献资料，整理鉴别有关文物藏品，同时询问曾在清宫服役过的太监、宫女，进行综合研究，弄清了各殿室原状，三大殿、后三宫、养心殿、西六宫等处均按原状重新做了布置，恢复了原貌，使人们能够直观地了解宫廷的有关礼仪活动，澄清"戏说"之风带来的一些错误认识，成为广受欢迎的陈列展览。在古代艺术陈列展览方面，

20世纪50—60年代在前三殿东西两庑地区，开辟了一个以展览历代艺术品为主的综合性陈列馆；在内东路、外东路开辟了陶瓷馆、青铜器馆、明清工艺馆及书画陈列展览的专馆，又建立了珍宝馆、雕塑馆、织绣馆、钟表陈列室等。同时又与有关单位合办各种临时展览，并在院外举办了多次巡回流动展。改革开放以来，在专馆陈列上先后增辟了铭刻馆、文房四宝馆、清宫玩具展馆等，并对一些专馆进行更新改进或调整。2004年，新建的石鼓馆、改建的珍宝馆与钟表馆以全新的面貌迎接游客。午门城楼新改建的现代化展厅引起轰动。随着古建维修工程的进展，武英殿、延禧宫、咸福宫区域，太和门、保和殿区域的西庑都布置了新的陈列展览，开始对外开放。这次院庆，院内的各种展览多达二十来个。陈列展览水平也在不断提高。从20世纪80年代以来，故宫博物院平均每年在海外举办的展览逐年增多，并且引起极大的反响。故宫博物院为观众服务的意识不断增强，开发了具有世界先进水平的11种语言的自动语音导览器，并在建立志愿者队伍和为残疾人服务方面取得明显成绩。故宫还在全国率先对中小学生实行免费参观和讲解。

其三，重视人才与学术研究。故宫博物院是全国学术研究的重地，拥有一大批专家学者，产生过众多研究成果。它在中国博物馆学诞生和发展过程中发挥过重要作用，在明清历史和宫廷文化研究、文物保护与鉴定等领域占有重要而独特的地位。故宫博物院创建初期就十分重视学术研究，重视引进人才，有许多专家学者参加了故宫的工作。20世纪50年代后，故宫著名的专家学者有唐兰、罗福颐、沈士远、孙瀛洲、陈万里、冯先铭、单士元、刘九庵、朱家溍、于倬云、徐邦达、耿宝昌等。故宫重视学术研究的氛围，促成了人才辈出的良好局面。20世纪80年代后，一批经过长期培养与实际工作锻炼的专业人才成长起来。进入21世纪以来，一些有较好专业基础的比较年轻的研究人员脱颖而出。这个梯次结构使故宫的研究队伍后继有人。2005年，国家文物局公布的全国文物鉴定委员会委员名单中，故宫博物院的专家占到委员总数的1/5。故宫博物院的学术成果包括文物整理、史料钩沉、学术论文与专著。1979年《故宫博物院院刊》复刊，接着又创办了以展示中国宫廷历史文化艺术为核心内容的文化艺术类杂志《紫禁城》，成立了紫禁城出版社，与北京大学合办《明清论丛》，2004年又创办《故宫学刊》。在故宫的学人专著方面，老一代学者的成果以"故宫学术文库"为主，"紫禁书系"则集中展示了中青年学人的专题专论。据统计，从1979年以来，故宫研究人员共出版学术专著、文集130余本，图册、图录90多本。《故宫博物院院刊》截至2004年底，共刊登研究文章1300多篇。院刊及紫禁城出版社出版的书籍，在故宫文化研究成果的发布、积累、传播、交流等方面发挥着重要作用。

三 保护故宫古建筑是故宫博物院的神圣职守

　　故宫博物院始终恪尽保护故宫古建筑这一神圣而艰巨的职守，对故宫价值的认识以及保护故宫的努力，是中国世界文化遗产保护意识与保护水平不断提高的体现，也是世界文化遗产保护理论与实践的宝贵财富。

故宫博物院是依托故宫古建筑建立起来的，"掌理故宫及所属各处之建筑物、古物、图书、档案之保管、开放及传布事宜"。保护故宫古建筑是博物院的极其重要的任务。80年来，故宫博物院对故宫进行了认真而卓有成效的维护与管理。溥仪被驱逐出宫时，故宫内的建筑物除溥仪及其妻妾居住使用过的少数宫殿尚不十分破旧外，其余大多数都已年久失修，破损严重，有的甚至倾圮倒塌。建院初期，依靠发售印刷品及门票收入，加上捐款，有重点地陆续修好了一些急需修缮的宫殿、宫墙、殿顶、栏杆，其中工程较大、用工较多的是东六宫与斋宫，景山山顶的5个亭子和绮望楼也是这时修缮的。当时许多修缮项目又是结合开辟陈列室而进行的。1932年，开始在院内重点地区安装消防管道和消火栓，这是保护古建筑采用先进消防设施的开端。在抗战沦陷期间，因经费困难，各项较大的修缮工程均无力施工，只在可能范围内进行一些零星的维修。

中华人民共和国成立后，故宫的古建管理维修摆到了重要地位，组建了专门的施工队伍，成立了修建处与建筑研究室，确定了"全面规划、逐步实施""着重保护、重点修缮"的方针与原则，制订了维修保护的近期计划与长远规划。从1953年到1966年"文革"前，大小维修工程有100多项。结合古建修缮，又开展院内环境清理，清运垃圾渣土，保护庭院古树。从1956年起，陆续为宫内建筑物设计并安装防雷装置。1972年引进热力工程系统，告别了用煤取暖的历史。1982年又开始了消防安全一期工程，把古建安全保护工作提到重要位置。1988年，由国务院领导同志主持召开了研究故宫问题的专题会议，形成了《关于研究故宫博物院消防安全问题的会议纪要》，《纪要》中说："故宫是特殊的建筑群，是祖国宝贵的文化遗产，因此必须有个综合、安全、万无一失的保护方案。"会后成立的故宫安全工程领导小组，对故宫消防安全工程的实施进行具体落实。20世纪80年代前后，故宫完成的修缮工程有翻建、修缮、保养、油饰彩画、地面铺墁等60余个项目。这一系列措施和坚持不懈的努力，基本保证了故宫古建筑的安全。

应当提出的是，在很长一个时期，故宫博物院对故宫古建筑虽然重视，也认识到它在建筑上的价值，但为了适应展览陈列形式的要求，对一些文物建筑格局进行了"改造"，例如"文革"期间为了展出雕塑《收租院》，工字形的奉先殿被改建成了方形大殿。这种对故宫本身特殊文物价值的认识不足，也影响到故宫博物院的定位。20世纪50年代，故宫博物院就被定位为古代艺术类博物院，更突出了对馆藏文物的保管、陈列的功能。但故宫的价值已为世人所公认。1961年3月，故宫被公布为第一批全国重点文物保护单位。1987年12月，故宫成为中国首批列入《世界遗产名录》的文化遗产。人们对故宫价值的认识仍在逐步加深。

世界遗产委员会对故宫的总体评价是："紫禁城是中国5个多世纪以来的最高权力中心，它以园林景观和容纳了家具及工艺品的9000个房间的庞大建筑群，成为明清时代中国文明无价的历史见证。"故宫具有高度的文物价值，正如《故宫保护总体规划大纲》所归纳的：故宫是我国古代宫城发展史上现存的唯一实例和最高典范，也是世界上现存规模最大、保存最完整的古代宫殿建筑群；故宫是民族文化的重要载体和历史缩影，是中国封建社会后期明清两代的皇宫，是当时国家的政治中心、封建权力的中枢所在地；故宫是我国具有世界影响的、历史信息含量最丰富的重大文化遗产之一，遗产内容以建筑群为主，藏品包括了古代艺术品的所有门类，具有级别上、品类上、数量上的优势；其历史文化内涵更涉及建筑、园林、历史、地理、文献、文物、考古、美学、宗教、民族、礼俗等诸多学科，在我国历史文化遗产中具有突出的历史价值、科学价值和艺术价值，是中国皇家收藏传统的延续和硕果，与故宫不可移动文化遗产共同构成了世界遗产价值。今日故宫还具有重大的社会价值。故宫是我国重要的爱国主义教育基地，是具有世界影响的中国历史文化的重要传播场所。故宫又是历史文化名城北京的核心所在。故宫更是优质的国有资产。

在故宫被确定为世界文化遗产以来的18年间，社会对故宫保护给予了更多的关注。1990年倡议、1995年正式成立的紫禁城学会，其成员包括了全国与明清皇家建筑有关的主要单位，会聚了全国古建筑方面的硕彦泰斗及知名人士，学会宗旨是"联络国内外中国古建筑及有关历史、艺术、自然科学等相关学科研究力量，加强对故宫这一国家重点文物保护单位、世界文化遗产保护项目进行广泛深入研究"。学会的一系列活动有声有色，在社会上产生了广泛影响。故宫不只是中国的，还是世界的。近些年来，参与故宫保护项目的有关组织和机构越来越多，例如参与建福宫花园复建工程的香港中国文物保护基金会，参与倦勤斋内装修复原工程的美国世界纪念建筑基金会，参与太和殿保护项目的意大利政府，等等。它们带来的不只是技术和资金，更是对故宫、对中华民族历史文化的尊重，这一切都激励着故宫人更好地珍护这个民族的瑰宝。

努力接受先进的文化遗产保护理念，促进了故宫保护水平的不断提高。过去人们只重视对故宫本体的保护，后来认识到，与皇宫连在一起的护城河也是皇宫的重要组成部分，必须治理。这就有了20世纪90年代投资6亿元、费时3年的故宫护城河治理，该项目一举改变了那里脏、乱、差的面貌。根据世界遗产委员会的要求，在文化遗产地的周边必须划定"缓冲区"。这又使人们认识到，故宫不是孤立的，应保持其周边原有的历史风貌和环境，这样才有利于保护故宫的完整性和真实性。北京市曾把拟订的缓冲区的大、小两个方案在网上公布，征求意见，引起很大反响，许多人积极参与，提出意见。北京故宫缓冲区方案在2005年第29届世界遗产委员会获得赞赏。这一缓冲区连同紫禁城在内，总面积达到1463公顷。这一方案的实施，将使故宫外围环境的传统风貌和历史真实性得到有效保护。自2003年至2005年，世界遗产委员会连续三年对故宫保护现状进行审议，主要原因是担心城市发展对故宫及周边环境的保护造成压力。不仅如此，人们更认识到，保护故宫不仅要有缓冲区，还与历史文化名城北京的保护关系甚大。著名建筑学家梁思成先生在谈到北京城的布局时曾说过："一根长达8公里，全世界最长，也是最伟大的南北中轴线穿过了全城。"北京独有的壮美秩序便是由这根中轴线的建立而产生的。故宫就坐落在中轴线上。北京旧城的整体保护必须重视作为中心区域的故宫的保护。故宫的古建筑是一个整体，有着不可分割的关系。完整保护故宫是几代故宫人为之努力并得到社会大力支持的一件大事。现在还有一些单位占据着故宫的一部分建筑物，其中有的建筑物处于危殆状况，存在着隐患，也影响着故宫的整体保护。许多知名人士近年大声疾呼，要求这些单位尽快搬迁，以保持故宫的完整，维护世界遗产的尊严。在故宫保护中不断提升的这种文物保护意识与理念，从一个方面反映了我国世界遗产保护的水平，是极为宝贵的精神财富。

正是对故宫价值的深层次挖掘，使得故宫人进一步认清了故宫博物院的内涵，以及故宫与故宫博物院的密切关系。首先，故宫博物院是建立在明清两代皇宫的基础上，兼容建筑、藏品与蕴含其中的丰富的宫廷历史文化为一体的中国最大的博物馆，也是世界上极少数同时具备艺术博物馆、建筑博物馆、历史博物馆、宫廷文化博物馆等特色，并且符合国际公认的"原址保护""原状陈列"基本原则的博物馆和文化遗产。这一特殊地位，使故宫成为最有代表性的中华文明的象征。其次，故宫及其藏品的最大功能，是反映中国古代王朝的宫廷典章制度及日常活动的宫廷历史文化。最后，故宫博物院负有让人们更好地了解故宫以及故宫藏品的责任：既要在认真保护的基础上，使故宫有计划地扩大开放，让更多的人更深入地了解故宫的内涵，还要充分展示故宫收藏的古代艺术精品以及宫廷历史文化。另外，故宫还拥有丰富的非物质文化遗产，也要做好保护与延续，这项工作同时也是一种展示。这是博物馆的基本功能。

为了保护好故宫并充分发挥故宫博物院的功能，2002年10月17日开始的故宫百年来的最大规模修缮，就与以往的维修有着很大的不同。这一次保护维修的原则是"完整保护，整体维修"。保护工程有五大任务：保护故宫整体布局，彻底整治故宫的内外环境；保护故宫的文物建筑，通过合理和恰当的技术手段，全面保护其蕴含的文物价值；系统改善和配置基础设施；合理利用并发挥文物建筑的功能；改善文物展陈、保存环境，提高展陈质量。保护工程在严格贯彻《中华人民共和国文物保护法》的原则和程序的同时，兼顾维修与开放、保护与展示，地面建筑与基础设施配置，统筹安排，协调开展。现在维修工程已全面启动，进展顺利。作为试点的武英殿工程已圆满竣工；午门城楼及中轴线东西两庑工程先后开工，将恢复原有格局；正在进行的钦安殿维修，将恢复抱厦；等等。到2008年，故宫中轴线核心建筑太和殿及太和门维修将基本结束，2020年故宫建成600周年时，这项旷日持久的大修将全部结束。故宫保护与故宫博物院发展也将进入一个新的时期。

四　故宫博物院面临大好机遇与有力挑战

故宫博物院面临大好机遇与有力挑战，今后要加强基础建设，提高管理水平、推进故宫学研究，使博物院在扎实而持续的发展中，其丰富资源不断得到发掘和利用，总体地位不断得到巩固和提升，在弘扬民族传统文化、建设新文化中发挥其特有的作用。

故宫博物院面临大好的发展机遇。全社会文物保护意识普遍增强，故宫博物院的一举一动常引起社会的关注。这种关注倾注着人们对民族遗产的感情，是对故宫博物院的监督、重托和激励，也是故宫博物院最为有利的发展环境。国家投入巨资维修故宫，大规模维修牵动各个方面，促进了故宫博物院的整体工作。故宫博物院积极参与国家编纂清史的文化工程，而这一工程对故宫博物院自身的学术研究及业务工作起着积极的推动作用。这些都是难得的机遇。如何更深入地发掘故宫及其文物藏品蕴含的价值，更好地为人民群众服务，如何使自身在稳步前进中有一个突破、有一个持续发展的后劲，这是故宫博物院在庆祝80华诞之际面临的新任务。

故宫博物院制定了《2003—2020年发展总体规划纲要》，提出了新世纪头20年的发展方向、目标和任务；制定了《故宫保护总体规划大纲》，明确了故宫保护与利用的指导思想、基本对策和措施；同时制定了《故宫博物院2004—2010年藏品清理工作规划》，正在制订人才建设、学术研究等专项规划。这些规划的全面认真实施，必将使故宫博物院进入一个全新的阶段。要做的事很多，故宫博物院正在重点抓紧以下几个方面工作：

一是加强文物的保护与清理，坚持搞好基础建设。博物馆赖以存在及开展业务工作的基础是文物。故宫博物院一切工作的关键，是近17万平方米的不可移动的古建筑的修缮与维护，可移动的150万件左右文物藏品的保存与保护，以及体现历代文化、文明的文物收藏。古建筑的维修正在进行。按照规划还要继续15年。保证工程质量的宗旨将被坚持不懈地贯彻下去。不只是古建筑本身，还要保护宫内石质或金属的各类文物以及园林古树名木等。可移动的文物藏品，除了地库所藏80万件外，对地上库房的藏品保管也要给予极大的关注，结合维修进行库房改造，增加必要的设施。从2004年开始，故宫博物院制订了为期7年的文物清理规划。清理重点是宫廷藏品。由于宫廷藏品及遗物数量巨大、种类繁多、存贮分散，以及过去对文物认识的局限性等原因，虽清理过多次，仍存在某些文物账物不相符合、有些重要的宫廷遗物未列为文物、一些库房尚待进一步清理等问题。这是一次摸清家底的工作，也是保护国家财产的基本要求。这次清理又与文物的修复结合在一起。大量宫廷藏品因多年来未曾维护过，或保管方面的原因，有些损坏严重，要在清理过程中进行修复，有的甚至还带有抢救性质。在认真清理的基础上，故宫博物院将陆续编印《故宫文物藏品总目》，并向社会公开发行，以便世人了解故宫藏品的奥秘，更好地为人们的观赏、研究等不同需要服务，也有利于社会的监督。

二是重视开放展览工作，更好地为公众服务。博物馆是公益性事业，社会效益是其永恒的主题。改革开放以来，参观故宫的中外游客人数不断上升，近几年每年达七八百万人次，这个数量在世界博物馆中名列榜首。游客的增多，在向世人证明紫禁城的价值的同时，也对古老的建筑及环境构成较大压力，同时也有一个服务质量问题。故宫是绝大多数首次来北京游客的必到之地，目前要想限制来故宫的人数还比较困难，因此如何搞好开放展览，尽力为公众服务好，就是一个重大问题。《故宫保护总体规划大纲》提出："以拓展开放、促进保护的对策，扩大开放总体规模、实施分片轮展等方式，促进文物建筑日常维护工作，有效改善文物建筑的延续性。以展存结合的对策，强调采用原状陈列和原状式陈列方式，突出宫廷文化展示主题，寻求故宫不可移动与可移动文化遗产的有效保护与优质展示，全面扩大遗产的文化传播影响，提升社会效益。"这一对策将得到认真落实。目前正在进行的古建筑大修，将使开放面积逐步扩大，最后将占到故宫文物建筑区的80%以上。文物建筑利用强度将受到科学、合理的控制，展示院落实行固定开放和分片轮换开放相结合的方式；价值突出、空间有限的建筑和宫廷园林要划为特展区，按照保护要求严格限定参观人数。要特别加强"黄金周"期间的开放管理。同时要充分挖掘、利用故宫宫廷历史文化资源，加大馆藏文物展示力度，办好多种展览，突出特色。重视宣传教育工作，在讲解接待、电化教育、拓展宣传教育新手段及增加新的宣传设施等方面力求有更多的新举措，更好地为公众服务。

三是树立更为开放的意识，扩大对外合作与交流。故宫是展示中华文明的重要窗口，每年接待的游客中有1/6为海外来客。近10年每年接待约40批次外国国家元首和政府首脑等重要国宾。故宫的这一特点，要求故宫博物院应以更为开阔的视野和更为开放的意识，积极参与、加强沟通与国际间的联系，促进中外文化交流。到海外举办展览，主动地宣传源远流长的中华文明，就是最重要的一个方面。1935年，故宫博物院的735件精美文物赴英国参加"伦敦中国艺术国际展览会"。这是故宫博物院文物，也是中国历史文物首次出国展览，参观者逾42万，蔚为英国国际艺术展览史上的一大盛事。在改革开放以来的25年中，赴海外展览每年平均有4—5个，近几年增加很快，最多时达到10余个。今后不仅要多办展览，还要注重质量，办成精品。同时要积极引进国外博物馆的展览，加强与国外博物馆及有关单位的学术交流。这些年故宫博物院派许多研究人员到国外讲学，参加学术研讨会或做访问学者，也多次举办建筑、绘画、明清史等方面的国际学术研讨会，邀请海外专家学者参加，开阔了学术视野，促进了学术研究。这方面要继续加强。在古建筑维修、信息化建设、文物科技保护等方面，也要继续加强与国外的合作和交流。总之，故宫在多个方面开展对外交流与合作的潜力还很大，今后仍要不懈努力，总结经验，力争做得更好。

四是加快信息化建设，打造"数字故宫"。"数字故宫"建设是使传统的博物馆跟上时代步伐、使古老的故宫焕发出青春气息的战略性举措，是全面提高故宫博物院管理水平的基础性工作。故宫博物院从1998年开始组建负责信息化建设的资料信息中心，经过多年努力，已初步建立起信息化工作的技术平台。遍布全院的计算机网络和文物管理信息系统、古建信息系统、历史文档信息系统以及服务于行政管理的信息化办公平台等一系列信息系统的建立，已经极大地提高了博物院的管理工作水平。作为"数字故宫"雏形的故宫博物院网站，确立了面向网络爱好者、面向中华文化爱好者和专业文物工作者的服务重点，网站收录的逾万张院藏精美文物和古代建筑的图片及文字资料，吸引着无数渴望了解中华传统文化人群的目光。故宫博物院的信息化工作已经进入快速发展的新阶段。社会力量的帮助和支持是故宫信息化建设得以快速发展的重要因素。与日本凸版印刷公司合作建立的数字化应用技术研究所，5年来已取得显著成果，第二期继续合作协议10月就要签字。与美国IBM公司共同开展的"跨越时空的紫禁城"合作项目，即将开展实质化的工作。与国内的科研院所以及众多大学的联合攻关项目也都进展顺利。故宫在着力于社会现成技术成果应用开发的同时，更加重视利用当前最先进的数字技术和信息技术，开展服务故宫、服务社会的一系列科学研究，如探索利用数字技术，精细地展示院藏珍贵的晋唐宋元书画，揭开深藏禁宫珍宝的神秘面纱；探索利用虚拟现实技术，更加深刻地诠释故宫古建筑，满足观众对深层次紫禁城文化的了解；探索利用激光三维扫描测量技术，更加准确地记录古建筑现状，为有效保护紫禁城打下坚实的基础；探索利用媒体资源管理技术，更多、更快、更好地管理和发布故宫所存藏的各种历史文档、影像、音视频等多媒体形式的文化资源，为学术研究服务；等等。信息化的道路是没有前车之鉴的探索之路。故宫人决心克服各种困难，大胆探索，力争早日建起一座不负社会公众期望的"数字故宫"。

五是推进故宫学研究，增强发展实力和后劲。在迎接故宫博物院建院80周年时，我们提出了故宫学的概念，目的是要整合院内外研究故宫的力量，进一步推动对以紫禁城为核心的故宫文化及其蕴含的丰富价值的研究，两年来已得到越来越多的认同和支持。故宫学是把故宫作为一个文化整体来看待的。故宫本身就是中国传统文化的结晶。故宫不只是古建筑群，它还与宫廷的珍藏及大量档案、典籍等联系在一起，而且其中蕴含了丰富的宫廷历史文化。这三方面的有机结合，就是故宫学研究最有代表性的东西。故宫学所研究的故宫文化，是包括皇家文化在内的更为丰富、广阔的历史文化。以皇帝、皇权、皇宫为核心的皇家文化的生成，既有相当久远的中国封建社会皇家文化的传承，又有明清时期新的特点。在近500年的延续中，虽然也有变异，但相对来说具有稳定性，充分体现了中华传统的主流文化，同时更带有多民族文化融合的特征。故宫学是开放性的学科。一方面，由于故宫学研究的对象与范围决定了它的学术地位，所以必然引起学界的关注；另一方面，由于多种原因，大量清宫文物散佚在海内外，客观上也为更多的机构与个人参与故宫学研究提供了条件，尤其是国内，这方面的合作研究近年来有了较快的发展。现在提出故宫学有其必然性，因为它已有了80年学术研究的成果做基础，已有了长期的学术理论的积累和准备，它的独特内涵正日益被人们所认识。另外，从故宫本身的地位、作用及研究状况来看，故宫研究还需要提升、创新、突破，因此有必要提出并加强故宫学的建设。80年的故宫学术研究，无疑多属故宫学研究，但它尚处于学科发展的自发阶段，而故宫学的提出并确立将使故宫学研究进入自觉阶段，将从整体上提高故宫学的研究水平。故宫博物院在故宫学研究中有着特殊的地位，近期将着重做好以下工作：制订故宫学研究规划，发扬故宫学研究的传统；加强基础建设，为海内外故宫学研究提供服务；发挥优势，陆续成立几个研究中心；加强与有关方面的合作，发挥社会学术团体的作用。故宫学研究的深入，不仅对于多出科研成果，而且对于各项业务工作的开展、人才队伍的培养以及发展后劲的培育等，都将起到积极的促进作用。

　　故宫博物院蕴含着中华5000年文明，承载着紫禁城600年历史，经过了80年的发展，正处在继往开来的关键时期。回顾过去的80年，有曲折，更有启迪；展望前程，有困难，但更充满信心和希望。故宫博物院决心在各方面的帮助和支持下，经过不懈的努力，实现保护好民族瑰宝并创建世界一流博物馆的目标。

　　（原载《故宫博物院院刊》，2005年第6期，《新华文摘》2006年第5期转载）

开放型思维与 21 世纪初的故宫博物院

——以书画展示、研究、收藏为例

　　80年前的10月，故宫博物院宣告成立。这标志着为皇帝个人所有的宫廷文物为人民所有，从根本上终结了个人垄断民族文化遗产的专制历史，也彻底结束了此前宫廷内部文物被盗、流失的混乱局面。故宫古建筑及文物藏品进入了全体公民的"保险箱"，这无疑是民主革命的巨大成果。

　　建院80年来，故宫博物院在典守、征集书画等文物方面，可谓殚精竭虑、不遗余力。需要说明的是，在故宫博物院成立之前，清逊帝溥仪以赏赐溥杰等名义盗运出宫1000余件书画，这是清宫所藏书画中最为珍贵的部分。1933年，故宫大量珍贵文物开始了艰难的南迁之行；而后，部分文物又运抵台湾，其中包括5526件唐宋元和部分明清书画，成为1965年成立的台北故宫博物院的主要书画藏品。

　　1949年，故宫博物院与北京城一起迎来了新生的中华人民共和国。当时的故宫虽有近10万件清宫旧藏书画，但匮乏的是早期书画精品。抗日战争胜利后，伪满皇宫收藏的被溥仪盗运出去的书画几乎全部流散到了市场，中华人民共和国成立后即积极地大力收集。1952年8月，文化部发出在全国范围内收回故宫文物的通知，这一有力措施使相当一部分流失的珍贵书画重回故宫。故宫博物院在对历史积压的藏品进行整理时，在故宫东北隅寻沿书屋中的垫褥里，发现了极为名贵的传为唐代卢楞伽的《罗汉像册》。而重见天日的宋徽宗的《听琴图轴》、马麟的《层叠冰绡图轴》，则是作为易培基"盗宝"冤案实物留下的。1950年，文化部文物局局长郑振铎先后将著名鉴定家、书画家张珩先生、徐邦达先生从上海调到北京，在北海团城设立收购点，负责鉴定并收购了来自各地的历代书画，总计1万件左右，其中有许多是嘉庆皇帝以后特别是溥仪时期流散出宫，主要流散在我国东北地区的书画珍品。1953年，徐邦达先生与这批书画一并来到故宫博物院。1953年11月，故宫博物院绘画馆开放，首批入藏的书画与广大观众见面。

目前，故宫博物院藏有超过14万件的历代书画，以清宫旧藏为核心，还有来自社会各界的捐献、国家调拨以及购买所得等各种渠道，包括卷轴、贴落、碑帖、壁画、版画、玻璃画、尺牍等各种形式的书画藏品。14万多件，这意味着什么？意味着占世界公立博物馆约1/4的中国古代书画藏在北京故宫博物院，其中一级品书画、碑帖共2600多件，内有唐宋元绘画400余件，晋唐宋法书430多件，还有189件元以前的碑帖拓本。这些书画藏品无论从数量还是质量上看，在世界各大博物馆中，可谓名列前茅。从艺术史研究的角度来看，它们形成了较为丰富的艺术史系列，构成了基本完整的学术链，可举办数百个不同主题、不同规模的书画、碑帖展览，时代跨度从晋朝直至20世纪上半叶。经过几代故宫人的努力，这些藏品现处在良好的科学保管的状态中。

但是，由于历史的原因和诸多的条件限制，社会公众对藏在这个"保险箱"里国宝的历史文化信息所知有限，这不免令人有一些遗憾。随着时代的发展和社会的进步，博物馆要在当好"保险箱"的基础上，转换观念，与时俱进。

"保险箱"是博物馆存在的前提，但不是存在的最终目的，它应该成为一个公开透明的"保险箱"。公开透明化是博物馆发展的基本目标。所谓公开透明化，就是博物馆所藏各类文物的图像、文献等历史文化信息为学术界和广大观众所共有。这是博物馆自身的性质所决定和要求的。公开透明化的观念必然要求开放型的思维。开放型思维的着眼点即如何解决博物馆的公开透明化问题，其要旨在于真正体现以民为本。这是我们面对21世纪新形势所做的历史性的抉择，是时代赋予我们的重任，也是对广大观众的真挚承诺。

故宫博物院的文物为社会公众所共有的标志是：共同享有各类文物所承载的历史文化信息。这是我们长期为之奋斗的目标。达到这个目标必须牢固树立富有创意的开放性观念，在这个观念的指导下，充分利用高科技的保存、修复条件和展示手段，在最大的时空范围内传扬中华民族优秀传统文化。

在21世纪初，故宫与一些国内博物馆合办重要展览，就是开放型思维的一个体现。2002年底，故宫博物院以22件书画国宝与上海博物馆、辽宁省博物馆联袂举办了"晋唐宋元书画国宝展"，以庆祝上海博物馆成立50周年。2004年秋，故宫博物院以数件国宝级书画与辽宁省博物馆共同举办了"辽宁省博物馆新馆文物专题展"，以庆祝辽宁省博物馆新馆落成。这次与上海博物馆再次联合，举办"书画经典——故宫博物院上海博物馆中国古代书画藏品展"，以庆祝故宫博物院建院80周年。两次与上海博物馆合作的书画展览，其中故宫展品仅占故宫所藏晋唐宋元书画的近1/10，这说明故宫博物院丰富的书画藏品在合作举办国宝级展览方面有着较大的潜力。当然，故宫博物院的开放并不是简单地与兄弟博物馆合办国宝展，我们的开放是在绝对保障文物安全的前提下，全方位的开放和持续性的开放。

书画的展示工作是实现故宫博物院开放观念的重要一环。书画的立体开放是与高科技紧密地联系在一起的。故宫博物院书画藏品中的85%进入了电子化管理。资料信息中心的电子检索室，可以接待来自世界各地的专家学者查询图像和资料。故宫博物院的中外文网站上展示了14个专题性书画展览，还有许多包括书画在内的综合性文物展，观众可以在网上欣赏到近千幅历代书画，超越了时空的阻隔。

故宫博物院资料信息中心会同古书画部首次利用国外电子影像方

面的高科技，在院内的古书画研究中心建立了电子画廊。我们以高像素数码相机拍摄书画、高清视屏展示图像，以点击图像零等待、欣赏佳作零距离、研究细部零模糊的视屏质量服务于专家学者们的鉴定与研究。这些高科技设备的应用，将会给书画鉴定和研究提供新的实证条件。在刚刚应用的一个多月里，已经有一些学者告知，通过阅读放大了的清晰图像，解决了他们一些长期以来悬而未决的疑难问题。

故宫博物院书画展厅的科技含量已经迈上了一个新的台阶。我们在北京工业大学文物保护中心的帮助下，研制成15米长的展柜，摆放在古书画研究中心的展厅里。15米长的北宋张择端《清明上河图》卷（画心和题跋）第一次在故宫博物院恒湿恒温环境中及无红外线、无紫外线灯光下全部展开，一些国宝级书画也将在这里陆续与观众见面。另一个空前高大的展厅——新绘画馆已经出现在故宫博物院的西侧武英殿里。武英殿曾经是明代宫廷画家的作画场所，过去由于受到场地的限制，一些在这个大殿里完成的惊世巨制无法展出，如今它们将在这里向公众展示，特别是一个可连接成40余米长的超长展柜，可以首次将清宫旧藏的绝大多数高头大卷一览无余地展示出来。

近4年来，故宫博物院用于国内外书画展览和涉及书画的综合展览以及各种形式的电子展示、出版照相、学术交流的书画近1万件（次）。这样大量公开书画原件、影像的举措是空前的，直接受益的人在100万以上，其中有40余万人亲眼观赏过北宋张择端的《清明上河图》真迹。今年10月召开的"《清明上河图》暨宋代风俗画国际学术研讨会"，将广大观众对《清明上河图》的感性认识引导到理性的艺术享受上，在部分解决《清明上河图》的疑难问题的同时，又提出更新的艺术史课题。

开放的故宫是与开放的学术观念结合在一起的。三年前，我在南京博物院的一次学术论坛上正式提出"故宫学"的学术观念，就是基于故宫学在故宫的客观存在和在故宫学术界涌动着的理性的开放思维。"故宫学"本身就是开放型思维结构的客观产物，它的研究对象之一，就是故宫博物院庋藏的各类文物和历史档案以及散佚在世界各地的各类清宫旧藏，其中清宫旧藏的书画等文物是非常重要的研究对象。"故宫学"的确立，将大大凝聚国内外一切研究故宫文物的学术力量。

凝聚的措施之一，就是2005年10月成立的古书画研究中心。2003年10月，举办了"中国宫廷绘画国际学术研讨会"，增强了与国内外艺术史界的学术交流；在此基础上，经过两年时间的筹划，我们成立了古书画研究中心。这个中心依托于古书画部的各类藏品、展览场所和人力、物力以及故宫博物院的信息系统和出版实力。在博物馆内建立某类文物的国际性研究中心，这在世界范围内还是一个大胆的尝试，这是故宫博物院在科研方面深化改革、扩大开放的重要举措，这无疑也是中国博物馆发展史和学术史的一大盛事。古书画研究中心的成立是以故宫博物院一批学者丰硕的研究成果为基础的。故宫古书画领域的第一代专家学者有徐邦达、马子云、刘九庵、王以坤、朱家溍等先生，他们闻名遐迩，堪称学术泰斗。特别是徐邦达先生，2005年95岁高龄的他400多万字的学术专著《徐邦达集》出版，可谓同行之最。现在第二代书画专家学者已为世人所知，第三代一大批人才正在成长。然而，我们深知，由故宫的几代专家学者来挖掘、研究故宫丰富的藏品是远远不够的，研究故宫文物，必须面向全国、面向世界。一大批热心于研究故宫书画的国内外知名学者正是我们十分需要的学术精英。古书画研究中心有幸聘请到21位来自国内，中国香港、澳门和台湾地区，以及欧美的专家学者作为客座研究员。

古书画研究中心是故宫博物院为国内外专家学者开展合作性课题研究提供的学术平台。让世界的知名学者走进故宫，让中国的传统文化走向世界，同时，故宫的专家学者将获得更多的机遇走向国际学术讲坛，走到学术研究的最前沿，在更大的范围内提高书画研究的学术水平，努力借鉴国内外同行的研究方法和学术成果，力求使故宫的书画研究成果、陈列水平和保管业务及修复、复制技术走在世界的前列。

新的观念给故宫博物院带来新的生机和新的机遇，开放型的思维结构在一定的条件下将会转化为巨大的精神财富和物质财富。在过去，故宫博物院只收藏清代以前的书画，对20世纪前半叶的书画收藏是处于被动的状态，对于20世纪后半叶的书画收藏基本上采取回避的态度，在当时并不感觉到缺少了什么。但是，在今天看来，这已经造成了故宫博物院书画收藏的缺环，即大大缺乏20世纪后半叶的中国名家的书画藏品。过去清宫的书画收藏也有这类教训，例如，缺乏明末清初遗民如八大、石涛诸人的画迹，金陵诸家和扬州画派的作品亦无一入宫，其原因是乾隆皇帝等排斥富有创意的、有思想艺术个性的文人笔墨，偏爱传统型的绘画风格。我们尽快纠正了这种缺乏远见的书画收藏观念，借故宫博物院80年院庆之际，举办"中国当代名家书画展览"，得到了中国美术家协会和中国书法家协会的大力协助，海内外书画界对此表现出极大的热情。20世纪后半叶的几位中国绘画大师的家属向故宫捐献了李可染、李苦禅和马寿华（台湾）等名师的艺术精品，饶宗颐（香港）、沈鹏、郑乃珖、于希宁、秦岭云、刘国松（台湾）、万青屴（香港）、刘江、欧阳中石等在20世纪获得艺术成功的名家向故宫博物院捐献了他们的艺术佳作。故宫博物院抢救性的书画收藏工作开始弥补这段艺术历史的缺憾。这一新的收藏观念将持久性地发展下去，我们不仅继续收藏清代以前的书画精品，还将以各种方式、各种渠道收藏当代杰出书画名家的成功之作。这也要求我们的书画专家必须认真地关注、研究当代中国书苑画坛，开拓新的研究领域，把系列完整的书画艺术藏品留给我们的子孙后代。

将故宫博物院的开放型思维变成有效的实践活动需要经过艰难的努力。这必须转变消极守成观念、改变偏狭封闭心态、改善旧有客观条件，更要克服不利于文物安全的种种因素。故宫博物院的书画展示、研究和收藏等开放性的工作还仅仅是一个开端，未来的开放将与更新的高科技信息手段和更新的展示形式有机地结合起来。我们将以空前开阔的学术胸襟和空前开放的思维结构，迎接一切关注故宫的专家学者和广大观众。

（《书画经典》序言，紫禁城出版社，2005年）

故宫博物院的文物清理

彻底弄清文物藏品的"家底",是几代故宫人持续为之努力并决心完成的一项工作,也是目前有待继续完成的一件大事。故宫博物院正在制订规划,决定从2004年至2010年,集中七年时间,对全院藏品及所有库房、宫殿进行一次全面、彻底的清查和整理。据初步估计,经过清理,按照国家关于文物藏品的标准,故宫院藏文物总数可从现在的近百万件增加到150万件以上。这是与故宫大规模修缮具有同等重要意义而且相关联的一项紧迫而艰巨的基础性工程。

一　故宫历史上文物藏品的四次大清理

故宫博物院的藏品主要是明清皇家的收藏,再加上新中国成立50多年来努力征集的文物。故宫文物清理的重点是宫廷藏品。80年来,只要故宫博物院工作秩序正常,这种清理就一直未停止过。而处理宫廷的其他物品、"非文物"甚至"重复品"等,则是直到20世纪70年代末才停止的一项工作。

故宫博物院的文物清理、点查,从博物院成立前到新世纪初,大致有四次,每次都持续十年左右。

第一次,1924年底至1930年,其后又用四五年时间进行点收。

1924年11月，逊帝溥仪被驱逐出宫后，"清室善后委员会"即组织开展大规模的物品点交工作。是年12月24日开始，用了不到一年，即点查完大部分文物，为1925年10月故宫博物院成立奠定了基础。后由博物院继续主持清点工作，除宫内各处及东华门内实录大库外，又清点了诸如景山后的寿皇殿、皇史宬及太庙、堂子等，1930年3月清点工作基本结束。其间公开刊行《故宫物品点查报告》6编28册，共统计物品9.4万余号117万余件。当时宫中仓储物品甚多，如茶叶就有7个库房。故宫博物院对金砂、银锭以及部分茶叶、绸缎、皮货、药材、食品、布匹等进行了公开处理。故宫文物在南迁存沪期间，还进行了一次逐件点收，详细登记，并油印了《存沪文物点收清册》，作为南迁文物的原始清册。故宫北平本院从1934年至1943年2月间曾停止开放五年半，对留院文物进行了一次点收，总数达9.37万号118.9万件，并对以前未经点收的各宫殿庭院的陈设品编号登记，1945年有《留院文物点收清册》问世。

第二次，1954—1965年。1954年，故宫博物院制定了以清理文物、处理"非文物"、紧缩库房、建立专库为主要内容的《整理历史积压库存物品方案》以及《清理非文物物资暂行办法》，开始了全面整理工作。工作分两个步骤进行。第一步，从1954年至1959年，主要是清理历史积压物品和建立文物库房，成立了处理"非文物物资"审查小组，政务院批示由中央监察委员会、最高人民检察院、最高人民法院、文化部社会文化事业管理局及故宫博物院组成故宫博物院非文物物资处理委员会，先后共处理各种"非文物物资"70万件又34万斤。对全院库藏的所有文物，参照1925年的《故宫物品点查报告》和1945年的《留院文物点收清册》，逐宫进行清点、鉴别、分类、挪移并抄制账卡。在整理中，从次品及"废料"中清理出文物2876件，其中一级文物500余件，如商代三羊尊、宋徽宗《听琴图》及一批瓷器等都极为名贵。第二步，从1960年至1965年，按照《以科学整理工作为中心》的规定，对藏品进一步鉴别划级，建立全院的文物总登记账，并核实各文物专库的分类文物登记账。制定了文物分类标准，将文物划分为三级，编制了《院藏一级品简目》。经过几年的核对，基本做到了物账相符，并以故宫旧藏汇总为"故"字号文物登记账，与核对过的1954年开始登记的"新"字号文物登记账合为故宫博物院藏品总登记账。这是一项相当艰巨、繁复的工作。当初面对清宫堆积如山的物品以及藏品中玉石不分、真赝杂处的状况，有人担心50年也干不完，但10年时间就基本完成了，并制定了有关保管工作的规定和办法，使故宫的文物管理工作走上了正轨，这是个了不起的成就。

第三次，1978年至20世纪80年代末。"文革"期间，故宫的文物保管工作停顿。恢复工作后，清理了一级藏品，健全了一级品档案。1978年，恢复保管部建制，重新制定了《库藏文物进一步整理七年规划》和《修缮库房的五年规划》。这次整理的主要任务，是把过去还没有完成和没有做好的工作继续做好。具体工作是：划分级别，鉴定年代，给文物贯号，做好文物排架，补齐文物卡片，核对文物数字。此次整理的难点是实物、账卡、单据上的混乱。混乱的原因，主要是以前的工作在指导思想上有"甩包袱"的想法，将批量的认为重复品太多的文物单拨调出来，准备做"拨交"出去用，因此打乱了原来按年代、级别、类型分类存放的基础，加上"文革"中工作中断，长期无专人管理，使库房工作的许多头绪没能有效地衔接上。这次整理先后用了10年完成。大部分分类库房在完成整理后都进行了小结，并通过了保管验收组的验收。

第四次，1991—2001年。1990年，故宫博物院地下库房第一期工程完工，1997年第二期建成。从1991年起，在10年中，院藏文物的60%从地面库房搬向地下库房。地面库房的大迁移和大调整，几乎移动了所有文物。院内先后制定并修订了《故宫博物院文物出院出库管理制度》、《故宫博物院藏品管理条例》和《故宫博物院地下藏品库房管理细则》等。提出并实施了"对移入地下库房的藏品进行分类验收和更换院内在陈文物提单"的工作，核查文物数字，登录文物信息，解决历史遗留问题，分清保管与陈列责任，为进一步摸清家底，实现数字化管理打下坚实的基础。

经过几代故宫人的整理、鉴别、分类、建库等，故宫的文物清理工作基本上做到了账目比较清楚、管理制度基本健全。但是，由于宫廷藏品及遗物数量巨大、种类繁多、存贮分散，以及过去对文物认识的局限性等原因，虽进行过多次清理，但仍存在某些文物账物不相符合、许多重要的宫廷藏品未列为文物、一些库房尚待进一步清理等问题，至今院藏文物还没有一个确切的数字。

二 彻底清理文物藏品的条件已经具备

现在进行的文物藏品清理，在故宫博物院的历史上是第五次。这是一次彻底的、全面的清理，是必须完成、经过努力也能够完成的工作，因为它不仅总结了过去的经验教训，而且在思想认识上有了新的提高，并具备了一些必要的物质条件。

第一，这次清理是故宫博物院自身发展的必然要求。2002年10月，国家决定故宫博物院划归文化部领导。文化部部长孙家正对故宫工作十分重视，在强调搞好大规模修缮的同时，要求一定要认真清理文物藏品，真正摸清家底。这是一个适时而又重要的指示。文物藏品是博物馆赖以存在和开展业务活动的基础，藏品质量的高低和数量的多少是衡量一个博物馆地位及其作用的主要条件。弄清了故宫博物院藏品的种类和确切数量，才能有效地实施保护，才能对它的内涵、特点以及价值有更为全面、准确的认识，也才会对它进行更为深入的研究和挖掘。这是博物馆的基础工作，是科学管理的前提，是向世界一流博物馆大步迈进的故宫博物院首要的而且务必要搞好的一项工作。还应看到，故宫的丰富藏品是中华民族珍贵的文化财产，故宫博物院代表国家对其进行保管，弄清这些财产的底数并认真妥善地加以保管，是对国家、对民族负责任的表现，是不容许有半点疏忽与懈怠的。

第二，这次清理是在文物认识视野不断开阔并日益取得共识的思想基础上进行的。故宫曾处理过大批的宫中物品。除20世纪50年代处理过上百万件（斤）外，20世纪70年代初又处理了近37万件（处理前都履行了严格的审批程序）。现在看来，这些物品绝大部分确实应该处理，例如1955年的第一次处理中仅皮货就有10万余件。但其中相当一部分还是有独特价值的，特别是那些以年代晚近、材质不好、艺术性差或重复品太多为由而处理的不少物品，如乾隆以后的假次书画、宗教画、近代书画，同治、光绪时期的粗制硬木家具，嘉庆后的大量瓷器重复品，民国时期的小钟表，大批八旗盔甲，乃至解放后的国际礼品等，今天从完整保护人类文化遗产的视角看，这些无疑都有一定的文物价值，都是反映宫廷历史文化某些方面的实物见证。重复品多，只是从清宫而言，如从全国范围看，则又是极其少有的。当然对这些物品的处理，不只是某个部门或少数人的认识，而是当时中国文博界与整个社会文物保护认识程度的一个反映。从20世纪80年代后期开始，故宫博物院对此进行了反思，陆续将院里现存的原已注销的一些文物又收库保存。随着全社会文物保护意识的提高，故宫人的文物观念也在拓宽和深入，认识到宫廷遗存是反映故宫历史不可或缺的活见证，它们与古建筑、宫藏历代文物密不可分并具有同等的重要性。这一共识是搞好清理工作的重要的思想基础。

第三，大规模古建修缮是促进文物清理的一个契机。这种促进体现在两个方面：一是调整并确定地面文物库房。过去故宫文物都在地面库房存放，库房不固定且条件不好，文物经常搬来搬去，影响了文物的管理与核对工作。地下库房建好后，60%的文物有了稳定的栖身地，但地面库房问题尚需认真解决。这次修缮不仅要解决殿堂的破败问题，而且与它的使用功能结合起来一并考虑。修缮规划中已包括了地面库房的设置，并将根据不同文物的特点要求进行设计修建。有了固定的并且具有良好设施条件的库房，就为文物清理创造了必要的条件。二是在修缮过程中，宫殿内的物品要搬迁，许多几十年未动过的物品也要动，这就促使人们对这些物品进行整理、清点。

三　彻底清理文物藏品的九项工作

故宫博物院这次文物藏品的彻底清理，包括点核、整理、鉴定、评级等一系列工作，具体来说，主要有以下九个方面：

第一，继续完成90余万件文物账、卡、物的"三核对"任务。按照原定计划，地库所藏60余万件文物，地面库所藏30余万件文物，都应在2005年完成清点、验收工作。48处佛堂的整理、清点工作按照计划，逐年完成。在核查中要认真研究解决历史遗留问题，这包括两个方面：一是20世纪60年代"三核对"时遗留的问题，也就是有账无物的问题。这次大部分地面库房文物都移送到地库了，经过地库文物的整理、核对，这些遗留问题应该了结了，使账内文物有一个准确的数字。二是更换院内在陈文物的提单。这项工作的难度很大，难就难在有些提单是20世纪五六十年代提用的，当事人早已退休甚至作古，50年代的文物上没有文物号（"故"字号是60年代才给的），加上单据的交接手续不健全，或单据管理不善，使得库房管理人员不知自己库房的东西在陈，而在陈文物的管理者又不知此物是谁家的，造成想当然的误领、重新贯号，造成一件文物有两个文物号。此次更换提单，搞清问题很重要，而且应建立定期审核和更换提单的制度，勿使后人再重复这样的工作。这是我们这代人的责任。

第二，审慎地整理"文物资料"。"文物资料"是故宫博物院当年评定文物等级时，对于认为不够三级文物而又有着文物价值，即介于"文物"与"非文物"之间的藏品的称呼。这类"文物资料"，古器物部、古书画部、宫廷部、古建部都有，有10多万件，且门类繁杂。列为"资料"有多种原因:有的因为有些伤残,例如3800多件陶瓷资料,从新石器时代到民国,时间跨度长达4000年之久,品种应有尽有,特别是明清两代的官窑瓷器,有许多弥补了完整器物的空白,更有一批珍品,代表了各个历史时期瓷业制作的最高成就,只是由于流传过程中产生伤残而被列入资料。有的是对文物认识上的局限,例如2万多件清代帝后书画,因其中有代笔或认为水准不高而被全部列为资料,又如过去只重视皇帝后妃的成衣,而把相当数量不同级别的官服补子,其中也有皇帝服饰上的补子,都作为服饰的"配件"来对待;再如清代"样式雷"制作的烫样,是遗留下来的珍贵的皇家建筑模型,故宫收藏最多,达83件,它们也被作为资料由古建部管理。由于过去对宫廷遗物不够重视,许多反映清代典章制度的物品被列为资料,例如反映清代官员觐见皇帝制度的近万件红绿头签,反映皇宫警卫制度的上千件腰牌等。还有一些曾作为文物收藏,后又降为资料,等等。这次清理中,对这10万多件资料要进行认真的整理、鉴别,凡是够文物定级标准的,都应登入文物账并进行定级。

第三,对未登记、点查的藏品彻底清理。故宫博物院有些藏品,只知道大概情况,但因未进行过清理,具体的数量尚不清楚。例如,文物管理处保管的10多箱清代各朝的未流通的货币,有10万多枚;存放在延禧宫库房三楼、慈宁宫庑房等地的原附属于文物的各种质地(紫檀、雕漆、玻璃)的匣、盒、座、托等实物,以及大量的"附件";古建部库房内和未开放殿堂内的屏风、隔扇等;古器物部保存的20世纪五六十年代从全国100多个古窑址采集的3万多件陶瓷标本,以及散存在院内各处的晚清家具及大批匾、联等。这些都要从头开始,仔细清理点查,或定为文物,或作为资料,必须弄清楚。

第四,在全面清理中重视发现文物藏品。故宫地面文物库房分散,有的长期未彻底清理过,近年来在搬库、清库中陆续发现一些文物,有的竟是整箱未登记的文物。如古书画部发现一批封存于1964年的1000余件书法,它是收购秋醒楼的尺牍中的近代部分,未做入库单，后因诸多原因长久搁置在一个木箱里，未做移交。宫廷部在一个存放近千件铺垫的库房内发现了装有53只枕头的一个木箱，而此前故宫库存的文物枕头不足10件。有些是散落在文物柜的底部或背后及夹缝里，不易察觉，如古书画部就从中发现了40多件书画，其中清末以近代科学手段测绘的巨幅《台湾全图》，具有重要的政治意义。有的与破旧的物品堆放在一起。例如宫廷部对御茶膳房地上堆放已久的破旧地毯和帐帘进行保洁清理和熏蒸入库时，发现了一批袁世凯称帝时制作的大型帘子，这些帘子填补了故宫织绣类中"洪宪"款文物的缺项。当然这类发现不可能很多，但在宫廷遗物日渐珍稀的情况下，应该尽可能地去搜寻。

第五，把图书馆应列为文物的善本、书版等归入文物账进行管理。故宫博物院1925年成立后，专设图书馆典藏图书。图书馆以明清两朝宫廷藏书为基础建成，到1930年藏书总数逾50万册。南迁文物中运台图书1334箱15.7万余册，占运台文物总数的1/4。在部分善本南迁后，北京故宫博物院图书馆继续清点和整理清宫遗存下来的古书，重建善本书库、殿本书库，从1949年到1978年，故宫博物院又14次把3900余种14万多册善本及其他书籍外拨给北京图书馆、部分省市及大学的图书馆。现在故宫图书馆善本特藏已建账者19.54万册，它们除有重要的文化传承的价值外，其本身也是珍贵的文物。例如，2300余册清代皇帝亲笔抄写的佛、道经书，百余册逊帝溥仪的启蒙练习本及相关图书，8000余册臣工抄写的佛、道经书，以及精美的菩提叶写经、玉版写经等。另外，还有21万余块珍贵的书版。善本书虽然得到妥善保管，但都没有纳入文物总账，也是唯一一类没有定级的藏品。21万余块书版更是长期尘封在城楼和角楼上。把这批图书和书版列入文物的工作已正式启动。

第六，除认真清理上述藏品外，对于新中国成立以来故宫博物院古建筑修缮的工程档案，除院档案室存档外，古建部收存的大量资料也要重视整理、保管和利用。例如，4000多张工程类底图、蓝图，近

10年来测绘的6000余张实测底图，几万张记录故宫建筑近几十年历史的影像资料，特别是228张彩画小样和70张装修小样，它们是20世纪五六十年代组织故宫一批老画匠画的，沥粉贴金，严格按照比例，根据实例用传统工艺加工制作，当年参与其事的老匠师多已作古，实例或已不存，或已褪色失真，更显得弥足珍贵。

第七，解决文物藏品的统一管理问题。现在故宫博物院的文物藏品，主要由古书画部、古器物部、宫廷部、图书馆和文物管理处分别管理，但仍存在同类物品由不同部门管理的问题。有的是因藏品的完好程度不同而分开，如同是贴落、唐卡类文物，破损的在宫廷部，整洁的在书画部；生活用具、钟表、乐器，很多名贵的在文物管理处，一般的在宫廷部。有的因质地不同而分开，如同是"样式雷"的遗物，烫样在古建部，建筑图纸则由图书馆管理。这显然不利于对藏品的完整管理、科学保护和深入研究，需要切实解决，做到统一管理。

第八，编印文物藏品总目及珍品图录。在认真清理的基础上，适时编印《故宫文物藏品总目》并向社会公开发行，以俾世人了解故宫藏品的奥妙，更好地为人们的观赏、研究等不同需要服务，也利于社会对博物院文物保存工作的监督。正在编印出版的60卷本《故宫博物院藏文物珍品全集》，比较概括地介绍了故宫的文物精华，但由于篇幅的限制以及故宫文物整理研究工作进展的影响，一些文物门类未能包括，大量应向社会介绍的精品尚未披露，精美的故宫古建筑及其彩饰壁画以及大量不可移动文物等都未列入。拟在现60卷基础上，编辑出版《故宫博物院藏品大系》，这是一项卷帙浩繁、需要长时期努力的文化建设工程，是与故宫文物的整理、研究结合在一起且互相促进的工作。

第九，结合清理做好文物的鉴别定级。对于文物资料以及新发现的藏品要认真鉴定，确定是否为文物并评判其等级。特别是对原有的一级文物要重新认定。故宫博物院的一级文物，大部分是20世纪60年代鉴定的，由于受当时认识水平的局限，一级品中有部分文物存在等级不够及反复鉴定为赝品的，需要降级；二级文物中又有一些可以提升为一级文物；另有一些宫廷内文物，因过去对其价值认识不足，定级偏低，需要提升。

四　彻底清理文物藏品与全面提升文物管理水平相结合

故宫博物院文物藏品的清理，不只是要做到家底清楚、账物相符，而且要与加强文物的科学管理、安全管理等工作结合起来，使文物管理水平不断得到提高。因此，这不只是管理文物的部门的任务，也需要资料信息中心、文物保护科技部、展览宣教部等多个方面的配合和支持。从故宫实际出发，在清理中要同时做好四项工作：

第一，提高文物管理的信息化水平。故宫博物院信息化建设工作以文物管理和古建信息管理这两个核心数据库的建设为主，利用建立办公自动化工作平台的契机，切实发挥这两个信息系统的效益，全面提升全院业务管理工作的水平。其中文物管理系统从1993年至今已基本将院藏所有文物账务信息收录在内，下一步将继续充实、完善文物收藏位置的数据和文物档案影像的数据，引进计算机"流程管理"的理念，力争在2—3年的时间里，实现馆藏文物流通的全面信息化管理。届时故宫文物流通的全过程，院藏文物的账务管理、库房管理、文物修复管理以及展览信息、文物利用信息，乃至从业人员的工作状况管理，均能通过信息系统直观、实时地反映出来。同时，拟大力加强在文物影像采集方面投入的力度，力争在近年内完成所有院藏一级文物的档案影像数据采集工作，并为后续的文物档案影像采集工作建立起完整的工作模式、工作规范和工作标准；力争在10—15年内完成所有院藏二级文物的档案影像数据采集工作。

第二，重视文物藏品的修复与抢救。故宫博物院的文物藏品，特别是大量宫廷藏品，因多年来未曾维护过，或保管方面的原因，有些损坏严重，要在清理过程中进行修复，有的带有抢救性质。这主要反映在两方面：一是宫廷文物，如武备、仪仗、生活用具、钟表、外国文物等，特别是家具和宫灯，损坏严重且数量大，修复难度也大；另有一批清末京剧名角的唱片，数千张清宫老照片的玻璃底版（大部分照片现存台北故宫博物院）等，亦急需抢救。初步估计，应列入保护规划的宫廷文物约18万件，需1.46亿元保护经费。二是宫廷原状陈列，由于自然损耗，特别是近年来有害环境的加剧，这些陈列品因质地、原状等原因而表现出不同程度的损坏，许多急需抢救或予以必要的复制。这方面任务也很艰巨。这就要求加强文物科技保护工作，既积极引进先进的技术与设施，又注意发挥和保护传统工艺，重视非物质文化遗产的传承。

第三，加强对文物库房的建设和管理。文物安全不只是防火防盗，还要防止因库房条件限制所出现的文物伤害问题。这是有经验教训的。对于地面库房，故宫博物院在这次修缮中决心适合文物特点，按照要求认真完成。2.2万多平方米的地下库房，已存有60多万件各种文物，这些文物例如书画、青铜器、织绣、漆器等，对温度、湿度多有不同要求，但现在整个地下库房却是相同的温度和湿度。由于通风问题，多年来地下库房中集聚的有害气体也会对文物和人员造成损害。故宫博物院对此已高度重视，将认真检测研究，经过科学论证，采取积极措施，进行必要的改造。

第四，探索并完善文物管理新体制。我国博物馆一般都设有陈列部和保管部，专事文物的陈列和保管工作。故宫博物院在以往改革中取消了这两个部门，而由新成立的专业部门（古器物部、古书画部、宫廷部）承担上述职责。这种管理体制有明显的优点，但因没有了原来的制约、监督机制，尽管强调提用文物和库房保管应是不同的人员，但往往难免混岗，同样的人一起干同一件事，容易产生管理漏洞。为了完善这个新体制，故宫博物院专门成立了文物管理处，统管文物总账及出入库管理，账物分管，并总结以往工作，制定有效的管理办法，杜绝存在的问题。

故宫博物院的文物藏品清理工作已开始启动。除了继续进行"三核对"外，对其他藏品的整理也陆续展开。古器物部结合筹建古陶瓷研究中心，已对3万多件陶瓷片及在账与不在账的陶瓷资料进行清洗、鉴别。图书馆已完成书版整理1/3的工作。从今年4月27日到6月15日，馆里抽出专人，用了40个保洁工，把在东华门城楼存放了几十年的8.8万多块书版安全搬运到慈宁宫，并进行了除尘、整理、分类排放。在这数十部汉文、蒙文、满文书版中，意外发现了2002年紫禁城出版社出版《满文大藏经》时所缺的2万块书版中的1.4万多块，还有5000多块可能放置在其他地方。同时发现清逊帝时期制造的8块金砖。由于各个部门领导重视，组织得力，清理工作已取得明显成绩，使人们对彻底完成这项任务充满了信心。从这段实践看，工作必须按照计划稳步推进，不能急，也不能拖拉；有的部门清理任务比较重，有的部门相对较轻，要加强重点部门的工作，注意处理好日常业务工作以及临时性紧迫工作与清理的关系；在清理中采取多种办法，利用必要的社会力量；院里要有专门工作小组进行督促、检查、验收，并做好协调工作，及时研究解决出现的问题。

（原载国家文物局《文物工作》，2005年第1期）

故宫博物院的管理

　　什么是博物馆？1974年的第11届国际博物馆协会为博物馆所下的定义是："博物馆是一个不追求营利，为社会和社会发展服务的，公开的永久性机构。它为研究、教育和欣赏的目的，对人类和人类环境的见证物进行收集、保护、研究、传播和展览。"虽然过去了30多年，这一定义所阐明的博物馆的性质和宗旨，现在仍然被普遍认可。在当代中国，博物馆事业发展很快，同时所遇到的问题也不少，主要是如何发扬博物馆自身的核心价值，明确应有的社会责任，在汹涌的市场化大潮中坚持自己的社会角色，在文化庸俗化的声浪中固守自己的品格，一句话，就是如何认认真真地履行博物馆的宗旨。博物馆的责任归根到底是管理者的责任。管理是一门科学。故宫博物院作为我国最大的博物馆，近年来对此有比较清醒的认识，并在管理实践中进行了探索，有一些心得体会。

一　故宫是一座巨大的文化宝库，要不断深化对它的认识

　　要管理好故宫，管理者首先必须对故宫的价值有充分的认识，有了这个认识，才会有强烈的责任感。故宫是明清两代的皇宫，它是国务院首批公布的全国重点文物保护单位，也是我国首批列入《世界文

化遗产名录》的单位。故宫集中体现了中国古代建筑艺术的优秀传统和独特风格，是中国宫殿建筑的集大成者，是世界上现存规模最大、保存最完整的古代宫殿建筑群。故宫珍藏着150万件文物，其中85%以上为清宫旧藏，这是中国历代皇家收藏的延续和结晶，宫廷遗存反映了491年间宫中的人物和事件，每一处建筑、每一件旧藏，都有一段故事，都有值得探讨的内容。在此基础上建立的故宫博物院，就是一个具有多方面内涵的综合性博物馆，它不仅是中国古代艺术博物馆、中国古代建筑博物馆、中国明清历史博物馆、中国古代宫廷文化博物馆，同时又是符合国际公认的"原址保护""原状陈列"基本原则的博物馆和文化遗产。

故宫的价值是固有的、客观的，也是多方面的，但人们囿于认识等多方面的原因，对其不是一下子就能了解和掌握的，而是需要一个研究和逐步深入的过程。近年来，在对故宫价值的认识上，故宫博物院至少在以下三个方面有所深化：

一是对文物概念的认识。故宫以丰富的世所公认的文物珍品著称于世，但故宫还有为数不少的清宫遗物，它们在过去并未被作为文物对待，而仅仅列为"文物资料"，例如帝后的书画、戏衣、盔头、武英殿殿本书版，以及腰牌、红绿头签等。不作为文物对待的原因，主要是考虑到这些遗物缺乏艺术性、完整性、稀缺性，而且时代晚近、材质普遍。这种"文物"观念，反映着根深蒂固的"古董"意识。从先进的文物保护理念出发，故宫拓展了文物概念，认识到文物不只是经济价值大的或者稀有的宝物，还应包括一切能够反映人类历史文化的遗存。同样，博物馆不只是"藏珍"之所，而是要收藏"人类和人类环境的见证物"，为社会和社会发展服务。从"历史文化遗存"的角度去看待清宫遗存，并挖掘、突出它的社会文化价值，就会发现这些物品所具有的独特的历史文化内涵和一定的认识作用，故宫现在把这些"文物资料"大都列为文物进行保管。

二是对故宫古建筑的重视。对故宫博物院来说，故宫古建筑不只是个"壳",是个场所,它与故宫的珍贵藏品一起,成为中华传统文化的一个载体,是中华文明成就的一个标志。这个建筑群的价值,除古建筑方面外,由于它是明清政治中心,是皇权的标志,具有突出的历史价值和文化价值,因而许多建筑物本身就有着非同寻常的意义。正是基于这个认识,故宫博物院对故宫的修缮保护工程高度重视,坚持精心组织、精工实料、精益求精的要求,力图通过持久的努力,使故宫达到祛病延年、健康长寿的目的。

三是对传承非物质文化遗产的自觉。2003年,中国古琴艺术被联合国教科文组织宣布为"人类口头和非物质遗产代表作"。故宫藏有古琴46张,其中33张为明清两代宫中古琴收藏的遗存,故宫为国内收藏古琴最多、质量也是最好的机构。故宫在保护好古琴的同时,是否还有传承古琴艺术的责任?答案是肯定的。有些文物不只是"物",还与无形的非物质文化遗产有关系。从保护物质文化遗产到保护非物质文化遗产,这是对故宫价值认识的深化。对中国古代官式建筑技术及建筑艺术的传承,对传统的文物保护技术的传承等,都是故宫的优势。从保护非物质文化遗产的高度去认识,自觉性就高了,计划性就强了,措施也就比较得力了。

故宫的价值与意义需要不断地发掘、不断地认识,故宫研究还需要提升、创新与突破,故宫学就是这样应运而生的。提出故宫学的目的是要整合院内外研究故宫的力量,进一步推动对以紫禁城为核心的故宫文化及其蕴含的丰富价值的研究。故宫学提出三年来,已得到越来越多的认同和支持。故宫学是把故宫作为一个文化整体来看待的。故宫学所研究的故宫文化,是包括皇家文化在内的更为丰富、广阔的历史文化。以皇帝、皇权、皇宫为核心的故宫文化,既有相当久远的中国封建社会皇家文化的传承,又有明清时期新的特点。故宫文化在近500年的延续中,虽然也有变异,但相对来说是稳定的,充分体现了中华传统的主流文化,同时带有多民族文化融合的特征。故宫博物院在故宫学研究中有着特殊的地位,近年来正着重做好以下工作:制订故宫学研究规划，发扬故宫学研究的传统；加强基础建设，为海内外故宫学研究提供服务；发挥优势，陆续成立几个研究中心；加强与有关方面的合作，发挥社会学术团体的作用。

二　故宫文化属于经典文化，要发挥经典的作用与故宫知识的普及

故宫是世界文化遗产，也是世界上最丰富、最重要的中国古代艺术品的宝库。故宫的藏品包括了中国古代艺术品的所有门类，具有品级上、种类上、数量上的优势，许多藏品在中国文化史、艺术史上占有重要的地位。故宫庋藏的各主要类别文物，其本身就完整地记录了该类文物从萌生、发展到辉煌的文化链。故宫是一部浓缩的中华5000年文明史。故宫的中国古代艺术品收藏显示了中华民族的5000年文明史是一条绵延不断的历史长河。这是中华民族对世界文明的伟大贡献。

故宫藏品的这些特点，决定了它的崇高性与经典性，决定了它在人们的历史文化、思想道德及审美境界方面所能起到的教育提升作用。故宫博物院在这方面负有重要的责任。办好展览是博物馆最重要的业务活动之一，是向公众奉献的精神食粮。近年来，故宫结合维修进展，扩大展览面积，并适当调整展览格局，一些经过改造的展览场所相继投入使用，不管是展示面积，还是展示水平，都得到了全面的提升。树立精品意识，在不断加强和完善宫廷原状陈列和基于原状的宫廷文物陈列的同时，策划举办了一系列富有创意的展览活动，如"盛世文治——清宫典籍文化展""天府永藏展""清代皇帝卤簿展""皇朝礼乐展"等，从不同角度反映了清宫文化。故宫每年举办的国内展览有20个左右。除在院内举办各类展览外，还积极加强与国内各级博物馆及相关机构的合作与交流，每年也有一些在外省市展览

或参与展览的项目。近年来，故宫博物院全方位、多层次地开展国际交流与合作。就展览而言，故宫博物院努力开拓展览渠道，变过去单一的对外展览的形式为从国外引进展览、交换展览并重。交流范围也在不断扩大，面向更为广阔的国家和地区。故宫博物院每年在国外举办的展览都在10个左右，并引进国外的一些重要展览。这些展览不仅扩大了故宫在国际上的影响，而且充分发挥文化文物交流在国际交往中的独特作用，有力地配合了我国的外交工作，取得了良好的效果。

故宫是个艺术殿堂，是个高雅的文化场所。故宫又是面向公众的，2006年游客达876万，其中160万为国外游客。为了使社会对故宫有更多了解，使不同层次的观众都能从故宫得到教益，就要重视故宫文化的通俗化，做好普及，向社会宣传故宫。近年来，故宫博物院在这方面做了不少工作：

一是重视整体形象的建设和宣传。2005年，故宫博物院正式发布了院徽，通过不同媒体宣传故宫和故宫博物院。院徽设计旨在准确传达故宫博大精深的文化内涵，弘扬中华优秀传统文化，促进故宫博物院形象建设。院徽标志已广泛应用到故宫出版物、导游图、展览简介册页、信封、信纸、名片等方面，标志着故宫博物院在整体形象建设方面迈出了一大步。大型系列专题片《故宫》全方位反映了故宫历史、文化、收藏、人物和文化内涵，通过深层次解读近600年历史的故宫和有80年历史的故宫博物院，引导观众更加理性地认识故宫，加深对故宫的了解和思考。节目播出后，反响强烈，引起轰动，故宫博物院成为社会各界关注的热点，提升了故宫的形象和影响力。

二是以未成年人为重点的教育活动。作为青少年爱国主义教育基地，通过多种形式的活动来推进未成年人思想道德建设，也是故宫的一项重要责任。故宫博物院率先在全国实行中小学生集体免费参观，并提供专业讲解员进行义务讲解，至今已免费接待来自全国各地的学生团体656批12万余人。在全国中小学生中开展的"故宫畅想"知识竞赛和征文活动，吸引了5万多名中小学生参加，其中200名获奖学生来京参加"故宫畅想"夏令营活动。还策划实施了针对中小学生的"故宫知识课堂"主题教育活动。这些活动不但丰富了中小学生的课余生活，也普及了故宫历史文化知识。

三是走出去宣传故宫。2006年以来故宫博物院的领导和专家相继在北大、清华、北师大、浙大、国防大学、中科院等高校及科研院所举办了一系列关于故宫的讲座，从不同角度向同学们介绍了故宫的方方面面，宣传故宫、故宫文化和故宫学。这一系列讲座活动在大学生中乃至社会上受到热烈欢迎，产生了强烈反响，说明青年人对于了解中国传统文化非常渴望。此外，故宫博物院还不断探索社会宣教工作的新思路、新方法。"共享故宫文化，恢宏紫禁荣光——紫禁城文化进社区暨故宫志愿讲堂活动"的讲座也搬进了北京市东城区交道口社区。这是故宫博物院社会宣传教育、志愿服务与社区的文化宣教结合起来的一次有益尝试。这种活动在宣传故宫的同时，客观上也丰富了社区民众的文化生活，满足了社区居民的精神需求。

三　故宫属于人民，要在加强自身建设上更好地服务社会

文物藏品是博物馆存在的物质基础，是博物馆功能发生的依据，是博物馆价值的源泉。故宫博物院的价值就存在于故宫古建筑及其150万件珍贵藏品中，也正是古建筑及藏品决定了故宫博物院的性质、特点和地位。不管情况有什么变化，抓好文物藏品的收藏、管理和保护，无疑始终是最重要的工作。这就是"以物为主"，是博物院自身的基础建设。

根据《故宫博物院2004—2010年藏品清理工作规划》，故宫正在抓紧文物藏品的清理工作。清理的重点是宫廷物品。过去由于传统

的文物观念的影响，许多珍贵的宫廷遗物仅作为"文物资料"对待，有些储放过遗物的殿堂从未进行过彻底清理，一些"文物资料"的准确情况也不完全清楚。有些同类物品由不同部门管理，有些还没有定级。这次结合古建筑大修，要进行一次全面、彻底的清理。清理工作又与提高文物管理的信息化水平，进行抢救与修复，以及文物定级等工作结合在一起。这是博物院文物保护的基础性、专业性工作。在认真清理的基础上，适时编印并向社会公开发行故宫博物院藏品总目及珍品图录，以便更好地为社会服务，也有利于社会对故宫文物保护状况的监督。

故宫近年来在文物征集上也迈出了新的步伐。随着事业的发展，为更进一步丰富藏品门类，保持院藏文物的历史延续性，增强活力，我院在征集原清宫遗散在外的文物和我国古代、近代文物精品的同时，将现当代艺术品也纳入征集范围，通过定向征集、严格评审，收藏我国现当代名家名品，以承前启后，典藏传世。以2006年为例，我院接受了当代著名画家吴冠中先生捐赠的《1974年长江》《江村》《石榴》等3件作品，接受了台湾著名学者李敖先生捐赠的《乾隆题〈王著书千字文〉》以及景德镇"陶瓷世家"第三代传人孙同鑫先生捐赠的青花泼墨瓷板画等，并收购了"傅山手札卷"，全年共征集文物13批179件。

"以物为主"，是说博物馆自身建设的重点所在；从它的"为社会和社会发展服务"的宗旨来说，则应坚持"以人为本"，即一切为了公众。这是博物馆工作互相联系、互相促进的两个重要方面。

"以人为本"，就要增强服务意识，适应公众的需要。故宫是个博物馆，又是中外著名的旅游热点，每次"黄金周"，观众最多的一天都在10万人左右。面对来自五湖四海的观众，在确保文物安全的同时，怎么为他们提供满意的服务，怎么才能使他们对故宫、对北京、对中国留下美好的印象，文明服务不可或缺。继在箭亭设立观众咨询服务中心之后，故宫博物院又在贞度门、昭德门建立起观众咨询服务台，提供给观众更加便利、更加人性化的咨询服务。随着开放区域的增加和专题展览的陆续推出，我院对自动讲解器现有所有语种的讲解内容进行了扩充，并新增8个语种，外语语种总数达到18种，讲解器的数量也有增加。志愿者工作在经历了近两年的探索实践后走入正轨，英语志愿者也开始上岗，为包括重要国宾在内的外宾提供讲解服务。截至目前，志愿者总共为观众提供讲解服务近2万小时，听众7万余人。2006年7月，有一位观众来信，对我院的服务工作提出了批评和建议。各部门围绕这封信，举一反三，进行了讨论、反思和整改。通过一系列整改措施的制定和执行，加强了管理，在服务中更加注意细节，服务意识得到强化，服务水平有所提高。

要使公众满意，仅有上述服务还不够，如何有助于公众对故宫展览、故宫古建筑、故宫文化内涵的了解，是更为重要的方面。故宫为此重视发挥新技术的作用。"数字故宫"建设就是一例。其中的故宫网站设立了故宫博物院总说、紫禁城游览、紫禁城快讯、藏品精粹、网上博物院、藏书、明清五百年、紫禁城宫殿、专家论坛、故宫出版物、文物保护、精品赠送等涉及过去的紫禁城到近日的故宫博物院的12个主要版块。网站还根据不同浏览者的需求制定了内容体例，来满足从传统文化爱好者到专业学者的不同需求。故宫网站还是故宫面向世界的窗口，目前已具备英、日文导览功能。故宫网站以其丰富的内容、精美的影像吸引了广大国内外读者，日点击量达60余万次。故宫博物院与日本凸版印刷公司合作开发VR（虚拟现实）技术的应用研究，已有《紫禁城·天子的宫殿》《紫禁城·三大殿》两部作品面世，这两部作品形象地展示紫禁城建筑的传统文化内涵和古建筑营建技术等非物质文化遗产信息。"数字陶瓷馆"和"电子画廊"的建成，突破了展厅面积的限制，极大地扩展了展示内容的疆界。该系统的检索功能可以实时帮助访问者随机地、全方位地快速查询到相关馆藏陶瓷和书画的各种信息。

四　故宫属于非营利机构，在经营活动中
要坚持公益性原则

　　博物馆是个非营利的文化机构，但这并不是说博物馆不能营利，而是要"不以营利为目的"。博物馆从事一定范围的经营活动，即从事符合自身性质、符合自身社会形象的经营活动，是允许的，符合博物馆机构的性质。实际上博物馆的经营创收，在国外一些大博物馆中都占其经费很大的份额，例如美国大都会艺术博物馆的商业收入占到博物馆预算的一半，除书籍外，销售商品达1.7万多种；国内有6处商品店，在全美各地开设分店12家，在国外有14家，甚至开到了超市。博物馆可经营的范围也很广，英国维多利亚与艾尔伯特博物馆是世界上最大的装饰艺术博物馆，它专门成立了经营公司，经营零售业务、颁发许可证、邮购业务、场地出租和出版业等。台北故宫博物院每年在院内的商品销售收入约为2亿元新台币，占到全院总收入的20%。

　　故宫既是博物馆，又是世界文化遗产，开设服务区域和商业经营场所，不仅是可以的，而且是必要的。故宫面积广大，为了顾客的方便，应该提供必要的休息场所，并满足餐饮、购物等需求，这是游客在故宫游览活动中一个重要的组成部分，是博物馆"以人为本"思想的具体体现。当然通过服务和经营，博物院也会得到一定的收入。

　　故宫博物院进行经营活动有很多优势。数量惊人的游客蕴藏着巨大的商机。大量精美的文物为商品开发提供了丰富的创意资源。2006年6月国家工商局宣布认定故宫博物院拥有的"故宫""紫禁城"服务商标为驰名商标。驰名商标是指被相关公众广为知晓并享有较高声誉的商标，它是优良产品和良好商业信誉的完美结合物，蕴含着巨大的经济价值，对消费者具有很强的吸引力。对故宫博物院来说，"故宫""紫禁城"商标被认定为驰名商标，对于加大知识产权保护力

度、发挥品牌作用、规范经营管理都将起到极大的推动作用。

调整经营网点是故宫正在进行的一项工作。多年来，故宫内设置了不少经营点，积极为游客服务，但随着古建筑维修和陈列布局的调整，需要对其进行重新布局。这次调整，根据《故宫保护总体规划大纲》，结合环境整治，遵循文物保护的要求，努力满足游客的需要。增设游客休息室，为游客提供环境良好的休息、消费场所；与景点和参观路线相协调，逐步调整和重新布局商业网点，使之更趋合理并更符合游客需求。同时稳步推进管理机制的改革，借鉴和引进社会的规范化企业机制，逐步改善经营队伍的综合素质，从管理和激励入手，改变落后的经营理念、经营方式和经营作风。

努力开发具有故宫特色的文化商品。长期以来，故宫内商品特色不够鲜明，品种单调，内涵不足，纪念性、实用性不够。博物馆文化商品是延伸博物馆展陈效果的特定载体。大力开发博物馆文化商品，满足游人文化消费需求，既是博物馆新的社会职能，也可以创造可观的经济效益。世界各大知名博物馆在文化商品的开发上都起步很早，而且有相当成功的经验。院文化服务中心经过不懈的努力，近年来陆续开发了一批有故宫特色的文化商品。这些商品以不同材质、不同形式，从不同侧面反映和体现了故宫文化文物信息，具有较强的艺术性、观赏性和一定的实用性，有些还有较高的收藏价值。从类别上看，既有适合大众消费、价廉物美的纪念品，如丝巾、马克杯、钥匙扣、名片盒等；也有文化内涵丰富、寓意深刻的高档商品，如青铜瑞兽系列、水晶角楼、水晶千秋亭、金雕画等；还有适合收藏需求的，如金瓯永固杯、九如金如意、大雅斋瓷等高端仿品。故宫博物院的文化商品已超过千种，初步形成了规模，可在一定程度上满足各层次消费人群的需求。但总的来说，还处于起步阶段，与其他世界知名博物院差距不小，发展的潜力很大。特别是在营销方面要下更大的功夫。要在国家法律允许的范围内，积极与国内外大博物馆开展文物文化商品交流与合作，争取在国内外博物馆、机场、重要商业区成立专柜或专营店，经营故宫特色文物文化商品，以满足中外观众广泛的文化消费需求。

重视经营活动，必须坚持博物馆的公益性质。关于这一点，我们认为主要有三方面问题需要注意：一是牢记博物馆为公众服务的宗旨。对管理者来说，不是经营得越红火越好，收入越多越好，不能本末倒置，让博物馆按照商业的办法去竞争，而置其本职于不顾。国际博协2001年颁布的《职业道德准则》，专门设置了"外来资金与支持""创收活动"两节条文，就是用以规范博物馆的经济行为和坚持博物馆的固有性质。二是不能照搬企业的经营模式。博物馆的经营管理有其特殊性，不能照搬企业的经营模式，因为企业的经营模式是"经济利益导向"的营利性经营，而博物馆的经营模式则是"文化价值导向"的非营利经营。对于故宫来说，故宫古建筑及博物院藏品（商品生产资源）的稀缺性和不可再生性，决定了在故宫的一切经营活动必须以"保护第一"为前提。三是用好经营的收入。国际博协对博物馆的创收活动有严格要求，比如创收的钱不能用来买股票，不能用来提高职工的福利待遇等，只能作为博物馆发展的再投入。这些都是要坚持的重要原则。

如何管理故宫是个大题目，也是个复杂的问题，本文只是谈到管理中应该重视与把握的几条原则以及个人的一些体会。

（原载《管理世界》，2007年第2期，原题为《故宫如何管理？》）

故宫维修五年

世所瞩目的故宫大规模修缮工程，从2003年正式开工以来，至2008年7月，已进行了中轴线及其周边部分重要建筑的维修，维修面积达4万平方米，并妥善地合理利用古建筑，扩大展览开放面积约1.8万平方米。五年来，在党中央、国务院的关怀下，在社会各界的支持下，在承担者、参与者的共同努力下，工程进展顺利，达到了预期目标，按照《故宫保护总体规划大纲》的计划分期，近期阶段任务已经完成。这次维修，不仅使故宫恢复庄严、肃穆、辉煌的历史面貌，而且是中国官式古建筑营造技艺的一次大力传承，维修的实践与探索也丰富了国际文化遗产保护的理论。

一　持续不断的维修是故宫保持基本完好的重要保证

故宫建筑的土木结构特点，决定了需要对其进行经常的维修和保养，以避免和减少古建筑的损坏，防止出现大面积的损毁。故宫建成已近600年，其中绝大多数建筑物经历数百年，短的也有百余年。故宫至今仍巍然屹立，壮丽雄伟，保持着原来的格局和风貌，坚持不懈的维修在其中起了重要的作用。

清内务府的营造司，掌宫廷缮修工程事务，初名"惜薪司"，顺治十八年（1661）改为"内工部"，康熙十六年（1677）始改为"营造司"。各宫殿、园庭除重大工程会同工部办理外，寻常装修工程，都由营造司承办，分别定保固年限。紫禁城沟渠，每年二月淘挖一次；城上之草，每年三伏及十月各拔除一次。每年照例兴修的工程为"岁修"，按工程繁简，分为大修、小修。其工费各有定额，如有增加，须先奏准。如有节省或缓修，要照数归款。所报如查有浮冒之处，驳回更正，如仍不能核实造报，则将该官员奏请议处。

《钦定大清会典（乾隆朝）》载："紫禁城内工程，小修、大修、建造，皆会工部；大内缮完，由内监匠人。"[①]"紫禁城有应修葺者，报部（指工部）会估。如工钜则冬庀材、春举工，事竣题销。其随时修缮，银数至百两以上者，管工官具其工直之实于御史，御史赴工勘验，会部覈销，不符者劾之。"[②]"凡岁修，有大修，有小修，皆定以岁额，而覈其增减之数。"[③]

《国朝宫史》载："乾清宫等处三年一次修葺，苫补渗漏，构根墙垣，修饰地面，由宫殿监豫行奏准，交总管内务府派员择吉修理。"[④]《钦定总管内务府现行则例》载：营造司承办宫内及各等处咨修工程，所需银两每年约用三万[⑤]。

乾隆三十二年至三十四年（1767—1769），"发帑修漆大内"，紫禁城内所有建筑物，葺旧补漏，油漆彩画一新，历时三年之久。大内面积广、房屋多，自雍正八年（1730）油漆一次之后，40年没有全面大修和油漆，这一次可能是清代对皇宫规模最大的维修和髹漆。乾隆皇帝于乾隆三十三年（1768）所作的《春仲经筵》一诗自注中

① 引自《钦定大清会典（乾隆朝）》卷九十一，《景印文渊阁四库全书》，台湾商务印书馆，第 619 册第 619—883 页。

② 引自《钦定大清会典（乾隆朝）》卷七十，《景印文渊阁四库全书》，台湾商务印书馆，第 619 册第 619—652 页。

③ 引自《钦定大清会典（嘉庆朝）》，台湾文海出版社，1996 年，第 6 册第 2107 页。

④《国朝宫史·典礼四·宫规》，北京古籍出版社，1994 年，第 149 页。

⑤ 转引自章乃炜等：《清宫述闻》，紫禁城出版社，1990 年，第 13 页。

说："宫殿丹艧，自雍正庚戌油饰之后，至今将及四十年，故命所司以次修理。"① 在乾隆三十四年（1769）《冬令还宫之作》诗中自注说："宫殿丹艧以岁久色旧，特发帑饰新之，自外朝至大内，阅三年而周，今适告葳。金碧诸采，悉官为购用，专员司之，并简大臣董其事。工皆覈实，焕丽倍增于前，其匠役并按日给值。"②

在嘉庆、同治年间，故宫都进行过一些维修活动。清晚期最主要的也是最后一次宫殿维修是光绪朝。光绪十六年（1890）夏间，大雨连旬，昼夜浸灌，殿廷多有渗漏，处所繁多，情形甚重，内务府报称仅应修工缮单计23件，又正值万寿庆典择修内廷紧要工程，修缮费用"艰窘万状"，除向户部借款外，将应修各工分缮清单：乾清宫、坤宁宫、养心殿、储秀宫、长春宫、毓庆宫、钟粹宫、永和宫、景仁宫各项工程为第一单；慈宁宫并各主位居住各宫各所工程为第二单；重华宫、漱芳斋、建福宫、御花园、英华殿并各项库座工程为第三单；宫墙以外、禁城以内各处工程为第四单；紫城以外内务府所属各处工程为第五单。所有项目大多夹垄捉节、拆修天沟、头停揭瓦、挑换椽望，这是光绪朝工程量和修缮规模较大的一次保养工程。光绪朝奉行清初制定的修缮制度：对于坍塌的建筑"查验做法，照式建盖"，殿顶苫背保持使用锡片，金砖和瓦料由督造官监制，并执行修缮工程的赔修制度，不仅保持了紫禁城宫殿的协调统一，也保证了修缮工程的质量。③

光绪二十五年（1899）至光绪三十四年（1908），由于戊戌变法的失败，八国联军的入侵，打乱了正常的宫廷生活秩序，除光绪二十八

---

① 《清高宗（乾隆）御制诗文全集》卷七十一，中国人民大学出版社，1993年，第5册第406页。

② 《清高宗（乾隆）御制诗文全集》卷八十四，中国人民大学出版社，1993年，第5册第615页。

③ 参阅刘鸿武：《清光绪朝的紫禁城修缮》，收入《中国紫禁城学会论文集》第二辑，紫禁城出版社，2002年。

年（1902）对午门楼上坍塌的庑房22间维修及武英殿修缮工程外，总的修缮工程相对停止。太和殿屋顶及丹墀，杂草丛生，三台下的蒿草高度与人相同，太和殿荒废到竟发生疯疾之人携带短刀进殿跳舞的事件。

1911年辛亥革命胜利，紫禁城外朝被辟为古物陈列所，三大殿等开放路线中的荒草被刈除，屋顶也做了些揸补工程，改变了颓败荒凉的景象。但内廷仍为以溥仪为首的逊清皇室居住，除他们居住使用的以外，大多殿堂年久失修，屋顶生草阻碍排水，造成雨季渗漏、椽望腐朽，由于长期的雨水浸蚀，很多房屋处于危险境地。

1925年10月，紫禁城后半部被辟为故宫博物院。故宫博物院成立初期，由于经费紧张、处境困难，无力进行应有的维修与保护。1929年以后，依靠门票及捐款，才有重点地先后维修了慈宁花园、咸福宫、储秀宫、景阳宫、英华殿、景仁宫、城台马道、四隅角楼、斋宫、诚肃殿等一批宫殿建筑。此外，还于延禧宫旧址新建文物库房，并在部分区域安装了消防管线。抗日战争期间，北平沦陷，故宫多数员工随文物南迁而以保护文物为第一要务。留守人员对宫殿进行了力所能及的维护。

中华人民共和国成立以后，故宫的维修和保护得到高度重视。在军事管制期间，文管会即"决定故宫售票款作为修复费用，不必缴库，并请制定修缮计划"。1949年5月12日，庆寿堂修缮工程开工，由天顺营造厂以80500元承包，当年6月完工。这是人民政府接管故宫后第一项修缮工程，此后其他项目也陆续展开。20世纪50年代，故宫确定了"着重保养，重点修缮；全面规划，逐步实施"的修缮保护方针，以及"以预防为主，以防火为重点"的安全保护方针。截至"文化大革命"前，除对古建筑实施正常保养之外，故宫博物院还完成了一大批重点修缮工程。其中具有代表性的有1955年的端门修缮工程、1956年的西北角楼修缮工程、1957年的武英殿修缮工程、1959年的太和门及前三殿的油饰彩画工程、1960年的东北角楼修缮工程和1963年的午门正楼修缮工程，这些都是规模较大而又具有挑战性的工程。为了确保古建筑的安全，故宫博物院从1957年开始在高大建筑物上安装避雷针。与此同时，还加大了环境整治和基础设施建设的力度，使故宫的整体风貌大为改观。1972年，国务院拨专款1460万元，重点解决故宫热力供应问题。当年还完成了中轴线前三殿、后三宫等殿宇的油饰，使重点区域建筑的面貌有所改观。1974年4月29日，国务院批准《故宫博物院五年古建筑修缮规划》。该项规划包括古建筑维修保护、安全保护、环境治理等方面内容。在项目实施期间，完成了午门雁翅楼、东南角楼、皇极殿、后三宫、钟粹宫、景仁宫、撷芳殿等多处建筑的修缮和油饰彩画工程，增设和改造了热力、供电、避雷等基础设施，整修地面、河道，整治环境，使故宫古建筑的健康状况、安全措施、环境风貌等都有了较大的改善。

1978年党的十一届三中全会后，故宫博物院各项工作进入蓬勃发展的新时期，古建筑维修保护也出现新的局面。在《故宫博物院五年古建筑修缮规划》完成之后，古建筑的维修保护工作进入正常的常年维修阶段，每年工程项目不少，但主要是维护保养，像1985年西南角楼修缮那样的大型工程并不多见。1987年，故宫被联合国列入《世界遗产名录》，故宫古建筑保护被赋予更为重要的意义，同时也提出了更高的要求。此后直至20世纪末，故宫古建筑的保护仍以岁修保养和油饰彩画为主，同时也加大了环境治理的力度（主要是90年代在北京市政府的支持下对护城河的治理①）。

紫禁城建成近600年，回顾它的维修历程，令人感受最深的是两点：其一，维修是持续不断进行的。故宫向来有"十年一大修，一修要十年"的说法。这是中国土木结构工程的特点所要求的，是古建筑保护最基本的经常性的工作，其中既有大的维修项目、重点修缮工程，又有计划进行的日常性保养工程。笔者查阅了有关资料，1925年故宫博物院成立，1926年就有西朝房修缮工程、右翼门前檐修缮工

---

① 参阅黄希明：《古建筑的维修与保养》，载《故宫博物院八十年》，紫禁城出版社，2005年。

程，除1927年因博物院自身处境艰难未安排项目，1970年仅有零星工程外，其余每年都安排有维修项目，即使在抗日战争时的沦陷期间，维修工程也未停过，最少年份为6项，多的在一二十项之间。从1949年至2001年，故宫的各种维修项目达600余项。其二，坚持了严格的修缮制度，保证了修缮的质量。

二　21世纪初故宫大修的必要性及其意义

如前所述，故宫的维修一直没有停止过，这对故宫的完整保护起了重要作用。但是从清代末期直至20世纪末，由于社会的动荡和经济条件的限制，从总体上看，故宫没有得到足够的维护机会，很多问题积累了下来，有些还是非常严重的。

最主要的是自然力造成的影响。西华门内原内务府和造办处的一批房屋在20世纪初期倒塌。慈宁宫、寿康宫、英华殿等建筑群均整体年久待修。有一些大木结构材料存在严重隐患。外表完整的钦安殿、武英殿、熙和门、太和殿都在检修中发现部分承重梁、柱严重糟朽。建筑外表面材料、艺术品损坏普遍：约8万平方米石质材料和总长约6500米石栏杆普遍风化甚至严重风化，局部污染。故宫屋顶琉璃瓦和琉璃装饰构件的破碎和脱釉现象非常普遍，造成瓦强度降低，污染变黑，古建筑屋顶色彩和光泽改变。具有鲜明历史特色的外檐彩画老化严重，有的甚至百年未修，完全破损。地面、墙体的砖普遍风化。抹灰层少量空臌脱落。红涂料色调不一。古建筑的内装修基本未维修，老化破损严重，大部分亟待抢救。

开辟为博物馆以来，尤其是"文化大革命"时期，人为因素对故宫的历史真实性也形成了威胁。故宫城墙西侧城门西华门的南北两侧于1975年兴建5栋大楼，严重破坏了故宫整体格局。20世纪初坍塌的内务府等地面荒凉，有的搭建了临时建筑，应该治理。故宫的水、暖气、电力、消防、安防等基础设施大部分是博物院成立80年来陆续添加的，没有统一规划，一些设备落后，并影响故宫环境。

这些情况严重影响故宫的历史完整性，威胁故宫历史真实性的保存和延续，影响故宫对当代社会作用的发挥，与故宫的价值和地位极不相称。

2001年11月，国务院召开了"关于研究故宫古建筑维修和文物保护有关问题"的会议，决定整体维修故宫。

故宫大修的决策是审慎做出的，它是故宫保护维修的需要，也是故宫多年来保护的逻辑发展。20世纪80年代至90年代，故宫建成地下文物库房；90年代，故宫重点解决了消防问题；90年代中后期，治理筒子河。在此基础上再进行故宫的整体维修保护，是一个逻辑发展的过程，是人们对故宫价值及对故宫保护任务的认识不断深化的结果。现在应该做而且有力量做，不做就是一个严重失误，就是对文化遗产的不负责任。与此同时，国内外对故宫缓冲区范围划定的重视和争议，也是与作为世界文化遗产故宫的保护连在一起的。

2004年3月6日，现任全国政协副主席、时任文化部部长兼文化部故宫维修工程领导小组组长的孙家正同志，在故宫维修工程专家咨询委员会第一次会议上发表讲话，开首就说："我们强烈地意识到，正在进行的这项工作，对于我们的国家、民族，对于中华文化的传承和复兴，意义重大而深远。"[1]他认为，故宫的文化内涵很深厚，无论从传承还是从批判的角度都有其无可比拟的价值。文化从历史走到当代，还应该能够从当代走向未来。当今社会的高速度发展，对传统文化起着不可忽视的消解作用。对传统文化自觉地加以保护，对文化传统科学地进行分析，以有利于社会主义新文化的建设，是我们的历史职责。因此，故宫的保护工作同样具有中华文化史建设方面的重大意义。故宫大修工程，既是重大的文物保护工程，也是重大的文化建设

---

[1] 引自孙家正《从文化角度对故宫应怀有敬畏之心》，《艺术与梦想》，文化艺术出版社，2007年，第119页。

项目。故宫大修工程的成果，不仅要包括在整体上恢复故宫的历史环境与格局，而且要自觉地研究故宫的历史文化内涵包括蕴含其中的非物质文化遗产。党中央、国务院高度重视和关怀故宫维修工程，社会各界、国内外人士密切关注着工程的进展。故宫维修是国家大事、民族大事，是人民赋予的光荣任务，也是一份沉甸甸的历史责任。

故宫保护大修工程是一个标志，一方面表明国家综合实力发展的水平，另一方面则说明了国家对文化遗产保护工作空前重视。遍布祖国大地的文化遗产和蕴含于其中及传承于民间的非物质文化遗产是我们民族的宝贵财富，是我们民族独立品格的历史凭证，也是我们满怀信心走向未来的坚强根基和力量以及智慧之源。不断提升的文化遗产保护理念正在化为切切实实的保护行动，中国的文化遗产保护事业进入了一个新的阶段。北京市每年拿出1.5亿元，8年投入12亿元人民币，进行文化遗产保护，包括颐和园、天坛等世界遗产的维修。由于故宫的特殊地位和价值，对它的整体维修就更具有标志性意义。

故宫是我国第一批列入《世界遗产名录》的项目。我国加入《保护世界文化和自然遗产公约》，说明我国向国际社会承诺保护遗产是国家的职责，说明我国对世界遗产保护承担着共同的责任，说明我国对遗产保护的方针与主张同国际上的基本理念达成了共识。故宫大修工程投入资金之多、花费时间之长，都是前所未有的。保证故宫的历史真实性和完整性，使之更长久地传递下去，不仅仅是对中华民族负责，也是我国对国际社会庄严承诺的认真履行。

三 故宫维修的任务目标与保障条件

为了具体落实国务院整体维修故宫的决定，故宫博物院首先组织制定《故宫保护总体规划大纲》。经过对故宫保护和管理情况的调查研究，做出评估结论，针对评估结论中发现的问题，提出保护原则、对策和工程的方针，以此作为修缮工程计划安排的具体依据。《大纲》为实现对故宫的全面、长期保护，从调整规范保护区划，编制功能区划，规定保护措施，策划保护工程，整治环境，调整交通组织，提出基础设施规划要求和管理要求等8个方面提出规划目标和规划要求。国家文物局根据国务院办公厅要求，批复了《大纲》，认为《大纲》"指导思想正确，对故宫的价值与现状评估符合实际，提出的保护与利用的基本对策和措施可行，可以作为进一步制定《故宫保护总体规划》和保护工程等相关规划、方案的指导文件"。

2004年初，文化部故宫维修工程领导小组在故宫博物院研究工作的时候认为，在专家咨询委员会的指导下，《故宫保护总体规划大纲》深入地研究和正确地表述了故宫的性质和功能定位问题。故宫与其文物藏品，具有不可分割的统一性；故宫和故宫博物院是故宫文化的统一载体。正如国家文物局2001年向国务院的报告中所指出的，故宫古建筑群保存现状存在很大问题和很大隐患，展示等功能和基础设施也需要调整，因此故宫维修工程是对故宫的整体保护、全面保护和长远保护，某些方面又具有紧迫性，带有抢救性质，这是工程的定位。通过整体维修保护，使故宫庄严、肃穆、辉煌的原貌得到有效的保护和一定程度的恢复与重现，这是工程的目标。忠实地贯彻落实国务院的决策，紧紧把握住工程的性质和目标，是搞好故宫维修工程的根本保证[①]。

根据故宫维修工程的性质和目标，故宫维修要完成五大任务：

第一，保护故宫整体布局，彻底整治故宫内外环境。故宫在明清两代始终是北京的城市中心，也是今天北京这座历史文化名城的历史文化核心区。故宫外围按照《文物保护法》的规定划定了保护范围和建设控制地带，2005年北京市文物局向国际社会公布了世界文化遗产故宫的缓冲区。北京市政府正在制定对缓冲区进行管理的专项法规。

---

① 参阅孙家正：《在故宫修缮工程专家咨询委员会第五次全体会议上的讲话》，2008年2月19日，内刊稿。

要创造条件拆除西华门两侧的5栋大楼,整治故宫内西侧环境。

第二,保护故宫的文物建筑。故宫保护工程要延缓或修复自然力和人为造成的破坏,使古建筑"祛病延年"。

第三,系统改善和配置基础设施。合理规划故宫的给水、供暖、供电、消防、安防等基础设施,提升水平,管道入地,恢复古建筑景观。

第四,合理安排文物建筑利用功能。从皇宫改为博物馆,原来建筑的功能必然有所改变。80年来,故宫有些古建筑使用不合理,展陈、库藏、服务、管理等各类功能的配置和规模需要科学调整。规划规定:创造条件腾迁现在占用故宫古建筑的单位并给予妥善安排;调整使用布局,形成相对集中的开放区和非开放区;扩大开放面积,用合理开放促进保护。

第五,提高展陈艺术品位,改善文物展陈及保存环境。受到客观条件的限制,故宫博物院的展室设备落后,手段较陈旧。利用古建筑的文物库房条件不符合保管珍贵文物的要求。这些问题也要通过规划,在工程项目中进行统筹安排。

在故宫的保护史上,这是一次名副其实的大修,是百年来规模最大的一次维修。按照《故宫保护总体规划大纲》,故宫修缮工程将持续18年,到2020年结束。工程共分三期,2003年至2008年为第一期,2009年至2014年为第二期,2015年至2020年为第三期。其中第一期又以2005年10月为界,分为前后两个阶段。故宫维修工程按照《故宫保护总体规划大纲》规定的原则和目标制订年度计划并实施。

故宫维修是一个复杂、艰巨、长期的任务,充分的准备、坚实的基础、严格的制度为这一任务的完成提供了必要的保障。

第一,加强对故宫维修工程的领导和管理。文化部成立由部长任组长的"故宫维修工程领导小组",作为修缮工程的决策机构。故宫博物院也组建了"故宫修缮工程领导小组"和相应的管理机构。组建了"故宫修缮工程专家咨询委员会",聘请规划、考古、古建筑、文物保护、宫廷历史、博物馆学、管理等方面的专家,为工程决策提供科学的论证和咨询。还组建了"故宫修缮工程技术质量顾问组",为具体的工程技术、质量问题进行把关。

第二,严格执行两个程序规定。一个是《中国文物古迹保护准则》建议的专业程序。对技防、消防、防雷、供热、信息网络、展览布局、服务网点布局等需要与古建筑维修同步开展的项目,第一步是编制综合的专业规划,按照规划安排工程进展计划。每一项具体的古建筑保护维修工程,都首先进行详尽的历史资料收集整理和现状调研,绘制实测图,编写现状报告。经古建部审查后,进行维修方案设计。方案设计经过主管部门审查批准后进行技术设计,再次获得批准后实施。五年来,故宫博物院对每一个项目的维修方案都举办了专家论证会。有些项目主管部门提出新的意见,或者自己尚有疑惑的问题,都要召开专家论证会。有些工程实施中遇到技术问题,也不止一次地召开不同专业的论证会,请专家来把关。另一个程序是《中华人民共和国文物保护法》和《文物保护工程管理办法》规定的主管部门审批程序。按照属地管理的原则,故宫博物院组织编制的维修方案和技术设计要经过北京市文物局审查同意后报国家文物局审查批准,然后由北京市文物局批复或函复。2007年故宫对五年来执行程序的情况进行了自查,从往来的120余件文书看,虽也有纰漏,但总的情况比较规范,从而保证了维修工程的稳妥进行。

第三,故宫博物院有自己的古建修缮设计和专业施工、管理队伍。20世纪50年代初,故宫博物院组建了为维修故宫古建筑服务的研究设计队伍古建部和施工队伍古建修缮中心,它们现在分别具有国家文物局颁发的文物保护工程勘察设计甲级资质和古建施工一级资质。古建部是故宫保护维修设计工作的主要承担单位,并负责对故宫文物建筑实施巡检、监测、提出岁修保养计划,对故宫古树庭园进行养护,积累了丰富的经验和档案资料。故宫古建修缮中心半个多世纪以来,一直承担着维修保护故宫的重担,拥有木、瓦、油漆、彩画等工种的高级专业技术工人。他们熟悉中国官式古建筑的构造和做法,延续着中国古代官式建筑的传统技艺，具有丰富的古建维修和保护的经验，承担着故宫古建筑的日常维护和大的修缮项目。他们坚持使用传统材料、传统工艺、传统做法，以最大限度地保持古建筑的本来面貌和所携带的历史信息。另外，故宫博物院也通过招标方式，选择具有国家文物局颁发的古建筑维修一级资质的其他专业队伍，从事故宫维修工作。

第四，故宫工程所使用的主要古建筑材料是传统的材料。琉璃瓦在清代乾隆以来窑厂的所在地生产，金箔在明清金箔的生产地南京生产。琉璃瓦、黏土砖、金箔均完全用传统技术生产。

第五，国家财政对维修经费提供保障，根据故宫博物院的年度预算划拨。

第六，贯彻文物保护原则，确保工程质量。故宫维修，质量第一。维修工程虽然有计划，但不能赶进度。文化部的领导一再强调，"现在没有任何一样事情可以要求故宫的维修服从于它，……故宫的维修唯一遵循的原则就是有利于故宫的长期保护，符合古建维修的规律和科学性"①。"一切服从质量"，这是故宫维修中所坚持的最基本指导思想。故宫博物院为了保证工程质量，组建了专门的施工管理机构，按照北京市关于古建筑质量验评标准和故宫博物院多年来形成的技术特色，严格进行质量、安全、工期、造价的全面管理。为了加强对工程现场的动态管理，故宫博物院实行了以下全程质量管理的制度：一是项目负责人制。向每一个工地派遣项目负责人，按《工程项目负责制方案》规定责任，对施工和监理两方，代表甲方提出意见、提供服务。把现代工程管理的模式引入古建筑维修工程管理，虽然这种模式还不够完善，但对统一管理、提高工程质量有积极意义。二是联合巡检制。制定了《工程联合检查办法》。巡检分为定期检查、全面巡检两个层次。巡检的内容包括施工工艺质量、现场管理、安全制

---

① 引自孙家正《在故宫修缮工程专家咨询委员会第四次全体会议上的讲话》，2007 年 2 月 10 日，内刊稿。

度落实情况，并现场讲评，及时交流经验，解决存在的问题。如发现较为严重的问题，及时召开专题会，商议解决方案，并监督落实。三是随时进行增强文物保护意识的教育。在新的施工单位进入现场前、新的工地开工前，都把文物保护意识作为主要的培训教育内容。四是完善的验收制度。工程的每一个工种，都按照工序节奏，由监理进行验收。每一项工程收尾，在甲方和监理单位组织验收后，都由北京市文物建筑工程质量监督站代表政府机构进行验收。

四　故宫维修所遵循的原则和所使用的技术

《中华人民共和国文物保护法》规定不可移动文物保护的总原则是"不改变文物原状"。古建筑中的原状有狭义与广义两种含义。狭义的原状是指古建筑的始建原状，广义的原状是指该建筑建成后，经过漫长的岁月保存下来的，具有历史、艺术、科学价值的遗物，它包括了修建历程中的信息（遗物）。这是我们过去在恢复原状工作中的习惯看法[①]，就是说要具体问题具体分析。从故宫古建筑修建历程来看，对于每一座建筑物的修缮，都要仔细地、审慎地研究，从而决定维修方案，但必须坚持一个指导思想，就是最少干预、尽最大可能保存原构件，亦即尽可能多地保留原有建筑历史信息，保持文物的真实性和完整性，以达到祛病延年的目的。对紫禁城来说，就是恢复其庄严、肃穆、辉煌的原有状态。

故宫修缮过程中，与文物"原状"关系最大的是木结构材料、琉璃瓦与建筑彩画三个方面。故宫对此都进行了认真的探索与实践，较好地解决了碰到的问题，积累了经验。

---

① 参阅于倬云：《紫禁城宫殿修建历史——兼论保护古建筑原状》，载《中国宫殿建筑论文集》，紫禁城出版社，2002年。

（一）木构件的保护

我国的古建筑以木结构体系为主，传统的木结构形式和建筑材料，具有广泛的适应性和较大的灵活性。然而，以木结构为主的东方建筑体系面临的最大问题是结构的损坏。与砖石等无机材料不同，木材由有机物组成，容易发生腐朽、虫蛀、火灾和力学性能衰减等变化，其中腐朽和虫蛀等生物危害的发生最为普遍。太和殿是康熙三十六年（1697）重建的，至乾隆四十年（1775），尚不足80年，即发现柱木有"些微朽裂之处"。清乾隆四十年七月内务府总管刘浩折："勘估得太和殿金龙柱六根，内钻金木柱四根，各高三丈八尺。后金柱二根，各高二丈七尺五寸。俱围圆一丈二寸。錾去旧有地仗详勘柱木，亦间有些微朽裂之处，饬令该监督如式妥协修补。今拟成做钻生漆一道，漆灰七道，夏布二道，糙漆垫光漆沥粉，照旧式画江山万代升转云龙，使漆戳扫红黄金罩漆，工料银二千四百八两八钱三分六厘。"[①]

故宫是皇家建筑，一般对大木的材料要求较高，建造规范，而且至今历史尚短，因此建筑构架发生结构失稳的可能性很小。但是由于材料缺陷、地下水、霉菌、屋顶渗漏雨水造成的隐患也可能产生严重后果，必须及时进行干预。但是这种干预应该是得到控制的，局限在为修复或者更新材料创造条件所必需的范围之内，对稳定的构造本身的扰动则尽可能地要小。太和殿屋顶两侧"扶桁木"下沉，只附加龙门枋加以支撑。太和殿后檐角柱下部腐朽，局部拆砌柱门墙体，按传统构造方式进行墩接。熙和门木柱整根腐朽，实施抽换而没有落架。钦安殿更换完全糟朽的顶枋，不扰动其他结构。

故宫维修过程中，遵循最少干预和减少扰动的工作原则，根据木构件的不同病害，有针对性地采取不同的方法进行维修和保护，主要有加

---

① 转引自章乃炜等：《清宫述闻》，紫禁城出版社，2009年，第218页。

固（木材加固、铁活加固）、局部剔补、拼接及木构件的更换等。木质望板的腐朽是经常发生的，而且压在苫背灰层之下，最难发现和处理，往往在发现时已经殃及椽子甚至大木构件。神武门是保存明代材料和工艺技术最多的建筑，但是望板普遍糟朽严重，并延伸到角梁和部分椽飞。故宫严格控制糟朽材料的更新数量，对角梁及仅上皮糟朽但是还能保证受力需要的椽飞，采取了修补措施，使其回到原来的位置上。当某些木构件损坏比较严重，已经无法修复时，为了保证建筑整体的安全，则需要进行更换。对梁、檩、枋等木构件的更换，故宫采取慎之又慎的态度，因为这些构件承载着这座建筑大量的历史信息，包括建筑时代特征、制作技术特点等，具有不可替代的价值，只有在采用修补、加固等方法不能满足安全使用要求时，才可更换新的构件。

（二）琉璃瓦与琉璃构件的保护

故宫古建筑屋顶覆盖的琉璃瓦和琉璃构件是宫殿建筑的主要特征，是建筑围护结构的最外层，具有突出的建筑艺术价值和人文价值，并表现着建筑的等级、秩序和功能，也是文物原状，需要保护。但是琉璃瓦、琉璃构件由于长期受空气污染、雨雪冻融的侵蚀，必然会老化，出现脱釉、风化、污染、开裂、残损，从而造成渗水，而严重脱釉、污染变黑的，则改变了故宫古建筑原有的色彩特征，这些问题最终将导致望板糟朽并殃及椽子和其他木构件，给古建筑带来安全隐患。这次故宫维修对于实施揭掉屋顶琉璃装饰构件，采取清洗、粘接及必要时对严重风化部位修补、封护的办法，尽最大可能让构件回到原来的位置上。对琉璃瓦在揭取过程中逐块编号，了解了每一块瓦的保存状况。只要瓦坯料不断裂、不破碎，就要让它回到原来的位置上。补配的新琉璃瓦，都做了新的年代印记。以往琉璃瓦脱釉部分达到50％—60％时就需要更换。故宫维修的一般规律是经过挑顶的古建筑瓦的更换率约30％。此次维修时，故宫对其中坯料完好、琉璃严重剥落的琉璃瓦，采取了挑选回窑挂釉的处理。老瓦经过挂釉，恢复了原有的色泽，重新回到屋顶上，更多地保存了原材料和原来的艺术特征。更换率降低，太和殿旧瓦更换不到10%。

（三）外檐彩画的保护

故宫彩画几乎存在于故宫的每一栋建筑中。彩画起着保护木结构的构件以及美化建筑的作用，同时具有丰富的人文内涵和历史信息，凝聚了中国明清两代传统的彩画工艺技术和艺术成果。建筑彩画根据位置，分为内檐彩画和外檐彩画，以及介于二者之间的廊内和大门内彩画。故宫的内檐彩画保存条件明显好于外檐彩画，目前一般还没有需要大面积抢救的问题。外檐彩画则普遍保存得不好。廊内彩画保存好于外檐彩画而差于内檐彩画。故宫彩画遭到人为破坏是1915年袁世凯为登基做准备而仓促进行的三大殿等外朝彩画重绘，这改变了清代彩画所表现的皇宫秩序。

故宫博物院对内檐彩画均采取原状保存的方针，至今仍然坚持。外檐彩画由于直接暴露在日光风雨中，其连同地仗的寿命都很短。中国古建筑界和故宫多年来为了尽可能延长外檐彩画在原位置的保存，做了大量的试验，取得了各种保护措施效果的对比资料。故宫现在实施外檐彩画保护前首先进行价值评估。1911年以前的彩画，尽可能原地保护。1911年至1924年的彩画，区别保存状况决定做法。1925年以来的彩画，可以采取保护、修复或者复原等做法。具体措施分这样几个层次：原彩画只是陈旧，损坏较小的（应有的美化、保护建筑功能都可以维持），进行原状保护，清洗，加固；原地仗尚好、彩画严重损坏的（有保护功能，无美化功能），加固地仗，修复彩画；原地仗、彩画均严重损坏的（两种功能皆丧失），根据残存遗迹和历史资料进行复原；有些地方，外檐彩画好坏参差、交错存在，根据价值评估的结果，确实有历史价值的彩画，尽可能加以保护，同时采取"分间处理"的方式，尽量追求整体上的协调；一些大部分损坏、少量残存的具有历史价值的彩画，原位置无法保存，实行揭取保护。总之，对外檐彩画的保护处理，是根据价值评估和保存状况，进行具体研究。其出发点和评价标准，不只是考虑外观的新或旧。新复原的彩画，一般不"做旧"。故宫彩画维修都是由故宫古建部进行设计，专业彩画工人施工，完全使用传统工艺和技术。

（四）修复后代人为的不恰当的改变

故宫一些古建筑的格局、装修和建筑材料，甚至构造，由于种种原因改变了原状。这次维修中，为了保存古建筑的原状，经过勘察调研和认真论证，加以修复。例如，保和殿东西庑通过维修，恢复了外廊格局；钦安殿前原有抱厦被拆除，但是档案中还有20世纪中期的实测图，依据充分，因此加以修复；协和门、熙和门的东西庑房和坤宁门东板房原后檐柱不知何时、何故被撤去，威胁建筑安全，经过论证，加以修复；乾清宫东西庑房外装修把现代玻璃窗恢复为支摘窗；故宫一些室外地面后改为水泥砖地面，现已逐步用传统青砖修复。

结合太和殿的维修过程，会对故宫在维修工程中坚持的原则、方法有进一步的了解。

太和殿维修是本阶段最引人关注的工程。故宫博物院于2004年5月开始着手进行详细的勘测和反复的调查研究，历时1年零4个月完成了工程方案设计。从2005年10月起，根据专家意见和国家文物局、北京市文物局对太和殿维修方案的批复精神，在设计方案的基础上，进一步进行了针对安全隐患的慎重揭露检查和屋顶材料性能的多种试验。以排除隐患、"祛病延年"为原则，补充完善施工设计。分别对腐朽的木柱、下沉的梁架、屋顶木基层、护板灰、灰背、瓦面、脊兽件清洗粘接等具体维修项目和外檐彩画复原做出了详尽的设计图和说明。

在详细勘察研究基础上，明确了太和殿工程的性质。太和殿主体结构现基本稳定，但由于在大木构架、斗拱、装修、台基地面、墙体墙面、屋顶瓦面等方面均存在不同程度的残损、变形和安全隐患，因此，本次维修工程的性质为现状维修和加固保护，即对该建筑进行整体保护、全面维修，恢复外檐彩画历史原貌，保持其完整和健康的状态。

在施工过程中，故宫博物院强调贯彻文物保护要求。对太和殿两山顺梁进行加固和对两根严重糟朽的后檐柱进行墩接时，贯彻尽可能少干预的思想，把工程限制在尽可能小的范围内。为尽可能多地保存原材料，在维修屋顶时对全部约10万块琉璃瓦和构件进行了编号，拆卸后逐块甄别，凡是不破碎的均力争把它们安装回原来的位置。故宫古建修缮中心在每一工序前都对原状进行数据测量，如每坡瓦的垄数、每垄瓦的块数、坡长、屋顶各面的坡度曲线等，以保证屋顶恢复健康后与原屋顶具有同样的外观。

太和殿的外檐旧彩画是20世纪50年代末的作品，已经非常陈旧。而且按照今天的认识，当时并没有完全尊重历史原状。这次维修经过多方研究论证，确定了按照太和殿内檐彩画（康乾时期）复制外檐彩画的方案。复制按照传统工艺技术操作，彩画色彩丰富、龙纹饱满，与维修后的整个太和殿，表现了恢宏富贵的皇家气势。

五　故宫官式建筑营造技艺的传承与现代科技的引入

近些年来，故宫博物院在重视故宫古建筑价值的同时，对于故宫古建营造技艺，也提到非物质文化遗产的高度去认识。

故宫古建筑在建造、维修的过程中，在中国古建营造技术的基础上，形成了一套完整的、具有严格形制的宫殿建筑施工技艺。这套技艺被称为"官式古建营造技艺"，其内容包括瓦、木、石、土、油漆、彩画、镶嵌、裱糊等各工种匠作，其主要特点为各部位做法、工序都有严格的定式，选料上乘，工艺严谨，做工精细。正是由于这种工艺技术的保证，以故宫为代表的中国宫殿建筑，数百年来始终保持着其华贵精美、壮丽辉煌的面貌，原汁原味地再现着其独有的魅力。同时，作为中国古建营造技术的精华，这种技艺也直接影响着整个中国古建营造技术的发展，在中国古建技术领域，特别是中国北方地区的古建技术发展中，发挥着重要的作用。

20世纪50年代初期，故宫博物院延聘社会上的高师良匠，重新组建了古建修缮队伍，这支队伍至今一直担负着故宫古建筑的主要维修工作，多年来师徒口传心授，始终延续着故宫这种传统的古建营造技艺。近年来，国家重视中国传统文化的发掘和弘扬，故宫官式古建营造技术的研究、整理也日益受到大家的重视，一些过去多年没有实践、濒临失传的传统做法，如室内装修裱糊等工艺，也得到发掘应用。2007年6月，国家文化部授予故宫古建修缮中心"非物质文化遗产保护先进集体"称号。2008年，"故宫官式古建营造技艺"被国务院公布为国家非物质文化遗产项目。进一步深入研究官式古建传统工艺，使之完整地保存、传承下去，是一项十分紧迫和有意义的工作。

故宫维修是故宫官式古建营造技艺的传承过程，但是存在的问题也是严峻的。应该看到，现在一些工艺已经难以达到古代的水平，一些常用的传统材料的生产工艺也没有全面继承，砖瓦石灰及外墙涂料等，都与古代有一定差距。如果建筑材料达不到要求，工程质量就很难保证。因此对故宫保护来说，传统工艺技术的传承是一件带有根本性质的大事，不仅是当前大修所必需，而且是以后长期保护的要求。故宫古建筑的重要地位以及故宫的大规模维修实践，都为古代官式建筑营造技艺的传承提供了一个难得的机遇。这也要求故宫博物院提高传承传统工艺技术的自觉性，通过大修工程，挽救一些濒临灭绝的传统工艺，培养更多的能工巧匠，使各个传统的工种都有一些接班人，实现长远地保护故宫历史真实性的目标。

故宫博物院在传承传统技艺上，重点做了以下几点：

第一，重视维修过程的记录。维修一开始，故宫博物院就购置了高清晰摄像设备，成立专门机构，把整个维修过程记录了下来，积累资料。目前正在编辑一部反映故宫维修的电视片。包括油饰彩画技术在内的名为《故宫绝活》的电视系列片也已开拍。

第二，恢复传统工艺技术。在修缮工程中，应用传统技术和工艺，包括使用传统工具，把一些社会上已经见不到的古建活专用工具，如夹垄用的小瓦刀、压背用的双梁抹子等，重新恢复使用，做到干什么活用什么家伙，不仅顺手，也有利于质量的保证。同时恢复传统工艺做法，如恢复彩画胶调色，故宫彩画调制颜料的传统做法是用骨胶调制，20世纪80年代改用光油调制，这次维修恢复了彩画颜料胶调色的传统做法；恢复了颜料光油做法，20世纪70年代以后，故宫古建筑的下架油饰部分改为现代油漆油饰，此次维修下架油饰严格使用颜料光油传统做法；恢复了麻布做法，麻布是地仗做法中使用的传统材料，后改为豆包布或玻璃丝纤维布，这次现场发现的麻布经检测为苎麻，经专家鉴定为清晚期做法，于是遂以此苎麻布为依据加工制作地仗；恢复了桐油灰做法，在太和殿瓦顶勘察中，技术人员发现望板上附有一层灰状物质，并且附有该物质的望板保存非常完好，这是故宫多年来从未发现的做法，工程技术人员根据档案和检测结果进行了不同材料配比的桐油灰实验，筛选出与原材料较接近的材料配比，经专家会论证确认，恢复了太和殿望板桐油灰做法。

第三，恢复师承制。师徒相传是古建传统技艺传承的一种重要方式。它之所以重要，是因为有许多知识是在书本上学不到的，需要师徒口传心授。例如油饰彩画工程中的做地仗，有"一麻五灰"或"二麻六灰"的工序，如何配料却很有学问。许多人都知道原料里有桐油、砖灰、血料、白面等，但准确比例则没有定论，因为有经验的老师傅会随着季节的变化（主要是温度、湿度的不同）、工期的长短，甚至此批来料的稀稠浓度、筋性大小等因素来调整各种材料的投放比例，没有一个统一的法子。故宫在木作、瓦作、彩画作、油漆作等方面，都有一些传承有绪的代表性传承人。故宫维修工程开始以来，已正式组织了两次拜师会，木作翁克良、李永革，瓦作朴学林、李福刚、吴生茂，彩画作王仲杰、张德才，油漆作刘增玉、张世荣等，都是全国本行当中技艺精湛且极具影响的老技师，他们共收了14位徒弟，其中有的徒弟是农民工骨干。这项制度要坚持下去。

第四，注重对传统技艺的整理和研究。除了积极培养专业人员以使技术传承与延续外，还抓紧完善电子数字技术档案，使过去存留的技术资料得到有效保护，并在今后的工作中发挥作用。如张德才老师傅多年来存留的1800多张以前故宫修缮时用的彩画谱子，经整理后，用数字技术扫描，制成了电子档案，今后这些彩画再需维修时，就可以毫不走样地复制出来。同时，鼓励支持修缮中心的技术工人总结整理过去的施工经验，如李建国、贾永茂师傅对石作传统工艺的整理，刘建华师傅对油料配制的整理等。对一些成功的做法，也需要研究总结，以利传承。例如在同道堂等室内裱糊的维修中，尝试恢复"鱼鳞装"裱糊，收到了良好效果，但要传承下去，仍需进一步总结整理。故宫重视对传统工艺的科学研究，力求对其机理给予科学的解释。故宫博物院已将传统古建营造技艺的传承与延续纳入长期发展规划，今后将继续加强此方面工作，投入专业人员和必要资金，以多种形式培养人才，使这些传统技艺得到有效的传承。

故宫博物院注意古建修缮实物资料的采集收存。在修缮中，部分古建筑的残损构件和材料被替换下来，材质包括瓦、木、石、砖、铜、铁、锡、纸等。一些建筑构件虽已残损，但仍存有传统建筑的技术、材料和工艺特征，具有相当的历史、科学和艺术价值。收集和保存这些资料，可为古建保护和研究提供实物依据。

故宫博物院在大修中除认真抓好传统技艺继承外，还积极引入现代科技。

《威尼斯宪章》第二条提出："古迹的保护与修复必须有助于对研究和保护考古遗产有利的一切科学技术。"第十条提出："当传统技术被证明为不适用时，可采用任何经科学数据和经验证明为有效的现代建筑及保护技术来加固古迹。"故宫博物院认识到，运用现代科技可以更全面、深入、确切地认知和记录文物建筑，可以运用新的认知成果更精密地保护文物，也可以解决一些传统工艺技术无能为力的保护问题。因此，需要积极采用和研究文物保护界的新材料与新技术，以解决传统技术难以解决的问题和材料的明显缺陷，并且开拓新的认知、研究和保护手段。

在引进和试验现代文物保护技术的时候，故宫博物院注意解决三个问题：一是制定针对每一类保护对象的保护程序。故宫古建筑是用多种自然的和人工制造的建筑材料营造的，各种材料在岁月中和不同环境中的退化过程和呈现的面貌有极大的差异，因此只能针对每一种材料或者作品，针对不同环境，分类研究，分别制定保护程序。二是从科学试验到实施的过程要十分慎重。在故宫古建维修项目中，应具体掌握这样的原则：所有的化学试剂都必须是经过长期试验，认定是无害、可逆且有效的；化学试剂的浓度和强度要进行等级控制；应该通过试验，预先确定保护效果；必须进行小范围的试验，证明是可行的；必须制定实施工艺的要求。三是解决好传统工艺技术与现代科技的结合问题。要在中国传统的古建筑"维修"概念中，强化不可移动文物保护的观念。故宫要及时掌握国际同行业的新动态，积极探索，丰富保护手段。

勘察设计是古建维修的基础工作，故宫注重传统徒手勘测与现代科技相结合。其中突出的有三项：一是与中国林业科学研究院木材工业研究所合作对故宫古建筑木构进行全面勘察，并针对糟朽范围深度探查，为保护维修方案提供依据。确立了"故宫古建筑木构件树种配置模式及物理力学性质的变异性研究"的课题，用现代木材分类法对故宫大木构件树种进行鉴定分类和物理力学性质测试分析，初步建立了故宫古建筑木构树种数据库。目前已完成故宫武英殿建筑群木构件树种及其配置研究课题。二是与北京建筑工程学院合作开展"三维激光测量技术在故宫古建筑现状测量的应用"研究项目。激光三维扫描技术是一种记录物体形状的技术，具有高效、准确、信息量大、一次采集多次使用的特点。该技术在故宫古建筑保护中作用很大。目前已对太和殿、太和门、神武门、寿康宫、慈宁宫等建筑主体结构进行了三维激光扫描测量，取得了初步成果。三是用数字化摄影技术记录故宫古建筑彩画，为数字化采集、记录、保存、利用提供了条件，为现状记录制订彩画保护方案提供了手段。上述现代科学技术的采用，为古建筑研究、勘察设计、价值评估、查清分析病害、制定保护维修方案提供了依据，也为以后完善勘察设计手段提供了经验。

故宫维修中试验或应用的主要技术还有：古建筑彩画表面污染物的清洗技术；局部空臌起甲彩画的注射渗透加固技术、封护技术；对琉璃装饰构件的清洗、加固、粘接、封护和回炉挂釉技术；石质构件的清洗、加固、封护技术；用镀金代替镏金的技术；对大木构件、铅背、护板灰、彩画颜料、墙纸、黏土砖、红墙涂料等材料的分析技术；传统纸文书档案的数字化整理管理技术；等等。

多学科合作、开放型研究是故宫博物院的优良传统。5年来，故宫博物院联合相关的研究机构、大专院校和文博单位，利用各自优势，共同攻关，取得明显成效。例如与教育部有机硅化合物及材料工程研究中心、北京化工大学、有色金属研究院、北京理化分析检测中心、陕西文物保护中心、荆州市文保中心等单位合作进行保护材料的分析筛选和保护试验，与意大利文化遗产部、美国建筑文物基金会、美国史密森学会合作进行太和殿科技保护方案的制订工作、倦勤斋和乾隆花园的保护工作等。

六　故宫维修工程与《北京文件》及附件

（一）东亚会议的背景

作为世界文化遗产地的故宫的大规模修缮，不仅国内高度重视，国际社会也颇为关注；而且由于故宫维修与同列《世界遗产名录》的明清皇家建筑天坛、颐和园的维修几乎是同时进行的，因此更为海内外所瞩目。近一段时期，国际上出现了对北京这三处世界遗产地维修工程的质疑。

自2003年第二十七届大会以来，世界遗产委员会讨论了关于北京三处遗产地的若干个保护状况的调查报告，并且对这些遗产地面临的诸如来自城市发展的压力、缺少适当的缓冲区、管理机制方面的难题以及当前修复工作的理念与文件依据等问题表示关切。

在立陶宛维尔纽斯举行的世界遗产委员会第三十届会议上，世界遗产委员会特别关注到关于在北京故宫、天坛和颐和园正在进行的修复工程的报告，报告称，这些修复工程"仓促进行，缺乏文献依据和清晰的原则以指导修复工作"。委员会对成员国提出以下7点要求：

1.澄清这些地点修复工作采用的原则；

2.澄清为何修复工程仓促进行；

3.澄清修复工程所使用的文献依据，包括建筑彩画的文献依据；

4.在"故宫保护总体规划"中纳入风险准备和旅游管理的内容；

5.为颐和园和天坛世界遗产制定适当的保护总体规划；

6.与其他东亚国家合作，研究在保证世界遗产地真实性的同时对建筑彩画进行修复的课题；

7.组织关于亚洲文化遗产地的"显著普世价值"、真实性和完整性的区域研讨会，并评估在东亚地区实施国际普遍采用的保护原则的重要性。[1]

故宫维修工程是中国政府决定的，有众多中国国内相关方面颇有影响的专家进行咨询、指导，有周密的计划、严格的程序，而且当时已进行了4年，武英殿试点项目为大家所称赞，其他工程也得到肯定，而如果真的像世界遗产委员会报告中所质疑的那样，故宫维修工程就

① 引自《关于北京世界遗产地保护与修复的评价与建议》，载《中国紫禁城学会论文集》第六辑，紫禁城出版社，2009年。

存在严重的问题，甚至是修坏了。

中国政府是负责任的，中国的文物保护事业是开放的，中国文物管理部门是认真的。正是在这样的背景下，中国国家文物局、国际文化财产保护与修复研究中心、国际古迹遗址理事会和联合国教科文组织世界遗产中心于2007年5月24日至28日在北京联合举办了"东亚地区文物建筑保护理念与实践国际研讨会"。故宫博物院具体承办了这次会议。此次会议针对世界遗产委员会第三十届大会就北京故宫、天坛和颐和园当时的修复工作所提出的关切问题与建议进行了研讨。此次会议也是针对遗产保护原则和实践所产生的争议展开的一次后续行动，而这些遗产体现出不同的文化与传统。代表联合国教科文组织世界遗产中心、国际古迹遗址理事会、国际文化财产保护与修复研究中心和来自下列国家的共60余名专业人员出席了此次研讨会：中国、澳大利亚、加拿大、科特迪瓦、芬兰、法国、德国、伊朗、以色列、意大利、日本、蒙古、菲律宾、韩国、泰国、英国和美国。会议议程包括考察并讨论目前正在进行的北京三处世界遗产地的修复工作。会议通过了《北京文件》。

（二）《关于北京世界遗产地保护与修复的评价与建议》

东亚会议是回应世界遗产委员会对北京故宫等三处遗产地的维修而召开的，因而对这三处遗产地维修状况的考察、研究及评估，就成了会议的重点。会议最后通过的作为《北京文件》附件的《关于北京世界遗产地保护与修复的评价与建议》（以下简称《评价与建议》），表达了与会专家的共识，是会议的重要成果。

眼见为实。会议组织了赴北京三处世界遗产地的实地参观。在故宫的神武门，考察了彩画工艺所使用的传统工具及其工艺特点；在太和殿工地，考察并详细了解了有关琉璃瓦知识及其加固技术；在慈宁宫工地，考察了故宫维修的必要性以及工程管理状况。故宫博物院也抓住这个机会，向国际组织及专家展示故宫保护的成果，表达自己的理念。

在每一个地点，都介绍了该地点遵循的原则和方法及其结果。在建筑现场，可以观察到对建筑彩画的处理、对屋顶琉璃瓦和地面的维修、古迹周边环境的现状，并且从某种程度上观察到了旅游管理的情况。（《评价与建议》）

通过对故宫等三处世界遗产地维修工程的考察，澄清了事实，消除了疑虑。

1. 遗产地采取的保护原则是什么？

与会者听取了关于北京文化遗产地修复采取的总体原则的介绍。《中华人民共和国文物保护法》中提到的"不改变文物原状"的概念得到了特别的强调。根据该项法律，保护和维修的目的，是"处理病虫害和延长文物寿命；恢复古代建筑的健康状态"。与会者认可了由《中华人民共和国文物保护法》和《中国文物古迹保护准则》（2002）所确定的国家级框架，这个框架为保护中国文化遗产的真实性提供了应有的重视、准确的定义和严格的规定。

北京当前在世界遗产保护方面采用的做法，证明了从明清以来几个世纪中发展而来的建筑传统，反映了流传至今的遗产的持续性和多样性。我们承认，有关负责部门和遗产地管理者成功地根据保护政策和战略的连贯和共同的基础进行工作。上述单位的许多问题已得到了适当和应有的关注。我们还注意到，为记录整个修复过程，一些出版物已经或将于修复工程完工后出版。同时，在对上述单位进行参观和听取情况介绍过程中，已经注意到了一些具体的问题并就此与相关负责的单位管理者进行了讨论。

所有上述世界遗产地在过去几个世纪里都遭受了持续的风化和损坏。因此，一些建筑在过去已经重建过，甚至在最近，许多建筑仍然需要重复的维修。这样的重建和维修依据了多样的理念。因此，目前修复工作中面临的一些问题，与那些早年工程中

所采取的方法有关。（《评价与建议》）

2. 保护工程是否仓促进行？

这个问题尤其针对北京故宫，已经得到澄清，故宫的大修工程将持续至2020年。故宫说明并不急于完成这一工程，并且为了实现保护工作的高标准，可以拿出一切必要的时间。（《评价与建议》）

3. 维修工程所使用的文献依据是什么？

关于彩画修复的文献依据，与会者得到了关于修复工程中决策过程的报告。这些决策的基础是历史记录、目前内檐上仍然存在的部分古代建筑彩画、老照片和绘画、图书资料以及明清时期关于工艺技巧以及建筑的维护与修复方面的手册。会上还提供了有关内部和外部彩画根据不同时代和保护状况而采取的不同处理方法的信息。（《评价与建议》）

4. 关于风险准备和旅游管理

关于委员会在故宫保护总体规划中加入风险准备和旅游管理内容的决定，与会者得知，有关部门正在重新评审当前的规划，以便在其中加入上述两方面的内容。（《评价与建议》）

在实地参观之后，与会者还对故宫等维修中的琉璃瓦、木结构、彩画的保护提出了评价与建议。

5. 屋顶瓦片和地面

所有建筑的屋顶都由木结构支撑的琉璃瓦片构成。这些瓦片中最古老的可以追溯到300年前。在修复过程中，特别注意保护所有能够再利用的部件。工作过程中发现，大约70%的现存屋顶瓦片可以被回收利用，而30%需要替换掉。在这些可以利用的瓦片中，有些可以不需任何特殊处理即可利用，而另外的瓦片由于大量缺釉（从而在很大程度上降低了其保护功能），决定重新上釉。对于需要完全替换的瓦片，在生产中应用了传统的工艺。通过近距离的观察，可以对原始的和最近生产的瓦片进行区分，因为原始的瓦片表面更加粗糙。

与会者观察到，将旧瓦片和新瓦片放在一起清洁往往使近期修复的屋顶呈现更加光亮的外观。但是我们感觉在北京日常环境中，这种光亮将在相对短的时间内褪去。

建筑内部修复的区域中，地面常常得到了整修，将20世纪的水泥板移走，代之以传统的砖块。在建筑外面的区域，如铺砌的地面上砖块损毁严重，则进行了整修。（《评价与建议》）

6. 结构

在三个遗产地，建筑结构总体处于良好状态，不需要很多干预措施。但是也强调了安全是在决定修复程度时的一个关键性的考虑因素。

在多数情况下，结构性的干预措施限定在加固和替换一些小的木料结构部件上。工作方法是加固现有的结构部件，或者使用传统工艺替换必要的部件。当修复屋顶（瓦片以下的）木质结构时，状况良好的部分得到保留，而被认为腐蚀严重的部分则用相似质地的木材代替。

我们还注意到，关于石质部分如墙壁、地基和栏杆，需要更加紧密地追踪加固领域的最新发展成果。（《评价与建议》）

7. 建筑彩画

关于北京故宫的建筑彩画，一向采用的政策是尽特殊努力保护建筑内部的原件（建筑内部所处的环境条件破坏性较小）。这些表面已经得到小心的清理，小的问题已经解决。因此，我们可以认为它们的真实性得到了很好的尊重。

在建筑外部，彩画表面暴露于更加恶劣的条件下。它们遭受了严重的风化，造成了色彩的褪化和缺失。我们观察到，外部表面通常进行过定期的修复。据遗产地管理者介绍，这种定期修复的周期取决于彩画所在的建筑地点、彩画在建筑上所处的位置以及观察到的状况。例如，我们发现刚刚于1997年重画的一座大门建筑上的彩画已经开始剥落。但是这位管理者确认，对彩画实施的新的处理均采用传统的工艺。

对于颐和园和天坛来说，建筑彩画的修复与故宫一样，重点在于外部。我们注意到，对彩画的处理包括在可能的地方保持原有的彩画，并且根据历史彩画图案、老照片及其他文献资料修复受损的部分。

我们还注意到，建筑外部彩画除了装饰功能之外，对建筑还起着重要的保护作用。彩画必须保持良好的状况才能起到这一保护作用，因此需要定期进行修复。遗憾的是，这在上述三个遗产地造成了修复效果的某种标准化。值得建议的是，如果现有建筑外部彩画表面保存了相当大量的历史资料，那么需要检测使用其他处理方式对其进行保护的可能性。这样，重要的历史信息将能够作为"活着的文献"在原位得到保存。

关于传统工艺，我们观察到，最近重画的彩画即使使用了传统的方法，也迅速腐蚀，这可能显示了材料（颜料和工业产品）变化带来的一些问题。因此，希望对传统工艺、技术和材料进行进一步的研究，以便在未来继续改善修复的效果。在这一方面，与会者注意到委员会的建议仍然有效，即就建筑彩画这一主题在亚区域水平（包括中国、日本、韩国和越南）组织合作性研究，并鼓励成员国中国保证这方面的后续行动。（《评价与建议》）

在《评价与建议》中，最后列出了故宫等三大世界遗产地保存和保护需要考虑的10个要点，强调"在实施必要的修理和修复时，关于尽可能多地保存历史遗迹的现有政策应得到保持和加强，以保证遗产地持续的真实性"；"石质部分的保护应追踪这一领域最新的发展成果"；"关于建筑彩画，应保持和加强现有政策，以尽可能多地保护历史资料，保留代代传承下来的传统做法"；"还应加强研究项目，以便更好地理解与这些建筑彩画相关的材料、工艺和技术，研究工作可以包括从每个遗产地的不同地点广泛地采集样本，以保证对整个遗产地有很好的理解"；"如果上述研究项目成为一个更大的亚区域项目的一部分，将会更加有效。因此，可以探讨实施世界遗产委员会建议的这样一个亚区域合作项目"。

（三）《北京文件》的意义

《评价与建议》即《北京文件》附件，不仅统一了国际社会对故宫等三处世界遗产维修状况的认识，而且在此基础上产生了更为重要的成果，这一成果即《北京文件》，这个文件所强调与阐述的原则与精神，不仅有助于故宫等世界遗产地的进一步保护，而且为地区合作奠定了基础，从而能更好地制定针对东亚地区其他古迹遗址保护与管理的理论和实践指导原则。

《北京文件》重申并发展了《奈良真实性文件》和《联合国教科文组织文化多样性世界宣言》（1999）的主要观点，指出"文化遗产的根本特征是源于人类创造力的多样性。文化多样性是人类精神和思想丰富性的体现，也是人类遗产独特性的组成部分。因此，采取审慎的态度至关重要。在修复过程中必须充分认识到遗产资源的特性，并确保在保护和修复过程中保留其历史的和有形与无形的特征"。世界遗产的基本精神就是多样性，文化的多样性，文化遗产的多样性，同样，文化遗产保护的方式、方法也应是多样性的。

《北京文件》的形成，说明文化遗产保护理念是一个不断发展、不断丰富的过程。国际上现代文物保护运动发展至今，关于保护理念的探索一直没有停止过。从1931年的《雅典宪章》，发展到1964年《威尼斯宪章》。1999年的《奈良真实性文件》，论述了应该在世界各民族多样性文化的背景下确定真实性，国际社会要实现文化多元化的政策，这是对《保护世界文化和自然遗产公约》和《威尼斯宪章》原则的重要补充。《北京文件》和《评价与建议》同样是国际文化遗产保护理念探索的一部分。正是通过坚持不懈的探索，国际文化遗产保护事业的领域和内涵才取得了不断的发展，才日益适应保护世界多样性的文化。

《北京文件》的形成，也反映了中国文化遗产保护事业的发展水平，标志着有中国特色的文化遗产保护理论的日渐成熟。世界遗产事业的特征是全球性、开放性和与时俱进，所倡导的是由各国政府保护文化的多样性。中国的文化遗产保护工作，必须尊重国际公约，尊重国际公认的保护原则。同时，也应该尊重我们自己的历史和实践。中国是文物大国，现在也是世界遗产大国，中国的文物保护管理工作虽然比一些欧洲发达国家起步晚，但经过几十年的摸索、努力，也已经积累了丰富的具有中国特色的经验，形成了《中国文物古迹保护准则》。东亚会议的重要性不仅在于会议的理论成果，还在于来自16个国家和3个国际组织的专家亲身考察和体验了北京的三个世界遗产地的保护工程现场，中国的34位专家参加了会议，在会议上和文件起草过程中充分表达了自己的意见。这是有深度、有意义的沟通与交流。对故宫等遗产地维修工作的肯定，也是对中国文物保护、世界遗产保护事业的肯定与尊重。

（四）故宫维修要努力贯彻《北京文件》精神

故宫维修虽然获得国际遗产组织的充分肯定，但不是说就没有差距、没有不足了，我们一定要继续努力，认真执行《北京文件》及其附件提出的建议和要求，找出差距，改进不足，不断提高维护水平。

1.坚定地执行国际有关公约与国内有关法规，在维修中始终坚持并强化最少干预、不改变文物原状、"祛病延年"、尽可能多地保存历史遗迹的原则和政策，以保证故宫遗产持续的真实性。

2.继续完善档案资料，完善关于故宫的总体信息记录以及具体工作记录的信息管理系统。

3.认真整理出版故宫修复的详细的系列报告，提供给文物保护界的专业人士和社会各界人士。

4.继续做好将风险准备和旅游管理纳入故宫保护总体规划的工作。

5.继续加强与国际遗产组织的沟通，加强与东亚地区世界遗产地有关文物保护问题的交流与合作。

故宫维修5年，成效彰著，揭开了故宫保护史上新的一页。但相对于国务院确定的整体维修任务，还只是迈出了第一步。故宫维修，任重而道远。故宫博物院将谨戒不懈，继续努力，稳步推进。我们相信，有各级领导的关怀，有社会各界的支持，有维修实践的基础和经验，故宫维修工程一定会善始善终，克成大功。我们也有理由相信，中国政府、中国人民在21世纪初全面保护故宫的切实行动，将成为保护中华文明瑰宝、传承中华优秀传统文化的一项壮举而永载史册。

（本文系作者在中国紫禁城学会第六次学术研讨会上发言的修改稿，刊载于《中国紫禁城学会论文集》第六辑，紫禁城出版社，2009年）

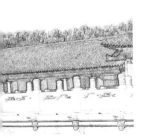

第二编

故宫学以故宫及其丰富收藏为研究对象，从其反映皇家文化的特点来划分，它有狭义与广义之别。狭义的故宫学是指人文科学的一门独立的学科，广义的故宫学则是一门知识和学问。

故宫学术研究不是经院式的烦琐论证，也不是从书本到书本，它是直接面对故宫的文物、档案文献，对之进行客观分析、比较，解决宫廷历史人物和事件的物证和历代文物的真伪鉴定及其艺术价值、文化联系等诸多问题。

故宫学述略

在紫禁城经历了580余年的风雨沧桑、故宫博物院即将庆贺80华诞之际，在社会对故宫日益关注、故宫研究成果不断涌现的情况下，提出并加强"故宫学"的学科建设，对于从整体上提高故宫研究的水平，进一步挖掘与弘扬优秀的中国传统文化，有着十分重要的意义。

一 故宫学的研究领域

要确立一门学科，首先应明确它的内涵，弄清它的研究领域。故宫学的研究对象是故宫。我们说的"故宫"，一般有两方面含义：一是紫禁城古建筑，一是故宫博物院。故宫博物院是以明清两代皇宫和宫廷旧藏文物为基础建立起来的，以宫廷建筑群、古代艺术品及宫廷文化史迹为主要展示内容的大型综合性国家级博物馆。因此，故宫学的研究内容十分丰富。大致来说，它的研究领域主要有以下六个方面：

（一）紫禁城宫殿建筑群

故宫即明清两代皇宫紫禁城。建筑史学一般认为，明清紫禁城的范围包括护城河环绕的全部地域，向南包括外金水河围合下的天安门、太庙和社稷坛。紫禁城是明清两代中央集权国家的重要象征，它的营造集全国之人力物力，会天下之能工巧匠。从1420年建成至今，虽经多次维修、重建、改建，但仍保持了始建时的基本格局，并遗存了许多不同时期的建筑物。宫城分为"城池"、"外朝"和"内廷"三大部分，占地100公顷，现存建筑980余座、房屋8700多间，建筑面积约16公顷，是世界上现存规模最大、保存最完整的古代宫殿建筑群。紫禁城承袭了中国古代宫殿的传统形式、典制规范，在总体布局上最接近"左祖右社，面朝后市""五门三朝"等封建礼制，其建筑设计反映了中国传统哲学思想（如天人合一）、伦理思想（如皇权至上）、美学思想（如壮丽崇威、平衡对称）。它集中体现了中国古代建筑艺术的优秀传统和独特风格，代表了明清时期中国古建工程技术的最高水平。1961年国务院公布故宫为第一批全国重点文物保护单位，1987年联合国教科文组织把故宫列入《世界遗产名录》。

以紫禁城为主体的明清皇家建筑是一个整体，宫室、园囿、祭坛、寺观、行宫、陵寝、藏书楼及王府等，是一个有统一规划、统一规制、统一管理的庞大体系。从建筑布局来说，整个北京城都是以紫禁城为中心规划设计的，它西与西苑三海，北与景山、大高玄殿等，东与皇史宬等紧密相连。天坛、地坛、日坛、月坛、先农坛等都是明清皇家建筑的重要组成部分。不仅整个皇城，西郊的三山五园、散布京城的皇家寺院道观以及各地的行宫等，也与紫禁城有着异乎寻常的关系，如承德外八庙就因为都属皇宫内务府直接建造、管理又地处京城之外而得名。在封建时代，事死如事生，帝王的陵寝与皇宫亦有着密切的关系。明十三陵和明孝陵、明景泰陵、明显陵以及清永陵、清福陵、清昭陵、清东陵、清西陵，埋葬着明清两代的帝王、后妃，是中国封建皇陵的集大成者。皇陵综合体现了中国传统的风水学、建筑学、美学、哲学、景观学、丧葬祭祀文化等，是皇家建筑的极其重要部分，具有极高的历史价值和艺术价值。为放置《四库全书》，清代专修了7座藏书楼，紫禁城内只有文渊阁，其他的则建在沈阳、承德、扬州、杭州等地。至今保留的清代"样式雷"的清宫建筑设计档案，就充分说明了皇家建筑的整体性。

紫禁城与满洲建筑也有不少关系。清代既保护与利用了明代宫殿，也继承与发展了满洲宫殿的特色，主要是满洲的宗教、祭祀、寝居及其他一些习俗在紫禁城建筑物上有明显体现。特别是乾隆帝重修的宁寿宫，将江南与塞北、汉族与满族诸多特色融合在一起，为清宫建筑的成功之例。

北京市现有全国重点文物保护单位约60处，其中皇家宫殿、园林、陵墓、祭祀、城市公共建筑、寺观等有关的建筑物约29处，占到近1/2。中国的世界文化遗产及世界文化和自然双遗产共26处，其中明清皇宫（紫禁城、沈阳故宫）、颐和园、承德避暑山庄、天坛、明清皇家陵寝（明显陵、清东陵、清西陵）等皇家建筑就占近1/5。

（二）文物典藏

清宫收藏，承袭宋、元、明三朝宫廷遗产，再加上清朝的重视，宫廷内不但汇集了从全国各地进贡来的各种历史文化艺术精品和奇珍异宝，而且集中了全国最优秀的艺术家和匠师，创造出新的文化艺术品。到乾隆时期，宫中收藏之富，超过以往任何时代。清末因战乱及其他多种原因，藏品损失严重，但数量仍然可观。故宫博物院成立时，由"办理清室善后委员会"清点整理后刊印公布的文物数为117万余件（套）。新中国成立前夕，抗日战争时期南迁的故宫文物2972箱被运往台湾，虽只占故宫南迁文物（13491箱）的1/4，但颇多精品。至今仍有2211箱约10万件文物存放在故宫博物院当年建造于南京的库房中。

故宫博物院现有文物藏品150万件（套）左右，其中85％以上为清宫旧藏。这些文物大致可分为两类，一类是清宫的各类艺术品收藏，一类是反映宫廷典制与皇家文化生活的遗存，当然两者也有交叉之处。宫廷旧藏的各类艺术品承载着中华文明的历史进程，蕴藏着中华民族历史文化艺术极其丰富的史料。其远自原始社会及商、周、秦、汉，经魏、晋、南北朝、隋、唐，历五代、两宋、元、明，而至清代和近世，历朝历代均有精品，从未中断。其文物品类一应俱全，青铜、玉器、陶瓷、碑刻造像、法书名画、漆器、珐琅、丝织刺绣、竹木牙骨雕刻、金银器皿以及其他历史文物等等，可以说是一座巨大的东方文化艺术宝库。每一品种，又自成历史系列。特别是许多艺术精品，都是流传有绪的传世文物，作为宫廷收藏，不仅有着曲折的流传过程，而且一些书画、瓷器等工艺品，是奉皇帝命令制作出来的，更有重要的研究价值。

故宫共藏中国古书画14万件左右。据估测，这个收藏量约占世界公立博物馆所藏中国古代书画的1/4，其中约1/3具有较高的学术价值和欣赏价值，有近420件元代以前的绘画，310件元代以前的书法。故宫的藏品反映了各个历史时期的绘画面貌。元代绘画的众多收藏量和完善的艺术品质，几乎代表了元代画坛诸画科和各流派的艺术成就。一些举世无双毫无争议的五代、宋代人物画也藏在故宫。故宫绘画藏品种类较全面，除卷轴画外，还藏有版画、年画、清宫油画、玻璃画、屏风画、贴落及历代壁画等。书法的收藏量和品质都居全国前列，碑帖精品占据全国大多数。陶瓷类文物有35万件，一级品1100多件，明清时期的二级品为5.6万余件，还有20世纪以来在全国100多个窑口所采集的3万余片陶瓷标本。有历代青铜器1.5万余件，其中先秦青铜器1万余件，有铭文的1600余件，这三个数量均占中外传世与出土数量总和的1/10以上，故宫博物院是国内外收集中国青铜器数量最多的博物馆。有玉器2.8万余件，重逾万斤的《大禹治水》玉山及重量数千斤的的几件玉山，为世所罕见。漆器、珐琅器、玻璃器、金银器、竹木牙角雕刻以及其他"杂项"等，则有10万余件。故宫博物院藏有2000余件从西方引进的科技文物，包括天文学、数学、物理学、地理学、机械钟表及医学六大类。每一类又可分为若干小类，如天文学类中就有天体仪、浑仪与晷仪的区别，数学类中又有计算工具与度量仪器的区别，甚至在计算工具中又可分出计算尺、计算筹、计算机等。从这些仪器进入清宫的时间上，可以想见其强烈的时代色彩。如意大利人伽利略将望远镜用于天文活动，半个世纪后这些望远镜就在清宫出现，现尚存数十架。世界上第一台计算加减法的手摇计算机，是由法国数学家巴斯柯于1642年在巴黎研制成功的，仅半个世纪左右就进入清宫，并被加以改造：在阿拉伯数字旁附加汉文数字，将加减二法增至加减乘除四法，又独创横排筹式计算机。故宫藏品中，还有一批西洋钟表、西洋乐器、西医器械等。郎世宁以及后来的王致诚、艾启蒙、贺清泰等西方传教士画家，其"泰西画法"曾深刻影响清代中叶近百年间宫廷绘画的发展，他们的弥足珍贵的作品，在清宫旧藏中占有特殊的地位。为数不少的日本、英国、法国等国家的文物，是中外文化交流的见证。

（三）宫廷历史文化遗存

宫廷是封建社会国家的中枢，是朝廷的中心。故宫在491年中一直是明清两代国家政治中心和24位皇帝的居所，许多重大的历史事件在此决策和发生。遗存至今的大量宫廷文物，不仅是研究明清史的重要资料，而且是了解宫廷历史文化的珍贵实物。这些遗物内涵丰富，有的数量相当大。但许多遗物过去并未引起足够的重视。从文化遗产的角度看，这些宫中独有的遗物都具有重大的历史价值。

反映典章制度的遗物，有清代玉玺"二十五宝"、完整的卤簿仪仗、大量的武备、大朝时官员站立位序的"品级山"、反映"大阅"制度的乾隆帝的甲胄、记录引见制度的上万件红绿头签、见证禁卫制度的3000多个腰牌以及皇帝的舆轿、帝后的冠服等。

反映宫廷文化艺术的遗存，主要是音乐、戏剧、绘画、书法、雕塑、园林等方面的遗物和遗迹。清代宫廷最多的娱乐活动是听戏。宫内有管理演戏的机构。乾隆五十五年（1790）四大徽班进京，人们称之为京剧纪元年。在京剧形成过程中，宫廷的偏好起了重要作用。故宫今存三层崇台的畅音阁戏台及漱芳斋戏台，还有几个室内小戏台，有戏衣、道具、盔头、切末等4000余件，剧本10000多本，还有清末一些名角的唱片，当年盛况可见一斑。大量的各式家具，1000多件中外钟表，精美的文房珍玩、珠翠首饰，宫室内的各种摆设，以及医药、眼镜、进口灯具等，使人可以想象当日皇宫生活的景象。

宫中宗教和习俗的遗存很多。故宫既有崇奉道教的钦安殿、玄穹宝殿，又有祭祀萨满的坤宁宫，还有西北隅的城隍庙，但最有名的是数十处佛堂。明清两代宫廷与藏传佛教均有着极为密切的关系，藏传佛教文物十分丰富。有清一代，共有两位达赖喇嘛、一位班禅进京朝觐，其中六世班禅所献马鞍至今仍完好地保存着。数万件造像、唐卡、法器、经籍与佛殿建筑共同构成了独具特色的宫廷藏传佛教文物体系。故宫博物院成立后，整个宫廷的这部分文物都被完整地保存了下来。满人夺取天下后，在宫中既保留了本民族的一些习俗，亦接受了汉族的年节等习俗。现保存有不少门神像、春联，数千个造型各异的宫灯等。开笔书"福"、除夕拈香、浏览时宪书、元旦写《心经》等，都有大量遗物，反映了皇宫这些特有的习俗。

反映帝后文化生活的遗物也不少，2万多幅清代帝后所作书画，虽然水平高下不等，有的可能为代笔，但总体上反映了这些作者的文化素养及对中华传统文化的认识和感受。雍正着假发扮洋人的《行乐图》，则使人们得以窥探这位皇帝复杂的内心世界。大量清代晚期的宫廷人物照片，更成为人们进一步了解宫廷的形象化材料。留有照片最多的是慈禧太后，这些照片大都拍摄于她70岁前后，形象大同小异，但服饰、头饰、陈设等却不尽相同，其中扮观音的照片更引起人们的兴趣。

（四）明清档案

明清档案与殷墟甲骨、敦煌写卷，被誉为中国近代文化史上的三大发现。清代末期，有一部分大内档案移出宫外，屡遭劫难，其中尤以1921年历史博物馆处置"八千麻袋事件"最为典型。故宫博物院一成立，就在图书馆内设立文献部，以便保管清宫档案，明清档案开始得到专门的保护和整理。1929年3月，文献部从图书馆分离出来，改称文献馆，我国开始有了第一个具有近代意义的历史档案专业管理机构，同时也产生了我国近代第一批从事历史档案工作的专业人员。经过20多年的努力，文献馆把分散各处的大部分档案进行清理编目，初步奠定了明清档案工作的基础。1951年文献馆改为档案馆，后档案馆的隶属关系几经变更，直至1980年4月，故宫博物院明清档案部的800余万件档案再次划归国家档案局，正式建立中国第一历史档案馆（馆址仍在故宫博物院内）。现该馆所藏档案逾1000万件。台北故宫博物院文献馆现藏清代档案约40万件，台北"中央研究院"存有31万件。此外，尚有一些珍贵的明清档案流失在日本、英国、美国、俄罗斯、法国、德国等国。明清档案内容十分丰富，有着多方面的重要价值。

故宫博物院一成立，就把档案视为文物，一方面因为档案本身的重要价值，另一方面是因为它规范整肃的外形、精美的装潢、优质的纸墨等，反映了当时的文书制度和文化用品的工艺水平，特别是各种字体有很高的艺术水平和鉴赏价值。当时故宫博物院曾在外东路宁寿宫一带陈列这些档案，还举办过专门陈列式档案展览，档案与文物一起展出。这些档案不仅长期由故宫博物院管理、整理，而且大多数档案本来就存在紫禁城内，与宫中建筑物及各个机构连在一起；这些档案不仅与宫中发生的重大事件有关，而且是了解宫廷历史文化的重要依据。宗人府、内务府、銮仪卫等管理皇族及宫廷王府事务机关的220多万件档案，对了解清宫典章制度及历史文化有重要价值。内务府所属机构的文件，如升平署所藏的剧本、曲本、戏单，御茶房的配方，敬事房的宫廷陈设账，御膳房的帝后膳单等，都是研究宫廷历史文化极其珍贵的资料。故宫藏品中明清两代工艺美术品占最大比重，要考证这些器物的制作，内务府活计档是重要依据。活计档是清代内务府造办处承办宫中各项活计档册的总称，现存这类档册1500余卷册。它对查考清代文物，研究各类活计制作工艺特点及其历史地位，宫中文化艺术的发展，一些文人的艺术风格和成就，都有重要的历史价值。

由于明清档案中有大量的不同时代对故宫及与皇家园囿、寺观、陵寝等修建或维修及其他方面的记载，这就成为今天修缮或进行古建研究可依据的宝贵资料。在这方面，清代"样式雷"的清宫建筑设计档案更有特殊的价值和意义。有清一代，雷氏家族累世供职于清廷样式房，从事皇家建筑的设计与营造，包括城市、宫殿、坛庙、园林、陵寝和府邸等，制作了大量画样（建筑设计图）、烫样（建筑模型）及工程做法（设计说明）等图籍，保留至今的有1.7万余张，主要珍藏在国家图书馆、故宫博物院、中国第一历史档案馆等单位，从中可见这些皇家建筑在选址、规划设计和施工方面的详细情节，这些档案是中国古城建筑史上最丰富翔实、最直观形象，而且大多是能与遗存的建筑物对应的珍贵的文物性资料。它对于中国古代建筑史、传统建筑图学、传统建筑设计思想、建筑施工技术和工官制度，以及相关古建筑保护和复原等多个方面的研究，均具有其他历史舆图和文献无法替代的巨大价值。

（五）清宫典籍

明清两朝皇帝，都很重视典籍的收藏、编刊。两朝皇室藏书除前代皇室遗存外，还有搜采购求于天下之遗书，这使得皇宫荟萃了许多极其罕见的宋元明各代的孤本，其中不少是历史上流传有绪、著名收藏家所藏的珍品。清代统治者推行文化专制主义政策，禁毁了不少书籍，但在图书编纂方面，成绩亦是空前的。清宫中开办过的编纂机构有国史馆、实录馆、圣训馆、则例馆、经史馆、图书集成馆、四库全书馆等达数十个。最有名的武英殿修书处自康熙时起就成为宫廷刊书机构，参与整理、校勘、辑佚、汇编、出版、发行的最多时达到上千人，形成了一套完整的图书出版体系，无论编刊质量还是数量都为历代宫廷刻书所不及。武英殿及其他修书各馆奉敕编刊的书籍也成为皇宫藏书的重要来源。

　　故宫博物院成立后，专设图书馆典藏图书。图书馆以明清两朝宫廷藏书为基础建成，到1930年藏书总数逾50万册。抗日战争时南迁的《四库全书》、《四库全书荟要》、《天禄琳琅》、《古今图书集成》、《武英殿聚珍版书》、《宛委别藏》以及一批明清方志、文集杂著、观海堂书、佛经等稀世珍本、善本共15.7万余册，现存台北故宫博物院。

　　部分善本南迁后，北京故宫博物院图书馆继续清点和整理清宫遗存下来的古书，重建了善本书库、殿本书库。现在善本已建账者19万多册，现存的明清抄、刻本，品种、数量众多，包括内府修书各馆在编纂过程中产生的稿本，呈请皇帝御览、待刻之书的定本，从未发刻的清代满、蒙、汉文典籍，还有为便于皇帝阅览或携带而重抄的各式书册，以及为宫内外殿堂陈设而特制的各种赏玩性书册。此外还有翰林学士、词臣自撰的未刊行书籍，各地藏书家进呈之书等。还有清代皇帝用泥金、朱笔、墨笔在绫绢、菩提叶、蜡笺纸等特殊材料上抄写的佛经、道经。故宫藏书现收入《中国古籍善本总目》者共2600多种10余万册。还有一批书籍被分别编入《全国满文图书资料联合目录》《全国蒙文古旧图书资料联合目录》《中国医书联合目录》《中国地方志联合目录》《中国丛书综录》。这些明清皇家善本旧籍，流传有绪，代表着明清两代宫中藏书的基本特色，不少图书具有较高的学术和资料价值，至今仍发挥着积极的作用。

　　另外，故宫还收藏着一批图像资料，如约成于清代中晚期的帝后服饰和器物小样（定制实物之前，由内府画师绘出纸样，局部施以彩色，以供内府按样制作），以及大量的旧藏照片、各种舆图，等等。

　　清宫的一些建筑也与藏书有关系。例如，为存贮《四库全书》，皇帝下令在紫禁城专建文渊阁，另外还利用宫中原有宫殿设立专门藏书处所，如武英殿存贮殿本书、昭仁殿集中庋藏宋辽金元明和影宋抄本（匾额为"天禄琳琅"，可谓宫中的善本书库）、养心殿则专贮《四库全书》未收之书《宛委别藏》。这也是了解宫廷历史文化的一个重要方面。

这些典籍及保存的不少实物，是研究中国古代印刷史、图书史和清代文化的重要资料。武英殿修书处现仍矗立在它的原址上，武英殿及清内府刊刻书籍的大量原始档案资料及所刊刻的图书大多仍完好地被保存下来，大量的原刻书版，如满文《大藏经》经版，殿版《二十四史》《南巡盛典》《养正图解》《钦定国子监志》等的书版及全部的《皇舆全图》铜版等达20余万块，依然存世。

（六）故宫博物院的历史

故宫博物院成立于1925年，负责"掌理故宫所属各处之建筑物、古物、图书、档案之保管、开放及传播事宜"。这时国立历史博物馆尚在筹备之中。在此之前的1914年，民国政府在故宫前朝部分的文华殿、武英殿成立古物陈列所，以前朝典章文物和沈阳故宫、承德避暑山庄的20多万件珍贵文物为藏品，开展博物馆业务。古物陈列所展出的全是皇家藏品，又设在故宫内，所以它不仅是中国历史上正式成立的第一个国家博物馆，还是名副其实的皇家博物馆。但由于它的宗旨在于"保持古物"，博物馆的职能并未很好发挥，可谓"始具博物馆之雏形，此外大规模之博物馆，尚无闻焉。有之，自故宫博物院始"①。研究故宫，不能不研究这个中国成立最早的国立博物馆。故宫博物院是民国时期成立的规模最大的国家博物院。1948年，古物陈列所并入故宫博物院。

故宫博物院是在反对废帝溥仪复辟的激烈斗争中由社会进步人士坚持力争并倡议成立的，成立后又受到北洋军阀的百般干扰，经历了艰难的岁月，本身有着不平凡的历史，它与中国现代革命史、文化史有着重要的关系。故宫博物院1928年由国民政府接管后，直属国民政府，1933年改隶行政院。当时一批专家学者及社会名流参加了故宫博物院的工作。第一届理事会的30多名理事，包括了当时中国政界、军

① 马衡语，转引自那志良《故宫四十年》，台湾商务印书馆，1980年，第18页。

界、文化界、宗教界及其他方面的众多知名人士。由国民政府颁布的《故宫博物院组织法》，是我国博物馆事业的第一部法规。1935年，中国博物馆协会在北京成立，作为主要发起人的故宫博物院院长马衡被推选为第一任会长。

"九一八"事变后，为了保护中华民族的珍贵文化遗产，故宫博物院数十万件文物分5次南迁到南京，全面抗日战争爆发后，又分3路西迁至四川，历时10余年，行程数万里，历尽艰险，而文物基本无损，创造了第二次世界大战中保护人类文化遗产的奇迹。

新中国成立前夕，故宫博物院南迁文物中的一部分被运往台湾，1965年在台北近郊外双溪建立了"国立故宫博物院"。北京、台北两个故宫博物院的同时存在，引起国际社会和两岸同胞的关注。基于台北故宫博物院在台湾地区受到特别重视的特殊地位，基于虽有两个故宫博物院但故宫只有一个的中华民族文化认同感，两个博物院收藏的文物又都是中华文化遗产的事实，决定了故宫在两岸文化交流中起着特殊的作用。对文物迁台及台北故宫博物院成立近40年历史的研究，是故宫学研究不可或缺的一个方面。

故宫博物院是我国文物藏品最多的博物馆。经过近80年的发展，现已成为一座在文物保护、陈列展览、研究出版、宣传教育、信息化建设等方面都具有国内先进水平的博物院。近些年，故宫博物院每年接待观众600万—700万人次，其中境外观众约占1/6，这个数字在世界博物馆中也名列前茅。故宫博物院的历代艺术馆、绘画馆、青铜器馆、陶瓷馆、织绣馆、珍宝馆、钟表馆等专题展馆，给观众留下了深刻印象；而它的保留宫廷史迹与生活原状的陈列，更成为富有故宫特色的引人入胜的展览。故宫博物院又是我国最早（1935）参加在国外举办的文物展览的博物馆，近年来在海外频频举办展览，屡获好评。故宫博物院因收藏丰富，20世纪30年代就有修理钟表与装裱贴落的技工，以后又发展为具备书画装裱及铜器、陶器、石刻、漆器、雕嵌、木器、钟表等修复专业技能的技工队伍，成立了科技保护部，涌现出一批著名技师。

其中许多传统技艺，是宝贵的无形文化遗产。长期以来，故宫都有一支古建筑维修队伍，它在中国古代建筑技术的传承方面起着重要作用。

故宫博物院是世界上极少数同时具备艺术博物馆、建筑博物馆、历史博物馆、宫廷文化博物馆等特色，且符合国际公认的"原址保护""原状陈列"基本原则的博物馆和文化遗产，也是中国博物馆事业发展史的一个缩影和代表。

二　故宫学的研究历程

故宫学研究是从故宫博物院成立开始并逐步发展的。回顾故宫博物院近80年的历程，学术研究约可分为三个时期：

（一）1925年至1948年

作为故宫博物院创始人之一的李煜瀛，在商组"办理清室善后委员会"时，就明确提出要"多延揽学者专家，为学术公开张本"，后又提出，故宫博物院"学术之发展，当与北平各文化机关协力进行"[1]。由于"五四"新文化运动的原因，北京大学成为当时全社会在文化思想与新学科研究方面的先导，在点查清宫物品及后来故宫博物院的业务建设上，北京大学研究所国学门出力最大（参阅吴十洲《紫禁城的黎明》，文物出版社，1998年，第128—130页）。被聘为办理清室善后委员会委员的蒋梦麟、陈垣、沈兼士、俞同奎，被聘为顾问的马衡、袁同礼、徐鸿宝、李宗侗、徐炳昶、黄文弼等，以及一些事务员，都是北大的教授或刚毕业的学生，有些后来成为故宫的重要职员。为学术研究的需要，1935年故宫博物院又成立了书画、陶瓷、铜器、美术品、图书、史料、戏曲乐器、宗教经像法器、建筑物保存

---

[1] 李煜瀛：《故宫博物院纪略》，《故宫周刊》1924年第2期。

设计等10个专门委员会，专门委员分特约和通信两种，除本院人员，还聘请了社会上颇有名望的专家学者，如特约专门委员有陈垣、朱文钧、郭葆昌、福开森、陈汉第、唐兰、张允亮、余嘉锡、赵万里、孟森、胡鸣盛、马裕藻、汪申等13人。从研究人员的阵容上，可见故宫博物院的学术研究起点就较高，并且具有开放性、社会性的特点。

故宫博物院成立后，主要精力用于清点、整理清宫藏品，包括档案、图书，同时注重向社会公布。在档案史料方面，出版了《掌故汇编》（后改称《文献丛编》）58辑，编印《史料旬刊》40期，汇编了《筹办夷务始末》《清代文字狱档》《故宫俄文史料——清康熙间俄国来文原档》等史料。据不完全统计，新中国成立之前，故宫博物院共编辑出版各类档案史料书刊54种358册，约1200万字，发表研究文章80余篇；图书馆印行了《故宫所藏殿版书目》、《故宫方志目》及《续编》、《清乾隆内府舆图》108张、《故宫善本书影初编》、影印《天禄琳琅丛书》（第一集）及罕见书籍多种，出版《故宫书画集》47期及各种书画集册、单幅图卷近300种，谱录15种。

影响最大的还是1929年10月10日创办、连续出版510期的《故宫周刊》。该刊图文并重，图为介绍院藏各类文物包括古建筑物，文字部分有专著、考据、史料、笔记、校勘、目录、剧本等。这反映了一种新的学风——将"办理清室善后委员会"形成的"绝对公开"的作风发扬光大，清点的文物向社会公开，各种档案文献也尽量向社会公布，供学术界研究。《故宫周刊》后因战争原因停刊，但它及故宫博物院其他出版物向社会提供的清宫文物史料特别是这种学术为公器的指导思想，在文史界产生了重大的影响。

从1925年到1948年，故宫博物院由于建院初期的屡受干扰以及1933年以后的文物南迁，仅有六七年时间维持了正常的工作秩序，这对业务工作及学术研究都有很大影响，但取得的成果却不容忽视。比较突出的是对清宫档案的整理及档案管理的探索研究。沈兼士在任文献馆馆长时，对档案的整理制订了较为细密的计划，并开始对档案整理的原则和方法进行研究，先后撰写了6篇有关明清档案管理的论著。馆中所编珍贵系统史料，他都进行审定并亲写序文。文献馆工作人员结合实际工作的一批论文，也是中国现代档案科学起步并发展的记录，如《清代档案释名发凡》（单士元）、《清代制、诏、诰、敕、题、奏、表、笺说略》（单士魁）、《整理档案方法的初步研究》（方甦生）等。另外，文献馆还组织了有关档案的学术讲座等。陈垣曾任图书馆馆长，他是中国近现代史上全面调查研究《四库全书》的第一人，撰写了许多关于《四库全书》的论文。傅增湘的《故宫殿本书库目录题辞》、余嘉锡的《书册制度补考》等也都是很有分量的研究文章。一些学者对故宫的文物藏品进行了研究，如对王莽时的"新嘉量"，有马衡的《新嘉量考释》《隋书律历志十五等尺》、励乃骥的《新嘉量五量铭释》等；对"石鼓文"，有马衡的《石鼓为秦刻石考》、沈兼士的《石鼓文研究三事质疑》等；以及唐兰对宗周钟铭辞研究的《周王钟考》，傅振伦以院藏西藏银币研究中国铸造银圆历史的《西藏银币考》，郭葆昌的《故宫辨琴记》，等。在历史研究方面，有易培基的《〈清史例目〉正误》、朱启钤的《明太祖御罗帕记》、陈垣的《语录与顺治朝廷》以及孟森对清史几大疑案的考证等，都很有影响。

对于故宫博物院历史的记述，有李煜瀛的《故宫博物院纪略》、李宗侗的《玄武笔记》等文章，吴瀛《故宫博物院前后五年经过记》一书，所收资料极为丰富。古物陈列所1948年与故宫博物院合并，《古物陈列所廿周年纪念专刊》记述了古物陈列所历程及各项规则等重要资料。值得提及的还有文献馆章乃炜、王蔼人合编的《清宫述闻》及章乃炜独编的《清宫述闻续编》，专述清禁垣内宫殿旧制遗事，共80余万字，是继《日下旧闻考》后的又一巨著，征引史志、杂记、诗文集及年谱700余种，以历史档案为主，且附以大量佐证，又不加损益，为紫禁城研究提供了大量丰富而珍贵的资料。

1930年，朱启钤创办中国营造学社，这是一个专门研究中国古建筑工程学的学术团体。该学社对故宫的前三殿、后三宫、文渊阁、角楼、景山五亭等古建筑进行勘测制档，开创了中国古建筑以实地勘测为基础的优良传统，并成就了梁思成、张镈、刘敦桢等一代古建筑大师。故宫至今仍保留着学社当年绘制的图纸。

（二）1949 年至 1978 年

这一时期又可大致分为两个阶段：一是1949年至"文化大革命"前，二是从"文化大革命"开始到党的十一届三中全会前。

新中国的成立，使故宫博物院有了稳定的发展环境，各项工作全面开展，有许多是开创性的事业。在吴仲超院长主持下，直至"文化大革命"前，按照博物馆的基本要求，从自身实际出发，故宫博物院主要是进行基础性的建设工作：为了改变紫禁城的破败面貌，大力整治内外环境，清除垃圾，进行了一系列古建筑修缮工程；清理、鉴别、分类和整理藏品，建立统一账号，设立文物库房；努力征集文物，丰富院藏；设立保管、群工、古建等部门，建立和健全规章制度；先后成立了学术工作委员会、文物鉴别工作委员会、编辑工作委员会、文物收购委员会、铜器专门委员会、陶瓷专门委员会、文物修复委员会，由院内外专家担任委员；做好古代艺术品的陈列及宫廷史迹的陈列，从1949年至1966年，举办各类陈列展览116次；等等。为了把各项工作搞上去，除充分发挥原有工作人员的积极性外，还大量引进人才，如唐兰、徐邦达、沈士远、罗福颐、孙瀛洲等一批名家，都是在这一时期调入故宫的。主要出版物有《宋人画册》《故宫藏瓷选集》《故宫博物院所藏中国历代名画集》等，刊物有《故宫博物院院刊》（仅在1958年和1960年各出了一期）。

故宫博物院的学术研究与业务工作密切相关。由于当时的工作重点在基础建设上，所以其学术研究方向也体现在这一方面。唐兰对古文字和商周铜器研究造诣精深，1935年故宫博物院参展伦敦中国艺术国际展览会，其中的铜器说明就是他撰写的。他于20世纪50年代到故宫后，亲自动手，对每件青铜器进行编目制档，这些档案实际上都是一篇篇浓缩的论文。罗福颐是随大批铜印到故宫的，参与"铜器馆"陈列工作，与人合作撰写了《印章概述》一书。

在故宫瓷器的研究、鉴定上，陈万里、孙瀛洲做出了重大贡献。陈万里重点研究宋代以前瓷器的窑口即产地问题，20世纪30年代至40年代，他就运用考古学的方法对古窑址进行过实地考察，撰有《瓷器与浙江》一书，为现代陶瓷学奠定了基础。50年代初，又带领一批年轻人对北方瓷窑展开调查，发表了一系列文章，《一九五〇年以来对于古代窑址的调查》一文就是他这10年陶瓷考古的总结。更为难得的是，他和助手们在百余古窑址采集的3万多片陶瓷标本，现因许多古窑址已被破坏而显得弥足珍贵。孙瀛洲则运用类型学方法对明清瓷器进行排比研究，使清宫旧藏的一些被错划时代的瓷器得到纠正，尤其是对明清带年款的官窑瓷器的研究取得了突破性进展。他发表的一些论述文物鉴定与辨伪的文章，如《谈哥汝二窑》《成化官窑彩瓷的鉴别》《元明清瓷器的鉴定》等，使丰富的经验上升为理论，为明清瓷器的科学鉴定奠定了基础。

20世纪50年代初，为了征集到更多的流散在社会的古法书名画，故宫博物院在北海团城设立收购点，张珩、徐邦达在此负责收购鉴定等工作。后徐邦达随这批收购的书画调到故宫，他与王以坤、刘九庵等一起，对院藏书画进行鉴别整理，发现了许多问题，并进行认真细致的考证，《古书画伪讹考辨》一书，就是他这一时期的成果。

用宫廷史迹陈列来展示宫廷原状，是一项极为细致和繁难的工作。因溥仪留居故宫内廷时，各殿、各宫内的装修和陈设多有移动和损坏，朱家溍等人在恢复原状上下了很大功夫。他们认真调查文献史料，整理鉴别有关文物藏品，并在此基础上进行综合研究，同时还访问过去曾在清宫服役的太监、宫女，弄清了各殿室原状，对三大殿、后三宫、养心殿、西六宫等处均按原状重新布置，为研究清代宫廷陈列、装修、用品、宫廷生活、历史、掌故的人们提供了实物依据。这个恢复的过程，实际上是一次又一次的学术研究活动。

清代《工程做法》是继宋《营造法式》之后又一部官方颁布刊行的建筑工程专书，是维护、修建乃至重建明清古代建筑的"文法课本"。结合故宫古建筑修缮的实践，故宫博物院从1962年起就把整理《工程做法》作为科研项目，该项目还被列入国家科委的科研计划。王璞子采取以文注文、以表注文、以图注文的方式对此书进行注释，使今人可以比较方便地运用这部充满专门术语的古籍。单士元、于倬云等多位专家学者也曾参与该书的整理工作。

这10多年，是故宫博物院工作扎实平稳前进而又成就斐然的时期。繁忙的业务工作使许多专家学者来不及把重点放在专门研究与著述上，但工作实绩中浸透着他们的研究成果和无私奉献的精神，则永令后人感动。在此期间，故宫也成就了一批在国内外极有影响的文物鉴定专家，有些被誉为"国宝"。一些年轻的工作人员也在老一代专家学者的带领和熏陶下，业务水平不断提高，为以后的脱颖而出打下了基础。

"文化大革命"开始后故宫博物院停止开放，各项业务工作陷于瘫痪状态。1971年7月恢复开放后，由于左的思想路线的干扰，陈列等业务工作仍无大的进展，学术研究也处在停顿之中。值得提及的是，为适应当时考古发掘工作的需要，故宫博物院一些专家学者参与了全国性的有关研究工作，如唐兰参加马王堆帛书的整理工作，论证了侯马盟书的主盟者，做出了可贵的贡献；对于当时陕西宝鸡出土的一批青铜器，他先后发表了4篇文章，《用青铜器铭文来研究西周史》则是综论这批青铜器重要历史价值的论文。罗福颐、顾铁符二人参与整理山东临沂汉墓出土汉简，著有《临沂汉简整理纪要》等。

（三）1979 年以来

中国共产党第十一届三中全会的召开以来，中国进入了改革开放的新的历史时期，故宫博物院也如沐春风，得到了快速的发展。从故宫的学术研究来看，这25年又可分为两个阶段。

第一个阶段是20世纪80年代。主要标志是：1979年恢复出版《故宫博物院院刊》；1980年创办了以发掘展示中国宫廷历史文化为核心内容的文化艺术性杂志《紫禁城》；1981年成立了出版工作委员会；1983年建立了紫禁城出版社。两刊一社开始都由资深编审刘北汜担任主编。故宫博物院为老专家们配备了助手，既为老专家总结一生的业务学术成就服务，也使年轻人在其传帮带下得到提高。这一切都为故宫学术研究提供了良好的条件，形成了比较浓厚的有利于学术发展的氛围。许多老专家勤奋撰著，成果迭出，出现了一批著作集中出版的小高潮。一批经过长期培养与实际工作锻炼的专业人才成长起来，许多人先后担任了"中国美术全集""中国大百科全书""当代中国"等丛书的主编、副主编、编委等重要工作。

第二个阶段是20世纪90年代以来。主要标志有两个：一个是1990年，故宫博物院、中国第一历史档案馆、承德避暑山庄、沈阳故宫博物院、清东陵、清西陵等单位一起成立了"中国史学会清代宫廷史研究会"；另一个是在故宫名列《世界遗产名录》后，于1990年倡议、1995年正式成立了中国紫禁城学会。学会的任务是联络国内外中国古建筑及有关历史、艺术、自然科学等相关学科的研究力量，对故宫进行深入研究和加强保护。现有学会成员，包括了全国与明清皇家建筑有关的主要单位，会聚了全国古建方面的硕彦泰斗及知名人士。这两个学会成立有重要的意义，可使故宫研究的力量从故宫博物院扩大到更多的相关机构与专家学者。社会力量的广泛参与，给学术研究带来了新鲜的空气与力量，不仅使研究成果的数量明显增多，而且扩展了研究的视角。随着故宫博物院对外交流的加强，许多研究人员到国外讲学，参加学术研讨会或当访问学者，增长了专业知识，开阔了学术视野，提高了研究能力。这时开始的《故宫博物院藏文物珍品全集》60卷的编写，动员了各个业务部门，本身就是对文物的一次整理和专题研究。2000年8月，故宫博物院与中国第一历史档案馆、中国社科院历史所、北京大学历史系、中国人民大学清史所等在故宫博物院建院75周年时，共同发起召开了第九届国际清史研讨会。这次会议反映了故宫博物院在学术研究上主动与国内外最有影响的学术机构进行合作交流，是一个很好的开端。进入21世纪以来，故宫博物院一些有较好专业基础的比较年轻的研究人员，经过多年的业务实践，出了一些成果，逐渐崭露头角。为了进一步提高故宫博物院的学术研究水平，更好地展示故宫学者的研究成果，从2001年开始，紫禁城出版社编辑出版"故宫博物院学术文库"，现已出了7位专家的论著集。

《故宫博物院院刊》是主要发表院内研究成果的阵地。自1979年复刊至2003年底，共刊登各类研究文章1260多篇，其中古代书画研究350多篇，明清历史（包括明清档案）研究350多篇，古器物研究200多篇，古建筑研究130多篇，图书文献研究约100篇，博物馆及考古研究约80篇，文物保护研究近10篇。

从1979年以来，故宫的研究人员共出版学术专著、文集100多本，图册图录70多本。在明清史研究方面，有朱诚如撰著的《管窥集——明清史散论》、主编的14卷本《清朝通史》以及作为该书附录的12卷本《清史图典》；由故宫博物院与北京大学合办的《明清论丛》从1999年至今已出版5辑，每辑30多篇文章50余万字，对明清政治、经济、思想、文化、艺术、科学等诸多方面进行研究。在宫廷史研究方面，朱家溍的《故宫退食录》既有大量关于清宫史的精辟论文，也有不少有关古器物、工艺的重要论述；万依主编的100余万字的《故宫辞典》，收有明清宫殿建筑、宫廷文化及宫廷古代艺术及历史文物藏品词目5100余条，大体涵盖了故宫的全部内容；万依、王树卿、刘潞的《清代宫廷史》《清代宫廷生活》，清代宫史研究会编的《清代宫史论丛》《清代皇家礼俗》《清代宫廷音乐》等，反映了近年来宫廷史研究的主要成果。

故宫博物院藏有14万件左右的中国古代各类书画，故宫研究人员也形成了重文献考据及鉴定的特色，其科研成果不断补充着艺术史的实际内容。主要有徐邦达的《古书画过眼要录》《改订历代流传绘画编年表》《古书画鉴定概论》，刘九庵的《宋元明清书画家传世作品年表》《刘九庵书画鉴定集》，王以坤的《书画装潢沿革考》《古书画鉴定法》，马子云的《碑帖鉴定》（与人合作）、《金石传拓技法》，杨新的《吴门画派研究》《杨新美术论文集》，肖燕翼的《故宫藏石涛绘画》，单国强的《中国绘画史讲义》《明代绘画史》《古书画史论集》，聂崇正的《宫廷艺术的光辉》《清代宫廷绘画》，施安昌的《唐代石刻篆文》《善本碑帖论集》，余辉的《画史解疑》，等等。由于故宫的专家学者掌握了大量的具有鉴定标尺作用的书画，并对古代书画有着较为广泛的涉猎，因此在书画鉴定方面受到国内外的相当重视。故宫博物院1994年曾受国家文物局委托举办了一个"全国赝品书画展览"，同时开办了书画鉴定高级研讨班，讲课的绝大多数是故宫专家，根据讲稿整理出版的《中国历代书画鉴别文集》，凝结着这些专家积年的心得经验。

古陶瓷收藏在故宫博物院是最大一宗，这方面也是专家辈出，成果颇丰。《陈万里陶瓷考古文集》的问世，距陈先生1969年去世已28年。《孙瀛洲的陶瓷世界》收录了孙先生为数不多但又篇篇珍贵的所有论文。冯先铭是中国陶瓷研究会首任会长，他主编了《中国陶瓷史》并执笔宋代部分，这是我国第一部详尽系统的陶瓷通史巨作。他主编的《中国古陶瓷图典》被列为"九五"国家重点图书，收词1603条，约60万字，又配图480幅。他主编的《中国陶瓷》是全国文物博物馆系列教材之一。《冯先铭古陶瓷论文集》则是冯先生的论文结集。耿宝昌的《明清瓷器鉴定》、李辉柄的《中国瓷器鉴定基础》，都是有分量的著作。一些年轻的专家也在推出研究专著。由中国古陶瓷学会编辑的《中国古陶瓷研究》，紫禁城出版社已出到第10辑，其中有一批故宫研究人员的文章。

在金石考古方面，有《唐兰先生金文论集》《殷墟文字记》《中国文字学》《西周青铜器铭文分代史征》《甲骨文自然分类简编》，顾铁符的《夕阳刍稿》，罗福颐的《古玺汇编》《古玺文编》《汉印文字征补遗》《近百年来对古玺印研究之发展》《三代吉金文存释义》，叶其峰的《古玺印与古玺印鉴定》《古玺印通论》，张忠培的《中国考古学：走进历史真实之道》，刘雨的《信阳楚墓·信阳楚简释文与考释》《乾隆四鉴综理表》《近出殷周金文集录》，杜廼松的《青铜器鉴定》《中国青铜器发展史》《吉金文字与青铜文化论集》，等等。

在工艺方面，朱家溍以其在漆器、竹木牙角、家具、珐琅、文房用具、织绣等多方面的精深造诣，承担了一些国家级大型丛书的主编工作；杨伯达不仅有《中国古代艺术文物论丛》《古玉史论》等论著，他主持的中国玉文化研究会也相当活跃，举办了4次中国玉文化玉学学术研讨会，并出版了《传世古玉辨伪与鉴考》《出土玉器鉴定与研究》《中国玉文化玉学论丛》等著作。还有陈娟娟与人合作的《中华服饰艺术源流》、《中国历代装饰纹样》及《中国丝绸科技艺术七千年》。郑珉中关于古琴研究的10多篇论文颇有影响。另外，关于雕塑、文房四宝、古漆器、古玻璃、古代珐琅器、鼻烟壶、竹木牙角等门类都有一些鉴赏与收藏的专著。

在图书文献的整理与研究方面，出版了《清代内府刻书目录解题》，影印出版了《故宫珍本丛刊》《永乐北藏》《满文大藏经》等。专著有朱赛虹的《古籍修复技艺》、向斯的《中国宫廷善本》、齐秀梅的《〈古今图书集成〉与〈四库全书〉》等。中国第一历史档案馆20多年来对明清档案史料进行了认真整理及大量出版，为明清史研究提供了珍贵的资料。故宫博物院有单士魁的《清代档案丛谈》等专著。这些档案的研究与利用，主要是结合业务工作进行的，主要有三项成果：一是《紫禁城建福宫花园资料汇编》。为了复建建福宫花园，研究人员从大量的档案、图书、资料，包括"内务府奏销档"、"工部档"、"内务府旨意题头底档"、"内务府奏案"、《清史稿》、《清会典》等中查阅、摘抄，整理了50万字的资料，这项工作为工程的顺利完成提供了保证，同时也留下了一份有价值的资料。二是朱家溍选编的《养心殿造办处史料辑览》第一辑"雍正朝"。该书收录了雍正朝13年里养心殿造办处制造和贮存的皇帝御用的金器、玉器、铜器、珐琅器、玻璃器、绘画、舆图及兵器盔甲等物的档案，是了解清宫艺术品来龙去脉的第一手材料。《养心殿造办处史料辑览》共5辑，目前正在继续选编。三是顺应故宫大规模维修的需要，把明清档案"内务府奏案""奏销档"中的古建筑档案数字化。

古建筑研究方面，有故宫博物院编的《禁城营缮纪》，为庆祝建院70周年而编写的《紫禁城建筑研究与保护》，于倬云的《中国宫殿建筑论文集》《紫禁城宫殿》，收录古建筑与明清档案研究两部分内容的单士元的《我在故宫七十年》《故宫札记》等。1995年成立的紫禁城学会，每两年召开一次学术研讨会，目前已出版了3辑《中国紫禁城学会论文集》，每辑五十来万字。学会还组织编写了"紫禁城文化丛书"，举办了"紫禁城文化"系列讲座。

故宫博物院于1952年成立文物保护科技部，现有人员80余人，其中有一大批经验丰富的从事文物保护研究的科技人员和各具特长、身怀绝技的专门人才。文物保护科技部除长期承担古旧书画临摹、修复、装裱及青铜器、钟表、宫廷明清家具等的保护修复外，近年来又重视科学技术在文物保护中的作用，加强科学研究，取得了一系列成果。如在古建筑的修缮保护中，利用剥釉琉璃文物原件挂釉复烧和高分子材料加固两种方法，解决了剥釉及破碎琉璃构件的保护问题；对传统的地砖"钻生"工艺及材料进行改性试验，提高了其耐候性能。从院藏的大量宫廷文物保护的需求出发，文物保护科技部完成了"纳米材料及其在保护石质文物上的应用研究""大型环氧乙烷熏蒸消毒设备的定制与应用研究""大型低温冷冻杀虫设备的定制与应用研究""应用EVA热熔胶膜加固糟朽丝织品""蜡笺纸及其复制的研究""古代丝织品文物霉斑清除研究""负压书画保存筒的研制"等课题，并在实际应用中取得了明显效果。2004年，苗建民、陆寿麟的"古陶瓷产地及年代判别的科学研究"课题成果荣获国家文物局科技创新二等奖。

在对故宫博物院的历史研究方面，有吴瀛的《故宫盗宝案真相》，单士元的《故宫史话》，刘北汜的《故宫沧桑》，王树卿、邓文林的《故宫博物院历程（1925—1995年）》等著作。溥仪的《我的前半生》也从另一个方面为院史研究提供了极有价值的资料。段勇的《古物陈列所的兴衰及其历史地位述评》则是为数不多的研究古物陈列所的专文。

新中国成立以来，社会上一些机构及专家学者也从不同方面对故宫进行研究。故宫博物院庋藏着丰富的中国历代艺术瑰宝，凡是研究中国艺术史，一般都离不开故宫的藏品。明清史研究在我国一直比较活跃，其中一些成果也丰富并推进了故宫研究。由于清朝统治时间长，距今又不到100年，所以反映清代历史的文艺作品很多，这也促进了对清宫史研究的关注与深入。故宫是中国古建筑艺术的代表，一些出版社出版了从不同角度研究与介绍故宫的书籍。中国紫禁城学会、清代宫廷史研究会，团结和组织社会上诸多专家学者从不同方面开展关于故宫的研究。关于故宫博物院包括文物南迁的曲折历程的书籍也有多种，学术价值较高的有吴十洲的《紫禁城的黎明》等。

近年来，明清之际中西文化的交流引起学术界的关注，大量有关当时基督教耶稣会士来华的材料被编译出版，如《利玛窦中国札记》《在华耶稣会士列传及书目》《明清间入华耶稣会士和中西文化交流》《中西交通史》等。这些传教士中一些有较深学问或较高技能的人，多年在皇宫为朝廷和皇帝本人服务，他们的书信、日记、报告等记录了许多中国官修史不屑于记载或不敢记载的内容（如宫廷斗争等），有着重要的史料价值。国内也出版了一些研究这段历史的著作。据统计，从1980年至1999年间，中国大陆出版的相关中文著作共154种，论文942篇。[1]其中一些著作和不少论文也属于故宫学研究的重要成果。2001年10月，中国社会科学院世界宗教研究所和美国旧金

---

① 参阅徐海松编：《耶稣会士与中西文化交流论著目录》，《东西交流论谭》第二集，上海文艺出版社，2001年，第455—494页。

山大学利玛窦中西文化历史研究所联合主办了"相遇与对话——明末清初中西文化交流国际学术研讨会",20多个国家和地区的上百名学者与会或听会,其中的《清朝宫廷中的"耶稣会士透视理论"》《奉教天文学家与"礼仪之争"(1700—1702)》《为了谁的荣耀?——康熙统治时期(1662—1722)耶稣会士的策略》等论文,也是故宫研究的新成果。[①]

　　成立于1965年的台北故宫博物院也是故宫学研究的重镇。其藏品主要由故宫南迁文物运台部分组成,计2972箱,其中器物46100件,书画5526件,图书文献545797册(件),合计597423件(册);另有中央博物院筹备处的11562件,以上共运去608985件。至2001年底,又新增44612件(册),藏品总数为65万多件。台北故宫博物院对文物重新进行了点核、整理。文献馆所存的清代档案,经几十年的努力,已基本整理就绪,编有目录卡片及各种索引,以供学者检索。同时还先后编辑出版了《袁世凯奏折》、《年羹尧奏折专辑》以及"宫中档"康熙、雍正、光绪朝的奏折等史料。

　　台北故宫博物院办有学术性的《故宫学术季刊》、普及性的《故宫文物月刊》,并先后出版了多种专书、目录,以及书画、器物、善本古籍等书册和裱装画轴、手卷等。20多年来,台北故宫博物院已出版那志良、庄吉发、嵇若昕、李霖灿、江兆申、廖宝秀、吴保合、赖福顺、索予明、吴哲夫等人的学术著作数十部。在明清史研究方面,有《朱载堉研究》《清高宗十全武功研究》《清代天地会源流考》《清代奏折制度》《乾隆重要战争之军需研究》《木兰图与乾隆秋季大猎之研究》等;在典籍文献研究方面,有《四库全书荟要纂修考》《四库全书纂修之研究》《故宫档案述要》等;在古器物及工艺研究方面,有《陶瓷汇录》《珐琅器之研究》《漆园外撷》《中国漆工艺

---

　　① 参阅《相遇与对话——明末清初中西文化交流国际学术研讨会论文集》,宗教文化出版社,2003年。

研究论集》《中国古玉图释》《玉器辞典》《古玉论文集》《漆屏风与中国漆工艺之西传》《铜器概述》《明清竹刻艺术》等；在古书画研究方面，有《山水画皴法点苔之研究》《元书画史研究论集》《元代皇室书画收藏史略》《中国绘画史》《双溪读画随笔》等，以及对王原祁、蓝瑛、文徵明、戴进、唐寅、吴镇等画家的专题研究著作；对于故宫博物院的历程、文物南迁以及台北故宫博物院近40年的经过，也有一些书籍问世，如台北故宫博物院编写的《故宫跨世纪大事录要》，庄尚严的《山堂清话》，那志良的《故宫四十年》《典守故宫国宝七十年》等。除了举办规模比较大的专题学术研讨会外，台北故宫博物院还经常举办一些小型的学术研讨会以及专题演讲。台北故宫博物院还注意与其他机构合作，如1971年起协助台湾大学历史研究所增设中国艺术史组，这是台大艺术史研究所的前身，培养出许多艺术史研究人才；1978年与"国史馆"合作校注《清史稿》，后由"国史馆"整理出版为《清史稿校注》。①

国外有关故宫的研究也值得重视。法国、美国、英国、德国、俄罗斯、日本等国，长期以来都有一批研究中国的"汉学家"，且取得了令人瞩目的成果。其中关于明清史的研究以及对中国古代艺术的研究，许多都与故宫研究有密切关系。这里仅介绍法国的有关研究及国外对中国书画研究的一些情况。近年来，似乎是与中国关于"西学东渐"的研究热相呼应，法国汉学家们以16世纪至18世纪中国文化西传及重大影响为核心，就"中学西渐"问题进行了广泛深入研究，出版了大批研究专著。安田朴撰写的两卷本70余万字的《中国文化西传欧洲史》，系统介绍了这一时期中国文化向欧洲的传播以及在那里掀起的"中国热"风潮。安田朴的《入华耶稣会士和礼仪之争》，介绍了从1552年到1773年耶稣会士在中国的活动以及由此而在欧洲引发的礼

---

① 参阅（台湾）《国立故宫博物院巡礼》，2002 年；（台湾）《国立故宫博物院刊行图书目录》，2003 年。

仪之争。法国汉学家对作为"中学西渐"媒介的传教士的研究也成果丰
硕，如博西埃尔夫人撰写的《17—18世纪中国宫廷中的比利时官吏——安
多传》、舒特元编的《利玛窦和其他入华耶稣会士们论中国的艺术和日常
生活》等。这些作品都包含着对当时中国宫廷及皇帝的认真研究，其中由
传教士提供的新鲜材料及研究者的不同视角，对我们都是有启发的。

　　法国在对中国明清皇家建筑研究方面，比较有影响的是对圆明园
西洋楼的研究。1983年，法国成立了一个由法国当代研究中国考古和
艺术的专家毕梅雪主持的专门研究小组，研究圆明园中的西洋楼。这
座楼是由清朝宫中的入华耶稣会士们为乾隆皇帝设计的。研究组从不
同角度对这些宫殿及御花园进行了研究：建筑的年代及乾隆对于这一
套具有异国情调建筑的使用，供建筑学术研究的可视资料——1783年
的版画和照片，建筑复原问题，对植物的鉴定，西洋的模式等。该课
题的部分研究成果曾在《亚洲艺术》上发表，1994年出版了有关圆明
园西洋楼（欧式宫殿）的一份总结报告。该研究组还在著名的《亚洲杂
志》上发表了一部分对清朝宫廷艺术的研究成果，如藏嘉伯研究乾隆年
间战争功臣画像的论文，特琳娜·帕加尼研究康乾时代钟表制造业的论
文。1985年，安娜·莎耶出版了《热河寺庙及其西藏原型》的专著。①

　　国外对中国书画的研究主要集中在古代绘画尤其是元以前的古画
上。有的学者的博士论文就是以故宫所藏名画为题目。1978年，美国
学者高居翰编撰《古画索引》，其中相当篇幅是将北京故宫博物院和
台北故宫博物院出版的元以前古画印刷品编成索引，供研究者查询。
西方学者对故宫绘画的研究主要是以图像学的理论，集中比较一批包
括故宫藏品在内的图像，找出造型发展中带有规律性的东西。20世纪
50年代以来，国外出现了一些研究单幅书画作品的成果，如美国旧金
山大学阿诺德·劳伦研究一件明摹元代周朗《佛郎国献马图》卷（故
宫博物院藏品），出版了《王侯的礼物和教皇的财富》一书，日本学

---

　　① ［法］戴仁主编，耿升译：《法国当代中国学》，中国社会科学出版社，1985 年。

者铃木敬用两岸故宫博物院的绘画藏品写成一部《中国绘画史》。因为复杂的历史原因，欧美国家及日本的一些博物馆，收藏着一些清宫散佚或其他传世的中国古书画，有些著名的博物馆还设有东方部，对中国古代书画进行整理、鉴定和研究，有的还举办专题学术研讨会，如1989年美国克利夫兰博物馆的"明清绘画国际研讨会"、1992年美国纳尔逊博物馆的"董其昌世纪艺术国际学术研讨会"、1993年美国马里兰大学的"近代海派研究"、1999年美国纽约大都会博物馆的"董源《溪岸图》真伪研讨会"、2001年英国大英博物馆的"顾恺之《女史箴图》研讨会"等，这些研讨会都邀请了故宫博物院的专家学者参加。大约有数百件故宫的书画藏品是境外、国外专家常引用的。从总的研究情况看，以故宫书画为个案进行研究的论文逐渐增多，较多的是在研究中国书画中以故宫的藏品作为例证之一。这也说明故宫书画藏品是研究中国艺术史不可或缺的资料。

在对故宫博物院的研究上，庄士敦的《紫禁城的黄昏》以他特有的视角和感受，使我们看到逊帝溥仪在紫禁城内廷的"小朝廷"生活，了解到古物陈列所以及故宫博物院成立前的许多重要情况。

回顾近80年来的故宫学研究，第一个时期应是发轫阶段，以清理文物资料并向社会公布为主，也出现了一些有影响的研究成果，发展势头很好，但因战争原因而停了下来；第二个时期可看作以个案研究为主的阶段，重点是博物院的各项基础建设，有一些专著也产生了较大影响，深入研究有了较好基础，然而一场"文化大革命"则使研究工作停滞了10多年；第三个时期是专题研究蓬勃开展并向综合研究转变的阶段。总的来说，故宫研究的领域逐渐扩大，有分量的研究成果不断涌现，以故宫学者为主体的研究队伍不断扩大。但还存在一些问题，主要是缺乏长远、统一的规划，重点不是很明确，一些重要课题的研究还不够深入，有些方面还很薄弱，研究方法比较单一，研究力量缺乏必要的整合，海内外的学术交流还不够广泛，故宫博物院对院外研究者提供必要的条件还做得不够好，等等。

三　故宫学的提出及其发展机遇

以上我们探讨了故宫学的研究范围，说明它有着丰富、深邃的内涵；我们又回顾了近80年故宫学的研究历程，看到它已取得令人瞩目的成果。但是从故宫本身的地位、作用及研究现状看，故宫研究还需要提升、创新、突破，因此有必要提出并加强"故宫学"的建设，即明确故宫学是一门学科。近80年的故宫学术研究无疑多属故宫学研究，但从目前来看，故宫学研究尚处在学科发展的自发阶段。一门学科的建立，不只是要有深广的研究领域，还必须有一定的研究成果为基础，这是学科形成的必要条件。故宫博物院成立近80年后才明确提出故宫学学科建设，这其实是符合学科发展规律的。由于故宫学材料丰富，以前的研究多在不同的领域中进行，故宫学则要求把这些基础研究整合起来，统一在一个内在的逻辑之中，这是故宫研究不断深入的必然要求。很显然，没有长达80年的故宫研究的实践和成果，就不可能明确提出故宫学的概念，而故宫学的提出并确立将使故宫学研究进入自觉阶段，将从整体上提高故宫研究的水平。

（一）故宫学与故宫文化

如何理解故宫学？它是以故宫为对象或与故宫有关的一门知识或学问呢，还是一门相互关联、有着内在规律的有系统的学科？这是需要探讨的问题。笔者认为，弄清这个问题，首先要把握故宫文化的内涵和定位。故宫是中国封建时代最后两个王朝明和清的皇权中心所在地，是政治枢纽，故宫文化是以皇帝、皇权、皇宫为核心的皇家文化。这种文化的生成既有更为久远的中国封建社会皇家文化的传承，又有其新的特点。它延续近500年，虽然其间有变异，并且反映了皇权衰落的历史，但相对来说有着稳定性，充分体现了中华传统的主流文化，同时更带有多民族文化融合的特征。"皇宫"与"宝藏"往往联系在一起。皇家的收藏自然是中国历代艺术品中的瑰宝，是中国人民智慧与创造的结晶。宏伟的皇宫建筑，珍贵的皇家收藏，丰富的宫廷遗存，以及大量的宫中所藏档案及图书典籍，是中华文明最重要的载体和象征，是皇家文化不可分割的组成部分。国运的兴衰、帝王个人的爱好以及典章制度的变化，都可从皇家文化的嬗递中探求出带有规律性的东西来。从这点来看，故宫学不是杂乱的、零碎的、毫无关联的，而是有着完整内在体系的一门独立学科。它的特点是与皇家文化有关，而不同于一般的明清史研究，也不同于一般的艺术史研究或建筑史研究。

研究历史上有关紫禁城及明清宫廷史的一些资料，有助于我们对故宫文化内涵的认识和把握。明太监刘若愚的《酌中志》，记述了由万历朝至崇祯初年的宫廷事迹。他在宫内多年，把耳闻目睹的有关皇帝、后妃及内侍的日常生活、宫中规制、内臣职掌以及皇家饮食、服饰等，全都详细地记了下来。到了清代，康熙初年曾入值南书房的朱彝尊，从1600多种古籍中选录历代有关北京的记载和资料，编成《日下旧闻》，这是对研究北京颇有参考价值的一部书。奉乾隆帝命根据《日下旧闻》加以增补、考证而成的《日下旧闻考》，偏重皇家的宫殿、官署、坛庙、园林，大量引用乾隆的诗文，从此书中可以看到乾隆初、中期北京建筑的情况和康熙中叶以来北京城市的变化。它记述了一些园囿的建筑名称、建造年代，悬什么匾额，挂什么对联，什么人居住，以及诗文中题咏这些建筑表现了什么思想等。乾隆帝命人编纂的《国朝宫史》，汇编和记录了顺治、康熙、雍正至乾隆二十六年（1761）期间的宫闱禁令、宫殿园囿建置、内廷事务和典章制度等资料，是清代中叶以前的宫廷史。嘉庆帝命人编纂的《国朝宫史续编》，承袭《国朝宫史》的体例，为乾嘉时期清宫史料集大成之书。此书1806年完成，直到1932年才有故宫博物院图书馆据懋勤殿所藏之本校印面世。以上这些都是进行故宫研究的珍贵资料。上述20世纪30

年代章乃炜、王蔼人的《清宫述闻》，亦是这类重要著作。

我们也看到，浩如烟海的明清宫廷档案是整个明清王朝历史的全方位记录，凡是研究明清史都离不开它。我们虽不能说每条史料都与以皇家文化为重点的故宫学有直接关系，但也不能说它们之间毫无关系。丰富的宫廷典籍也是如此。对这些档案和典籍的研究也属于故宫学研究，但反映的是有关故宫的知识和学问。

故宫学以故宫及其丰富的收藏为研究对象，从其反映皇家文化的特点来划分，故宫学有狭义与广义之别。狭义的故宫学是人文科学的一门独立学科，广义的故宫学则是一门知识和学问。故宫学研究的6个方面是互相关联的，如再具体划分，约有3个层次：最核心的层次是故宫；中间的层次是故宫古建筑、与其密不可分的院藏文物及宫廷历史文化遗存；最外面的层次为所有6个方面及与其相关的丰富内涵。为什么紫禁城研究是故宫学的核心呢？这是由紫禁城本身的特殊地位以及它与故宫学研究范围的其他5个方面的密切关系决定的。[1]核心层次和中间层次大约属于狭义的故宫学研究对象，最外面的层次或为狭义或为广义的故宫学研究对象。

需要说明的是，现在故宫藏品中有少数并非清宫旧藏，但这与我们倡导的故宫学研究是不矛盾的。新中国成立以来，为充实故宫的收藏，通过国家调拨、出资购买、社会捐赠以及各方面支持，故宫陆续增加了20余万件珍贵文物。其中一部分不属于清宫旧藏，例如8万多件法书名画，2万多件历代名瓷，1万多件青铜器，还有各种工艺美术品等。这些藏品约占故宫总收藏量的14%，许多文物与清宫旧藏相比毫不逊色。以绘画为例，清宫收藏在乾隆帝去世后日趋衰落，18世纪的"扬州八怪"，19世纪的"京江画派""改、费派""海派"等许多流派的绘画和书法为清宫所缺，清初属于非正统画派的"金陵诸家""四僧""新安派"等的作品也是乾隆朝不屑于收藏的，而如今

---

① 参阅郑欣淼：《紫禁城与故宫学》，载《故宫博物院院刊》2004年第5期。

它们已是国之重宝。北京故宫抓住广阔的收藏机遇，于20世纪60年代初将上述几个时期的书画收藏齐备。突破清宫旧藏局限的收藏，使故宫成为名副其实的中国历代文化艺术的巨大宝库。它们是对清宫艺术品十分必要的补充，为中国文化艺术史研究提供了更为全面、丰富的资料，在故宫学研究中也发挥着相当重要的作用。

任何一门独立学科必然与相关联的若干学科存在一定的重叠或交叉，对于具有丰富研究对象的故宫学来说更是如此。故宫学涉及历史、政治、建筑、古器物、档案、图书、艺术、宗教、民俗、科技、博物馆等诸多自成体系的学科。我们之所以把其中一部分研究整合进故宫学，是因为在围绕着以故宫为核心的综合研究中，这些不同的研究对象因成为故宫学课题的有机组成部分而获得了新的研究视角、途径、方法和结论，也就形成了新的学科体系。比方说对于古代书画、陶瓷等的研究，作为故宫学的概念，主要会侧重于与明清宫廷和故宫博物院有关的搜集、鉴赏、著录、流传等，并不涵盖这些学科的全部研究。同样，故宫博物院自成立以来，故宫研究构成了其学术研究最有成就、最富特色的主体，但这并不是说凡是故宫博物院的学术研究都属于故宫学的范畴，多年来故宫博物院的专家学者在超越这个范畴的诸多领域都做出了海内外公认的卓越贡献。

故宫学显然是一门综合性学科，在研究中需要运用历史学、考古学、文献学、建筑学、文艺学、美学及相关的自然科学的理论和方法。这种综合性特点，在故宫学研究中表现得很突出：一是需要把院藏文物、古建筑和宫廷史迹这三方面作为互相联系的整体来研究，防止孤立对待。这是最能体现故宫特色的研究。这也要求研究人员不仅要具有某类文物的专业知识，还要有与此相关的历史知识，包括宫廷史知识以及其他知识。二是需要多学科协作、全方位展开，才能得出科学的结论。三是由于故宫文化的特殊性，文物藏品一般都有相当丰厚的内涵，需要不断地探求。例如武备、宫廷生活用具类藏品，既涉及工艺美术，更与宫廷史、文化史、典章制度等有关，且随着资料的挖掘与研究视野的扩大，这种研究会不断深入。从多方面去探寻文物的价值，这也是综合研究的一个方面。

提出并确立故宫学，目的是不断推进对故宫的综合研究，努力挖掘故宫文化的深邃内涵，具体来说有这么四点：其一，希望研究故宫的学者特别是新一代中青年学者，把故宫作为一个大文物来看待，弄清故宫学的学术覆盖面及其内涵，明确自己的研究课题处在哪个层面，在学术视野上解决点和面及面和体的关系。其二，使流散在院外的清宫旧藏有一个"学术归宿"，它们的文化精神是故宫学的一个部分。其三，增强全社会对包括古建筑在内的各种故宫文物的保护意识。故宫学的确立，不仅仅是个要引起学术界关注的问题，更是整个社会都要关心文化遗产的问题。不仅要加强对物质文化遗产的保护，还应注重对非物质文化遗产的保护，对故宫的保护应是全面的、立体的。其四，便于向社会公众普及相关知识，提高他们对故宫的总体认识。故宫是最能代表中华传统文化与古老文明的载体，使游客从一般"游览"的心态转到对优秀传统文化的景仰，在很大程度上有赖于故宫学的传播。

（二）故宫学的价值和意义

故宫学的价值和意义是由其研究对象的博大精深所决定的，是由故宫文化在中国文化史上的特殊地位所决定的。单士元先生1997年在中国紫禁城学会第二次学术讨论会开幕式的致辞中有一段话，高度概括了故宫的地位，从中也可看到故宫研究的重大意义。他说："故宫是一部中国通史，不只是皇宫。它的建筑布局、空间组合，包括匾额楹联，都能体现出中国五千年的社会发展史、文明史、文化史。其收藏文物是传统。不少文物，除近年田野考古发达以后出土的以外，大都是传世珍品。而传世珍品又多是来自商周及以后的宫殿、堂庙中，最后到明清两代，体现了中国文化传统。因此，它蕴藏的都是历史。"①

故宫学的内涵很丰富，涉及的范围很广泛，从已发布的研究成果看，许多都是中国文化史、中国艺术史、中国明清史的重大课题。故宫学又可包括紫禁城学、明清宫廷史学、明清档案学以及中国古代书画、工艺、金石等多种研究学科，我们试列举20个与故宫学研究有关的方面，相信大家对故宫学的价值和意义会有更具体的认识：

——故宫学与紫禁城建筑群研究的关系

——故宫学与明清皇家建筑物研究的关系

——故宫学与中国古代建筑技术与艺术研究的关系

——故宫学与中国古代艺术（古书画、古青铜器、古陶瓷及各类工艺品）研究的关系

——故宫学与明清民族问题研究的关系

——故宫学与明清时期中外文化交流研究的关系

——故宫学与明清皇家艺术品收藏与制造研究的关系

——故宫学与明清时期皇宫修书藏书研究的关系

——故宫学与明清典章制度研究的关系

——故宫学与明清宗教政策及宫廷宗教活动研究的关系

——故宫学与明清重大政治、军事事件研究的关系

——故宫学与明清皇帝、后妃子嗣、太监生活研究的关系

——故宫学与明清朝臣疆吏研究的关系

——故宫学与明清档案整理、利用研究的关系

——故宫学与中国近现代革命史研究的关系

——故宫学与80年来中国文物保护的关系

——故宫学与中国博物馆事业发展的关系

——故宫学与故宫专家、学者及中国现代学术史研究的关系

①《中国紫禁城学会论文集》第二辑，紫禁城出版社，2002年，第386页。

——故宫学与无形文化遗产保护传承的关系

——故宫学与文物科技保护的关系

（三）故宫学研究的新机遇

进入21世纪以来，故宫学研究又面临新的发展机遇，主要有两个方面：一是快速发展的中国世界文化遗产保护事业，一是已经正式启动的清史编纂工作。

我国于1985年正式加入《保护世界文化和自然遗产公约》。1987年，故宫、长城等成为我国第一批世界遗产。多年来我国世界遗产数量增加很快，截至今年已达30处，居世界第三位，其中文化遗产及自然与文化双遗产占28个。在众多文化遗产中，故宫及其他明清皇家建筑占有一定比例。2004年世界遗产大会批准的我国两个拓展项目——明清皇家陵寝的拓展项目辽宁盛京三陵和明清皇宫的拓展项目沈阳故宫，都是明清皇家建筑。有些明清皇家建筑正在积极申报。为了申报世界文化遗产，更好地挖掘它的文化内涵，加强保护工作，各遗产单位都重视学术研究，先后举办研讨会，如2000年的"纪念颐和园（清漪园）建园250周年暨迎接21世纪学术研讨会"，2001年的"清东陵文化研讨会"，2003年的"承德避暑山庄肇建300周年学术研讨会"，2004年的"世界遗产论坛——中国明清皇家陵寝学术研讨会"，等；并出版了一批有关这些建筑的历史档案汇编，如关于承德避暑山庄的《清宫热河档案》，关于沈阳故宫及清永陵、清福陵、清昭陵的《一宫三陵档案史料选编》等；有的还进行重点修复，如天坛对神乐署的修复，颐和园对耕织图景区的复建，故宫博物院对建福宫花园的复建等。对世界遗产保护的重视也促进了对整个明清皇家建筑的研究与保护。据报载，被誉为"皇都第一行宫"的北京大兴团河行宫即将开始进行修复，这是乾隆皇帝在南海子建造的四座行宫中规模最为宏伟的一座，此项工程被认为是目前国内最大的文物修复工程；

地坛古建筑修缮工程近日在地坛公园内的方泽坛正式启动，这是地坛公园有史以来最大、最完整的一次修缮①。由世界遗产热引起的对明清皇家建筑的重视，对故宫学研究的广泛深入开展起着明显的推进作用。

在方兴未艾的世界遗产热中，故宫更是一直受到世人的关注。20世纪90年代中期花费6亿元的筒子河治理工程，使故宫的外部环境得到根本改观。2002年底正式开始的故宫维修，是故宫百年来规模最大的修缮工程。从维修的任务和要求看，它不仅要用到已有的多方面的科研成果，而且在维修过程中要进行深入的研究，如对每座宫殿完整档案的编写，对中国传统的建造修缮技术工艺与材料制作的抢救性继承，对不可移动文化遗产的科学保护等，所有这些，都需要认真地研究探讨。已报请国务院审批的《故宫保护总体规划大纲》将使故宫保护与博物院建设提升到新的水平。根据联合国教科文组织的要求，故宫应建立保护缓冲区。当北京市于2004年9月公布两个草案后，社会反响热烈，许多人积极参与，有1698人在北京市文物局的网站上投票，其中1420人赞同范围更大的第二方案，这一方案的缓冲区范围为1463公顷。故宫缓冲区一经确定，区内原有的胡同、四合院将受严格保护，并保持传统风貌。②这一切不仅促进着故宫的保护，也是故宫学发展的大好机会。

2003年正式启动的国家清史编纂是一项规模宏大的文化工程。清朝统治中国长达268年之久，其前期在发展经济文化、巩固国家统一、加强民族团结等方面有重大功绩，其政策措施多可借鉴。中叶以后，内外矛盾尖锐，实行闭关锁国，拒绝进行改革，政治日益腐败，其失误和教训，实足发人深省。且清朝灭亡至今不足百年，和今天的政治、经济、军事、文化各个领域息息相关。因此，要了解和掌握中国的国情，建设有中国特色社会主义，就要对清代历史进行全面、深入

---

① 《北京文物保护又有大手笔》，《中国艺术报》2004年11月5日。

② 《保护故宫周围风貌，市民倾向更大范围》，《人民日报》2004年9月17日。

的研究，编纂出一部高质量、高水平的清史。中央决定编写清史，要求在专家学者的共同努力下，动员各方力量，用10年左右时间完成这个任务。由于故宫博物院的特殊地位，其与清史编纂有着密切关系。2001年4月，季羡林教授领衔的13位专家就纂修大型清史给李岚清副总理写信，其中有两位专家来自故宫博物院。由中央14个部委组成清史编纂领导小组，故宫博物院院长被列为领导小组成员。在清史编纂中，学术界、文博界、档案界、科技界、出版界将协同配合，这是清史研究不断深入的过程。故宫博物院不仅将在清史编纂中发挥自己特殊的作用，而且故宫学研究在这个学术大潮中也肯定会有丰硕的成果。

（四）清宫旧藏的散佚可望海内外更多的机构和个人参与故宫学研究

清宫旧藏，至乾隆年间最为丰盛，尔后渐告式微。特别是清末，国势日衰，政治腐败，外患频仍，清宫文物珍藏多次遭到劫掠或毁损，许多被抢到异域，不少流失民间。清宫文物近代以来有三次大的厄难：

第一次是1860年英法联军对圆明园的野蛮劫掠和焚烧。圆明园是清代皇帝的别宫，也是一座收藏丰富的博物馆。经过侵略者的洗劫和焚毁，原有的陈设、收藏现存国内者已不多，大量旷世瑰宝流落国外，最集中的流散地是英国大英博物馆和法国枫丹白露宫，其他如美国、日本、西欧各国的博物馆和一些个人，也都有所收藏。这些文物包括商、周著名的青铜器，历代的陶瓷器，古代名人书画，清朝皇帝的玉玺，以及玉如意、时钟、金塔、金钟、玉磬等宫廷陈设品，清代的瓷器、漆器、玉器、牙雕、珐琅、珊瑚、玛瑙、琥珀、水晶、宝石、朝珠、木雕等精美艺术品，此外还有外国的贡品和无数的金银珠宝。现藏英国大英博物馆的顾恺之《女史箴图》就是这次被掠走的。2000年，香港佳士得和苏富比两家拍卖公司的拍卖品就有当年被英法联军掠走的4件圆明园文物。

第二次是1900年八国联军对皇室财宝的抢劫与破坏。从1900年

8月15日北京陷落，直至1901年9月《辛丑条约》签订、八国联军撤离，这场浩劫长达一年之久。此次浩劫，从皇宫禁城、三海、颐和园到坛庙陵寝、官署部衙、王宫府第，悉遭厄运。对这次损失，清廷档案虽有统计，但很不完整。例如，光绪二十六年（1900）八月初四的档案中记载，洋人从宫中"拿去"的物品有玉器、瓷器、挂轴、册页、手卷、铜器等331件，以后的宫中档案又有侵略者若干次从紫禁城内抢劫物品的记录。《五牛图》就是这次被抢走的。据《平等阁笔记》作者狄葆贤目睹所记，宫中文物已"所失过半"，三海、瀛台文物珍品"荡然无存"，"紫光阁内，书籍狼藉满地"，瀛台院内到处堆积着残碎的玻璃、瓷器和家具杂物。他动用90人整理了10天，才整理出略可居住的几间宫室。

第三次是清逊帝溥仪"小朝廷"时期对宫廷文物的盗运。1924年11月溥仪被驱赶出紫禁城"后廷"以前，大量的宫廷珍藏以赏赐、赠送及变卖、盗窃、典当抵押等方式源源不断流失出去，不少为外国人所得。1923年日本地震，溥仪派人给日本天皇送去一批当时价值30万美金的古玩字画珍宝。溥仪还把1000多件极为珍贵的书画、200多种宋元版书以赏赐溥杰的名义盗运出宫，办理清室善后委员会根据"赏赐"清单和收到单，编印了《故宫已佚古籍书画目录四种》，这批书画后来大都散佚。新中国成立后，曾组织专门力量查找这些书画，故宫博物院收回了相当一部分，但不少已流失国外，为私人或博物馆收藏，以美国、日本居多。已知美国大都会博物馆收藏17件，普林斯顿大学博物馆、弗利尔美术馆、纳尔逊博物馆、克利夫兰博物馆、波士顿博物馆以及日本和欧洲的许多博物馆都有收藏。国内的辽宁省博物馆、上海博物馆等也有收藏，有的还在私人手里，2003年故宫博物院从拍卖行购买的隋人书《出师颂》，就是这时流失出去的。①

---

① 参阅张健：《国宝劫难备忘录》，文物出版社，2000年。张自成：《百年中国文物流失备忘录》，中国旅游出版社，2001年。

由于多种原因，国外一些研究机构、学校及图书馆也藏有清宫的图书、档案。例如，美国国会图书馆在同治八年（1869）收到当时清廷赠送的书籍10种933册，该图书馆至今还保存着光绪皇帝两个妃子——瑾妃和珍妃的日常生活记录；美国耶鲁大学和哥伦比亚大学都收藏有清廷赠送的《古今图书集成》，耶鲁大学还从中国购买了不少清廷文件的影印本；康奈尔大学亚洲图书馆有不少中国典籍，包括《永乐大典》6册，以及康熙玉玺、慈禧书签等文物；英国大英图书馆所属的印度事务部档案馆有明《永乐大典》以及清朝的《实录》《圣训》等；英国东方和非洲研究院档案馆保存有溥仪赐给其师傅庄士敦的清代十一朝的《实录》，这是装潢极为精美的清宫藏品；等等。①

国内一些博物馆也藏有不少清宫文物。沈阳故宫博物院是一座展出清代宫廷建筑和生活历史的艺术博物馆，它的3万多件藏品以清前期宫廷遗物为主。辽宁省博物馆有一部分清宫旧藏，主要是溥仪带到东北的一批书画名品和玉器，其中有为数六七十件之多的晋唐宋元书画，还有一批著名的缂丝绣品。南京博物院藏品中的一个重要部分，是前古物陈列所移交的清代热河、奉天行宫的宫廷文物，内有大宗瓷器、各类陈设品及工艺品。吉林省博物馆收藏有一些原藏长春溥仪伪皇宫内的清宫流散书画。上海博物馆收藏有一些清宫旧藏的书画名品及精美青铜器等。

新中国成立以来，故宫博物院的藏品充实工作得到了社会各界的支持，但同时故宫博物院也把大量宫廷藏品及珍贵文物调拨给了一些博物馆、图书馆及其他机构。例如，把包括《乾隆南巡图》、虢季子白盘等在内的3781件珍贵文物拨给了当时的中国历史博物馆，把包括部分善本在内的14万册宫廷藏书拨交给国家图书馆及部分省市、大学的图书馆，把一部分官窑瓷器赠给了一些古窑址博物馆。在一些寺院

---

① 参阅秦国经：《中华明清珍档指南》，人民出版社，1994年，第167—169页。朱政惠：《美国清史资料及其研究情况述略》，国家清史编纂委员会编译组《清史译丛》第一辑，中国人民大学出版社，2004年。

和我驻外使馆等，也有被调去或借用的故宫文物。还有一些清宫文物被赠送给了国外博物馆，例如1957年就赠给苏联东方博物馆清代瓷器、玉器、漆器、珐琅、织绣等文物550件，赠给前捷克斯洛伐克国际美术院铜器、造像等65件，赠给新西兰坎特伯雷博物馆近代木器等21件。

由此可见，清宫藏品的散佚情况比较复杂。流失海外的文物不少是战争期间被掠夺的，这是一页令中国人伤痛的屈辱历史。根据现代国际法的原则，任何因战争原因而被掠夺或丢失的文物都应归还，而且没有任何时间限制。1996年中国政府签署了《国际统一私法协会关于文物返还的公约》，郑重声明中国保留对历史上被非法掠夺文物的追索权利。清宫文物在海内外的大量散佚，客观上也为更多的机构与个人参与故宫学研究提供了条件，尤其在国内，这方面的合作研究近年来有了较快的进展。

四 故宫博物院在故宫学研究中的责任和举措

尽管不少清宫旧藏散佚各地，但故宫只有一个，大量的宫廷历史遗存仍在，最为丰富的中国历代各类艺术精品在故宫，近80年数代故宫人的研究成果引人注目。在故宫学研究中，故宫博物院有着特殊的地位，它不仅要利用自身优势，在已有基础上有新的提高，还要为海内外故宫学研究提供服务。故宫博物院近期在加强故宫学研究方面的主要举措有以下四点：

（一）制订故宫学研究规划，发扬故宫学研究传统

在已完成的《故宫保护总体规划大纲》和正在着手编制的《故宫人才规划》中，把建立故宫学的学科目标、规划故宫学的学科框架以及相应的人才培养作为重要内容，制订全面、系统的故宫学研究

规划。学科建设是个长期的系统工程，要防止急功近利。在规划制订中，既要考虑学科自身发展的规律性，又要明确故宫博物院自身的特点，坚持规划层面的科学性、可行性。根据学科建设需要，积极培养和引进各类人才。建设高水准的文物研究、文物保护和博物馆管理专家团队，拥有相关学科带头人并形成合理的知识结构和年龄梯次。

要加强薄弱环节。薄弱环节就是潜力所在。在故宫学研究对象的六个方面中，明清宫廷历史文化研究是比较薄弱的环节。故宫有相当多的反映清宫历史、文化、生活的遗物，过去由于认识上的局限，对它们的价值缺乏足够的认识。近20年来虽有较大进展，但有些领域仍待深入研究，有些领域还未曾认真涉足，近几年要加强这方面研究。故宫的学者要与全国从事明清宫廷史研究的同道合作，扎扎实实地推进此方面研究。一是要重视基础性研究、个案研究，主要包括从古建筑遗存角度，研究宫殿（或陵寝）的时代、规制、使用功能、建筑技术等；从遗存的可移动文物角度，研究宫廷中制作、使用这些文物的情况，以及文物的断代、艺术价值、科技价值等；从文献（档案）的角度，对宫廷中的各个方面，如制度、人物、事件等进行考证。二是要重视宏观性研究，即具有宫廷史的大视野，能够综合阐述宫廷历史某一方面的规律性认识。这项研究需要研究者具备较高的史学理论素养以及各类材料的综合驾驭能力，难度较大，但成果的价值也很大。近期初步拟订的研究课题有"清代皇帝大婚研究""咸福宫与清代皇家丧葬研究""毓庆宫与清代皇子（包括太子）研究""清代帝后万寿庆典研究""清代宫廷文化系列研究""清代宫廷与藏传佛教""清代皇家礼制研究""清宫医药制度研究"，以及一些佛教、道教殿堂的研究。此外，在其他几大方面的研究中，有的虽然成就斐然，但也有薄弱之处，例如书画研究虽成果较丰，但4万多件明清名人尺牍、2万多件帝后书画等，都有待整理和研究。薄弱环节的加强，可望研究领域的扩大与研究成果的突破。

由于故宫学研究是以文物（包括可移动文物和不可移动文物）

为主，因此自有其特点。具体地说，故宫学术研究不是经院式的烦琐论证，也不是从书本到书本，它是直接面对故宫的文物、档案文献，对之进行客观分析、比较，解决宫廷历史人物和事件的物证和历代文物的真伪鉴定及其艺术价值、文化联系等诸多问题。总而言之，即以物证史、以物论史，或以物鉴物、以史论物等，而这些都离不开史与物的辩证关系。故宫学术研究的成果体现不仅仅是学术著作，还包括各种形式的陈列、编纂文物目录、文物著录等。故宫博物院的学术研究，20世纪40年代以前主要是吸收传统考据学，进入50年代后逐步融入了历史唯物主义和辩证唯物主义的方法论。长达80年薪火相传的研究历程，使故宫博物院形成了良好的学术传统，包括学术成果、学术思想、学术风格、研究的思路和方法，以及不同师承的专家之间的团结和合作等，这也为形成"故宫学派"打下了良好基础。这是一笔宝贵的财富，在更加深入的故宫学研究中需要发扬光大。

（二）加强基础建设，为故宫学研究服务

为了更好地为海内外故宫学研究提供服务，故宫博物院已做出宏大的计划，准备投入大量人力物力，进行文物藏品的公布，加强故宫基础资料、史料的整理，编辑出版有关故宫文化遗产的志书、实录、编年、纪事等工作，并重视学术著作的出版。

首先要彻底清理文物藏品，编印文物藏品总目及珍品图录。

故宫已开始为期7年的文物藏品清理工作。清理的重点是宫廷藏品。过去由于受传统的文物观念的影响，许多珍贵的宫廷遗物仅作为"文物资料"对待，有些储放过文物的殿堂从未进行过彻底清理，还有不少文物本体与附属于它的各种质地（紫檀、雕漆、玻璃等）的匣、盒、座、托等实物分离。这次清理又与提高文物管理的信息化水平、进行抢救与修复等工作结合在一起。及时、全面地公布文物藏品是办理清室善后委员会点查清宫文物时形成的好传统。50多年来故宫藏品变化较大，但未向社会公布过，不只是一般群众，一些专门研

究者对故宫藏品也不甚了了。这次在认真清理的基础上，将适时编印《故宫文物藏品总目》，陆续分类出版，向社会公开发行，以俾世人了解故宫藏品奥妙，更好地为各界人士的观赏、研究等不同需要服务，也利于社会的监督。拟在《故宫博物院藏文物珍品全集》60卷的基础上，编辑出版《故宫博物院藏品大系》，这是多达数百卷、需要长时期努力的文化建设工程。

还要结合故宫古建筑维修，编写"故宫古建筑实录"大型丛书。

故宫虽出过不少有关古建筑的书籍，但缺乏系统性，因而使人难以窥见全豹。在这次古建筑维修中，将对每处宫殿编制完整的档案并公开出版，总名为《故宫古建筑实录》，其性质是科学报告，是古建维修的真实记录，以期长期保存古建筑历史信息。这部丛书大致为总卷、传统工艺、维修保护三个部分。传统工艺又分大木、油饰彩画、装修裱糊、琉璃、砖石、图样等类，内容主要是对古建筑传统工艺和技术即无形文化资产的搜集、整理、记录，以利总结和传承。维修保护分城池、外朝、内廷、园林设施、衙署库府、城外等类，内容包括两方面：一是搜集排比历史资料，明确建筑的历史、沿革、用途、史迹、价值、保存和使用状况；二是记录这一次维修的项目、保护措施、基础设施配置及实施过程。每类还可根据内容分册，如城池类可分为《端门及朝房》《午门》《东华门》《西华门》《神武门》《城池与围房》《角楼》《城隍庙》等册，城外类可分为《皇史宬》《大高玄殿》《御史衙门》等册。大致每册以一座重点建筑为题，包括一组建筑群。维修保护部分各册随大修工程进度，原则上每项工程立项之时即确定报告的编写人员，要求竣工后4个月内完成该建筑的资料收集工作，文字、图片、照片都要齐备，编写工作一般不超过3个月。争取2005年院庆前完成《故宫古建筑实录总卷》和《故宫古建筑实录·外朝编·武英殿》两册。该丛书约50册，从2004年开始，计划2022年完成。这部重要的档案丛书的编写出版也是专题研究的成果，将为海内外的故宫古建筑研究提供前所未有的大量系统而翔实的资料。

再则，为迎接故宫博物院成立80周年，集中编辑出版一批基础性、资料性的书籍。

这些书籍，有编写的《紫禁城志》《故宫消防》《故宫明清建筑大事纪年》；有整理的《故宫博物院藏清宫陈设档案》《武英殿修书处档案汇编》；有收录80年来海内外所有研究故宫的文章和著作的《故宫研究论著索引》，包括北京、台北、沈阳三地故宫博物院的出版物及其他期刊、论文集中的相关部分，按建筑、皇家园囿、历史、古籍、器物、书画等类编排，分若干册出版；有约100万字的《民国时期故宫出版物总目及篇目索引》；有故宫博物院图书馆现藏全部古籍善本的"古籍善本特藏书目"系列，每本书著录书名、卷数、撰者、版本、册数、类别等，并附书名和著者索引，总字数也在100万左右。一批研究论著也陆续出版。明年将出版《故宫博物院1995—2004年学术文选》。除了"故宫博物院学术文库"收录一些研究者的论著精华外，还为一些卓有成就的大家出文集。2005年，约500万字的《徐邦达书画文集》、100万字的《唐兰文集》将面世，马衡、朱家溍等人的文集也将陆续出版。

（三）发挥优势，陆续成立几个研究中心

故宫博物院为了推动故宫学研究，拟在近几年陆续成立古书画研究中心、古陶瓷研究中心、古建筑研究中心及明清宫廷历史文化研究中心。古书画、古陶瓷两个研究中心已着手筹建，计划于明年院庆80周年时正式成立。

成立研究中心是从故宫藏品实际、研究力量和研究基础等情况出发的。故宫的古书画藏品多达14万件，有各个历史时期的巨作名篇，建院80年来涌现出几代专家学者，研究成果颇丰，在社会上有相当影响。故宫藏瓷器多达35万件，又有几万件陶瓷标本，这方面也是专家辈出，世所瞩目。故宫的古建筑是中国古代官式建筑的集大成者，凡

是研究中国古建筑，故宫是绕不开的。故宫古建筑技术的研究、传承是一项长期的任务。作为明清两代的皇宫，丰富的宫廷遗存是故宫博物院研究明清宫廷历史文化得天独厚的条件。成立研究中心，有利于突出重点，整合研究力量，以取得比较重大的成果。在2003年10月故宫博物院举办的中国宫廷绘画国际研讨会上，成立古书画研究中心的设想获得与会海内外研究中国书画的专家的赞同并被寄予厚望。成立古陶瓷研究中心也得到古陶瓷界同行的大力支持。

研究中心将根据不同的研究对象和范围，采取不同的活动方式，创造必要的条件，以利于学术和保护工作的开展。研究中心不是个空牌子，为了确保研究质量，在研究场所、研究设备、文物资源的利用与保护、学术成果的出版与管理等方面都将有一套完整的章程和办法。例如，古书画研究中心的研究对象主要为故宫所藏的历代中国书法、绘画、碑帖和流散在外的清宫旧藏书画，研究范围包括鉴定文物的时代和作者、考释其内容和形式及诸多深层次、多视角的科学研究，并研究书画类文物的科学化管理和修复、复制技术。为此，将在研究中心下设小型研讨室、书画专题展厅和电子画廊。书画专题展厅展示需要合作研究的专题性书画，以书画实物和解说文字展示故宫和国内外专家学者的学术观点，适时举办有关书画特展。电子画廊以高科技手段展示经过电子化处理的高清晰书画图像。信息量丰富的资料室也将为研究者提供必要的帮助。为适应古陶瓷研究需要，正在筹建中的古陶瓷研究中心的工作将包括以下四个方面内容：一是举办"清代官窑瓷器展"；二是举办"中国古陶瓷窑址标本展"；三是建立"古陶瓷标本资料观摩室"；四是建立"古陶瓷科学测试中心"。这就为古陶瓷研究创造了一定的条件。

研究中心的成立将为国内外专家学者开展合作性课题研究提供学术平台。故宫在北京，故宫学研究在全中国、全世界。研究中心人员一般由两方面组成：一是院外有关大学、博物馆和科研机构的著名专家学者；一是院内专业部门人员及相关部门的专家。院内外专家学者共同努力，可望在已有的基础上取得更大成果，或攻克一些难点问题。院外尤其是国外专家学者的积极参与，可使故宫及其藏品的诸多内涵更为世人所知，使国际学术界更深入地认知中华民族传统文化的精髓。同时，故宫努力借鉴国内外同行的研究方法和学术成果，以推进本院的学术研究及各项业务工作，并不断培养出学术新秀。

研究中心在故宫学上的重点突破和研究方法上的创新，对从整体上提高故宫博物院的学术研究水平将起到重要促进作用。随着经验的积累和研究的深入、领域的开拓，故宫博物院也可能增加新的研究中心。

（四）加强与有关方面的合作，发挥社会学术团体的作用

故宫学研究是个开放的系统。故宫博物院要树立开放的心态，吸引社会学术力量介入，加强与海内外的合作、交流，共同促进故宫学研究的不断深入。

加强与台北故宫博物院的交流与合作。两岸故宫博物院珍藏的都是中国传统文化艺术的精粹，都负有弘扬中华文化的责任，而且双方的藏品本来就是一个整体，有着很强的互补性，因此，两岸故宫博物院都是研究故宫的重镇，两岸学人的交流、合作，既是学术研究深入的需要，也是两院自身发展的需要。两岸故宫博物院的交流合作虽未有正式的方案和计划，但总是向前推进的。1992年两院合编《国宝荟萃》，各选有代表性的艺术品76件，由两院副院长担任主编，"长河一脉，璧合珠联"，足以全面反映5000年来中华民族文化艺术之成就，由此迈开了两岸故宫博物院交流、合作可喜的第一步。两院的一些人员因业务关系，也曾到对方单位进行工作访问或学术交流，有的研究文章也出现在对方的刊物上。现在两院都有加强联系、扩大交流的愿望，相信也会有切实的行动。此外，故宫博物院还要加强同沈阳故宫博物院以及其他与故宫有关的单位的合作。

重视社会学术团体在故宫学研究中的作用。专业性的学术团体，有着高度民主的组织制度，其成员之间身份平等，学术环境自由宽

松。一般来说，它们具有专业学科人才的荟萃、集聚功能，思想文化的交流平台功能，重大学术研究的组织协调功能，学术成果的评价功能。多年来，与故宫及故宫学研究关系较为密切的有中国紫禁城学会、中国史学会清代宫廷史研究会、中国文物保护技术协会、中国博物馆协会、中国古陶瓷协会、中国玉文化研究会等。

这些与故宫关系比较密切的学会、协会，有些在故宫学研究及故宫业务工作中发挥着重要的作用。其共同点是：故宫的一批专家学者参加了该学术团体，不少人是其中的骨干，有些还是主要负责人；故宫博物院加强与该团体的联系，重视就业务或研究中的问题进行咨询，或委托其完成某项研究任务，有些来自不同地区和单位的专家学者还被聘为院内某项工作的顾问；这些学术团体的活动比较规范，故宫的一些人在这些活动中业务水平得到了提高。有的学会、协会可以发挥更多作用，但由于重视不够，为故宫服务的效果则不明显。今后要加强这方面工作，更多借助社会学术力量，共同推进故宫学研究的深入。

故宫学实际上是存在且已有近80年历史的学科。笔者认为，现在明确提出加强故宫学学科建设、构建故宫学学科体系，时机已经成熟，它对于整合研究力量，规划研究方向和重点，加强薄弱环节，提高研究水平，更好地挖掘故宫丰富多彩的历史文化内涵，具有重大的意义。这是中国文化建设的一件大事。我们对它的发展前景充满信心。

（原载《故宫学刊》2004年总第1辑）

故宫、故宫文化与故宫学

本文主要是探讨故宫学，论述提出故宫学的目的与意义。要了解故宫学，就需要明确故宫文化的性质与特点；而要理解故宫文化，则应充分认识故宫的内涵与价值。故宫、故宫文化与故宫学，是互相联系的三个概念。

一　故宫的内涵与价值

故宫即明清时代的皇宫紫禁城。现在说到故宫，一般有三方面的含义：一是故宫建筑；二是以清宫旧藏为主的文物收藏；三是与故宫古建筑及藏品有关的人和事。它们共同构成了故宫的丰富内涵。

（一）故宫建筑

紫禁城占地72万平方米，建筑面积16万余平方米，周围环有10多米高的宫墙和52米宽的护城河。城内建筑分为外朝和内廷两大部分，外朝用于朝会大典，内廷用于日常起居。除朝寝殿宇外，还有辅佐皇帝理政的官署、祭祀所用的佛堂道场，以及用于娱乐休闲的戏台和园林。从1420年建成至1911年辛亥革命结束清朝统治，491年间先后有明清两代24位皇帝在此生活居住并发号施令统治全国。

宫殿是供帝王使用的，是帝王权威的象征，它的规划设计充分反映了"天子至尊""皇权至上"的指导思想。故宫更是如此，它是皇权建筑语言最集中的体现。它继承了传统的宫城、内城、外城的三重城制度，居都城中央，附会了"左祖右社""前朝后寝""五门三朝"的古制布局，体现了儒家的理想和封建礼制，是我国古代宫城发展史上现存的唯一实例和最高典范。反映秩序和等级的"礼"不只体现在故宫的总体布局上，也制约和影响着单体建筑，通过体量、规模、形式，甚至色彩和装饰等的差别而表现出来。太和殿是整个宫殿区乃至整个北京城的构图核心，它巨大的体量，它和层台形成的金字塔式的立体构图，使其显得非常凝重稳定，象征着皇权的稳固。3万平方米的太和殿广场，它的精神基调是在庄重威严之中蕴含着壮阔与平和，也显现着被皇帝所统治的这个泱泱大国的气概。

阴阳五行是中国古代的一种世界观和宇宙观，它深刻地影响着中国人的思维方式，是源远流长的中华文明的一个重要思想内涵。这一传统文化在故宫建筑中也得到运用，主要体现在方位的选定、环境的处理以及建筑的装饰上。如故宫的外朝在前，为阳，其数为奇：纵向的太和殿、中和殿、保和殿其数为三，大殿的台基上下三重，俗称三台；最为高贵的太和殿，间数与进深分别为九与五，九五是帝王的一种象征。内廷在后，为阴，其数为偶：中轴线上分列乾清、坤宁二宫（交泰殿为后建），东西各有六宫相配，其台基等也为偶数。如此布局，说明阴阳调和乃是对宇宙秩序的认识和追求。五行的金木水火土与阴阳是相辅相成的。如土的方位为中，三大殿的台基即为土字形，喻王者居中统摄天下；东方属木，属春，主生，因此凡属文化、文治方面的宫殿及设施，多列于东侧，历代太子的宫殿也都建于东方，称为东宫或青宫；西方属金，属秋，主杀，凡属兵刑、武备方面的宫殿设施，多列于西侧；已故皇帝的遗孀因已到人生的秋季，也居住在西面。阴阳五行运用的手法多含蓄、隐秘，然而寓意深刻。

故宫的建筑耗费了大量的人力、物力、财力，代表了明清时代建筑技术与建筑艺术的最高水准，故宫也因此成为中国古代宫殿发展的集大成者，是中国古代建筑史中最辉煌的篇章。故宫建筑门类众多、建筑形制齐全，是研究中国古代官式建筑结构技术、材料技术和施工技术的百科全书，它也以完整而系统的布局艺术、空间艺术、装饰艺术、色彩艺术等，成为研究中国古代建筑艺术的最好范本。

明清北京城的布局是以故宫为中心、在元大都的基础上进一步完善的，这鲜明地体现了中国古代社会以宫室为主体的城市规划思想。以故宫为中心的中轴线向南延伸，长达7.5公里，成为北京最明显的标志，使城市布局更为稳定，也从形象上强化了"面南而王""唯我独尊"的帝王意识。北京现有全国重点文物保护单位约60处，其中明清皇家宫殿、园林、陵墓、寺观等有关建筑物约29处，占到近一半。中国的世界文化遗产及世界文化和自然双遗产共26处，其中故宫及颐和园、避暑山庄、天坛、明清皇家陵寝等皇家建筑就占约1/5。因此，故宫不仅是北京的中心，是历史文化名城北京的丰富内涵的核心，也是最有代表性的中华文化的象征物。

（二）文物藏品

故宫博物院现有文物藏品约150万件（套），其中古籍文献约20万册，武英殿书版约20万块；绘画、法书、碑帖约14万件；古器物（陶瓷器、青铜器、玉器等）约70万件；清宫织绣、宗教、典章、生活类藏品约25万件。150万件（套）中，22万件为从社会征集及各界捐献的，占文物总数的15%，其余85%为清宫旧有。另外，故宫博物院所藏明清档案800余万件1980年划归国家档案局，用于成立中国第一历史档案馆，目前其馆址仍设在故宫。

故宫藏品来源有以下五个方面：

1. 皇家收藏。中国历代皇宫都收藏有许多珍贵文物，《宣和书谱》《宣和画谱》《宣和博古图录》就是记载宋朝宣和内府收藏的书、画、鼎、彝等珍品的目录。《西清古鉴》《西清续鉴》《宁寿鉴古》《石渠宝笈》《秘殿珠林》《天禄琳琅》《四库全书总目》等，是清乾隆时期编辑的宫中所藏古铜器、书画、图书的目录。见于著录中的很多古代文物早已散失，但也有不少宝物几经聚散，历尽沧桑，保存到今天。例如，晋王珣《伯远帖》、隋展子虔《游春图》、唐韩滉《五牛图》、五代顾闳中《韩熙载夜宴图》等著名书画，都曾载在《宣和书谱》《宣和画谱》《石渠宝笈》中，现仍藏在故宫。这部分藏品是中国皇家收藏传统的延续和硕果。

2. 宫廷制作。清代宫廷以其最高权势，征天下高师名匠，设立专门机构造办处，不惜工本地制作各种精美艺术品、工艺品、实用品。造办处下设有如意馆（负责绘画等）、做钟处、玻璃厂、珐琅作、玉作、累丝作、镶嵌作、牙作、砚作、漆作、匣作、裱作等共34个作坊，是具有一定规模的手工业工厂，常年按照御旨制作独有清代皇家风范的艺术品、工艺品和各种精美的日用品。宫中还设有专管喇嘛念经与制造佛像的"中正殿念经处"，有尼泊尔与西藏的工匠制作佛像与唐卡。故宫博物院已编辑出版了《养心殿造办处史料辑览·第一辑（雍正朝）》。故宫所藏的玉器及其他工艺品，有不少是造办处制作的。位于江宁、苏州、杭州的三个织造衙署专为皇帝织造豪华的衣着用品。

3. 国内进献、藩属国上贡以及外国赠送等。清代皇帝特别是乾隆皇帝，酷爱收藏，乾隆皇帝对于收藏可以说达到了痴迷的程度，他对臣下进献的书画珍品来者不拒，并叮嘱大臣，留意抄家时的宝物。这些都丰富了宫廷的收藏。各地进献的物品，有些十分珍贵，例如故宫收藏的一批7世纪至8世纪的印度、尼泊尔的古佛像，就是清代蒙藏地区的民族宗教领袖进献给皇帝的珍贵之物，六世班禅跋涉万里进京祝贺乾隆帝70寿辰的奏书及马鞍等贺礼，至今仍保存完好。藩属国的进贡也保留了一些，例如琉球王国给明清政府的贡品，前几年曾到日本冲绳专门办过一次展览。外国赠送的礼品也不少，如清初的科学仪器及钟表等。有些藏品是中外文化交流的产物，例如故宫藏有日本江户至明治时期（17—19世纪）的绘画、书籍、瓷器、珐琅器、金属器、漆器、织绣等，这些主要是明清时期中日两国皇室间的互赠品和从商行贸易中获得的舶来品。

4. 宫廷文化生活用品。故宫保存了大量清宫衣食住行及文化生活的用品。这些物品当时并不是收藏品，但在今天看来它们同样是宫廷历史的见证，具有重要的价值。例如宫灯、乐器、车马轿舆、武备、服饰，以及腰牌、红绿头签、品级山、戏衣道具等，都是清宫典制及文化娱乐活动的见证，具有文物的意义。

5. 社会各界的捐献及积极征购的文物。20世纪30年代以来，先后有近700人次向故宫博物院捐献文物，朱翼庵、张伯驹、孙瀛洲、郑振铎等都捐了大量的珍贵文物，国家也调拨了一批文物来充实故宫收藏。20世纪50年代，国家从多个渠道购买了一批文物珍品特别是清宫流失出去的精品，《中秋帖》《伯远帖》《五牛图》等就是这时购回的。20世纪90年代以来，故宫博物院又陆续购买了一些文物珍品，例如2003年从国内拍卖公司购得隋人书《出师颂》，这些都不断丰富了故宫的收藏。

故宫藏品的意义和特点：

1. 故宫藏品的国宝意义。中国皇室收藏有着悠久的历史。皇室收藏文物，不仅因其是稀有的珍宝或是具有重要价值的艺术品，更看重的是这些文物所寓有的某种至高德行的含义，认为它的聚集可被视为天命所归的象征，它的流散则意味着该王朝不再具有天命。因此，新的王朝接收前朝的旧藏，表示它继承了前朝的天命[①]。清代皇室收藏为历代之顶峰，也是历代皇室收藏的总结。在反对帝制复辟背景下成立的故宫博物院，把清宫藏品视为文化传统的结晶、整个民族的瑰宝，把对它及故宫博物院的维护与坚持民主共和政体等同起来；在以后艰苦卓绝的文物南迁中，故宫藏品的国宝形象进一步得到提升和加强，

---

① 参阅石守谦：《清室收藏的现代转化——兼论其与中国美术史研究发展之关系》，《故宫学术季刊》，第23卷第1期，第1—33页。

务必尽力保护国宝成了民众的共识。在故宫被列入《世界遗产名录》后，随着人们对故宫古建筑价值以及故宫作为文化整体的意义认识不断加深，国宝已不只是故宫的一件件具体的文物，整个故宫就是一个巍然挺立、价值无比的国宝，是民族文化传统最有代表性的象征。

2. 故宫是一部浓缩的中华5000年文明史。故宫的中国古代艺术品收藏显示了中华民族的5000年文明史是一条绵延不断的历史长河，这是中华文明对世界文明的伟大贡献。故宫150万件（套）文物，论时代，上自新石器时代，下至宋元明清直至近现代，无所不有；论范围，囊括了古代中国各个地域的文明精华，包容了汉族和古代许多少数民族的艺术精粹；论类别，共有25大类59小项。中华民族绵延不断的历史文化在故宫博物院的各类文物藏品里均得到了充分的印证。这是国外任何一个博物馆所不具备的。世界四大古老文明中，与古埃及、古印度、古巴比伦等相比，中华文明的起源不能算是最早的，但中华文明是唯一的未曾中断过的文明，今天生活在这片土地上的人民就是那创造古老文明的先民的后裔，在这片土地上是同一种文明按照自己的逻辑演进、发展，并一直延续下来。其他的古老文明数千年前就相继干涸了，这些国家的博物馆和收藏这些国家文物的西方博物馆所展现的文明历史是中断了的，而不是延续的。

3. 故宫是世界上最丰富、最重要的中国古代艺术品的宝库。故宫的藏品包括了中国古代艺术品的所有门类，具有品级上、种类上、数量上的优势，许多藏品在中国文化史、艺术史上占有重要的地位。故宫庋藏的各主要类别文物，其本身就完整地记录了该类文物从萌生、发展到辉煌的文化链。以书法为例，故宫的藏品涵盖了从锲刻到书写进而发展成为一门独立的书法艺术的历程，藏品从甲骨文、钟鼎文直至晋朝开始形成书画艺术，此后，历朝各代的名家流派，几乎一应俱全。再以陶瓷为例，从原始时期的黑陶、彩陶，直到两宋的五大名窑，元青花瓷，明代白瓷、釉里红、斗彩等，清代的粉彩和珐琅彩等，无所不包。其他如玉器、铜器和许多工艺品等，也是如此。为了这条历史文化长河永远奔腾流淌、润泽后代，故宫还在收藏现当代的艺术精品。

4. 故宫藏品与故宫建筑有着密切关系。宫中旧藏文物，原藏置各处宫殿。例如书画，在《秘殿珠林》《石渠宝笈》中都有原藏宫殿的记载。《石渠宝笈》所载存贮书画的地点共有14处，其中存贮量最大的是御书房，其次是乾清宫、养心殿、重华宫。在《秘殿珠林续编》《石渠宝笈续编》中，还收录了西苑、圆明园、长春园、三山等处陈设的书画。清宫的丰富典籍也有专门的贮藏地，昭仁殿曾集内府的宋、元、明善本，列架庋置，御题"天禄琳琅"为额；五经萃室是皇帝看书和休息的地方；摛藻堂专贮《四库全书荟要》；文渊阁存贮《四库全书》；武英殿存贮殿本书；等。

5. 许多藏品与帝后有着直接的关系。例如故宫藏有清代帝后的书画作品达2万多件，还有帝后的画像及照片、帝后用过的生活用具及文房四宝，以及大量的玺印等等。

（三）与故宫建筑及藏品有关的人和事

故宫是民族文化的重要载体和历史缩影，是中国封建社会后期明清两代的皇宫，是当时国家的政治中心、封建权力的中枢所在地。491年中有24个皇帝在此生活居住、处理政务，军国大事、时代风云、宫闱秘闻、权力争斗，都是以此为舞台而演出的。在今天看得见的故宫建筑及文物藏品背后，还深藏着许许多多的人物和故事，它们一起构成了鲜活的宫廷历史。

二 故宫文化的性质与特点

从故宫的地位、作用及其内涵看，故宫文化是以皇帝、皇宫、皇权为核心的帝王文化、皇家文化，或者说是宫廷文化。皇帝是历史的产物。在漫长的中国封建社会里，皇帝是国家的象征，是专制主义中央集权的核心，同样，以皇帝为核心的宫廷是国家的中心。文化人类学中有一个大传统与小传统的概念，主要研究一个文化中的上层主流文化和民间基层文化的关系。以此来看，故宫文化即帝王文化、皇家文化、宫廷文化，它不是局部的，也不是地方性的，无疑属于大传统，是上层的、主流的，属于中国传统文化中最冠冕堂皇的部分，但是它又和民间的传统，和中国文化中工艺技术、国家观念、家庭观念、政治体制等有着千丝万缕的关系[1]。

故宫文化有如下特点：

1. 独特性。在中国封建社会，皇权至高无上，财富、权力、尊严集中于皇家。这和西方国家很不相同。欧洲的文化积淀，一般不在宫殿，而是在教堂，因为它们是以宗教治国、政教合一的，人们往往把大量的人力、物力投入教堂的建设。精美的建筑，大量的艺术品、壁画，使教堂成为艺术的宝库。而在中国则完全不同，历代都城，特别是都城的中心——皇城与宫城，既是政治中心，也是文化艺术的中心[2]。皇帝的爱好、宫中的习尚，往往对整个社会产生极大的影响。有些东西只有皇宫才有，宫廷是反映历经劫难后历代传统文化的结晶。从这点看，故宫文化既有独特性，也有一定意义的独尊性。

2. 丰富性。故宫文化不仅包括故宫建筑、皇家收藏，还有大量的明清档案、图书典籍等。以故宫建筑为例，明清故宫作为国际社会承认的世界文化遗产，是指明清宫城——紫禁城内的72万平方米地面上的一切，而实际完整的明清故宫文化遗产，则不止这个范围，还包括与皇宫有密切关系的一些建筑，如明清太庙、社稷坛、天坛、地坛、日坛、月坛、先农坛，保存皇家档案的皇史宬，礼佛的普度寺，宫廷

---

① 参阅《故宫·故宫学·故宫的保护研究与文化传承——故宫学学术座谈会述要》中曹兵武的发言，《中国文物报》2005年7月1日。

② 参阅《故宫·故宫学·故宫的保护研究与文化传承——故宫学学术座谈会述要》中李学勤的发言，《中国文物报》2005年7月1日。

园囿中的"一山三海",以及道观大高玄殿等,它们都是以皇宫为中心的整体规划中的重要部分。此外,遍布京城的衙署、王府、皇家寺观、园囿,以及皇帝的行宫、陵寝、避暑山庄、散布全国其他地方的6处《四库全书》藏书楼等,也都与故宫有着不可分割的关系,都是故宫文化的组成部分。这就决定了故宫文化的丰富多彩、博大精深。

3. 整体性。故宫文化虽然相当丰富,涉及许多方面,但这些方面不是杂乱的、零碎的、毫无关联的,而是有着紧密的内在联系,是一个文化整体,可以从不同方面去研究,但不能割裂开来。

4. 象征性。故宫从物质层面看只是一座古建筑,但它是皇宫。中国历来讲究器以载道,故宫及其皇家收藏凝固了传统的特别是辉煌时期的中国文化,是几千年中国的器用典章、国家制度、意识形态、科学技术等积累的结晶,是中国传统文化的精神,也是中国传统文化最有代表性的象征物,就像金字塔之于古埃及、雅典卫城神庙之于古希腊一样。

三 提出故宫学的目的与意义

以上对故宫及故宫文化的大致探析,有助于我们加深对故宫学研究的认识。概括地说,故宫学是以故宫及其丰富的历史文化内涵为研究对象的一门学科。

故宫学作为学术概念是2003年才提出来的,但是它的萌蘖则始自故宫博物院的成立,尔后随着以故宫博物院为主体的研究队伍的不断扩大,研究成果的不断涌现,故宫学研究也在逐步发展。综观80年的故宫研究,经历了一个由自发到自省再到自觉这么一个过程。

提出故宫学的目的,是为了加强对故宫的综合研究,努力发掘故宫及其藏品的深邃内涵。在21世纪初明确提出故宫学有两个很重要的原因。一是为了适应社会上对故宫价值认识的需要。许多人都来过故宫，问到对故宫的印象，一般都认为宫殿建筑壮丽、珍藏的宝贝多，此外似乎再没有什么了。1987年故宫被列入《世界遗产名录》，对故宫的研究也进入了新的阶段。由故宫博物院、中央电视台合拍的12集电视纪录片《故宫》，为什么一时风靡全国，成为街谈巷议的话题？这说明人们需要深入了解故宫，故宫也需要向社会做宣传。故宫的遗产价值需要发掘。要深入地、全面地发掘故宫的价值，就需要整合研究资源，统筹研究力量，提高研究水平，把故宫作为一门学科来研究，就需要确立故宫学。二是为了适应博物院整体工作发展的需要。进入21世纪，故宫博物院也面临发展的关键时期。故宫的保护要提高到新的水平，博物院的工作要有全面的推进，头绪很多，但它们之间有着密切的内在联系，故宫学这个客观存在的学术概念将它们统一起来，对于从整体上推进博物院的工作，有着重要的意义和积极的作用。对全社会来说，故宫学的提出，体现了故宫人的责任和义务。当然，能够提出故宫学，还因为80年来故宫研究已有了相当的基础和条件；反之，在条件成熟时而不提出故宫学，就会错失时机，影响故宫研究的深入。

提出并确立故宫学有以下5个方面的意义：

（一）建立在故宫学基础上的文物保护观念，要求深化对文物的理解与认识，把故宫作为一个大文物来看待，对历史文化遗产进行全面保护。研究故宫文物首先要明确什么是文物。过去由于受传统的"古董""古玩"等观念的影响，人们对文物的认识存在很大局限。例如，比较起来，对古建筑研究保护的重视程度不如可移动文物。同样是可移动文物，铜、瓷、书、画是重点，但对大量反映宫廷历史文化及帝后生活的物品，却多不作为文物看待，只当作"文物资料"。前面说过，故宫有2万多件帝后的书画作品，其中仅乾隆皇帝的就有2000多件，但由于皇帝、皇后不是书法家、画家，因此这些作品从未被当作文物。还有反映宫中禁卫制度的腰牌，见证引见制度的红绿头签，大量精美的武英殿印书书版，清宫建筑世家"样式雷"的建筑模型——"烫样",等等,都进不了文物的登记册。现在从故宫学研究来看,凡是反映宫廷历史文化的遗迹、遗物,都有价值,都是故宫遗产的一个部分。故宫学的提出,有利于提升文物保护的理念,拓展对文物的认识。正是在这一思想的指导下,故宫博物院近年来对院藏文物进行了认真的清理,突破了传统的文物观念,把大量具有重要历史文化价值的"文物资料"升级为文物加以管理。

从大文物的观念出发,不仅要保护好有形的物质文化遗产,还要加强非物质文化遗产的保护。过去故宫从自己的优势出发,在几个方面做了很多努力,例如古建筑工艺技术的传承,传统文物修复技术的传承等。现在随着全社会对非物质文化遗产保护的日益重视,故宫感到保护任务更艰巨,例如故宫保存的古琴,在我国是数量最多、质量最好的,但如何传承古琴艺术,就成了一个新的问题。还有宫廷音乐的整理发掘,也有待加强。总之,从故宫学的要求出发,对故宫的文化遗产必须进行全面的保护。

(二)故宫学要求把院藏文物、古建筑和宫廷史迹作为相互联系的整体来研究,以利于打破故宫文物研究的学科界限,深化和拓展对宫廷历史文化的研究。如研究清宫建筑与研究书画似乎关系不大,但在一定条件下,它们之间有着密切的联系。例如,王羲之的《快雪时晴帖》原放在乾清宫,王献之的《中秋帖》则在御书房,乾隆十一年(1746)乾隆皇帝得到王珣的《伯远帖》后,则将三件书迹移置于处理日常政务的养心殿西暖阁,专辟书室,并命为"三希堂"。研究这三件书迹的收藏经过以及它们在历史上的留传过程,品味乾隆帝在其上的众多题跋,就会对乾隆皇帝的艺术修养、审美趣味有较为深入的了解。这就不同于一般的书法史研究。又如,研究清宫戏曲,就不能不研究故宫的几个戏台,也不能不研究宫廷画家精绘的几本《戏出图》,此外,还涉及保存的1万多册清宫唱本、乐谱,1.2万多件戏服、道具和2100多件乐器等。一个课题,往往要打破好几个文物门类的界限。故宫学的学术功用就是打通各个看似毫无关联的各类文物之间的内在联系，深化对文物的认识，并扩展到对其他学科的认识。

故宫学对故宫的专家学者来说更具有十分重要的意义。长期以来，故宫的专家学者一般比较注重实践性和应用性，在此基础上培养了一大批具有实际操作能力的文物工作者。但是，随着时代的发展，其他学科都在发展中努力打破学科界限，产生了新的研究成果。故宫的科研工作也要求重视对实践工作从理论上进行探索和总结，要求站在一定的学术高度来审视自己所从事的具体工作。故宫学关于打破学科界限的要求正是帮助我们总结实践经验、提高理论认识的基本方法，它将开拓我们对单体文物研究的思路，进入哲学化的思维方式（即强调联系与发展）、美学化的思维方式（即导向审美与评赏）、历史化的思维方式（即注重社会与背景）。

（三）故宫学的提出，将使流散海内外的清宫旧藏有个"学术归宿"，它们的文化精神是故宫学的一部分。由于历史的原因，从近代以来，清宫中的不少书画、陶瓷、青铜器、典籍、档案等流散到海内外一些机构或个人手中。特别是1948年至1949年，有60万件故宫的器物、书画、文献被运往台湾，1965年在台北建立"故宫博物院"，形成了北京、台北两个故宫博物院同时存在的现状。两岸故宫博物院同根同源，均承担着保存和弘扬中华文化的重任。由于故宫文化的整体性，两岸故宫博物院的研究就有着割不断的联系，在两岸文化交流、促进祖国统一方面有着不可替代的作用。清宫文物在海内外的大量散失，客观上也为更多的机构与个人参与故宫学研究提供了条件。从故宫文化是个整体的故宫学观点出发，这些流散文物就不是一个个孤立的东西，而与故宫及其他文物有着一定的联系，坚持这一思路，这些文物的内涵也才能更为深刻地被发掘出来。

（四）故宫学的提出，有利于向社会公众普及传统文化，提高公众对故宫的整体认识。故宫是中华传统文化的重要象征，不是简单的旅游胜地。要让每一个普通观众的故宫之旅成为一次难忘的文化朝圣，这就要给观众一个有关故宫的总体知识。故宫学研究的深入有利于故宫知识的普及。

（五）故宫学的提出有利于吸收社会上多种专业的机构与人员加入故宫学研究。故宫学是个综合性学科，涉及历史、政治、军事、建筑、古器物、档案、图书、艺术、宗教、民俗、科技、博物馆等诸多自成体系的学科。学术为天下公器。故宫学研究不只是故宫博物院以及有故宫藏品的机构与个人的事，而是学界的共同事业。事实上，故宫博物院也难以完全承担这一任务，需要社会上多方力量的参与。只有国内外研究力量广泛参与，交流合作，取长补短，才能进一步激发学术研究的活力，取得更大的成果，也才能使故宫学真正发展成一门国际性的显学。

提出故宫学，明确了研究的对象与范围，就使许多不同专业的人士感到在故宫学研究中会有所作为；同时也促使故宫博物院放宽视野、打破封闭，更加主动地与社会上有关机构去联系，争取他们的支持与参与。基于这个认识，作为在故宫学研究中具有特殊的资源优势及相当的研究成果的故宫博物院，近年来在利用社会力量参与故宫学研究方面采取了几项措施：一是彻底清理院藏文物，编印文物藏品总目及珍品图录，同时加强故宫基础资料、史料的整理，编辑出版有关故宫文化遗产的志书、实录、编年、纪事等，为海内外故宫学研究提供服务。二是发挥故宫藏品优势，成立了古书画、古陶瓷两个研究中心。故宫至今仍有完整的20多座佛堂，有数万件藏传佛教文物，藏传佛教研究已有一定的影响，现正筹建故宫藏传佛教研究中心。故宫是中国古代官式建筑的集大成者，新中国成立50多年来有一支研究力量及对古建筑传承做出过重大贡献的维修队伍，按照国家文物局的要求，正在筹建中国古建筑保护研究中心。从丰富的宫廷遗迹、文物出发，成立故宫明清宫廷文化研究中心也提上了议程。这些已成立或正准备成立的研究中心，都聘请各个专业领域中在海内外有重要影响的专家学者作为领头人。为了确保研究质量，从研究场所、研究设备、文物资源的利用和保护、学术成果的管理与出版等方面，都有一套完整的章程和办法。三是发挥专业性学术团体的作用。多年来与故宫及故宫学研究关系较多的有中国紫禁城学会、中国史学会清代宫廷史研究会、中国文物保护技术协会、中国博物馆协会、中国古陶瓷协会、中国玉文化研究会等，它们对于深化故宫学研究做出了很大努力，取得了明显的成果。

（本文为作者2006年12月14日在"学艺兼修·汉学大师——饶宗颐教授九十华诞国际学术研讨会"上的讲演，原载《故宫学刊》2006年总第3辑）

紫禁城与故宫学

一 "故宫学"的提出

"故宫学"的概念是2003年10月我在庆祝南京博物院成立70周年举办的馆长论坛上提出来的,当时即引起一定的反响。作为提出者,我认为这是一个重大的课题,对此还在进一步探索,形成的一些思路还须完善。今天不揣冒昧,略陈浅见,既是抛砖引玉,亦希望引起社会关注,以期"故宫学"的内涵、研究方法、加强研究的重点等在讨论中不断深入。

故宫学作为客观上存在的一门学科,应该说是从故宫博物院成立开始萌芽的。以故宫学者为主的研究队伍在逐渐扩大,研究成果不断涌现,为今后继续深入打下了良好的基础。从故宫来看,学术研究约可分为三个阶段:

第一阶段,1925年至1948年。李煜瀛主持"办理清室善后委员会"时,就重视"多延揽学者专家,为学术公开张本",明确提出故宫博物院的学术研究"当与北平各文化机关协力进行"。当时参加故宫工作并从事研究的学者多来自北京大学、北京师范大学等高等学府,如马衡、刘半农、钱玄同、陈垣、孟森、容庚、沈兼士、沈尹默等,这从一开始就体现了故宫研究社会性、开放性的特点。这一阶段前期,主要工作是清点宫藏文物、文献,出版公布文物、文献档案资料，简单进行陈列。后期则是保管南迁文物。1925年出版《故宫物品点查报告》，接着有《清代文字狱档》《天禄琳琅丛书》《太平天国文书》等数十种。学术性刊物有《掌故丛编》《故宫周刊》《故宫旬刊》《故宫月刊》《文献丛编》《史料旬刊》《故宫书画集》等。这些出版物在当时的学术界和社会上影响很大。沦陷期间，北平本院仍编写了《档案辞解》《清代典章词汇》《故宫书录》《故宫方志续编》《故宫清钱谱》等，但绝大多数未能出版。朱启钤发起的中国营造学社，对故宫部分古建筑勘测制档，并成就了梁思成、张镈、刘敦桢等一代古建大师。

第二阶段，1949年至1978年。随着大批南迁文物运台，不少人员也去了台湾。作为故宫学研究重镇的故宫博物院，引进了唐兰、徐邦达、罗福颐、孙瀛洲等一批名家。这一段工作的重点在基础建设上，学术研究的方向也体现在这一方面，如唐兰对每件青铜器编目制档，倾注了大量精力；陈万里等对全国百余窑址的调查，意义重大；徐邦达对院藏书画进行鉴别考证，写出了《古书画伪讹考辨》一书；朱家溍在恢复宫廷原状方面做出了贡献；王璞子《工程做法补图》体现了当时古建维修的成果。这一时期的工作成就了一批文物鉴定专家。社会上从不同方面对故宫进行研究的成果也不少，如中央美院、中央工艺美院以及一些博物馆对故宫艺术品的研究。

第三阶段，1979年以来。故宫学术委员会成立，并诞生了全国博物馆系统唯一的出版社——紫禁城出版社，出版有关故宫的书籍数百种，后陆续编辑出版"故宫博物院学术文库"。在办好《故宫博物院院刊》的同时，又创办了面向社会大众的普及性的《紫禁城》杂志。故宫博物院的老一辈专家出了一批学术硕果，唐兰对马王堆帛书的整理，罗福颐的古玺印调研，徐邦达的书画鉴定，单士元的《故宫札记》，顾铁符的《夕阳刍稿》，冯先铭主编《中国陶瓷史》，于倬云主编《紫禁城宫殿》，耿宝昌的《明清瓷器鉴定》，刘九庵、杨伯达、郑珉中等先生也出版了著作。同期，许多中青年研究人员也在崛起。特别是故宫被列入世界文化遗产后，紫禁城学会及清代宫廷史研究会的成立，使社会上更多力量参与故宫研究，这标志着故宫学研究进入了一个新的阶段。

台北故宫博物院1965年成立。藏品主要由故宫南迁文物运台部分构成，计2972箱，其中器物46100件，书画5526件，图书文献545797件，合计597423件；另有中央博物院筹备处的11562件。以上共运去608985件。至2001年底，又新增44612件。台北故宫博物院现共有藏品65万余件。运台故宫文物虽只占当时南迁文物的1/4，但颇多精品。台北故宫博物院在对文物的重新点核、整理及与其他机构合作交流方面，做了不少工作。如1971年起协助台湾大学历史研究所增设中国艺术史组，这是台大艺术史研究所的前身，培养出了许多艺术史研究人才；1978年与"国史馆"合作校注《清史稿》，后由"国史馆"整理出版为《清史稿校注》。并先后出版了多种期刊、专书、目录，以及书画、器物、善本古籍、清代文献等书册和裱装画轴、手卷等。台北故宫博物院办有学术性的《故宫学术季刊》、普及性的《故宫文物月刊》。

国际上对于故宫的研究，还未出现很有分量的成果，美国、英国、日本、法国等都有一些从事中国书画及陶瓷等器物研究的学者。这些年来，随着故宫多次组织国际学术研讨会，不断在海外举办文物展览，以及研究人员的互相交流，学术视野的扩大，使国外对故宫研究在已有基础上有所深入。

在关于故宫的研究上，目前还存在一些问题：缺乏长远、统一的规划，重点不很明确，一些重要课题的研究还不够深入，研究方法还比较单一，研究力量缺乏必要整合，海内外的学术交流还不够广泛，故宫博物院对院外研究者提供必要的条件还做得不够好，等等。

故宫学虽是新提出的一门学科，但又是客观存在且已进行了近80年研究的学科。当前加强故宫学学科建设，构建故宫学学科体系，时机已经成熟，这对于整合研究力量，规划研究方向和重点，加强薄弱环节，提高研究水平，更好地挖掘故宫丰富的历史文化内涵，具有重大的意义。

二　故宫学的研究范围

故宫学应该属于综合性学科，涉及历史、政治、建筑、器物、文献、艺术、宗教、民俗、科技等许多学科。

故宫学的研究范围大致有六个方面：故宫古建筑，院藏百万件文物，宫廷历史文化遗存，明清档案，清宫典籍，近80年的故宫博物院的历程。

这六个方面又可分三个层次：最外面的层次为所有六个方面及与其相关的丰富内涵；中间的层次是紫禁城古建筑、院藏百万件文物及宫廷历史文化遗存；最核心的层次是紫禁城。历史上就有一些有关紫禁城的著述。明代记载紫禁城事物较多的是《酌中志》，《春明梦余录》则从历史学、地理学、文学等方面对紫禁城进行了更加条理化的叙述。清康熙初年曾入值南书房的朱彝尊编《日下旧闻》，参考选录前人旧籍1300余种，是研究紫禁城的有价值的一部书，而《日下旧闻考》篇幅更大，摄取资料更为丰富。由清宫纂辑的《国朝宫史》《国朝宫史续编》，是反映宫廷典章制度及宫廷历史文化的重要著述，其中"宫殿"记载了宫殿苑囿的建置、沿革，并穿插有文辞精练的景物描绘和御制诗。20世纪30年代故宫博物院章乃炜先生编的《清宫述闻》《清宫述闻续编》，征引书目达700余种，对紫禁城内各处建筑的沿革及与之有关的人物和事件详细梳理，至今仍有重要参考价值。

（一）紫禁城研究是故宫学的核心

为什么紫禁城研究是故宫学的核心呢？因为故宫学与敦煌学一样，它的研究首先是从文化遗产的研究开始的。紫禁城从1420年建成至今，虽经多次维修、重建、改建，但仍保持了始建时的基本格局，并遗存了许多不同时代的建筑物。它作为我国古代宫殿建筑发展的集大成者，在建筑技术和建筑艺术上代表了中国古代官式建筑的最高水平。雄伟壮丽、千门万户的古老皇宫，每天吸引着数万中外游客驻足观赏，又以其深邃的文化底蕴和巨大的多方面价值成为人们深入研究的对象。

1. 紫禁城与中国传统文化的关系。紫禁城的建筑设计反映了中国传统哲学思想（如天人合一）、伦理思想（如皇权至上）和美学思想（如壮丽重威、平衡对称）。传统的阴阳五行学说也在其中得到反映。

2. 紫禁城与中国历代宫殿的关系。紫禁城承袭了中国古代宫殿的传统形式、礼仪制度，在总体布局上最接近"左祖右社，面朝后市""五门三朝"等儒家的理想和封建礼制。它不仅与明代的凤阳中都、南京故宫以及元大都、金中都有直接关系，而且能从宋东京、隋唐长安，一直上溯至汉、秦、周等历代的帝都宫殿，找到发展的轨迹。据专家研究，紫禁城甚至与河南偃师二里头宫殿遗址也有一定的渊源。

3. 紫禁城与满洲建筑的关系。清代既保护与利用了明代宫殿，又继承与发展了满洲宫殿的特色，满洲的宗教、祭祀、寝居及其他一些习俗，在紫禁城建筑物上均有所体现。特别是乾隆重修宁寿宫，将江南与塞北、汉族与满族诸多特色融合在一起，为清宫建筑的成功之例。

4. 紫禁城与北京城市规划和其他明清皇家建筑的关系。从建筑布局来说，整个昔日的北京城都是以紫禁城为中心规划设计的，它西与西苑、北海，北与景山、大高玄殿等，东与皇史宬等紧密相连。社稷坛、太庙以及天坛、地坛、日坛、月坛、先农坛等都是它的重要组成部分。不仅整个皇城，西郊的三山五园、散布京城的皇家寺院道观以及各地的行宫等，也与紫禁城有着异乎寻常的关系，而承德外八庙（避暑山庄）就因为隶属皇宫内务府直接管理在外面的八座寺庙而得名。

5. 紫禁城与明清陵寝的关系。在封建时代，事死如事生，帝王的陵寝与生前的皇宫有着密切的关系。明十三陵和明显陵以及清东陵、清西陵，埋葬着明清两代的帝王、后妃，是中国封建皇陵的集大成者。它综合体现了中国传统的风水学、建筑学、美学、哲学、景观学、丧葬祭祀文化等，是皇家建筑的极其重要部分，具有极高的历史价值和艺术价值。

（二）紫禁城古建筑与其他方面的关系

北京市现有全国重点文物保护单位约60处，其中皇家宫殿、园林、陵墓、祭祀、城市公共建筑、寺观等有关的建筑物约29处，占到近1/2。中国的世界文化遗产及世界文化和自然双重遗产共26处，其中故宫、颐和园、承德避暑山庄、天坛、明清皇家陵寝（明显陵、清东陵、清西陵）以及武当山古建筑群等皇家建筑就占1/5。

紫禁城古建筑与故宫学研究范围的其他五个方面都有密切关系：

1. 宫中旧藏文物，原藏置各处宫殿，例如书画，在《秘殿珠林》《石渠宝笈》中都有原藏宫殿的记载，"三希堂"就是珍藏三件法书名迹的场所。把建筑与文物结合起来，更能加深对皇帝收藏、珍赏的趣味及其他特点的认识。

2. 宫廷历史文化遗存与紫禁城关系尤为密切，如几座宫廷戏台及升平署旧址、收藏的剧本、道具、4000余件戏衣，可见宫廷娱乐活动；钦安殿、坤宁宫、雨花阁、大佛堂、城隍庙等，可见宫中宗教和习俗的遗存。

3. 大量的明清档案本来就存在紫禁城内，与宫中建筑物及各个机构连在一起。这些档案中又有大量的不同时代对故宫及皇家苑囿、寺观、陵寝等修建或维修的记载，这就成为今天修缮所依据的宝贵的资料，如修复建福宫花园时从档案中辑录的资料汇编。

4. 清宫所藏丰富的典籍与建筑的关系，如专建文渊阁存贮《四库全书》，利用武英殿存贮殿本书，昭仁殿集中贮藏宫中的善本，匾额为"天禄琳琅"。摛藻堂专贮《四库全书荟要》，养心殿专贮《四库全书》未收之书《宛委别藏》。

5. 1928年国民政府公布的《故宫博物院组织法》，明确规定故宫博物院"掌理故宫及所属各处之建筑物、古物、图书、档案之保管开放及传布事宜"。故宫博物院是在明清两代皇宫建筑的基础上建成的，利用古建筑搞史迹陈列和文物展览，又是古建筑的保护机构，有专门的维修队伍，持续不断地进行着维修工程。

故宫学研究范围虽然宽广，但故宫文化的核心是以皇宫、皇权、皇帝为重点的皇家文化。因此，故宫学研究应以皇家文化为重点，这一点不同于一般的明清史研究。

（三）故宫学研究需要注意的问题

故宫学研究应注意以下5个方面的问题：

1. 需要把院藏文物、古建筑和宫廷史迹这三方面作为互相联系的整体来研究，防止孤立对待。这是最能体现故宫特色的研究。

2. 需要多学科协作、全方位开展。不同学科从不同角度都能对故宫的研究提供帮助。例如对雨花阁的研究，可从建筑式样、佛教造像、装饰彩画等不同方面入手，而各方面结合起来才能得出全面、科学的成果。

3. 需要把人文研究与科技研究结合起来。故宫学研究的对象，都有一个保护、维修或抢救的任务。文物保护科技方面的研究是故宫业务工作和学术研究的一个重要部分。

4. 需要把学术研究与业务工作结合起来。例如陈列展览、科技修复、宫廷原状陈列等，既是实际工作，又需要通过研究成果来体现和提高。

5. 需要把研究与传承结合起来。古建筑的维修技术、文物修复技术、书画器物的鉴定方法等，都需要在研究的基础上更好地传承、弘扬。

紫禁城研究在故宫学中虽占有如此重要的地位，但紫禁城学不等同于故宫学。其一，紫禁城研究着重于对紫禁城古建筑的研究，近年虽有研究领域逐渐扩大之势，但它毕竟难以涵盖故宫学中所包括的丰富内涵。其二，故宫与紫禁城虽然所指同为明清两代皇宫建筑，但故宫更有政治层面的含义，而且作为全国重点文物保护单位及世界文化遗产的故宫的称谓已深入人心。其三，故宫学本身包含了故宫博物院成立以来的历史阶段，年代上不止于1911年，内容上不限于明清皇宫，它还包括了博物馆学、文物保护学科的相关知识。

三　在加强紫禁城研究中推动故宫学研究的深入

由于紫禁城研究在故宫学研究中的重要地位，因此紫禁城研究的进展情况就在一定程度上影响着故宫学研究的整体水平。故宫被列入《世界遗产名录》，特别是紫禁城学会的成立，标志着故宫学研究进入了一个新的阶段。

紫禁城学会是1990年倡议、1995年正式成立的国家一级学会组织。学会宗旨是"联络国内外中国古建筑及有关历史、艺术、自然科学等相关学科研究力量，加强对故宫这一国家重点文物保护单位、世界文化遗产保护项目进行广泛深入研究，建立紫禁城学，促进国内外学术交流，以利加强对中国紫禁城（即明清故宫）的保护，使这一体现中华民族的传统文化进一步发挥在社会发展中的作用"。学会现有13个团体成员和100多名个人成员，包括了全国与明清皇家建筑有关的主要单位，会聚了全国古建方面的硕彦泰斗及知名人士，设保护利用、技术、艺术、建筑历史4个委员会。学会活动既活跃又比较规范，每两年开一次学术讨论会，已出版了几本论文集。学会对故宫古建筑从多方面进行深入研究，并扩大到对明清园林、陵寝、寺观等的研究。学会组织编写了"紫禁城文化丛书"，举办了"紫禁城文化"系列讲座，为故宫维修发挥了咨询作用。为庆祝故宫博物院成立80周年，学会还计划在明年举办"中国明清宫廷建筑国际学术研讨会"，并编写《清代宫廷相关建筑大事年表》等。

故宫大规模维修对紫禁城研究起着直接的促进作用。2001年11

月，国务院确定了全面维修故宫的历史任务。这是故宫百年来规模最大的一次维修。新中国成立以来，党和政府为维修故宫古建筑做了不懈努力。为了尽快改善故宫满目疮痍的局面，新中国成立之初故宫博物院就组建了专门的古建施工管理机构，用于承担故宫古建筑管理和维修任务。半个多世纪以来，约40％的故宫古建筑得到了维修或维护，基本保证了故宫古建筑的安全。但故宫作为全国重点文物保护单位、世界文化遗产，在保护、利用和管理方面，还存在不少问题，如：保护区划过小，不符合文化遗产保护的完整性要求；与故宫无关的外单位占用故宫大量古建筑，建造大楼，改变故宫内外环境，需要进行全面彻底整治；部分展室、库房改造工程未做到不改变文物原状，不符合遗产保护的真实性要求；自然力造成的损伤普遍存在，不开放地段尤其严重；等等。2002年，故宫博物院组建了"故宫修缮工程领导小组"，还特聘规划、考古、古建筑、文物保护、宫廷历史、博物馆管理等方面的专家组建了"故宫修缮工程专家咨询委员会"，为工程决策提供咨询。为了加强对故宫维修工程的领导和支持，2003年10月，文化部成立了"故宫博物院维修工程领导小组"，孙家正部长任组长。

这次维修坚持"整体保护、全面维修"的原则。整个维修计划分3个阶段。维修的主要任务有5条。维修工作从2002年10月开始，前期做了大量准备工作和基础工作，目前进展顺利，今年已进入全面维修的阶段。

从故宫维修的任务和要求看，它不只是要改变故宫外观的破旧状况，而是要按照科学规划，与如何使用结合起来一起完成。因此，它不是古建部门一家的事，而是要各个业务部门密切配合与协作。它不仅要用已有的多方面的科研成果，在维修过程中更要进行深入的研究。例如，《故宫保护总体规划大纲》的制定，就是一个重大科研课题；按照文物保护法关于"四有"档案的规定，故宫每座重要宫殿或建筑区域都要有包括历史沿革、用途及文物摆设、与此有关的人和事件、历次修复状况、相关图表及三维扫描资料在内的完整档案，现已开始整理编写武英殿档案；为向世人充分展示宫廷文化内涵，搞好"宫廷原状或原状式陈列"，需要更加深入细致地研究宫廷典章制度及相关殿堂的历史状况；利用某些古建筑作为文物展示场所，如何从古建筑的特点出发，丰富展示手段，提升展示水平，使文物与古建相得益彰；中国传统的建造修缮技术工艺与材料制作的抢救继承；不可移动文化遗产的科技保护问题；等等。

故宫博物院在故宫学研究中负有重要责任。近期在加强学术研究方面的主要举措有以下几点：

1. 在制定《故宫博物院发展总体规划纲要》和《故宫保护总体规划大纲》中，把建立故宫学的学科目标、规划故宫学学科框架作为重要内容，制订全面、系统的故宫学术研究计划。

2. 重视基础工作，加快"非文物"的整理。从全面保护文化遗产的角度，真正弄清故宫的"家底"。加强故宫基础资料、史料的整理，编辑出版有关故宫文化遗产的志书、实录、编年、纪事等。

3. 在1—3年内，建立古书画研究中心、古陶瓷研究中心、古建筑研究修缮中心和宫廷文化研究中心等。

4. 发挥紫禁城学会、中国博物馆协会、清代宫廷史研究会等社会学术团体的作用，重视紫禁城出版社的作用，继续出版好"故宫博物院学术文库"。

5. 根据学科建设需要，积极培养和引进各类人才。建设高水准的文物研究、文物保护和博物馆管理专家团队，拥有相关学科带头人并形成合理的知识结构和年龄梯次。

6. 故宫在北京，故宫学在中国、在全世界。要树立开放的心态，吸引社会学术力量介入，加强与海内外的合作、交流，通过客座聘任、课题聘任、项目合作等方式，完成一批重大课题。

（本文为作者2004年4月10日在"紫禁城文化系列讲座"第10期的讲演稿，原载《故宫博物院院刊》2004年第5期）

清史研究与故宫学

一 故宫博物院在清史研究中的特殊地位

故宫博物院是建立在以明清两代皇宫"原址保护"基础上，兼容建筑、藏品与其中蕴含的丰富宫廷历史文化为一体的中国最大的博物馆。这一特点及优势，决定了它在整个清史研究中有着独特的、不可替代的重要地位。

（一）故宫本身就是一部完整的浓缩的清代历史

故宫即明清两代皇宫紫禁城。它是我国古代宫城发展史上现存的唯一实例和最高典范。在明清两朝的统治历史中，共有24位皇帝在此生活居住，使之在长达491年中成为全国的政治中心、封建权力的中枢所在地，演绎出一幕幕兴衰史剧。1644年10月，清世祖福临在故宫太和门前即皇帝位，从此揭开了大清帝国入主中原统辖全国新的一页，尔后有9位清帝先后在故宫登极执政；1912年2月12日，清隆裕太后率宣统帝在故宫养心殿下退位诏书，历经268年的有清一代遂告结束。

故宫承袭了中国古代宫殿的传统形式、典制规范，在总体布局、建筑设计上蕴含了相当丰富的政治理念和传统文化内涵。巍峨的午门是每次重大征伐活动开始的地方，也是其结束的地方；由太和殿、中和殿、保和殿三大殿组成的外朝，是封建国家政治礼仪制度最集中的体现，大多重大典礼活动在这里举行；乾清宫、坤宁宫、交泰殿和东西六宫组成内朝，是皇帝处理政务及日常生活的地方；养心殿、乾清宫、军机处构成清代政治权力中枢，一切军国政事在这里商讨决定；梵华楼、雨花阁等10多处佛堂，崇奉道教的钦安殿、玄穹宝殿，祭祀萨满的坤宁宫，由它们的陈设可以想见当年皇宫的宗教习俗；武英殿是清代皇宫最重要的修书之处，文渊阁是专为贮放《四库全书》而修的，皇史宬是中国古代最为完备的国家档案馆；等等。可以说，由能工巧匠和艺术家们所建造的这些巍峨宫阙、朱红高墙、御苑琼台，述说着近600年的历史沧桑，几乎每一座宫殿、每一个院落、每一处山石，甚至每一口水井、一床一案，都有一段传奇经历，蕴含着独特的、浓厚的历史文化信息。所涉及建筑、园林、历史、地理、文献、文物、考古、美术、宗教、民族、典制、礼俗等诸多学科与门类，是研究清代典章制度、宫廷建筑、宫廷生活等历史问题的专家学者不能不予以关注、不能不去考察体验的诸多社会历史领域。

（二）故宫拥有最丰富、最独特的历史物证

故宫的古建筑群不是孤立的一个"壳"，它与丰富的清宫遗存连在一起，成为中华传统文化的一个载体和中华文明成就的一个标志，在世界范围内具有突出普遍的历史、艺术和科学价值。故宫150多万件（套）文物藏品中，80%以上是清宫旧藏，这些藏品可综合为25大类69小项，它与紫禁城一样是封建皇权文化的象征，是明清宫廷历史文化的见证，是故宫博物院不可分割的组成部分。藏品中所蕴含的历史信息只有与"故宫"相结合，才能得以充分地阐释和展现。因此，这些文物藏品是研究明清历史，特别是清代历史的最丰富、最独特的实物资料，起着以物证史、以物明史、以物补史的作用。

例如，除藏有大量中国早期著名书画作品外，故宫藏明清绘画数量也较大，精品也较多。不仅有各大画派的大批代表作品，还有不少地方画派的作品入藏，这对于系统研究明清画史十分有价值。特别

是院藏清代宫廷绘画，这些作品多吸收西洋绘画技法，以写实为主，具有艺术、历史双重价值，是研究清代帝王艺术情趣、个人性情，清代重大历史事件、宫廷画风演变等重要问题的实物资料。数量庞大的清代陶瓷、玻璃器物、家具、漆器、玉器、雕塑等器物类、工艺类文物，是研究清代社会经济、生产力和工艺技术发展水平的重要实证。卤簿仪仗、中和韶乐、品级山等典制礼乐类器物，是研究清代政治礼仪制度不可或缺的重要实证。15000余件军备兵器类文物，则是研究清代军备状况、军事技术发展水平的重要实证。数千件清代各种乐器、戏剧服装及道具，是研究清代戏剧、音乐文化最重要的实物资料。数万件藏传佛教、道教、萨满教宗教文物，是研究清代宗教政策、民族关系、宫廷宗教文化的重要实物资料。大量的各民族文物，则全面记载着我们统一多民族国家形成的真实历史，是中华民族共有的最宝贵的文化遗产。故宫博物院还保留着明代以来世界许多国家流传到中国的工艺品、科学仪器、艺术作品，它们是中国人民与世界各国友好交往最直接的证物。如此等等，不一而足。

（三）故宫拥有大量而珍贵的文献

在故宫博物院80年的历程中，大量丰富而特有的明清档案，主要是清宫档案，有近一半的时间由故宫博物院管理并进行了卓有成效的整理。1980年故宫明清档案部再次划归国家档案局，成立了中国第一历史档案馆，当时档案多达800余万件，举凡清代的政治、经济、军事、文教、刑名、外交、民族、宗教以及宫廷生活、皇族事务等无所不包，是清史研究中最重要、最珍贵的初始资料。

此外，故宫博物院还藏有其他多种文献资料。例如，2000余张建筑图样及84件"样式雷"的"烫样"（建筑模型）以及370余种3400余件各类服饰图样，700多份"陈设档"，它们是研究清代宫廷历史、政治礼仪制度最重要的文献资料；数十幅历代帝后画像、18000余张清代后期西洋摄影技术传入宫中后留下的照片，它们是研究当时历史人物、政治、经济、军事活动、中外关系最形象最真实的文献资料；3000余张老唱片、数百本升平署戏剧唱本，它们是研究清代戏剧发展史的重要资料；4万件名人尺牍，它们中的绝大多数是研究清代历史人物活动、书法艺术等的第一手资料；完整、系统的各种《则例》《会典》等文献，它们是研究清代典制、行政管理法规等问题的第一手资料；等等。这些难以悉举的资料，在清史研究中都有十分重要的价值。

（四）故宫拥有研究人员的群体优势并有较好的学术环境

故宫博物院的历届领导都非常重视本院的学术研究，在推进各项业务工作的同时，也在人才培养并为研究人员提供便利条件等方面做了很多颇有成效的工作。现在全院有百余名老中青结合的研究人员，基本不存在人才断档问题。故宫藏品门类复杂，涉及的研究领域相对广泛，主要有书画艺术、陶瓷、工艺、建筑、文献、宫廷历史文化等方面。全国2000余家博物馆中，唯有故宫有出版社，主要出版院内外专家学者的研究著作。故宫博物院还主办有多种学术刊物，为研究人员提供发表科研成果的园地。

二　富有特色且成果显著的故宫 80 年清史研究

故宫博物院成立以来，始终重视结合各项业务工作开展学术研究。在这80年中，由于文物南迁及其他原因，博物院经历了曲折的过程，学术研究也曾受到一定的影响，但总的来说是在不断地向前推进，并取得了显著的成果。

故宫的学术研究在很大程度上属于清史研究的范畴。这可从两方面来认识：一方面，故宫是明清两代的皇宫，虽然基本保持了明代初建时的格局，但经多次重建、维修、改建，明代的建筑已所剩无几，所留存文物基本是清宫收藏或制造，反映清宫历史文化的遗迹也最多；另一方面，在故宫研究中，有一些属于传统的清史研究，其中许多有关具体文物的研究，或涉及一些历史事件和人物，或与某类工艺的发展史有关，这些实物研究从不同方面为清史研究提供了直观的、生动的证据，也使得清史更趋鲜活和真实。从大历史的角度看，这类研究仍属清史研究的范畴。

故宫的学术研究及其成果的体现形式也有自身的特点。故宫作为博物院，是以文物（可移动文物与不可移动的古建筑）作为研究对象的，这不同于一般的主要以文献为对象的研究机构。故宫研究与文物的收藏、保护、展示不可分割。故宫学术研究的成果除学术论著外，还有许多与业务工作如文物的编目制档、陈列展览结合在一起。例如故宫博物院有一项特殊的陈列，即用宫廷史迹陈列来展示宫廷原状，使人们准确而直观地了解宫廷的有关礼仪活动，澄清"戏说"之风带来的一些错误认识。但这却是一项极为细致和繁难的工作。因溥仪留居故宫内廷时，各宫殿内的装修和陈设多有移动和损坏。研究人员便认真查阅文献资料，整理鉴别有关文物藏品，同时还询问曾在清宫服役的太监、宫女，进行综合研究，弄清了各殿室原状，对三大殿、后三宫、养心殿、西六宫等处均按原状重新做了布置。这个恢复的过程，实际上是一次又一次学科涉及广泛、内涵发掘深邃的学术研究活动。

早期故宫博物院的清史研究固然有一定的成果，但它最大的贡献是在向社会公布了故宫的藏品及对深藏宫中档案的整理与刊布。在当时那个社会动荡的困难年代里，故宫博物院陆续编辑出版了《文献丛编》《史料旬刊》，汇编了《筹办夷务始末》《清代文字狱档》《故宫所藏殿版书目》《故宫方志目》《天禄琳琅丛书》《故宫书画集》等，影响最大的是1929年10月10日创办的《故宫周刊》，该刊连续出版了510期。《故宫周刊》图文并重，图为院藏各类文物及古建筑的照片，文字部分有专著、考据、史料、笔记、校勘、目录等。据不完全统计，新中国成立之前，故宫博物院共编辑出版各类档案史料书刊54种358册，约1200万字。学术为天下公器，一切绝对公开，让文物、文献为学人研究所用，这是故宫博物院一贯秉持的学术态度。故宫博物院的研究成果对于清史研究产生了重大而深远的影响。

新中国成立后，故宫博物院的各项工作逐步走向正轨，不少专家为文物的整理、编目付出了艰辛的努力。从20世纪80年代以来的25年中，故宫的学术研究有了更快发展，成果也相当突出，主要体现在以下四个方面：

一是加强与有关研究单位的合作交流。近些年来，故宫打破过去比较封闭的局面，主动加强与一些清史研究机构的合作。2000年8月在故宫建院75周年时，故宫与中国第一历史档案馆、中国社科院历史所、北京大学历史系、中国人民大学清史所等共同发起召开了第九届国际清史研讨会。这次合作反映了故宫在学术研究上主动与国内外最有影响的学术机构进行合作交流，是个良好的开端。2002年8月，故宫又同上述学术机构及辽宁师范大学等共同召开了第十届清史国际研讨会暨第七届清宫史研讨会，会议以清代典章制度为主要议题，不同领域研究力量的结合，出现了宏观与微观、综合与个案相互补益的研究思路，拓宽了清史研究领域，呈现出多学科交叉研究的新趋向。故宫又与北京大学合办了《明清论丛》，从1999年至今已出版6辑，每辑50余万字，对明清政治、经济、思想、文化、艺术、科学诸多方面进行了研究。随着故宫对外交流的加强，许多研究人员被派到国外讲学，参加学术研讨会或当访问学者，这使他们增长了专业知识，开阔了学术视野，提高了研究能力。在科研中，故宫也重视科研人员走出去，加强实地考察。2005年，故宫与江西考古研究所对景德镇古窑址进行了考古发掘，取得了一些重要成果，这对于本院藏瓷及中国陶瓷史的研究都有一定的意义。故宫又与四川考古研究院合作，考察了四川甘孜及青海玉树藏传佛教的10余座重要寺庙，这对于清宫佛堂及佛教文物的认识有重要作用，同时也找到了我们在研究上的不足。

　　二是重视社会学术团体的作用。这方面主要是注重发挥有关学会的作用。1990年，北京故宫博物院与中国第一历史档案馆、承德避暑山庄、沈阳故宫博物院、清东陵、清西陵等单位联合成立了"中国史学会清代宫廷史研究会"。研究会编辑出版了《清代宫史论丛》《清代皇家礼俗》《清代宫廷音乐》等论文集。1995年又成立了中国紫禁城学会，学会成员包括全国与明清皇家建筑有关的主要单位，以及全国古建方面的著名专家学者，学会的任务是联络国内外中国古建筑及有关历史、艺术、自然科学等相关学科的研究力量，对故宫进行深入研究和加强保护，学会已出版《中国紫禁城学会论文集》4辑，每辑50余万字。学会还组织编写了"紫禁城文化丛书"，举办了"紫禁城文化"系列讲座。此外，中国古陶瓷协会、中国玉文化研究会等也与故宫学术研究有密切关系。故宫的一批专家学者参加了上述学术团体，不少人是其中的骨干，有些还是主要负责人，故宫也加强了与这些团体的联系。这不仅使更多的社会力量参与到故宫研究当中，而且给故宫的学术研究带来了新鲜的空气，促进了故宫学术研究的发展。

　　三是发挥优势，逐步形成研究重点。故宫的藏品丰富，可从不同的方面进行研究，但也要突出重点，以重点突破带动整个研究工作。综合藏品实际、研究力量和研究基础等各方面因素来看，故宫在古书画、古陶瓷、古建筑及明清宫廷历史文化4个方面的研究有突出优势，故拟先后成立4个研究中心。今年10月10日，筹划两年的古书画研究中心、古陶瓷研究中心就要在延禧宫挂牌成立。研究中心将根据不同的研究对象和研究范围，采取不同的活动方式，创造必要的研究条件。研究中心不是空牌子，为了确保研究质量，在研究场所、研究设备、文物资源的利用与保护、学术成果的出版与管理等方面都将有一套完整的章程和办法。研究中心的成立将为国内外专家学者开展合作性课题研究提供学术平台。研究中心的工作虽不能代替丰富的故宫学的多方面研究，但研究中心的重点突破和研究方法上的创新，对从整体上提高故宫博物院的学术研究水平将起到重要推动作用。

四是逐渐营造出有利于人才成长的好环境。80年来，许多著名的专家学者为故宫的学术研究及事业发展尽心竭力，做出了重大贡献。从20世纪80年代以来，一批经过长期培养与实际工作锻炼的专业人才成长起来。进入21世纪，一批有较好专业基础且比较年轻的研究人员通过20多年的业务实践，逐渐崭露头角。老中青研究力量团结合作，出了一些有影响的成果。除《故宫博物院院刊》《故宫学刊》《紫禁城》3种刊物外，还编辑出版"故宫博物院学术文库"，已出10本；"故宫文丛""紫禁书系""皇家品位"3套丛书的策划，都为研究者创造了较好的研究条件。

三　故宫学的构建将有力推进故宫的清史研究

在迎接故宫博物院建院80周年时，我们提出了故宫学。关于故宫学，我想强调几点：

其一，它是把故宫作为一个文化整体来看待的。故宫本身就是中国传统文化的结晶。故宫不只是古建筑群，它与宫廷的珍藏及大量档案、典籍等关联在一起，不仅如此，其中还蕴含了丰富的宫廷历史文化。这三方面的有机结合，就是故宫学研究最有代表性的东西。有些藏品，例如明清档案，曾长期由故宫博物院管理，且大多数档案本来就存在紫禁城内，与宫中建筑物及各个机构连在一起；它们不仅与宫中发生的重大事件有关，而且是了解宫廷历史文化的重要依据。因此，虽然现在这些档案不由故宫博物院管理，但对于故宫学来说，它们却是不可或缺的相当重要的一个方面。当然，不是说所有的明清档案都与故宫学有关，但其中有一些则关系相当密切。

其二，故宫学所研究的故宫文化是皇家文化。以皇帝、皇权、皇宫为核心的皇家文化，它的生成既有更为久远的中国封建社会皇家文化的传承，又有明清时期新的特点。在近500年的延续中，这种皇家文化虽然也有变异，但相对来说有着稳定性，它充分体现了中华传统的主流文化，同时带有多民族文化融合的特征。"家"与"国"一体，"皇宫"与"珍藏"相连，古建筑、皇家收藏及各种遗存，是历史文化递传的结晶，是中华文明重要的载体与象征。

其三，故宫学是开放的学科。一方面，故宫学研究的对象与范围决定了它的学术地位，使其必然引起学界的关注。另一方面，由于清末国势日衰、政治腐败、外患频仍，清宫文物珍藏多次遭到劫掠或毁损，许多被抢到异域，不少流失民间。由于多种原因，国外一些研究机构、学校及图书馆现藏有不少从故宫流失出去的古代名人字画、商周青铜器、历代瓷器、清代皇帝的玉玺以及清宫的图书、档案等，国内一些博物馆也藏有不少清宫文物。清宫文物在海内外的大量散佚，客观上也为更多的机构与个人参与故宫学研究提供了条件。

其四，故宫学的提出有其必然性。现在提出故宫学，是因为它已有了80年学术研究的基础，已有了长期的学术理论积累，它的独特内涵正日益被人们所认识。这是提出它的客观基础。当然，提出故宫学也是客观的需要。从故宫本身的地位、作用及相关研究现状来看，故宫研究还需要提升、创新、突破，因此有必要提出并加强故宫学的建设，即明确故宫学是一门学科。80年的故宫学术研究，无疑多属故宫学研究，但其尚属学科发展的自发阶段，而故宫学的提出并确立将使故宫学术研究进入自觉阶段，从整体上提高故宫学术研究的水平。

从以上论述可知，故宫学的提出对故宫学术研究乃至故宫博物院的发展都有着很重要的意义。在明代宫廷遗迹及相关档案资料较少的情况下，以清宫为载体的清代皇家文化的研究就是一个重点。故宫学与清史研究有着不可分割的关系，故宫的清史研究水平在某种程度上反映着故宫学的建构程度。尽管不少清宫旧藏散佚各地，但故宫只有一个，大量的宫廷历史遗存仍在，最为丰富的中国历代各类艺术精品在故宫，80年来数代故宫人的研究成果有目共睹。故宫博物院在故宫学研究中有着特殊的地位。在加强故宫学及清史研究方面，故宫正在制订故宫学研究规划，确定重点课题，加强薄弱环节，继续完成维修任务，进行文物藏品的彻底清理，重视基础资料、史料的整理，编辑出版有关故宫文化遗产的志书、实录、编年、纪事等，为海内外故宫学研究服务。

四　故宫博物院与清史编纂

故宫博物院与清史编纂已有77年的关系。这个过程，需要从《清史稿》说起。

清代非常重视纂修本朝历史。清康熙二十九年（1690）设立国史馆，先在午门内熙和门西南，主持纂修清太祖、太宗、世祖三朝历史。乾隆二十五年（1760）特命开国史馆于东华门内，遂将国史馆移于东华门内桥东迤北，南向，东倚城墙，西临御河，馆中建书库，曾为修实录及会典处。宣统元年（1909）在此开实录馆，修《德宗实录》。国史馆纂修清朝国史，自康熙年间至清末，未曾中断，持续了200余年。辛亥革命推翻清王朝，结束帝制，建立共和，沿袭易代修史的传统，后继的民国政府很快启动了纂修清史的工作。1914年，袁世凯下令设立清史馆。为了方便取得资料，并延续清代纂修国史的成果，清史馆馆址就设在原国史馆旧址。此处曾于乾隆、嘉庆、咸丰年间重修过，至今建筑完好。

当时清史馆馆长为赵尔巽，参加编写的有缪荃孙、夏孙桐、柯劭忞、张尔田等100多人，工作自1914年，1927年大致完稿，历时14载，终成《清史稿》536卷。是书虽编成于辛亥革命以后，但由于编写者多为清室遗老，他们带着"修故国之史，即以恩故国"的感情加入，政治立场错误，书中多反对革命、诬蔑先烈、歌颂清帝之词。《清史稿》取材于清代国史馆的底本和《实录》《圣训》《东华录》《宣统政纪》等，内容尚称完备，但当时清室的档案并未清理，未能直接利用原始档案，故价值大受影响。另外，由于成书众手，考订不细，又始终无总阅认真把关，仓促成书，错漏杂乱，所在多有。对于编纂上的这些问题，编者也有所了解，因此仅仅把此书作为稿公之于世，并未视为成书。但该书汇集一代史事，具有一定参考价值。《清史稿》1928年印刷1100部，有"关外本""关内本"的区别，前者有张勋（附张彪）、康有为传，为后者所无，两本之间文字亦颇有异同。

1928年6月，"二次北伐"成功，南京政府统辖北平。6月18日，南京国民政府派农矿部长易培基接管故宫博物院，24日易培基又奉命就近接管清史馆，29日正式接收馆内一切稿档，逐一查看加封，酌留保管人员，清史馆工作乃告结束。12月16日，易培基院长呈文行政院，列举《清史稿》反对革命、藐视先烈、不奉民国正朔、例书伪谥、称扬诸遗老鼓励复辟、反对汉族、为满清讳、体例不合、体例不一致、人名先后不一致、一人两传、目录与书不合、纪表传志互相不合、有日无月、人名错误、事迹之年月不详载、泥古不化、浅陋、忽略等19条谬误，提出"宜将背逆之《清史稿》一书，永远封存，禁其发售"。据有人研究，故宫博物院对《清史稿》采取如此激烈的态度，是由于国民政府决议将《清史稿》及清史馆所存图书悉移南京，进行审查，故宫博物院为了保存这批档案图书，要求查禁《清史稿》，同时提出编纂"清代通鉴长编"，作为重修清史的准备。在上述呈行政院的文末，易培基强调："现职院已聘请专家，就所藏各种清代史料分年列月编辑清代通鉴长编，一俟编成，再行呈请国民政府就其稿本，再开史馆，重修清史，一举而数善备矣。"[①]对于易培基院长对《清史稿》的指斥，笔者以为不是简单地出于实用的目的，而应看到是他一贯的立场，在成立清史馆开始编纂纪传体清史的时候，易

---

① 参阅冯明珠：《故宫博物院与〈清史稿〉》，台北故宫博物院《故宫学术季刊》，第23卷第1期。本文所引易培基及谭延闿密呈、吴稚晖信函，均转引自冯文。

培基就发表了《〈清史例目〉证误》一文，指其"误漏逢午，触目皆是""此仅一《史例》目，谬误已多，将来成书，可想见矣"①。不出易培基的预料，《清史稿》果然谬误甚多，因此他后来对该书予以强烈抨击是合乎逻辑的，也是一以贯之的。

故宫博物院筹备编写《清代通鉴长编》一事，得到当时一些国民党元老的支持。行政院院长谭延闿在向国民政府主席蒋介石的密呈中提出："故宫博物院编纂《清代通鉴长编》，应准其完成，以备将来重修清史之用。"国民党中央委员吴稚晖在"函陈收缴旧清史馆史稿书籍意见"中指出："（一）清史馆所藏十之六七属清宫旧藏（原清国史馆旧藏），属清史馆者仅十之三四；（二）赵尔巽'一味尽其遗老天分，视修史为儿戏'，并未调阅内廷所藏；且官修清史最好待'恩怨稍泯'之时；（三）故宫档案与清史馆所藏，合则双美，分则两伤，俱属清史材料，故宫正拟广加搜罗，纂修长编，以待日后重修清史；（四）外间盛传清史馆藏书至富，皆悠谬耸听之传言；该馆藏书目录完备，将来长编完成，必据以归还。"后经1930年1月10日第58次国务院会议决定：将清史馆馆藏图书重复者及《清史稿》先行运南京，其余书籍暂留故宫，作为编辑清史长编之参考，俟竣事后仍全数运南京，并明令查禁《清史稿》。

《清代通鉴长编》虽然未编出，但故宫博物院也曾做过一些努力。1930年，北平研究院与故宫博物院合作，在怀仁堂开会，讨论纂辑《清代通鉴长编》一事。故宫博物院原秘书长、当年倡议查禁《清史稿》的李宗侗建议初步以清实录、起居注册、内阁大库档案、军机处档案、宫中朱批奏折等故宫博物院完整的史料，按年月排比，再以私家著作核对其同异，修成长编。若能修清史，即以此为根据，若修不成新清史，也不妨单独刊印成书，仿宋代《资治通鉴长编》，亦可

---

① 易培基：《〈清史例目〉证误》，《甲寅杂志》1915年第1卷第6号。转引自《故宫博物院七十年论文选》，紫禁城出版社，1995年。

以保存有清一代史料①。故宫博物院文献馆从1929年3月开始办公起，便积极整理档案，将散置宫内各处之档案，集中整理，排架编目。至1931年，编目完成的档案目录共50余种，包括宫中档、军机处档、内务府档、内阁大库档、清史馆档等，并公开出版了一些档案目录②。整理档案是为了方便保管与提调阅览，同时也是纂修史册的基础工作。可惜后来因日本侵略，形势变化，故宫文物南迁，故宫博物院关于纂辑《清代通鉴长编》的计划未能付诸实施。

编写清史始终是故宫人的一个心愿。2001年，国内13位专家学者上书国务院领导，建议积极组织力量迅速启动纂修大型清史的文化工程。这13个人中，有两位是故宫博物院的专家学者。2003年正式启动的国家清史编纂工作是一项规模宏大的文化工程。正因为故宫博物院与清史编纂的特殊关系及其优势，故宫博物院的院长便成为国家清史编纂领导小组的成员。原属故宫的大量档案文献虽已划出，但故宫及其蕴藏的大量珍贵的历史信息仍是清史编纂必不可少的，故宫博物院参与清史编纂工作也是义不容辞的。2004年，故宫博物院相关业务部门的10位同志参与了清史编纂的基础调查工作。现在有10多位研究人员参与了10卷图录的编写工作，还有人承担了人物传的撰写任务。在建筑、艺术、宗教等方面的编纂中，故宫都能够做出积极的贡献。

清史编纂也是故宫学术发展的一个契机。我们在加强故宫清史研究的同时，也强调故宫的研究人员要更多地注意了解国内外清史研究的状况，不断开阔学术视野，努力吸收新的成果。故宫的研究对象是具体的文物，有的研究者由于基本素养的不足，或相关知识的缺乏，或理论与方法的局限，往往只能做简单的介绍与说明，不能从多个方面进行探索，对其历史文化内涵难以做深入的挖掘。例如前已述及，

---

① 参阅庄吉发：《从现存史馆档看清史的纂修》，国家清史编纂委员会体裁体例工作小组编，《清史编纂体裁体例讨论集》（下册），中国人民大学出版社，2004年，第1162页。

② 参阅《北平故宫博物院文献馆一览》，故宫博物院，1932年，第15—16页。

故宫藏有不少清代宫廷绘画，这些绘画多受西洋技法的影响，在其发展过程中西方传教士起过很大作用。当时宫廷里有一批西洋画家，故宫里至今仍留存着他们的不少作品。但这些西洋画家来华的目的是传教，作画以及制造工艺品等只是为实现其传教目的的一种手段。若仅从绘画角度研究，固然也会有成果，但如果对国内外有关清代入华传教士的研究状况有所了解，对画家的身世及时代背景以及西方绘画史、基督教史知道得更多一些，思路就会进一步开阔，无疑会取得更大的研究成果。

正因为如此，在故宫博物院建院80周年之际，在我国清史编纂工作全面顺利开展的情况下，故宫博物院与清史编纂委员会共同举办国际清史学术研讨会，这既反映了故宫与清史编纂的一种特殊的缘分，也表明清史研究在故宫学术研究中的非同寻常的地位；这不仅是对经过80年风雨历程的故宫博物院的最好庆贺与纪念，也必将对我国的清史研究与清史编纂起到积极的促进作用。

（本文为作者在"故宫博物院80华诞暨国际清史学术研讨会"上的讲演，收入《故宫博物院80华诞暨国际清史学术研讨会论文集》，紫禁城出版社，2006年）

明宫史研究与故宫学

故宫史称紫禁城，是明清两代的皇宫。故宫学即是以紫禁城为研究核心并不断挖掘其深刻内涵的一门学科，明宫史当然是故宫学研究不可或缺的内容。本文试就明宫史研究与故宫学的关系，北京故宫在明宫史研究中的优势与特殊地位，故宫博物院明宫史研究的现状及其加强明宫史研究、推动故宫学深入发展的举措，做一番梳理与论述。

一　明宫史与故宫学的关系

明宫史的研究对象和内容有狭义和广义之分。狭义的明宫史是指以明代宫廷为依托和对象的时空范围内的历史，研究内容包括人（各种群体，如帝、后、皇子、妃子、宦官以及外廷官员等）、事（各种与宫廷斗争有关的事件以及与宫廷事务有关的规章制度及其变化等）和物（宫廷建筑群及其庋藏的各种文物等）。广义的明宫史研究是指以明代宫廷为中心或围绕宫廷活动以及宫廷与国家历史之间的关系而展开的有关研究，如宫廷活动对国家政治决策所产生的影响，宫廷与民间在风俗和文化方面的相互影响，以及宫廷与各国政治、经济和文化的交流与影响等。具体而言，宫廷的机构设置、宫禁制度、皇帝皇族、皇后嫔妃、喜庆丧忌、祭祀杂占、衣食器用、巡幸娱乐、颐养修炼和太监宫女等都是研讨的重点。对这些重点的综合研究，可以探讨明宫史的诸多特点和发展趋势，进而探讨宫廷作为一种社会现象的发展历史及其内在规律。

明宫史研究的内容相当丰富，其中既有伴随刀光剑影的残酷政治斗争，又有丰富的物质生活和精神生活，权力之争在不同的历史阶段其表现形式是多样的（具体的朝政等不属于宫史内容，但听政、受朝的方式却应该是宫史的内容），而宫廷各色人等的物质生活和精神生活，也随明代社会发展而呈现出多姿多彩的内容。如宫廷生活物质层面的内容侧重在服饰、宫殿苑囿、饮膳、宝玺车辂以及丧葬等方面，而精神层面的重点则在祭祀（包括天地日月之祀，社稷、山川、先农、先蚕之祀，宗庙之祀）、典礼（朝会典礼、冠婚册命之礼、亲征与巡狩之礼）、教育（经筵与日讲、皇帝子孙的教育与训练、皇室成员的诸般才艺）、信仰（皇帝与皇后以及皇室成员的宗教信仰）、娱乐等内容。尽管可从物质文化和精神文化两个方面考察宫史的内容，但在同一事项之中它们却很难彼此分开，比如服饰，其质料、制作工艺等反映了手工业技术等物质文化的发展水平，而其形式、纹样等则反映了精神文化中的社会观念、风俗乃至信仰等方面的内容。换言之，皇室高级成员和常人一样，主要是生活在物质文化环境之中，但是对这些物质条件的使用方法和使用形式，反映的却是更深层次的精神文化。宫廷许多活动内容，其酝酿过程具有很大的诡秘性和不可预测性，错综而复杂，许多事件或参与者的内容不见于记载，不为外间所知，许多事件或活动与政治决策以及各项制度的制定、实施和运转有着千丝万缕的联系。这一方面体现了宫史研究有别于其他研究的特殊之处，增加了研究的难度；另一方面，也反映出研究明宫史的必要性和重要性。

故宫学研究的对象是故宫。其内容包括六个方面：一是紫禁城宫殿建筑群，二是文物典藏，三是宫廷历史文化遗存，四是明清档案，五是清宫典籍，六是故宫博物院的历史。这六个方面的内容是相互关联的，它们大约分为三个层次：最核心的层次是故宫（紫禁城）；中间的层次是故宫古建筑和与之密不可分的院藏文物及宫廷历史文化遗存；最外面的层次为六个方面及与之相关的丰富内涵。核心层次和中间层次大约属于狭义的故宫学研究对象，最外面的层次或为狭义，或为广义的故宫学研究对象。在故宫学研究对象的六个方面中，明清宫廷历史文化研究是比较薄弱的环节。

从上面的叙述可以看出，故宫学研究的范围要大于明宫史，而明宫史研究则是故宫学研究的重要组成部分；但故宫学不可能完全涵盖明宫史的全部内容，明宫史研究也不能完全局限于故宫学之内；故宫学是一门更高层次的新兴学科，明宫史则是列于其中的一门具体的专门史。二者虽有种种差别，但也有一些共同之处，大体说来，明宫史研究和故宫学研究的内容和范围相近，方法和思路相同，目的和方向相似。

从研究内容和范围上看，故宫学虽然大于明宫史，但二者确有相互重叠之处，即宫廷历史文化。其中对于反映宫廷历史文化的宫廷生活的研究，即是明宫史和故宫学共同的研究重点，例如关于宫廷服饰问题，什么身份的人在什么场合、什么季节该穿什么服装，服饰制度和风尚前后有什么变化，受到哪些因素的影响，这些服装从面料制作到裁缝成衣，是在哪里由哪些人完成的，通过什么途径运送到宫中，又在何处保管，按照什么程序发放，在何处由何人如何浣洗，等等，既是明宫史必不可少的研究内容，也是故宫学研究的重要内容。

从研究方法和思路上看，明宫史研究和故宫学研究也有许多相同之处，并且可以相互借鉴和促进。其中系统研究、综合研究和现代科学实证研究的方法，应为明宫史研究和故宫学研究应用较多的三种方法。据发起和主持明宫史研究的部分学者所说，他们在策划和实施明宫史研究的总体方案时，就曾或多或少地受到故宫学研究方法的影响。如故宫学研究提倡把院藏文物、宫廷史迹和相关建筑作为相互联系的整体来研究，防止孤立对待；提倡建筑、艺术、宗教、民俗、政治、器物等多学科的合作研究，避免单纯的某一学科的封闭研究，就不同程度地被借鉴、应用于明宫史的研究之中，18种"明代宫廷史丛书"几乎包括了明宫史涉及的各个方面，即是从整体上来研究明宫史；而在每一种书的具体研究内容之中，又是多学科的合作研究，例如宫廷陶瓷涉及宫廷艺术、宫廷宗教、宫廷财政、宫廷典章制度等等，在故宫召开的首届明代宫廷史学术研讨会上，学者们已经开始从不同学科、不同角度来合作探讨宫廷陶瓷问题。故宫学提倡的院内院外结合、文物和文献结合的方法和思路，更是整个"明代宫廷史丛书"的突出特点之一。而明宫史研究中的许多具体方法和思路，也将为故宫学研究提供借鉴和帮助。因此，明宫史研究和故宫学研究不仅方法、思路相同，也需要并且可以相互借鉴、相互促进。

有些学者指出，故宫学应该发展成为一门综合性跨学科、具有全新理念的学科，在故宫传统学术研究的基础上，从宏观、综合的角度入手，使故宫未来的学术研究更加科学化、理性化和整体化；故宫学应该发展成为中国古代宫廷文化研究的集大成者，成为以现存完整的物质和非物质文化遗产为依据，研究具有典型东方特征的宫廷历史文化的重要学科，成为世界文化遗产研究方面与时俱进的重大课题。要做到这一点，除了关于故宫学的基本原理、概念、学科体系即"概论"的条件之外，还需要有代表这个学科主要研究成果的学术著作，前者已有《故宫学述略》等文章做了初步的探索，后者则虽有一定的积累，但明宫史研究方面尚缺乏力作，因此，明宫史研究及其成果应该成为故宫学的重要学术支柱之一，使故宫学得到充实和完善，从形成走向成熟。明宫史研究同样需要在故宫学的宏观框架内确立学术定位，获得发展动力，在这个层面上讲，故宫学之于明宫史研究的意义可能仅次于明史。

在故宫学形成和发展过程中，"故宫学派"的存在是其重要条件之一；而明宫史研究项目已经团结和吸引了一大批故宫内外的专家学者，这些人由于在研究方法、学术思想、风格思路等方面较为相近，有可能形成一个带有较为先进研究理念和特色的学术群体，这将有助于以故宫学者为主体的"故宫学派"的发展壮大。从这个意义上说，明宫史研究将从学术力量方面推动和支持故宫学的发展。

　　总之，明宫史研究和故宫学研究既有共同之处，又是相互倚重、相互借鉴和相互促进的。但上述内容主要是从理论上来论述的，而实施并完成明宫史和故宫学研究的诸多目标，还需要有故宫本身的优势和条件。

二　故宫和故宫学在明宫史研究中的优势和意义

　　故宫宫殿建筑与大量的明代宫廷文物及遗存，决定了故宫在明宫史研究中有着不可替代的特殊地位。而故宫学的提出和发展则为故宫的明宫史研究提供了良好的学术氛围，确立了这一研究的学术定位和研究方式等，因此故宫学的出现也是故宫明宫史研究的又一优势。

　　明代宫廷即有收藏、制作、购置和接受进献的诸多宫廷用品。新中国成立后，故宫收藏的明代文物有宫廷文物，也有非宫廷文物，即有许多来自民间的书画、陶瓷、漆器、碑帖、家具等。这些藏品所拥有的文化内涵是相当丰富的，不仅有宫廷文化，还有更为广阔、复杂的民间文化。故宫博物院是国内收藏明代文物内容最为丰富、数量最多的博物馆。故宫博物院的文物主要由古器物部、古书画部、宫廷部、图书馆四个部门保管，笔者试就宫殿建筑以及这四个部门管理的明宫收藏以及其他明代文物做一简介。

（一）紫禁城宫殿

　　紫禁城是明代创建的中国封建社会最后一个皇家宫殿建筑群。紫禁城于永乐四年（1406）决定建设，永乐十八年（1420）建成。次年明王朝从南京迁都北京。明王朝前后共经历276年、16位皇帝，自从第三任皇帝朱棣建造这座宫殿并迁都北京，在224年间，共有14位皇帝在紫禁城宫阙生活居住，理朝问政。紫禁城作为明代的政治中心、权力中枢，是很多重大历史事件的发生地，很多决策在这里产生，政令、年历从这里颁发，还有一些偶发事件在此演出。迁都北京是中国政治中心的北移，也使中国地域政治文化再次发生改变，这种改变影响了中国数百年的政治格局，直至今天。

紫禁城占地72万余平方米，建筑面积现存约16.7万平方米。城垣四隅建有重檐多脊、四面显山的角楼，周围绕以52米宽的护城河。城内建筑分为外朝和内廷两大部分，外朝用于朝会大典，内廷用于常朝和日常起居。除朝寝殿宇外，紫禁城内还有辅佐皇帝理政的官署、祭祀所用的佛堂道场，以及用于休闲娱乐的戏台和园林。顺治元年（1644），清军入关，据明故宫为皇宫。清代在沿袭明宫殿建置的基础上，又根据使用的需要进行过一些重建和改建，特别是乾隆皇帝在位的60年，虽然清代工程不断，新建、改建工程也很多，但紫禁城内建筑的总体布局仍然保持着明初始建时的格局，而午门、神武门、中和殿、保和殿、钦安殿、南薰殿等建筑仍为明初的原建或明代重建。

紫禁城规划设计的指导思想是封建礼制。礼制的核心是皇权至上，是区分尊卑、贵贱、亲疏的等级观念和等级制度。紫禁城的建筑语言反映了君权神授、帝王独尊、江山永固的思想。它"择中而立"，继承了传统的宫城、内城、外城三重城制度，居都城中央，并体现了《周礼·考工记》所说的"前朝后寝""左祖右社""五门三朝"等儒家的理想和封建礼制。例如宫城前面的东侧有太庙，西侧有社稷坛，体现了"左祖右社"的制度；奉天（太和）、华盖（中和）、谨身（保和）三大殿体现了"三朝"的制度；大明门至奉天殿前的奉天门之间有承天门、端门、午门，体现了"五门"制度；前三殿后三宫的关系，体现了"前朝后寝"的制度。紫禁城宫殿是中国历代宫殿建筑发展的集大成者，是古代宫城建筑制度的标本。中国传统的阴阳五行学说在紫禁城建筑中也有充分的体现。

紫禁城是一个极其复杂的四合院群体，之所以显得错落有致、气势磅礴，主要是因为这些建筑以中轴线为核心次第排列。贯穿宫城的中轴线，南起大明门，北至万岁山（景山）山峰，全长约2.5公里，是7.8公里的北京城轴线的中心段落。故宫中轴线两侧聚集着紫禁城的建筑精华，是中国古建筑布局特点最杰出最宏大的实例。大门、长廊、石桥、广场、宫殿等的有序排列，富于韵律的递变，以及建筑物的高度、体量、规格由小到大、由远及近的逐次强化，使建筑气势达到极致。左右对称的建筑物，从东西两个方向向中轴线辐辏，同时也形成对中轴线至尊地位的渲染与烘托，充分体现了帝王的尊严和泱泱大国的气概。紫禁城还有丰富的色彩，红墙、黄瓦和白色的台基构成皇宫的色彩基调，用彩画作丰富的点缀。

紫禁城本身的形成发展过程是中国官式建筑历史的重要部分。从公元前16世纪的商代开始，就有管理手工业的官员；中国古建筑一直有官式建筑和地方、民族建筑的区别。从现存实物考察，唐宋官式建筑一脉相承。遗留至今的有宋代建筑专书《营造法式》。清雍正十二年（1734）颁布《工程做法》，用于规范清代官式建筑。故宫建筑在明清两代历经建造、修缮、改建和扩建，其自身的发展就构成了明清标准官式建筑的历史。

紫禁城宫殿还是世界文化遗产。世界遗产组织对故宫的评价是："紫禁城是中国5个多世纪以来的最高权力中心，它以园林景观和容纳了家具及工艺品的9000个房间的庞大建筑群，成为明清时代中国文明无价的历史见证。"

（二）明代书画

故宫博物院现收藏明代绘画7488件，明代书法3005件，明代尺牍10422件。这个数字尚不准确，还有部分作品虽未标明时代但可能为明代的。其中可确定为宫廷绘画的有50件左右，宫廷书法可确定的有30件左右。它们或为帝王作品，或落款为宫廷书画家官职，并确定是为宫廷创作的，或宫廷诰谕类作品。不可确定的，主要指大臣、宫廷画家和书家的作品，但没有年款、创作场合、臣子款和印章等。

宫廷书画是古代宫廷文化的组成部分，也是中国古代重要的艺术遗产。明代的宫廷书画，继承了历代宫廷书画围绕帝王生活和朝廷行政进行创作的传统，以法书、绘画为载体，在艺术风格上，综合了宫廷的审美需求与时代风格的影响，成为在艺术史上占有独立地位的一个篇章。

目前故宫收藏的明代绘画有近1/10是清宫旧藏，其中相当一部分是作为可以赏玩的艺术品而被清宫珍藏，在《石渠宝笈》中多有著录。这些书画文物反映了帝后的艺术审美情趣，是今人研究他们精神世界和文化活动颇有价值的资料。诸如太祖朱元璋、仁宗朱高炽、宣宗朱瞻基、宪宗朱见深、思宗朱由检等人的御笔书画，则一方面体现出他们个人的文化修养和艺术造诣，另一方面也在一定程度上体现了帝王对宫廷艺术的影响和推动，甚至从一些作品上还可以看出明显的政治目的，如宣德皇帝的《武侯高卧图》《莲浦松雁图》《寿星图》《三阳开泰图》《瓜鼠图》，成化皇帝的《五德将雏图轴》《一团和气图》等。从个别的题跋中还可看出当时的君臣关系状况，如《寿星图》题有"御笔戏写寿星图，赐少保太子少傅兼户部尚书夏原吉"，《武侯高卧图》上题有"宣德戊申戏写，赐平江伯陈瑄"。明人绘画的宣宗《行乐图像轴》《射猎图轴》《斗鹌鹑轴》，则更能使后人从多角度全面认识明代皇帝。而嘉靖皇帝的父亲兴献王朱祐杬的一幅着衮服翼善冠坐像轴，则反映了明宫廷史的一个重大事件。

（三）明代宫廷制作和留存的各类器物

明王朝建立伊始就设立了内府衙门，总称为"二十四衙门"，负责皇家各个方面的需求。二十四衙门分工极细，各负其责。刘若愚《明宫史》载："御前作，专管营造龙床、龙桌、箱柜之类。合用漆布、桐油、银朱等物料，奏准于甲字等库关支。""御用监，凡御前所用围屏、摆设、器具，皆取办焉。凡御前安设硬木大床、桌、柜、阁及象牙、花梨、白檀、紫檀、乌木、鸡翅木、双陆、棋子、骨牌、梳枇、螺钿、填漆、雕漆、盘匣、扇柄等件，皆造之。"从明代流传下来的实物看，有署"御用监造"款识的实物，如漆器、珐琅器和宁寿宫院内陈设的嘉靖四十一年（1562）"御用监造"铭大铜缸等。

1. 明代官造瓷器。故宫藏明代瓷器共9142件，其中属于清宫旧藏的有5475件。就来源看，这些清宫旧藏的瓷器绝大多数是明代宫廷遗留下来的旧物，和明代宫廷有极为密切的关系。釉色品种有白瓷、甜白釉、黑瓷、黄釉、绿釉、青釉、青花、釉里红、祭红、斗彩、五彩、三彩、矾红釉、茄皮紫、孔雀蓝、仿定、仿哥、仿官、宜钧、龙泉等诸种；而从产地看，又有景德镇、宜兴、磁州（彭城）、德化、龙泉、广窑、潮州、漳州、吉州的不同。见于记载，为宫廷烧造瓷器的窑场有景德镇、处州（龙泉）、磁州、钧州四地。《明一统志》记载，明代还沿袭前代地方向朝廷进贡瓷器的旧法。因此，在明代宫廷用瓷器中除了可以确定为景德镇、处州、磁州、钧州四地奉命烧制的外，其余应属于地方贡品。

2. 玉器。故宫收藏玉石器3万余件，其中藏明代玉器近5000件，多属清宫所存明代宫中遗物，应是现存明代玉器中最重要的组成部分。主体作品为礼器、日用品、陈设品、仿古玉器。陆子刚是明晚期的治玉名家，形成字号品牌，明、清、民国甚至当代都制造了很多"子刚"款玉器，但子刚真品极难寻觅。故宫藏有较大数量的明代及清代所制的"子刚"款玉器。

3. 漆器。故宫收藏有漆器17000余件，以明、清两代官造作品为主，其中明代作品1000余件。明代官造漆器是明代御用监制作的。如明早期的永乐牡丹孔雀纹大圆盘、葡萄纹圆盘、携琴访友图圆盒，明晚期的万历剔彩双龙戏珠纹长方委角盒、剔彩双龙戏珠纹五屉柜等，这些作品，髹漆厚重，雕刻细致，图案精美，是明代漆器的代表性作品。漆器的年款有永乐、宣德、嘉靖、隆庆、万历、天启、崇祯等。

故宫藏明代漆器数量之丰富、品类之齐全及时代之完整，海内外无出其右，特别是永乐、宣德时期的标准漆器，尤为引人注目，例如剔彩林檎双鹂大圆盆、剔红牡丹花脚踏，都是传世的孤品。

4. 珐琅器。故宫收藏有金属珐琅器6000余件，其中明代作品500余件。这些藏品除一部分为民间作坊制造外，绝大部分是由明代御用监制造的。如明宣德掐丝珐琅花卉纹盏托、掐丝珐琅双陆棋盘，明晚期的万历掐丝珐琅八宝纹长方熏炉、掐丝珐琅甪端等，都是御用监制造的精品。珐琅器的年款有宣德、景泰、嘉靖、万历等。

5. 新铜器（宋以后）。故宫收藏的宋以后新铜器有1000余件，其中明代作品约100件，比较著名的有成化双兽耳三足炉、正德开光回纹冲耳三足炉等，它们应为明代官造作品。此外，民间艺人胡文明、张明岐、石叟等所制铜炉亦非常著名，明代宫廷亦有收藏。

6. 古代文具。故宫收藏大量明代宫廷的笔墨纸砚，其中有明代毛笔约100件，最早的为宣德款黑漆描金龙凤管花毫笔，还有嘉靖款彩漆双龙纹貂毫笔、万历款竹管文林便用花毫笔，以及青玉雕龙管紫毫提笔、玳瑁管毛笔等。明万历竹管文林便用花毫笔，花色野兔毛笔头，竹质笔管上阴识隶书"文林便用"，螺钿笔顶，阴识楷书"万历年制"，周身雕刻龙凤纹饰，是传世的明代宫廷御用毛笔。故宫还藏有明代墨品300余件，其中胡进言督造龙香御墨、大明成化年制石青色龙香御墨、嘉靖年制双螭纹墨等，是宫廷御墨的代表作。胡进言督造龙香御墨，为明代宣德时期的作品，由工部大臣胡进言督造，是故宫收藏的明代最早的宫廷御墨之一。而方于鲁、程君房、罗小华等一代制墨名家制造的方于鲁文彩双鸳鸯墨、程君房荔枝香墨、罗小华一池春绿墨等，更是异彩纷呈。故宫收藏有明代竹纸、白鹿纸等，还有明代砚品约30件，其中较为著名的有正德款石几形端砚、正德款铜暖砚，以及宋克铭澄泥风字砚等，它们均为明代宫廷御用砚台。

竹、木、牙、角雕刻。故宫收藏有明代牙雕作品50余件，其中宫廷牙雕由御用监造办，以盒、笔筒、带饰、圆雕人物为主，如牙雕松萌策杖图笔筒，远山近景，刀法简练，极富立体感。民间牙雕的产地则集中在广州、杭州、扬州、苏州、南京等大城市。故宫还藏有明代竹刻作品70余件。在明中期以前，竹刻以日用品居多，到16世纪初期以后，随着嘉定（今属上海）的朱鹤（朱松邻）、朱缨（朱小松）、朱稚征（朱三松）祖孙开创了嘉定派竹雕和金陵（今南京）的濮仲谦奠定了金陵派竹雕的基础以后，竹刻的艺术性得到提高，其影响波及于玉雕、牙雕、木雕等领域，使竹刻在短时间内得到了勃兴。其中代表作品有小松款竹雕佛手，朱三松竹雕白菜笔筒、竹雕仕女笔筒和仲谦款竹雕松树小壶等。此为明代民间艺人的佳作，为明代宫廷收藏。故宫收藏明代木雕50余件，其中具有代表性的作品有江春波制沉香木雕山水笔筒、紫檀雕云纹委角方盒、紫檀雕荷叶枕等。此系明代民间艺人的佳作，为明代宫廷收藏。

（四）明代宫廷遗物

故宫作为明代帝后政治活动与生活的空间，除了建筑遗存外，还有相当多的实物遗存。故宫收藏了一批反映明代皇家典制的文物，最重要的有用于太庙祭祀的玉谥册，除了崇祯帝特殊的政治结局外，其他的皇帝从太祖直到熹宗是完整的一套。皇帝在位期间表明等级和威仪的"皇帝之宝""大明天子之宝""大明皇帝之宝""皇帝尊亲之宝""制诰之宝""广运之宝""勤民之玺""奉天勤民之宝""钦文之玺""敬天守道""皇帝密旨""大明成化之宝""成化皇帝之宝"等，也都完好地保存着，是当时至上皇权的最好见证。

衣食住行是人类生活的基本条件，一个时代的文物遗存印证着当时的生活风貌。反映明代宫廷生活衣食住行各方面的文物，故宫博物院均有收藏。

服饰在封建社会是明等威、辨尊卑的最鲜明的外在表现形式，帝王之威首先表现在朝冠衮冕之上。故宫藏有明代宫廷遗留的明黄缎绣四团云龙袍料、黄缎补洒线绣云龙披肩袍料、明黄云龙缎地补洒线绣百花攒龙袍料等，它们已经完全按朝袍的形式裁剪成形，并刺绣出完整的图案，仅未缝合而已。此外，故宫还接收了明万历皇帝墓室出土的凤冠与朝服。对照皇帝朝服像，更有助于对明代宫廷冠服制度的认识和研究。

饮食所用的餐饮器具，以陶瓷器物居多，多达5475件，由此可以想象出当时宫廷之中举觞把盏、饮酒品茗、咀鲜嚼甘的宫廷饮食文化。

"住"必须是在一定的空间内，由坐卧具与柜箱、桌案等家具构成必要的组合，才具有了实际的居住功能。而在明代帝王之家、皇宫之内，皇帝御居空间内的家具文物，故宫博物院现有300余件，一部分是由明代宫廷遗留到清代并再传至今的，另一部分则是1949年后故宫博物院通过收购或受赠等渠道收藏的。在明清时期，家具尚未作为艺术品而被特别刻意地去收藏，所以由清代宫廷遗留下来的明代家具，应该都是当时的实际使用物品，人们可以由它们真切地感受当时宫廷的某些生活实态。

由清代传至今天的明代宫廷家具，主要包括卧具类的床、榻，坐具类的椅、凳、墩，储物具类的柜、格、箱，以及桌案等。

在故宫博物院的家具收藏中，最具有代表性的是卧具——床，如黄花梨木月洞式门罩架子床与黑漆嵌螺钿花蝶纹架子床，它们体积硕大，制作精美，堪称一个时代的杰作。体量较小的黑漆嵌螺钿花蝶纹罗汉床、黄花梨罗汉床、填漆戗金龙纹罗汉床等，亦十分精美。其中黑漆嵌螺钿花蝶纹罗汉床与黑漆嵌螺钿花蝶纹架子床纹饰完全是同一种风格，应该出自同一匠人之手。填漆戗金龙纹罗汉床有着明确的署款"大明崇祯辛未年制"，更有重要意义。

坐具中最重要的当数清宫旧藏留传至今的紫檀木荷花纹宝座与剔红夔龙捧寿纹宝座。黄花梨木如意云头纹交椅、黄花梨木卷书式圈椅、黄花梨木六方扶手椅、花梨四出官帽椅、黄花梨双螭纹玫瑰椅、紫檀镶楠木心长方杌、红漆嵌珐琅双龙戏珠纹面圆凳、洒螺钿嵌珐琅双龙戏珠纹面圆凳、黄花梨木嵌瘿木心坐墩、鸡翅木六开光坐墩等均为宫中旧藏。

明代宫廷遗留至今的桌案类家具也不在少数，主要由硬木制作，仅黄花梨方桌即有多张，其造型与装饰均十分简洁，反映了当时宫廷生活的某种崇实风尚。古代才子四艺的"琴棋书画"，对皇帝与后妃来说有着怡情悦性的作用，这些活动的辅助器具桌案也保留到了今天，如填漆戗金云龙纹琴桌，它制作精美，装饰华丽，并且桌里还附有音箱以提高音效。用于对弈的漆折叠三联桌，则是万历年间的遗物，桌面正中为活心板，绘有黑地红格的围棋盘，盘两侧还有带盖的棋子盒，在棋盘下面的方槽内以木匣盛有雕玉的牛牌、骨牌、纸筹以及赐钱等，它是万历宫中娱乐生活的直接印证。此外，还有一些条案、翘头案，它们都是当时宫廷内用于陈设清玩的家具。

储物家具多为庞然大物，最有代表性的是万历年间的填漆戗金云龙纹立柜、黑漆描金龙戏珠纹药柜、黑漆洒螺钿描金龙戏珠纹书格、黑漆嵌螺钿描金龙戏珠纹多屉箱，这些家具均有明确的年款。另外还有黑漆描金山水图顶箱立柜、填漆戗金双龙献宝纹立柜、红漆描金山水图书格等，它们也都是宫中旧物。

故宫收藏的明代宫廷乐器有嘉靖款云龙纹玉编磬一套12枚，形制承前启后。在大量珍贵的古琴收藏中，明琴有"奔雷"琴、"蕉林听雨"琴、"天风环佩"琴等。

故宫收藏有10件左右明代中期的手工栽绒地毯，其中明中期的龙戏珠、双鸾凤纹以及锦纹大地毯，尽管有的残损，但作为中国皇家用毯，在世界地毯史上仍有其独特的地位和价值。

故宫藏织绣书画1600余件，其中绝大部分是清代藏品，也有少量宋至明代的藏品，其中明代《缂丝瑶池集庆图》是我国现存明代缂丝作品中最大的一幅。明代《顾绣宋元名迹册》是顾绣的代表作，亦堪称中国古代刺绣艺术的巅峰之作。

故宫收藏的外国文物，有的是国家间的礼品，例如故宫收藏的日本文物，就是明朝时期中日皇室间的互赠品；一部分为当时藩属国的贡品，例如琉球王国进贡的"红型"（琉球布料）、漆器、武备器具及书画等。这类文物中属于明代的数量还不清楚，需要进一步清理。

在宗教文物方面，故宫博物院藏有道教文物500多件，存于钦安殿、玄穹宝殿两处殿堂，包括神像、供器、法器、经书等。钦安殿有三尊高大的玄天上帝鎏金铜像，八尊一人高的铜侍从神像，以及明代铜钟、大鼓等，北墙绘有道教诸神五彩描金壁画，东西壁的南北两端还有四时值神壁画。玄穹宝殿有铜鎏金昊天至尊玉皇大帝、三官大帝、文昌帝君铜像，侍从神铜像，以及各种供器、神牌等。道教文物中有部分明代文物，大部分为清代文物，种类齐全，保存完好，是研究明清两代宫廷道教文化的重要实物。明代宫廷还遗留下了大量反映皇帝信道的印章，其印文内涵十分明确，如"秘密丹旨保命长生""腹有金丹目生神采""丹鼎烹成汞，依时服一粒""朱砂练阳气""水银烹金精""大丹""金丹""丹道"等等。

故宫博物院现存有一些历世达赖喇嘛进献的文物。如明永乐款铜铃杵，为明初宫廷制造，上镌款"大明永乐年施"，所附黄签写有"达赖喇嘛恭进大利益铜铃杵"字样，原为明朝皇帝赐给西藏高僧之物，后世达赖喇嘛又进献给清朝皇帝。

（五）明宫典籍

故宫收藏有为数不少的明宫典籍。有内府精写本，纸墨精良，字体端正醒目，装潢美观，显示出御览图书的特色。其中珍贵的有明内府写本《大明太宗皇帝御制集》、明钞本《圣政杂录》、明钞本《太乙集成》等。

明宫经厂本也是明宫典籍的重要部分。经厂本就是明宫内府经厂刻印的本子。经厂刻印书籍的材料，由司礼监所属的经厂直房负责办理。经厂作为皇室专设的内廷刻书所，所刻印的书籍，当然是由皇帝或皇室或内府衙门交付的本子，而所需要的经费、笔墨、纸张，都要由司礼监奏呈皇帝审批，然后由经厂直房供给。经厂直房设在皇宫之内的隆宗门外。

明代前期，经厂刻书受到皇帝的重视，内臣也很尽心尽力，因而刻印了一批书品很好、值得称道的经厂刻本。现存故宫图书馆中较好的经厂本主要有：《五经四书大全》164卷，明胡广等撰，明初经厂本；《周易传义大全》，明胡广编，明永乐十三年（1415）内府刻本；《书集传》6卷，宋蔡沈撰，明初经厂本；《历代臣鉴》37卷，明宣宗朱瞻基撰，明宣德元年（1426）经厂本；《历代君鉴》50卷，明代宗朱祁钰撰，明景泰四年（1453）经厂本；《书经直解》13卷，明张居正撰，明万历元年（1573）经厂本；等等。明代中期，经厂刻印内府书籍的规模仍很庞大。据官方的史料记载，明嘉靖十年（1531），司礼监内有工匠1583人，涉及39个工种，其中相当一部分工匠是为内府经厂刻书服务的。

故宫博物院收藏的明刻本图书，有奉敕编刊的书籍，也有家刻、坊刻本。重要的有明洪武刻本《皇明祖训》，这是明太祖朱元璋将他创业的感悟著成的一本书，并立为后世子孙永远遵守的家法。故宫还藏有清康熙年内府墨笔抄本，原藏于养心殿。此外珍贵的还有明永乐至万历刻本《北藏》，明正统至万历刻本《道藏》，明万历刻本《嘉量算经》、《律吕精义》内外篇、《同文算指通篇》、《三才图会》、《鲁班经匠家镜》、《程氏墨苑》、《四声猿》、《三经评注》，明天启刻本《绘孟》，明崇祯刻本《崇祯历书》《博物典汇》等。清顺治刻本《西洋新法历书》及清康熙刻本《新法历书》，都是由明徐光启等修，再经清汤若望等增修。流传稀罕的版本有明成化四年（1468）刘氏日新堂刻《历代道学统宗渊源对问》、明万历年间安徽新安程氏滋兰堂刻《程氏墨苑》等。故宫所藏的《嘉兴藏》，则是明万历至清雍正的刻本，是现存《嘉兴藏》中保存最完好、续刻时间最长、内容最丰富而又最具特色的汉文方册大藏经。

除了明代宫廷建筑和文物之外，诞生于故宫博物院建院80年之

257

际的故宫学，同样对明宫史研究具有特殊的意义，它初步确立了故宫明宫史研究的学术定位，将明宫史研究作为故宫学的一个重要组成部分来予以关注，为明宫史研究提供了一个宝贵的学术氛围。故宫学提出的某些具体研究方式，如文物与文献结合、院内与院外结合、明与清结合等，为后来明宫史研究的全面开展提供了可资借鉴的内容。近年来，院领导亲自主持明宫史研究的重点科研项目，故宫又多次召开了相关的学术研讨会，使明宫史研究取得了较大的进展。这一方面是适应了故宫博物院学术发展的社会需要，另一方面也是故宫学在某种程度上倡导和推动的结果。因此，可以说故宫学的发展为明宫史研究提供了有力的学术支持，不仅推动了明宫史的研究进程，也在一定程度上加强和巩固了明宫史研究在故宫的学术地位。

总之，故宫古建筑以及故宫收藏的这些明代文物，是明代宫廷政治与生活实态的见证，是研究明代宫廷史最直接的物证，它们可以发挥出文献与档案资料不可替代的作用，为人们了解和研究明代宫廷典章制度、衣着服饰、书法绘画、宗教风俗、器物雕刻、家具陈设等宫廷文化以及中外文化交流，提供了必不可少的实物资料。而故宫学的提出则为明宫史研究的开拓和发展提供了学术支持，是故宫在明宫史研究中的又一优势，对后者具有特殊的意义。

三　故宫的明宫史和故宫学研究现状述评

故宫博物院以往的明宫史研究，主要反映在紫禁城古建筑、明宫收藏及其他明代文物上，是故宫传统学术研究的重要组成部分。近期，故宫博物院联合院内外的学术力量，借鉴故宫学的相关内容，全面、系统地开展明宫史研究，目前该研究尚处于起步阶段。

（一）明代宫廷建筑研究

紫禁城古建筑的研究往往与它的维修保护联系在一起，在研究紫禁城的现状时，不能不探讨其在明代初建时的状况以及后来的诸多变化。对明代宫廷建筑研究最有影响的是单士元。1937年2月，中国营造学社出版了单士元的《明代建筑大事年表》，该书近40万字，编年体，起于元至正二十六年（1366），迄于明崇祯十七年（1644），取明代各帝《实录》及《明一统志》、《会典》、《典汇》各书，钩稽索隐，分门别类，系年录要，揭示了有明一代紫禁城的营建全貌，为历史研究提供了从社会经济的角度解剖营建活动的史料，被称为近代中国建筑科学范畴内古代建筑史研究的奠基著作之一。1933年至1935年，单士元尚有《明代营造史料》六辑刊载于《中国营造学社汇刊》，从《工部组织沿革述略》《内府与营造》《工匠供役法》《征用夫役法》《木料之来源及采木官》《万历重修两宫》《明王府制度》《燕府质疑及元宫室全毁时间》《营造中之班军》《明代社稷坛》《天坛》等篇目上，即可看出单士元对明宫廷建筑历史的梳理与钩沉。单士元于20世纪30年代还撰写了《明北京宫苑图考》，约10万字，为未刊稿，现已收入《单士元集》第一卷（紫禁城出版社，2008年），作者根据明清两代记载宫廷建筑的各类文献，考证了宫廷、园林建筑的方向、位置、距离、间架、尺度，是今人了解明代北京宫廷建筑比较翔实可靠的著作。此外，在《故宫史话》（中华书局，1962年）、《故宫札记》（紫禁城出版社，1990年）、《我在故宫七十年》（北京师范大学出版社，1997年）等著作中，也有不少论述明代宫廷建筑的文章。

王璞子为中国营造学社成员，从事中国建筑研究，新中国成立后到故宫博物院从事古建筑保护与研究30年，他是元大都的早期研究者，《燕王府与紫禁城》《紫禁城的总平面布局》等则是其研究明代宫廷建筑的重要论文。

于倬云长期负责故宫古建筑的维修设计，从事古建筑保护半个多世纪。20世纪70年代末，于倬云的研究重点转入对故宫古建筑的调查，研究范围包括中国宫殿建筑历史、历代建筑法式、建筑设计思想、建筑艺术，在这些研究的基础上，于倬云主编出版了第一部全面系统介绍故宫古建筑的图书——《紫禁城宫殿》。《中国宫殿建筑论文集》（紫禁城出版社，2002年）收录的《紫禁城始建经略与明代建筑考》《故宫三大殿形制探源》《故宫三大殿》《故宫太和殿》《紫禁城宫殿修建历程》《紫禁城宫殿总说》等论文，都可以从中看到作者对明代宫廷建筑所做的深入探讨。

王子林的《紫禁城风水》（紫禁城出版社，2005年），是一本从中国传统的风水理论考察紫禁城的专著。王子林的另一著作《紫禁城的原状与原创》（紫禁城出版社，2007年），其中对明代原状宫殿的研究，主要是从建筑的角度探讨其思想理念，包括两部分，即体现儒家思想的和道家思想的宫殿建筑。

李燮平的《明代北京都城营建丛考》（紫禁城出版社，2006年），考析了北京都城和宫廷建筑的历史沿革，其中第三组两篇文章，结合明代典章制度，揭示了宫廷建筑规划中的有关问题及太和殿在明代三次重建过程中鲜为人知的内幕。

《紫禁城建筑研究与保护》（于倬云主编，紫禁城出版社，1995年）一书中，与明代宫廷建筑相关的有单士元、于倬云、万依、茹竞华、郑连章、李燮平、姜舜源等故宫博物院研究人员的文章。

此外，《禁城营缮记》（紫禁城出版社，1992年）及《中国紫禁城学会论文集》第1至第5辑（紫禁城出版社，1997年至2007年），所收录的故宫研究人员的文章，亦有一些涉及明代宫廷建筑。

（二）明宫史迹原状陈列研究

宫廷史迹原状陈列是故宫博物院的一种特殊展览，该展览以保存历史原貌为主旨，如前三殿、后三宫及养心殿、西六宫（除永寿宫外）等各个殿宇，均是宫廷史迹原状陈列场所。但是，这些都是清宫的原状，并不是明宫的原状。对于明代宫廷陈列及原状的研究，由于资料、实物的缺少，难度很大，但即使如此，专家们也取得了一定的成果。朱家溍依据古籍及档案中所见的有关明清宫殿、衙署、第宅等室内陈设的材料，编著了《明清室内陈设》（紫禁城出版社，2004年）。作者另有《明清宫殿内部陈设概说》一文，该文被收录在《故宫退食录》（上卷）中，其中"明代宫殿陈设"部分，介绍了午门献俘、奉天殿御朝、皇极门御门决事陈设、皇极殿大朝时陈设、中和殿赐宴时陈设、文华殿经筵时陈设、端本宫太子寝室陈设、谨身殿赐宴时陈设等13条，从这些陈设可见明宫典章制度及明代的风格特点。作者指出，明代宫殿的陈设，总的特点是开阔疏朗，不仅桌案椅凳陈设疏朗，几案上摆设也不多。

（三）明宫藏品及其他文物研究

故宫博物院对于明代宫廷藏品及其他明代文物的研究，大致反映在三个方面：

其一是举办明宫或明代的文物展览。1951年至1952年，曾在故宫承乾宫专设明代馆，展出明代文物522件。1953年举办古代艺术综合陈列，分设商代、周代、战国及明代诸馆，明代馆就占了三个室，展出文物260件。在20世纪50年代开设的绘画馆中，明清绘画往往放在一起展出。1958年，曾在北京、天津、广州等地举办过明清工艺品展览。从20世纪80年代以来，明代文物藏品又多次到海内外展览。为了办好展览，故宫博物院加强了对文物的研究，特别是近年来，故宫博物院注重展览的学术性，使相关人员深化了对文物的认识。

其二是与香港商务印书馆合作出版《故宫博物院藏文物珍品全集》60卷，这是故宫博物院文物藏品首次比较系统全面地整理与刊布。该书的出版，使故宫博物院的研究人员对一些重要门类的明代宫廷文物有了较为深入的认识，对其在书画艺术或工艺史上的地位及时代特色有了较多了解，为院内外专家学者参与明宫史研究打下了一个比较好的基础。

其三是有些研究人员由于长期积累，已在明宫史或明代文物的某个方面有了深入研究，他们坚持不懈，方向明确，成果显著，成为某些领域著名的专家学者，在国内外有了一定的影响。

具体来说，故宫博物院在明宫廷书画及明代书画的研究，以及某些工艺类文物、宫廷类文物的研究方面，取得了比较明显的成就。

故宫博物院曾于20世纪80年代举办过"明朝宫廷与浙派绘画作品展"，故宫研究员穆益勤还编著了《明代宫廷和浙派绘画选集》（文物出版社，1983年）和《明代院体浙派史料》（上海人民出版社，1985年），由此确立了该学科的研究基础。穆益勤还发表过多篇有关明宫廷绘画及明代画家研究的文章。在前辈学者的研究基础上，故宫博物院于2006年再次举办"明代宫廷书画"专题展览，展出故宫收藏的有关明代宫廷的绘画以及法书作品90余件。此次展览立足于明代的宫廷文化，力图全面展示明代宫廷书画丰富的题材内容和多样的艺术风格。故宫学者单国强、肖燕翼、杨新、聂崇正、李湜等人都撰写了一系列论文或出版了著作，对明代绘画尤其是宫廷绘画进行了多方面研究，进一步探讨了明朝宫廷绘画机构、绘画的题材和艺术特色、中书舍人书法风格等问题，并且在宫廷画家个案研究以及史料的挖掘上，都取得了成果。

对于古器物及宫廷类文物，比较突出的有陶瓷、玉器、家具等方面的研究。

1. 明代陶瓷研究。孙瀛洲、耿宝昌、叶佩兰等结合故宫藏瓷的整理、鉴定和研究，发表了一系列卓有见地的论文，或出版了专著。孙瀛洲在《元明清瓷器鉴定》（《文物》1965年第11期）一文中所归纳的鉴定经验，至今仍对古陶瓷鉴定有着指导意义。耿宝昌的《明清瓷器鉴定》（紫禁城出版社、两木出版社，1993年）为国内首部古陶瓷研究鉴定的论著。李辉柄、叶佩兰、吕成龙、王健华、冯小琦等人都进行过明代瓷器研究，王光尧在明代官窑制度的研究上取得了一定的成果。

元末明初青花瓷是近年来人们关注的热点，其中不乏各色好事者的炒作，以致鱼龙混杂，泥沙俱下。故宫博物院藏明清两代宫廷御用青花瓷数量巨大，仅明初洪武、永乐、宣德三朝青花瓷就有800余件。2002年，故宫推出了"明代洪武永乐宣德青花瓷器特展"，展品除各朝真品佳器外，也有后世模拟而作的仿品，以清代仿制为主。在此展览基础上编写的《故宫博物院藏明初青花瓷》（紫禁城出版社，2002年）一书，从造型、纹饰、款识、胎釉、色彩入手，逐件详述，细究个中时代风格与特征，以揭示其独到之处。这本书和这个展览凝结了故宫陶瓷专家学者的有关研究成果。2008年文华殿作为故宫陶瓷专馆，展出了清宫所藏明洪武官窑瓷器，明代正统、景泰、天顺三朝所谓的"空白期"瓷器，以及从明代万历三十五年（1607）到清代康熙中期（约1676—1700）将近100年的"转型期"瓷器，这些瓷器都是首次展出，同样反映着故宫的明代瓷器研究水平。

2. 玉器研究。对于本院珍藏的丰富的明宫遗存玉器，故宫学者已进行了较多的研究。杨伯达、周南泉等专家视野开阔，注重考古发掘的新资料，从中国玉器的历史长河中研究明代玉器，对其发展的渊源关系、明代工艺特征及美学意趣等进行探索，这些成果充分体现在杨伯达的多部论著及周南泉主编的《故宫博物院藏文物珍品全集·玉器》（上海科学技术出版社，1995年。上中下三卷，其中明代玉器有专门论述）中。张广文的《明代玉器》（紫禁城出版社，2007年）一书，以故宫传世玉器研究为基础，尝试将其与国内已发表的考古资料比对分析，并系统地归纳研究，从而呈现出比较完整而清晰的明代玉器工艺发展演变的轨迹。

3. 明式家具研究。故宫所藏明清宫廷家具，不仅数量多，而且质量等级高。由于明式家具风格的形成在很大程度上曾受到明代宫廷家具的影响，因此对明式家具的研究也包括了对明代宫廷家具的研究。

朱家溍、王世襄在明清家具研究上享有很高声誉。由他们二人主编的《中国美术全集·工艺美术编·竹木牙角器》（文物出版社，1988年），共介绍明清家具82件，其中70件出自故宫。由朱家溍主编的《故宫博物院藏珍品全集·明清家具》（香港商务印书馆，2002年）上下册，上册专门介绍故宫明代家具，对明式家具的制作工艺、榫卯结构、家具用材、装饰技法等都有所论述。胡德生的《故宫博物院藏明清宫廷家具大观》（紫禁城出版社，2006年），也是作者多年来对明清宫廷家具的研究成果。

此外，在漆器研究方面，相关成果主要有李久芳主编的《故宫博物院藏雕漆》（文物出版社，1985年）、夏更起主编的《故宫博物院藏文物珍品全集·元明漆器》（香港商务印书馆，2006年）。在珐琅器研究方面，主要有李久芳主编的《故宫博物院藏文物珍品全集·金属胎珐琅》（香港商务印书馆，2003年）。在竹木牙角器研究方面，主要有朱家溍与王世襄主编的《中国美术全集·工艺美术编·竹木牙角器》（文物出版社，1988年）、李久芳主编的《故宫博物院藏文物珍品全集·竹木牙角雕》（香港商务印书馆，2003年）。在古代文具研究方面，主要有张淑芬主编的《故宫博物院藏文物珍品全集·文房四宝·纸砚》（香港商务印书馆，2005年），张淑芬、杨玲主编的《故宫博物院藏文物珍品全集·文房四宝·笔墨》（香港商务印书馆，2005年）。在织绣研究方面，主要有陈娟娟所著的《中国织绣服饰论集》（紫禁城出版社，2005年）、宗凤英主编的《故宫博物院藏文物珍品全集·明清织绣》（香港商务印书馆，2005年）。

在明代宫廷宗教文物方面，王家鹏、罗文华等人都有研究文章发表。2006年王子林主持完成了"钦安殿研究"科研课题，该课题包括"钦安殿原状陈设考""钦安殿正龛及玄天上帝铜像考""钦安殿道场的形成和发展""钦安殿资料汇编"等专题，对明代宫廷中著名的宗教场所钦安殿进行了较为全面的研究。

需要说明的是，上述有些研究显然已超出了宫廷史研究的范畴，但是，这些研究只要涉及明代则都离不开与宫廷史相关的内容。

（四）明代宫廷史与故宫学研究

近年来，故宫博物院加强了明宫史方面的研究力量，积极推动明宫史研究。从2006年起，故宫已组织院内外的有关专家，联合承担"明代宫廷史研究"的科研项目，联合撰写"明代宫廷史丛书"。丛书共计18种，目前已有《明代宫廷建筑史》和《明代宫廷戏剧史》两种完稿。这是故宫博物院首次借助海峡两岸的学术力量，全面、系统、深入地研究明宫史的重大举措。

2006年7月，故宫召开了明宣德朝宫廷文化学术座谈会，来自院内外的数十位专家学者围绕明前期宫廷文化问题，展开了积极的讨论。2007年7月，故宫博物院邀请院内外专家学者，特别是院外的资深明史学者，召开了明代宫廷史研究与故宫学座谈会。2008年3月，故宫召开了首届明代宫廷史学术研讨会，参会者有包括中国台湾在内的全国各地数十位专家学者，他们就明代宫廷史的相关问题展开了热烈的讨论（"研讨会纪要"刊载于《故宫博物院院刊》2008年第6期）。截至2008年11月，故宫又多次召开了明代宫廷典章制度史研讨会。这几次座谈会、研讨会的陆续召开，对故宫的明宫史研究起到了重要的促进作用，也从一个侧面推动了人们对故宫学的探讨。院刊编辑赵中男的《试述明代宫廷史分期与特点》（《故宫博物院院刊》2007年第4期）一文，首次从整体上对明宫史发展的分期和特点进行了尝试性探索。几乎与此同时，故宫学的研究也取得了一定的进展，表现为多篇相关文章的发表，以及一些学术会议上学者们从不同角度对故宫学的多方面探讨。据部分专家学者讲，他们在策划和主持明宫史研究的过程中，曾经借鉴故宫学研究的某些内容和方法，使明宫史研究的视野更开阔，起点更高；而故宫学在发展过程中，也逐渐得到了明宫史研究方面的支持和巩固，加上前面提到的故宫学对明宫史研究的特殊意义，可以说二者在发展过程中逐渐形成了某种相互借鉴和相互促进的关系。

故宫博物院的明宫史及明代文物研究，有如下特色：

其一，某些领域研究成果显著，并在国内外有着一定影响。如在明代宫廷建筑及明代书画、陶瓷、家具、玉器、织绣研究等方面，故宫博物院长期保持着学术研究上的领先水平，而这些方面又恰恰是故宫藏品的优势。

其二，这些研究是与故宫古建筑的保护以及文物的整理、鉴定、展览等工作联系在一起，研究成果包括文物鉴定水平的提高。这一点不仅体现出故宫作为一个博物馆的研究特点，同时也体现出故宫学研究的某些学术追求和目标。

其三，由于故宫文物藏品的丰富性、系统性，特别是各主要类别文物，其本身就完整地记录了该类文物从萌生、发展到辉煌的文化链，因此故宫的专家学者虽然各有其研究的重点，但一般来说，他们的研究并不完全局限于一个时代，而是对于某类文物一般都有较为系统的认识，在明代文物的研究上也是如此。

其四，由于故宫人员的努力以及故宫学的倡导和推动，近年来逐渐形成了故宫内外乃至海峡两岸的力量共同研究明宫史的局面，同时由于这项研究在一定程度上集中了海内外的有关专家学者，并得到了故宫领导的大力支持，因此，这一局面正不断得到发展和巩固。

其五，首次全面、系统地研究明代宫廷史，打破文物、历史研究的界限，将二者结合起来，借助故宫学研究的学术动力，在一个较高的学术起点上，从建筑、文学、戏剧、工艺、书画、财政、典制、女性、外交、图书、园林、风俗等各个方面来探讨明宫史，在研究思路和方法上具有一定的开拓和创新意义。

故宫博物院的明宫史研究虽然取得了一系列的成果，但同故宫的清宫史研究及文物研究相比，同故宫以外的明史研究相比，还存在着较大的差距和不足，明宫史是故宫学研究的一个薄弱环节，同故宫的地位和影响是不相称的。大体说来，目前故宫的明宫史研究存在以下的不足：不同类别的文物研究之间以及各项专题研究之间的联系不够，某些研究带有较为孤立的特点，不利于对明宫史和明宫文化的整体研究；文物研究与文献研究的结合不够，未能充分利用故宫现有的文献资料，对明宫文物进行研究；与故宫以外的研究人员交流、合作不够，未能及时、充分地吸收和利用院外的相关学术成果，来提高院内的明宫文物和明宫史研究水平；尽管明宫史与故宫学研究已有了相互借鉴和促进的良好开端，但毕竟处于起步阶段，还有许多重大的问题有待于深入探讨；明宫文物和历史的研究未能同相关的学术考察活动很好地结合起来，以至于对它们本身和背后的丰富文化信息缺乏更为深入的了解；等等。这些不足对明宫史和故宫学研究来讲，都是必须克服的问题。因此，故宫博物院需要下大力气，努力开拓和加强明宫史研究，提高故宫学的研究水平，推动故宫博物院学术事业的发展。

四 加强研究明宫史，发展完善故宫学

明代宫廷史研究是故宫学的一个重要方面。努力开拓和加强明宫史研究，对于发掘故宫的丰富内涵，提高故宫博物院的学术研究水平，发展和完善故宫学，具有非常重要的意义。明代宫廷史研究应该成为故宫目前和未来一个时期内的重点研究项目之一，加强明代宫廷史研究应该成为提高故宫学术水平、推动故宫学研究的有力措施之一。

总结多年来的经验，故宫的明宫史研究要坚持三个结合：一是把院内力量与院外力量结合起来；二是把明代与清代结合起来；三是把文物与文献结合起来。

加强故宫的明宫史和故宫学研究，当前需要重点抓好几个方面工作：

（一）认真清理明代文物，做好院内协调工作

故宫文物藏品中的明代文物，基本上已鉴别清楚，但仍有一些门类的文物需继续研究区分。要结合正在进行的文物清理工作，认真完成这项基础性工作。同时要重视有关资料的整理，例如王健华的"明清传世陶瓷资料整理"（2006年故宫科研课题）等。

故宫的明宫史研究要注意专题之间的联系，避免孤立地研究。例如宫廷绘画与宫廷宗教、宫廷工艺、宫廷陶瓷之间的关系，宫廷宗教、宫廷织绣与宫廷财政之间的关系，宫廷政治、宫廷风俗与宫廷文学之间的关系等。这就要求研究人员注意文物之间和各项专题研究之间的关联性，这也是故宫学研究中应当注意的问题。一个研究课题，可能涉及多个表面看来似乎毫不相干的文物门类，例如研究明宫廷与藏传佛教的关系，一般注意的是佛像、法器等，但拓宽观察的视野，深入发掘文物的文化内涵，就会发现我们不应局限于器物学、工艺学方面的探讨，比如陶瓷组收藏着大量藏传佛教题材的瓷器，有瓷佛、瓷塔、高足供碗、僧帽壶、八宝等，如著名的宣德青花梵文出戟罐，就是宣德年间明宫中使用的藏传佛教法器，它通体书蓝查体梵文，器盖内和器底部均篆书"大德吉祥场"五字，此件器物制作精美，特别是其肩部突出的8个垫手，俯视像佛教中的"法轮"形状，它的器型、纹饰、文字、使用功能与宗教含义就不是陶瓷学能解释清楚的了，而是涉及民族学、宗教学等许多问题。因此，要全面研究明宫廷的藏传佛教问题，就需要多个部门的交流合作，首先做好院内的协调工作。其他课题的研究也是如此，这一点对于明宫史和故宫学研究同样是非常重要的。

（二）成立明清宫廷史研究中心，加强与国内外有关单位的合作

故宫将于适当时候成立明清宫廷史研究中心，以此加强明清两代宫廷史的研究工作。该中心将积极组织和筹划相关的学术会议，制订并落实一些具体的研究项目，推进明代宫廷史与故宫学的研究。明

清宫廷史研究中心将聘请院内外的专家学者作为研究员，并加强同国内外有关单位的合作，包括高等院校、科研单位、博物馆，以及其他较多收藏明代宫廷文物的单位或曾与明宫廷关系密切的城市。例如，即将成立的运河研究中心已与故宫科研人员初步达成协议，就运河与明代宫廷消费的供应问题开展合作研究；与苏州、南京、杭州等地的研究人员合作，共同探讨明代宫廷与这些城市乃至省份的复杂关系；与中国社科院历史所明史室的有关学者合作，一起整理和研究明代诏令等。同时，故宫还应同国外相关的博物馆、科研机构加强交流与合作，不仅要发掘和利用国外的明宫史文物和研究成果，还要对中外宫廷史包括故宫学涉及的一些问题进行探讨，以提高宫廷史和故宫学研究的理论水平。

（三）规划重点课题，开拓研究领域

故宫博物院组织院内外的学术力量，从2006年开始撰写"明代宫廷史丛书"。丛书计有《明代宫廷典制史》《明代宫廷织绣史》《明代宫廷宗教史》《明代宫廷工艺美术史》等18种，从不同的角度对明代宫廷史进行全方位的、系统的叙述和研究。这套丛书是对明代宫廷史一次较为全面深入的开拓性研究，围绕这十几种书，将有一批新的研究领域被开拓出来，也将吸引一大批专家学者投入到这项研究中来，从而使明代宫廷史的研究迈出新的一步。

同时，故宫利用现有条件，联合院内外明清史界的学术力量，对明清宫廷史中的若干问题进行对比研究，即将明清宫廷史的某些局部领域打通，将二者作为一个不可分割的整体来研究，探讨同类宫廷问题在明清不同背景下的不同因果关系，从而将明清宫廷史包括故宫学的研究引向深入。目前正在进行的有明清宫廷宗教史的对比研究、明清宫廷绘画史的对比研究、明清宫廷陶瓷史以及明清宫廷文学史的对比研究，参加这些研究的人员几乎都是有关方面的专家学者。

无论是明清宫廷史某些问题的对比研究，还是对明代宫廷史的总

体研究，对故宫来讲都是对新的研究领域的开拓，正如关注和主持这项研究的人们所指出的那样，这种开拓本身需要吸收和借鉴故宫学研究中的某些思路和方法，而故宫学研究同样需要吸收和借鉴明宫史研究中的某些思路，二者应该并且需要相互借鉴、相互促进。这样做的结果，还会使一些新的研究领域被不断地开拓出来，并被列入重点科研规划之中，从而有效地推动明宫史的研究和故宫学的发展。

（四）将明宫史和故宫学研究与学术考察活动相结合，使这项研究具有相对扎实的基础

北京的故宫、天坛、十三陵，以及南京、安徽、湖北等地都有许多与明宫史相关的遗址，故宫学研究的对象除清宫典藏和故宫博物院的历史之外，其余四大项内容如宫廷历史文化遗存、文物典藏、宫殿建筑以及明清档案等，都可以在这些遗迹中得到或多或少的体现，并且其中还包括一些比上述内容更为丰富的历史文化信息。明宫史和故宫学研究人员需要有计划、有步骤地结合有关文献，实地考察这些历史遗迹，探索和发现蕴藏在其中的奥秘。2008年11月，在由故宫院刊编辑部发起的学术考察活动中，来自海峡两岸的明宫典制史学者联合考察了十三陵，发现山势纵横的十三陵其陵墓排列是符合一定规律的，即符合古代祭祀的左右昭穆之制，也就是说帝王埋葬的位置同时也表明了他们的辈分与地位。以藩王身份继承皇位的明世宗为了抬高自己和父亲的地位，虽然在"大礼议"中利用权势强行"追认"其父为皇帝，辈分高于其堂兄明武宗，却无法将其父迁葬十三陵与死去的先帝们真正"同眠"并列，从而使其父在阴间获得高于武宗的辈分和地位，原因是当时已有的墓穴都排在明武宗的康陵之后，明世宗如果将其父迁葬于此，只能表明其父的地位和辈分都低于明武宗，因此明世宗只好放弃了迁葬之举。这一学术考察的成果对明代宫廷典制史和明史研究本身具有特殊的意义，而且考察的方式对故宫学研究也具有一定的价值，因此得到了参与者的充分肯定。太庙、天坛、地坛、

先农坛等地的历史遗迹，从广义上讲，都属于明代宫廷建筑的组成部分，是宫廷典制实施的重要场所，因此它们自然也是故宫学的研究对象，包括故宫内部一些明代建成或重建的宫廷建筑遗迹，都需要研究人员进一步加以考察和探索，为故宫学的发展提供有效的学术支持，并推动明宫史研究不断深入。

（五）发挥故宫在书刊出版方面的优势，配合、促进明宫史和故宫学研究

故宫博物院是同时拥有出版社和期刊社的大型博物馆，在学术成果的传播方面具有其他博物馆所不具备的优势。在开拓和加强故宫的明宫史研究方面，"三刊""一社"正在并将继续发挥重要的作用。

《故宫博物院院刊》和《故宫学刊》近年来逐渐加大了明史研究的文章比重，陆续发表了一些较有分量的文章，成为故宫内明宫史研究的一个重要阵地。同时，院刊的编辑们也积极主动地开拓和扩大明宫史研究的稿源，并组织一些相关的明代宫廷史研究学术座谈会。《故宫学刊》将以明清宫廷史和宫廷文化为重点，陆续刊登一些相关文章。院刊编辑部应抓住当前的机遇，利用明宫史研究全面、系统开展的有利条件，以"明代宫廷史研究"项目参与者为主力，发动并联合相关的学术力量，发挥《院刊》和《学刊》在登载图片、文字方面的优势，逐渐刊出一批明宫史研究方面的新成果。《紫禁城》杂志也可以适当增加明宫史的内容，配合、推动故宫的明宫史研究。

紫禁城出版社将出版"明代宫廷史丛书"，这套丛书既是出版社的重点出版项目，也是院里的重点科研项目。随着明宫史和故宫学研究的不断深入和研究领域的扩大，可能会有一些新的内容涌现出来，出版社可以据此适当增加或调整明宫史方面的选题，力争出版一批既有可读性又有学术性的优秀读物。在"紫禁书系"丛书中，也应注重收录明宫史研究的相关成果。

我们相信，有社会各界的大力支持与积极参与，有故宫人员的不

懈努力，故宫明代宫廷史研究将得到开拓和加强，年轻的故宫学将得到发展和完善，故宫将成为有一定影响的明宫史研究重镇，故宫的丰富内涵将更多地为人们所了解，故宫博物院的综合研究实力也将有显著的加强。

（原载《故宫学刊》总第4辑）

故宫藏传佛教研究的回顾与前瞻

故宫作为明清两代的皇宫，至今仍完整地保留着一批清代藏传佛教殿堂，故宫博物院藏有大量极其珍贵的藏传佛教文物及与藏学有关的其他文物，这些建筑与文物是明清特别是清代民族政策、汉藏文化交流及东西交通等方面生动的见证。以藏传佛教研究为重点的故宫藏学研究，有着重要的历史价值和现实意义，在整个藏学研究中具有独特的地位和作用，也是故宫学的重要内容。

一　故宫藏传佛教研究的丰富对象

佛教产生于公元前6世纪的古印度，1世纪出现了大乘、小乘佛教。然后，佛教开始向外传播。一路由中国到朝鲜、日本，以大乘佛教为主，称为北传佛教，经典是汉文。大约在7世纪，佛教从中国、印度、尼泊尔传入西藏，形成了独具特色的藏传佛教。中国西藏、蒙古地区的藏传佛教是北传佛教中的一支，又称喇嘛教，经典是藏文。

大约在13世纪，藏传佛教进入中原，其在民间并不普及，但在宫廷却获得了接纳和信奉，并长盛不衰。元帝信奉藏传佛教，尊奉萨迦派教主八思巴为帝师，专奉萨迦一派。明代皇室普遍接纳佛教各派系，其中藏传佛教在宫廷宗教活动中占有重要地位，且对藏传佛教各派一视同仁。明初洪武、建文、永乐三帝，曾先后三次颁旨，由官方刊印《大藏经》，分别称为《南藏》《初刻北藏》《再刻南藏》。明代的皇帝、太后、后妃大多信奉佛教，特别是藏传佛教，他们请印佛经、雕造金像、烧香礼佛，在宫中大修佛寺，佛门香火甚旺。明宫英华殿，就供奉着西藏宗教尊像。

明末格鲁派（黄教）通过蒙古传到东北满族地区，由此格鲁派与后来的后金和清建立了密切的关系。有清一代，在内地传法的基本上是格鲁一派。清入关定都北京之后，对藏传佛教采取一系列保护和发展政策，而藏传佛教格鲁派也对清政府统一和稳定蒙藏地区起到了重要作用。故宫至今仍保存着大量的藏传佛教的建筑与文物。

（一）原状佛堂

清帝在紫禁城中修建了众多的藏传佛教殿堂，由于历史原因，它们长期以来处于封存状态，许多殿堂现在仍然较好地保存着历史旧貌，我们现在称之为"原状佛堂"。这是故宫古建筑群中一个重要而又特殊的部分，是世界罕见的佛教文化遗存。故宫原有独立佛堂35处、暖阁佛堂10处，其中雨花阁、宝华殿、宝相楼、吉云楼、佛日楼、梵华楼等20多处至今保存比较完好，不仅建筑完整，而且室内保留的清代匾联、供案、神佛造像、佛塔、供器、法器、唐卡、壁画等基本维持原样。

宫内佛堂是按使用人的身份布置的。中正殿区、宁寿宫区佛堂基本为皇帝专用。慈宁宫区、慈宁花园区佛堂为后妃们礼佛之所。重华宫是乾隆做太子时的居所，其内崇敬殿东西暖阁佛堂是他当太子时的礼佛处。无论是帝后日常起居的寝宫内，还是供其消闲游乐的花园中，都有供佛之所。所有这些，组成了紫禁城中一个神秘的藏传佛教世界。

故宫现存佛堂，除少数为明代遗留的佛殿（如英华殿）和清初顺治康熙所建的慈宁宫后殿外，几乎全部为乾隆时期新建或在旧建筑基础上改建的。这些佛堂为了和整个紫禁城建筑群协调一致，除雨花阁有明显的西藏佛教建筑特点外，其他的建筑形式完全与宫殿建筑一致。有些佛堂的内部建筑结构吸收了西藏佛殿的某些特点，如梵华楼、宝相楼，一层有六座珐琅塔，塔刹高达二层楼面，二层楼板中空用一圈栏杆围成一方形小天井。雨花阁则是仿照西藏阿里古格托林寺坛成殿形式，按照密宗四部仪轨修建，是藏传佛教密宗义理与建筑的完美结合。

每座佛堂供奉的主神不同，以实现宗教崇拜的不同功用，其内的陈设布局依据格鲁派（黄教）教义，模拟西藏寺庙神殿，所以清宫佛堂内几乎囊括了西藏神殿中各类神像、神器。这些殿堂因处于皇宫禁城的特殊环境中，许多殿堂至今仍保持了乾隆时代的原始状态，从建筑到文物完整地展现了清代原貌，近似一个凝固的历史空间，它如实地反映出清帝对藏传佛教的信仰情况。这是极其珍贵的文化遗存，为故宫所独有。

（二）藏传佛教文物

故宫收藏有关藏传佛教的文物5万多件，主要有造像、唐卡、法器、法衣、经籍以及与蒙藏相关的绘画碑帖书法等。

故宫藏传佛教文物，原存于清宫多处佛堂，大部是清代蒙藏地区的民族宗教领袖进献皇帝的珍贵礼物以及内地宫廷所造的佛教艺术精品。故宫汇聚了蒙藏地区以及内地的藏传佛教文物珍品，并收藏了不少域外佛教艺术的精品。

1. 佛教造像。

故宫收藏有藏传佛教造像2万多尊，有金铜、石、木、泥等各种质地的佛雕像，而以金铜佛像时代最早，最有代表性。西藏是多种文化的交汇地。西藏寺庙中保存有很多印度、尼泊尔古佛像，这些早期西藏佛造像艺术的范本是寺庙中最珍贵的财富，其中一些贡进清宫。因此，故宫佛像中既有大量西藏与内地作品，又有西藏周边地区如印度、尼泊尔等地的古代佛像。故宫不仅有常见的佛、菩萨等的造像，还完整保存着全堂的密宗四部佛像。这些佛像时空跨度大，产地众多，品类丰富，可分为三大地区类型。一是西藏周边地区类型。有斯瓦特地区7—9世纪作品，克什米尔7—11世纪作品，东北印度7—12世纪作品，尼泊尔8—18世纪作品，等等。这些外来的艺术精品对西藏佛教艺术的发展影响深远。由于国内其他地方尚未发现印度、尼泊尔等地的古佛像，因而故宫的这批流传千载的古佛像就更显得弥足珍贵了。二是西藏本地类型。这是故宫藏传佛教造像的主体，包括10—19世纪西藏不同地区的大量优秀作品。三是中原地区类型，包括宫廷与民间作品，以清代宫廷作品为主体。故宫还藏有明代宫廷的佛像，这是当时赐给西藏宗教领袖的，到了清代，这些佛像又由藏地献回皇宫。大量制造佛像是在清乾隆年间（1736—1795），这些佛像展现了明清以来藏汉佛教艺术交流的成就。故宫这些藏品集中反映了藏传佛教造像的发展脉络，显示出不同的造型特点和艺术成就，而且蕴含了丰富的历史文化信息，在中国藏传佛教造像研究中具有不可替代的作用。

2. 唐卡。

唐卡是藏语的译音，用来代表各种质地的卷轴画。唐卡色泽亮丽，流光溢彩，具有鲜明的藏族艺术特点，是西藏绘画艺术中重要的部分。故宫珍藏着1000多幅唐卡，全部是清代皇家的藏品。故宫汇聚了18世纪西藏与内地艺术家创作的一大批珍贵唐卡作品，它们是18世纪唐卡艺术的精华。西藏唐卡按其质地，主要分绘画唐卡与织绣唐卡两大类。绘画唐卡是唐卡的主体，它以棉布丝绸作底布，上施白粉底，然后在粉底上起稿敷彩描金画成。多采用矿物质颜料，色彩明丽，经久不褪色。画成后用绸缎镶边装裱，安装天杆地轴，与国画的竖轴形式近似。清代宫廷唐卡装裱，豪华精美。织绣唐卡，采用我国传统的刺绣、缂丝、织锦工艺制成图画，是唐卡中的贵重作品。故宫所藏唐卡囊括了各类唐卡品种。

故宫唐卡绘画内容丰富，包含了藏传佛教的各类图像，神灵众多且等级分明。藏传佛教诸神等级的传统分类为祖师、密教本尊、佛、菩萨、佛母、护法神、罗汉、天王。故宫还有各种坛城唐卡。这些唐卡大部分收藏在箱柜中，至今大多品相完好，色泽如新。长期挂在佛堂中的唐卡，至今仍保持着原初的状态，对了解清代宫廷藏传佛堂内佛像的组合配置，是难得的实物资料。

故宫唐卡来源于两部分：一是贡品唐卡，是历辈达赖、班禅及西藏、甘肃、青海、蒙古等地的民族宗教上层的贡献，多为西藏画家的作品，清宫廷称之为"番画""藏画"。二是清宫廷绘制唐卡，由皇宫内中正殿念经处画佛喇嘛、宫廷画师绘制，清宫廷称之为"京画"。清宫廷绘制唐卡在构图、色彩、人物、背景的处理上形成了清宫独特的唐卡艺术风格，集中代表了18世纪西藏唐卡艺术在内地传播发展的面貌。这些唐卡艺术精品在宗教、艺术之外所承载与传达的历史信息，更弥足珍贵。

3. 供器与法器。

故宫收藏有7126件藏传佛教供器法器。藏传佛教重视修行仪轨，尤其是密教修行仪轨神秘复杂，所用供器法器种类繁多。清宫佛堂模仿西藏寺庙殿堂配置佛像法器，所藏供器法器数量多、品类丰富，凡是西藏寺庙佛事所用各种器物一应俱全，许多在一般寺庙中难得见到的珍贵法器，在宫廷佛堂中都有收藏。供器有五供、七珍、八宝、海灯、巴令供盘、满达、佛钵、佛塔等。法器有金刚铃、金刚杵、金刚橛、喀章噶、噶巴拉碗、噶巴拉鼓、镶翅海螺、骨笛、钺刀、大号、鼓等。这些器具有来自西藏地方进献皇帝的礼物，多为历辈达赖、班禅进贡，如乾隆四十五年（1780）六世班禅敬献的金刚铃、金刚杵、右旋白螺，乾隆五十一年（1786）三世章嘉国师敬献自用的金刚铃、金刚杵等珍贵法器。大部分法器则为清宫廷制作，有纯金银制品，也有采用铜鎏金、掐丝珐琅等各种工艺技法的作品，这些法器用料考究、工艺精湛，如雨花阁内三大珐琅坛城，梵华楼、宝相楼内六座珐琅大塔，都是清代的珐琅工艺珍品。

4. 佛经典籍。

清朝统治者重视藏传佛教典籍的整理、刊印与流传，曾选派二世章嘉、三世章嘉主持蒙文、汉文、满文《大藏经》等的译刻，在佛教史上产生了深远影响。故宫博物院现收藏佛经2000余部，其中有汉文佛经，也有满文、藏文、蒙文以及多种文字合璧本经书。宫廷所藏满文佛经主要有乾隆年朱印本满文《大藏经》699部，共2466卷，分装108函。蒙文佛经主要有朱墨精写本《万年国宝经》、朱墨套印本《无量寿智经》等，还有明、清的一些精刻本，以及清代的泥金写本。其中《金刚经》写本是清世祖顺治皇帝下令用泥金抄写的，其驾崩后由皇太后继续主持，于康熙元年（1662）完稿。这是顺治帝下令翻译的唯一一部蒙文佛经，也是清朝最早的官修蒙文佛经。故宫所藏藏文佛经，主要有康熙三十九年（1700）朱印本《甘珠尔经》、世所罕见的达赖喇嘛进呈的精写本《皇图永固经》等。故宫还藏有藏汉二体文、藏蒙二体文、藏满二体文、藏满汉三体文及藏满蒙汉四体文等合璧本佛经。故宫藏清代皇帝御笔写经2000余册，其中以佛经为主，还有30多部臣工抄写的佛经。

5. 与藏学研究有关的书画藏品。

故宫藏有各种书画碑帖约14万件，其中一些与藏学研究有关。例如唐阎立本的《步辇图》，绘了唐贞观十五年（641）吐蕃赞普松赞干布遣使臣禄东赞来拜见唐太宗，迎接文成公主与松赞干布成婚的故事。这是汉藏交流史上的一件大事。其他如唐代敦煌《如意轮观音像》残片、拉萨《唐蕃会盟碑》拓片、传为南宋的《番王礼佛图》等，都与藏传佛教有关。

清代宫廷绘画，有两类比较突出：一类是宗教题材画，其中以藏传佛教题材画为主；另一类是记录当时重大事件的纪实画，尤以乾隆时期清朝中央政权与西北少数民族关系反映最为具体、生动，它们也多与藏学有关。例如，乾隆皇帝在承德避暑山庄接见杜尔伯特部

"三车凌"等首领，以及后来接见其他蒙古部落首领，都命以郎世宁为首的中外画家共同完成了反映上述活动的《万树园赐宴图》和《马术图》。清政府在对大小金川土司势力的战争获胜后，所缴获佛像、唐卡、法器进贡宫中，其中部分做成钢洞（即腿骨号）和噶巴拉碗供奉于梵宗楼，乾隆帝还下令将征战过程制作《平定金川战图册》（16页），并制成铜版画。清代帝王的肖像画中，多有与藏传佛教有关的，例如一幅康熙帝坐像，炕桌上摆放佛教八宝；《雍正帝行乐图》，有身着喇嘛活佛衣帽的形象；《乾隆普宁寺佛装像轴》《乾隆扎什伦佛装像轴》《乾隆普乐寺佛装像轴》等三幅画像，正中佛像画的俱是乾隆。这些都是研究清代皇帝与藏传佛教的重要资料。

二 故宫藏传佛教研究的意义

研究故宫藏传佛教具有重要意义，主要体现在三个方面。

（一）故宫藏传佛教文物具有民族团结、国家统一的政治意义

作为一个多民族国家，中国历代王朝都面对着如何加强民族团结、保持边疆地区稳定的重大挑战。藏族是我国多民族大家庭中的优秀成员，藏民族聚居地区比较广阔，从元代以来，藏传佛教又广泛影响到蒙古族地区。早在入关前，清朝统治者就同西藏、蒙古关系密切，在政治上予以优待，经济上予以厚赐，使之与清廷保持一致，以维护西方北方久安无患，这是有清一代笼络藏蒙上层喇嘛集团的传统政策。作为明清两代皇宫的故宫，是皇权的中枢、政治的核心，皇宫中收藏的许多藏传佛教文物，就是当时中央政府民族宗教政策的具体反映，有着重要的政治意义。例如乾隆五十六年（1791）清军击败廓尔喀（尼泊尔部落）对西藏的侵掠后，乾隆皇帝于次年写了《喇嘛说》一文，讲述了喇嘛教的命名、来源和发展，以及清廷予以保护的

道理，总结了元朝统治者盲目信奉喇嘛教的教训，告诫子孙不要重蹈覆辙，并且讲述了他用国法惩处那些搞分裂、危害国家统一的上层喇嘛，并对活佛转世制度提出了整顿和改革的办法，从而加强了清廷对蒙藏地区的统治，加强了各民族的团结，维护了国家的统一。他说："兴黄教即所以安众蒙古，所系非小，故不可不保护之，而非若元朝之曲庇谄敬番僧也。"乾隆这一御笔，钤有清内府"石渠宝笈所藏""宝笈三编""宣统尊亲之宝"印，现藏故宫博物院。又如乾隆四十五年（1780），乾隆皇帝70寿辰，六世班禅跋涉万里进京朝贺，并曾到紫禁城中正殿、宁寿宫等处佛堂念经、做佛事，故宫现仍保存着班禅的奏书及贺礼。奏书以藏、汉、满三种文字写成，书尾钤朱色印"敕封班禅额尔德尼之宝"。奏书表达了六世班禅对乾隆帝的赞颂和祝愿，衷心感谢乾隆帝对黄教的扶植、弘扬，并表达了他拥戴中央政府的心情。所献马鞍做工精细，用料考究，嘉庆皇帝曾以此鞍作御用鞍。这些文物是民族团结的见证。

（二）故宫藏传佛教文物体现了民族文化交流的成就

藏传佛教有着精深的文化内涵，是西藏文化中最有代表性的部分，凝聚着藏族人民的聪明才智。故宫是中国内地保存最完好、收藏最宏富的藏传佛教文物宝库。其典藏基本是宫廷旧藏，汇聚了藏蒙地区以及内地的藏传佛教珍品。来自藏族地区的佛教艺术品，是明清以来蒙藏等地区进献朝廷的礼品，大量的西藏佛教艺术精品荟萃紫禁城，这是元朝以来700年的历史积淀，各民族文化交流的结果，具有多民族文化融合的特色。由于皇宫的至尊地位，文物的特殊来源，故宫的藏传佛教文物大多豪华精美，历史价值、艺术价值极高，每件文物进入皇宫的过程都凝固了一段历史，数万件文物组合成一幅多姿多彩的历史图景，连接着中原文化与西藏文化，连接着中华民族共荣共存的血脉。

尤其难得的是，藏传佛教造像及唐卡基本上保留了清代喇嘛的鉴定记录。藏传佛教造像复杂多变，要搞清每尊佛像的准确名称很不容易。唐卡是宗教绘画艺术品，是供顶礼膜拜的圣物，作品上极少留有画师的名字以及绘制的时间。藏传佛教的佛像、唐卡献进皇宫后，要请章嘉、土观、阿旺班珠尔等驻京胡土克图鉴定。对于佛像，要用汉满两种文字在黄色纸上写明它的品种、名称、来源、时间，再把黄纸拴在佛像上，称为"黄条"，或在佛龛上用汉、满、蒙、藏四种文字刻写铭文。对于唐卡，则在每幅背后缝一方白绫，上书汉、满、蒙、藏四种文字的题记，说明唐卡的进宫时间、来源、名称、鉴定人及摆供方位。这些黄条和题记，反映了清代高僧对佛像的认识与研究水平，非但在当时就有宗教与图像学两方面的权威性，也为我们今天的研究提供了可靠的标尺文物。大量带题记的造像、唐卡，不仅是研究故宫造像、唐卡的基础，对于西藏雕塑史、绘画史研究也有重要意义。

（三）故宫藏传佛教文物反映了清代宫廷文化的佞佛特色

清代帝王从民族团结、安定边疆的大局出发，积极支持藏传佛教，同时又清醒地、理智地防止它的膨胀，对其加强管理。但从信仰来说，他们又倾向于藏传佛教。顺治帝"万几余暇，留心内典"，自以为僧人转世，曾屡派大臣、喇嘛往五台山修祝国佑民道场等。康熙帝也多次派喇嘛到五台山修佛事。雍正帝自小喜读佛典，拜章嘉为国师，常与其谈论佛法。乾隆帝更是笃信佛教，他学会了藏语，用于与喇嘛对话，并亲书《心经》和梵文《尊胜咒》，他的陵寝中浮雕五方佛，刻梵藏文经咒。正是在清代前期帝王崇佛的影响下，皇宫中充满敬佛的氛围，建有供奉藏传佛教诸神的大小佛堂几十处。清宫有专门管理藏传佛教活动的机构——中正殿念经处，主管宫内喇嘛念经与办造佛像事。宫中每天都有喇嘛在中正殿举行佛事活动。在清代历史上，共有两位达赖、一位班禅进京朝觐。每次朝觐，献给皇帝的礼品大都为造像、唐卡和法器。清宫也制作了大量唐卡、造像。唐卡主要由中正殿画佛喇嘛绘画，造办处工匠装衬，宫廷画院画师及造办处画匠也秉承皇帝旨意参与绘制，其中还有外国传教士画家参与。往往是外国画家画脸像，以使得作品线条流畅自然，面部表情刻画逼真，宫廷唐卡肖像比西藏地方制作唐卡肖像生动得多，但从整个画面的布局、色彩看，又是典型的唐卡画法。清宫制造重要的佛像，每道工序皇帝都要审阅，提出意见，不合要求处要反复修改，最后请大喇嘛装脏开光。宫廷造佛匠师不仅有内地工匠，还有西藏与尼泊尔工匠。西藏与尼泊尔工匠把他们精湛的铸造与雕塑技术传到宫廷，与北京地区传统的造佛工艺相结合，创造出一种清代宫廷造像风格。此外宫廷还制作了不少其他宗教用品，例如乾隆皇帝为供奉母亲孝圣宪皇太后生前脱落的头发，下令清宫造办处用3000余两黄金制作了金发塔，该塔做工极为精细，并嵌有许多红蓝宝石。以连环画的形式讲解诸佛故事的《诸佛事略图说》和冲解"吐纳法"的《密宗修习法》，形象生动，是宫廷中专为皇室制作的通俗读物及练习范本，可见藏传佛教在宫中无所不在。如此虔信藏传佛教，就成了清代宫廷文化的一个显著特色。当然，我们应该也看到，虽然清代帝王及宫廷对藏传佛教十分尊崇，但对汉传佛教及儒教、道教并不排斥，雍正皇帝说过：儒释道三教同出一门，以佛善心，以道修身，以儒治国。紫禁城里，固然藏传佛教殿堂最多，但也有道教的玄穹宝殿、钦安殿、城隍庙，乾清门内东南有祀孔处，又在传心殿设孔子的牌位，于经筵前一日祭告。

三 故宫藏传佛教研究的回顾

故宫虽有大量的藏传佛教佛堂及文物，但长期以来外界知之不多。20世纪30—40年代，始有部分资料向社会披露，这一时期可以说是故宫以藏传佛教为主的藏学研究的滥觞期。由故宫博物院编印的《掌故丛编》，辑录了年羹尧、鄂尔泰有关西藏的奏稿。由故宫博物院章乃炜、王蔼人合编的《清宫述闻》，征引了大量清宫档案、史书及笔记，对皇宫内各个宫殿的历史渊源及陈设、功用等做了详细的说明，其中就包括大量的藏传佛教殿堂。时在燕京大学讲授梵文和印度古宗教史的前沙俄教授钢和泰，曾拍摄了故宫宝相楼的部分佛像，后被整理出版，名为《两种喇嘛教神系》，所发表的虽然只是宝相楼的部分佛像、唐卡与题记照片及诸尊汉、梵文名称的检索，但也引起学术界对六品佛楼的重视。20世纪80年代，日本学者田中公明，根据陆续出版的有关曼陀罗资料与密教的仪轨经典，对此书中所给出的宝相楼诸佛的梵文名号做了修订。

《文物》杂志1959年第7期刊登了朱家溍的《故宫所藏明清两代有关西藏的文物》，该文论述了多件从不为外界所知的重要文物。这篇文章在故宫博物院藏传佛教研究史上意义很大。可惜由于历史的原因，故宫的藏传佛教文物研究一直未能开展，文物仍处于封存状态。

20世纪80年代，随着改革开放的大潮以及对整个宫廷文物的重视，故宫的藏传佛教研究也迈开了步伐，20年来取得了明显的成绩：

（一）举办藏传佛教文物展。如"清宫藏传佛教艺术展"（1992年）、"西藏文物精粹展"（1992年，与西藏文管会合办）、"故宫藏传佛教文物特展"（2001年）、"妙谛心传——故宫藏传佛教艺术展"（2003年，澳门）、"清宫罗汉展"（2006年）等。另外，在有的综合性展览中专列藏传佛教部分，例如"盛世华章——康雍乾三代艺术展"（2005年，英国伦敦）中就有一批藏传佛教的唐卡、造像、法器。故宫每办一个展览，都能认真准备，对文物进行比较深入的研究，出版展览图录，由研究人员撰写专题研究文章，因而收到了较好的效果，受到国内外藏学界的关注。

（二）出版了一批研究著作。如《中国藏传佛教金铜造像艺术》（2001年）、《图像与风格：清宫藏传佛教造像》（2001年）、《藏传佛教众神：乾隆版满文大藏经绘画》（2002年）、故宫文物珍品60卷之《藏传佛教造像》（2003年）、《藏传佛教唐卡》（2003年）、

《龙袍与袈裟：清宫藏传佛教文化考察》（2005年）等。故宫研究人员发表的有关藏传佛教的论文约50篇。研究的成果与重点主要在以下几方面：①宫廷藏传佛教建筑遗迹考证，搞清了佛堂的分布、建筑的构造特点，建筑与佛教文物的关系。②清代宫廷中藏传佛教文化考察。③专项文物研究集中在佛像、唐卡、佛经等项。

2003年，故宫对佛教经典进行清理，并有计划地整理出版了《满文大藏经》。此佛经由汉文译成满文，雕刻梨木经版48025块，装成108函。乾隆五十九年（1794）刊竣，贝叶夹装，朱文双面精印12部，分别收藏于紫禁城皇宫、盛京旧宫、承德行宫等地，部分赏赐给各大寺院。这部《满文大藏经》现在仅有两部存世：一部收藏于故宫博物院，现北京故宫博物院收藏76函，台北故宫博物院收藏32函。另一部略有残缺，收藏于西藏拉萨布达拉宫三界殿。故宫所藏这部大藏经，经过整理、补配，由紫禁城出版社再造重印，全新出版。章宏伟对这部《满文大藏经》进行了深入研究，发表了多篇论文，考证该经名称应是《清文翻译全藏经》，这是关于《满文大藏经》研究的重要收获。

（三）从1992年以来，故宫博物院参与了布达拉宫的维修工程，相关人员做出了应有的贡献，也增长了藏传佛教方面的知识。2005年，故宫博物院与四川考古研究所合作，开展为期5年的四川甘孜地区藏传佛教艺术和民族关系的考察。2005年的考察活动，还邀请了北京师范大学、国家博物馆、四川西南民族大学、四川省民族研究所的有关专家参加，调查嘛呢石经城，考察摩崖石刻，探索这一地区的藏传佛教艺术，取得了一系列成果。

这一时期，有关清宫档案及其他资料的出版以及藏传佛教研究整体的深入，对故宫藏传佛教研究起了积极的促进作用。20世纪80年代出版的《章嘉若必多吉传》（民族出版社，1988年）一书就很重要。三世章嘉若必多吉是清代著名的黄教领袖、佛学大师，他小时候曾与皇四子弘历（即后来的乾隆帝）一同学习。他精通汉、满、蒙、藏多种文字，曾主持多部《大藏经》的翻译、校订、刻写工作，主持宫廷佛像、唐卡的制作并对入宫佛像艺术品进行鉴定。他一生不仅著述甚丰，而且为乾隆时期边疆的巩固和民族宗教政策的推行立下汗马功劳。他在乾隆五十一年（1786）圆寂，乾隆帝当年命宫廷匠师为他造银间镀金像，供奉于雨花阁东配殿章嘉国师影堂中，现在造像与影堂俱在。这部传记详细描述了章嘉在宫廷的活动及与其藏传佛教有关的一些重大事件，对故宫藏传佛教研究大有裨益。又如，顺治年间，五世达赖喇嘛曾应邀来京，对密切西藏地方与中央的关系、维护祖国西部的安定做出了杰出的贡献，此举开创了清代宗教领袖与皇帝本人直接接触的先河。《清初五世达赖喇嘛档案史料选编》（中国藏学出版社，2000年）以及《六世班禅朝觐档案选编》（中国藏学出版社，1996年），也已先后出版。

四　故宫藏传佛教研究的方向和重点工作

故宫博物院藏传佛教研究虽有了一定的基础，但基础还很薄弱，所要做的工作还很多；故宫已有了一支队伍，但从丰富的研究对象的要求来看，研究力量以及研究人员的知识结构、学术视野还显得难以适应。从故宫学研究的整体规划出发，藏传佛教研究要进一步加强。

在故宫藏传佛教研究的指导思想上，要努力把握好以下三点：

（一）故宫藏传佛教研究仍应立足院藏的大量文物，关注国内外各文物机构或私人藏品的动向以及相关的研究成果，从而更为广泛、多个角度地审视故宫的藏品，深刻解析其政治、文化及艺术内涵。

（二）建立开放机制，与国内外相关的大学、博物馆、研究机构建立信息交流和研究人员互访机制，力争使故宫的研究与整个学术界保持同步。

（三）积极参与到前沿的研究课题中，或在某些课题中起到主导作用，努力使故宫的研究在某些点上有所突破，处于领先地位，进一步提高故宫藏传佛教研究的水平。

当前和今后一段时间，故宫藏传佛教研究的重点工作有以下五个方面：

（一）加强基础工作。故宫藏传佛教文物现分藏于宫廷部、古器物部、古书画部、图书馆等多个部门，要继续扎实做好基础工作，结合院文物"三核对"任务，彻底清理，弄清底数，做好文物编目，尽快编出《故宫藏传佛教文物总目》。整理院图书馆所藏皇帝御笔写经、臣工写经，出版《故宫藏皇帝御笔写经书目》《故宫藏臣工进呈写经书目》。

（二）重点对几十处佛殿做综合的系统研究。学习借鉴佛教考古学方法，将器物学方法与历史学、考古学、民族学、宗教学方法结合起来，把单项的文物研究与古建筑研究结合起来。正在进行的宗教组集体科研项目《故宫梵华楼整理报告》就是一个试点。该研究将对梵华楼从建筑到文物，做出系统全面的测绘、制图、摄影、详细记录，完成考察报告，再将考察报告与全部文物资料图片整理刊布，出版一部考古报告型的整理报告。此书的特点重在材料的客观性、完整性，以完整翔实的资料表述佛殿的全貌，做出客观的科学分析，这既是故宫建筑大修工程的重要成果，也可为今后的古建筑维修提供较为可靠的依据。故宫计划结合古建筑维修，经过若干年的努力，逐步把雨花阁、吉云楼等保存完好的原状佛堂报告都做出来。这本身就是重大的科研项目，也可为社会力量参与故宫藏传佛教研究提供重要的资料。

（三）深入挖掘档案文献，认识院藏文物的内涵，做好单项文物的研究。发挥故宫文物优势，继续加强佛像、唐卡的研究，同时争取在佛经、法器研究等薄弱项目上，能有所作为。

（四）走出故宫，加强国内国际同行间的交流合作。如与西藏文物局合作，开展夏鲁寺古建文物保护、西藏博物馆文物整理研究等项目。夏鲁寺是座著名寺院，14世纪中布顿·仁钦朱以此为主寺创立夏鲁派。当年清宫喇嘛跳"布扎"（一种西藏宗教舞蹈），就是由夏鲁寺来的老师传授的。夏鲁寺是目前西藏唯一一座保留了元代汉族风格的汉藏结构寺庙，其元代壁画是西藏地区少见的艺术珍品，壁画风格兼有元代汉地及尼泊尔佛画的特征。西藏博物馆是一座民族文化和艺术的殿堂，收藏有元、明、清历朝及民国中央政府颁赐的封诰、玺印、金册，以及大量的宗教艺术品、精美的瓷器等，有些极为珍贵。故宫参与这些项目，无疑是很有意义的。

（五）制订科研规划，加强薄弱环节，组织力量完成一批重大课题。故宫重视科研人员的培养和提高，为他们创造进一步深造和发挥其积极性的条件。

（本文为作者在"汉藏佛教美术研究：第三届西藏考古与艺术国际学术讨论会"上的讲演，刊载《故宫博物院院刊》2007年第5期，《新华文摘》2008年第1期转载）

探索故宫学的体会

　　刚才李文儒院长谈了我们举办学术讲座的一些想法。让我做第一讲，我是坚决推辞的，因为有我院好多专家包括今天在座的一些老先生，他们在故宫学的研究上都有很高的造诣，并且以他们的道德文章，成为我们故宫重要的旗帜。这第一讲，由一些老先生，或者近几年崛起的一些中青年学者来讲，可能更为合适。所以，我跟文儒同志推辞了几次。文儒同志讲，你作为院长还是来讲一下，因为这几年你一直在"唠叨"故宫学，说一说，大家可能会有兴趣的。我说，我在《故宫学刊》上刊发的那篇长文章，该说的已经说了。他说，你就不要讲那个了，主要讲讲你是怎么考虑这个问题的，怎么形成这么个思路的，具体过程怎么样，不是说拿来一篇文章给大家念念或者选择一些方面进行阐发。我想这也有道理。关于故宫学，我正在探索，正在研究，并且会坚持下去，把我的真实的思想过程说出来，和大家交流，可能会引起大家的共鸣。所以，今天的开讲真正是抛砖引玉，因为搞学术讲座活动也是我提出来的。故宫学术研究的气氛越来越好，但还要继续推动，创造出更为宽松与活跃的环境。要重视学术交流，扩大视野。既要有比较重要的学术讲座，也应有专题性的学术报告，还可围绕一个专题组织几个人来讲，或者集中一点时间让不同研究领域的人来讲。我一直提倡，在我们故宫，思想要更活跃一点。思想活跃了，聪明才智才能更好地发挥出来，才能新见迭出，议论风生。这是我们所期盼的一个局面。讲座是要认真准备的，国家图书馆搞了一些定期讲座，有很好的经验值得我们借鉴。今天让我来开这个头，确实有点惶恐，但也不好再推辞，于是就答应了。我今天讲的题目是《探索故宫学的体会》。

一　故宫学思路的提出和形成

对我来说，故宫学思路的提出和形成，是立足于对故宫及故宫博物院的认识和定位、对故宫学术研究的现状以及80年来故宫研究历史的调查与考察的。我想说一个情况，我一到故宫，曾和文儒同志一起拜访了我们文物部门的一位老同志，请他谈对工作的希望。这位同志指出应该加强故宫的学术研究，他认为故宫的学术研究不如某兄弟博物馆。这对我很有震动。因为听院里负责学术研究的领导讲，我们故宫学术研究的整体状况还是好的。后来我想，之所以会有不同的看法，大概是着眼点不同。两个博物馆，因为历史、藏品、人员构成等方面的不同，在学术研究上自然会各有其特点。这类问题有时不大好比较，但博物馆同行会有基本的共识。应该说当时我对故宫的学术研究状况并不很清楚。但无论如何，他的话使我受到很大的触动：你到故宫来，不光是要搞大修，还要抓故宫的长远发展，抓它的全面建设。故宫作为一个大型博物馆，既有收藏保管文物的责任，也有陈列展示文物的职能，还有学术研究的任务。博物馆和大学当然有区别，大学是要出思想的，但博物馆也是要出研究成果的。所以在我的认识上，一来故宫，就感到要对学术研究引起重视，这是关系到故宫博物院长远发展的大事。

我在《故宫博物院院刊》2003年第4期上发表了《故宫的价值和故宫博物院的内涵》一文，这是2003年3月我在上海博物馆举办的一次国际博物馆馆长高层论坛上的讲演。从文章题目上就可看出这是在对故宫与故宫博物院定位。这个定位很重要，它决定着故宫博物院的发展方向及学术研究的重点，对我形成故宫学思路及对故宫学的内涵的认识有很重要的意义。我认为，故宫与故宫博物院密切相关，对故宫价值认识的程度，影响着对故宫博物院内涵的理解与功能定位。通过对文物认识的深化、对古建筑的重视、对宫廷历史文化的挖掘、对非物质文化遗产传承等四个方面的探讨，我逐渐认识到故宫不只是"中国最大的文化艺术博物馆"，还是世界上极少数同时具备艺术博物馆、建筑博物馆、历史博物馆、宫廷文化博物馆等特色，且符合国际公认的"原址保护""原状陈列"基本原则的博物馆和文化遗产，是一座博大精深的中国历史文化宝库。这是半年多调查研究的收获。当然这几年的继续调研，也使我对故宫的了解不断加深，但2003年得出的这一结论基本上还是站得住的，是符合实际的。

从2003年初开始，我又着重对故宫的学术研究状况进行调查。陆续召开了几个座谈会，其中一次是各部门在职的，特别是业务部门负责同志的座谈会，主要是请大家谈一谈故宫的学术研究问题。我记得之后在研究室又开了一次老专家座谈会，与会者都提了很多很好的意见，谈到了我们的优势，谈到了我们的不足，谈到了我们今后应该加强的方面。同时我请各个业务部门对这个问题进行认真讨论，提出建议，给我提供一些书面材料。这些材料我现在还珍藏着。大概也就在这个时候，朱诚如副院长跟我讲，院学术委员会经过研究，提议成立故宫博物院研究院，搞几个研究所，而且有了一个框架性的构想。对此我也表示同意，但是也感到有一些问题不易解决，例如，故宫研究院和故宫博物院名称都叫院，弄不好容易混淆起来，研究所和其他部门的关系怎么处理，研究所如何开展工作，等等。对于这些问题，我感到还不甚清楚，心里没底。这件事虽然暂时放下了，但从中可以看出故宫同人对推进故宫学术研究的热情，也表明故宫学术研究有着一定的实力和基础。前不久肖燕翼副院长对我说，成立研究院的条件他认为差不多了，我说再等等，不必着急。也就在2003年春季，北京大学文博学院来找我们，说有一个财政部支持的科研项目，文博学院想和我院以合作的方式共同承担。故宫博物院从筹备到成立，与北京大学就有着密切的关系，要提高故宫学术研究水平，需要和包括北京大学在内的一些高等院校及科研机构合作。

以上所说的对故宫、故宫博物院的定位以及对故宫学术研究的调查，都是旨在加深对故宫的了解。切实地、全面地认识故宫、把握故宫，是做好故宫一切工作的基础。了解故宫学术研究，不能就学术研究谈学术研究，而要和对故宫博物院的历史的考察结合起来。我看了故宫20世纪30年代出版的一些刊物，印的一些书籍及一些资料性质的东西，同时看了台北故宫博物院的学术刊物，包括他们出的一些书。我侧重于综合性的情况介绍。另外，我还找了国外汉学家，像法国的、德国的，他们的研究中与故宫有关的、与清宫历史有关的、与清宫散佚出去的文物有关的资料。当然这方面的资料并不多，但对我还是很有裨益的。我体会到，对故宫的认识是个不断加深的过程。一开始接触，似乎不过如此，认为自己早已了解了，但了解得越多越感到故宫的博大精深，越不敢轻言真正懂得了故宫。不了解故宫的历史，不掌握第一手资料，难免要出错。去年，中国社科院当代中国研究所，其实就是我们的国史研究所，搞了一个规模盛大的国际学术研讨会，其中有美国华盛顿大学教授沈大伟（美国人）提供的一篇论文，题为《1949年以来的故宫博物院——国宝与政治对象》，这是他与人合著的《中国皇家艺术宝藏·收藏史》中的一节。这篇论文认为，北京故宫博物院在半个多世纪的时间里为中国共产党和中华人民共和国发挥了重要的政治作用，它是把党和国家与其民族历史联系在一起的一条纽带，因而也赋予现政权以合法地位。政府也通过故宫及其馆藏巩固其在国际上的合法地位与声望。对于这一观点，人们可以赞同，也可以不赞同。我看了他的文章，发现史实方面特别是1949年以来故宫博物院的历史、院负责人等方面错误甚多。我也见到了他，他表示对故宫了解不多，问了我很多情况。用了很多与史实不符的资料，势必会影响研究结论，这对我们搞研究也是个教训。一定要有第一手的资料，不能道听途说。例如在研究文物南迁时，我看了不少院藏档案、文献，又到南京的中国第二历史档案馆看了有关档案，发现一些流行的说法并不准确。因此调查研究很重要，我在故宫学的探索中就非常注意掌握第一手的资料。

向社会公众正式提出"故宫学"是在2003年10月，当时南京博物院庆祝建院70周年，有一个博物馆馆长论坛，我有一个讲演，讲的就是"故宫学"。有的报纸对此也做了报道，但是很粗浅。因为我当时只说了它大概的研究范围、研究对象，这些研究范围、研究对象之间是一个什么样的关系，现在的研究状况怎么样，那个时候我还了解得很不够，只是提了这么一个概念，感觉到应该这样提，但我还没有来得及认真研究。半年之后，也就是2004年的4月，中国紫禁城学会在国家图书馆办"紫禁城文化"系列讲座，安排由我讲第十一讲，因为当时安排得较早，春节一过就准备了，我想借这个机会再把故宫学的认识深化一下。题目定为《紫禁城与故宫学》，因为是紫禁城学会办的讲座，我也认为紫禁城在故宫学研究的范围中有着特殊的地位。当时我只列了个讲座提纲，但快到讲演时我却有个出差的任务，还非去不可，这怎么办呢？和组织者商量，能不能把我的这个讲座时间给调换一下。回答是不能，他说你这个讲座是卖了票的，还把票附了一张寄给我。人家说，虽然不能调换，但可以让人代讲。我就劳驾晋宏逵副院长代我讲。我又考虑晋院长代我讲不能只拿个提纲，只有提纲，晋院长怎么完全知道我的具体想法呢。我想老晋是建筑专家，在有关古建方面他会讲得比我好，但我的整个思路和想法他了解得未必完全。于是，我只好写得再细一点，这就写了有六七千字，老晋也有一些修改、补充。这次讲座第一次谈了故宫学的研究对象有六条，这六条里边的重点是什么，对故宫学研究近80年的历史有个阶段的划分，同时对故宫学的研究方法也有所论及，还谈了紫禁城研究在故宫学中的地位。当然，我也讲了我不赞同用"紫禁城学"代替"故宫学"，并阐述了几条理由。

2004年我又倡议办《故宫学刊》，大家都表示赞成。李文儒副院长要我写篇论述故宫学的文章，我说时间太紧，恐怕第1辑赶不上。他说你必须写，你倡导故宫学，最好在第1期发表。这话是有道理的。我就加班加点，抓紧完成，这就是现在大家看到的在《故宫学刊》创刊号上发表的《故宫学述略》，我算了一下大约有38000字，这应该是我截至去年年底，对故宫学探索的成果，我当时所能得到的认识都体现在那里面了。在这篇长文中，我觉得对有些问题的探索和研究还是下了功夫，颇有些新意的。例如我提出了故宫学与故宫文化的关系，这对认识故宫学的性质和特点是有意义的。又如故宫学的价值与意义，这里也有我自己的体会和认识。还有我对学科性质的解释，即故宫学到底是一门学问还是一个学科，它是一个什么样的学科。我认为故宫学就其所研究的以古建筑、宫廷藏品及宫廷历史文化为重点的皇家文化来说，它是一个学科，而其内涵再扩大一点，研究的对象再宽一点，应该是一门学问。我当时举了个例子，像明清档案，合起来有一两千万份，档案对故宫学研究很重要，但所有的档案不全是故宫学的。我还谈了一个故宫学从自发到自觉的观点。以前有没有故宫学？我认为是有的，但属于自发阶段。我们现在明确提出故宫学，说明故宫学的研究进入了新的阶段，即自觉阶段。鲁迅先生1927年提出，曹丕的时代即魏晋时代是中国文学从自发到自觉的时代。魏晋时期出现了中国文学理论史上几部有名的典籍，有了基础，有了实践，才有理论的概括，有了新的理论就能对以前文学的成败得失进行评判，为以后的发展指出路向。同样，如果故宫没有80年的历史，没有80年的学术研究，没有这些成果和基础，突然提出一个故宫学是不可能的。正因为有了80年的研究，故宫学已到一个关键时期，故宫的研究能不能迈开大步有新的发展，就需要明确它的学科地位，重视它的建设。有了这80年的积累，水到渠成，你才可能提出故宫学；你如果不提出，坐失良机，对以后的发展就可能带来影响。这是一个必然性和偶然性关系的问题。提出故宫学是必然的，至于由谁提出，则具有偶然性。这里有一个很好的机遇，就是建院80年纪念，80年确实值得我们回顾、总结。当然对中国古代文学史上"文学的自觉时代"始于何时，现在也有不同的观点，这是学术问题，但我却受鲁迅先生这一提法的启发，认为故宫学正处于从自发到自觉转变的重要时期。还有对于故宫的学术研究与故宫学研究，我认为是要有所区分的。我们故宫从事各方面研究的人很多，他们大多是按照自己的学术基础进行研究的，但他们的研究不一定都属于故宫学范畴。有的研究范围虽与故宫有关，却显然不属故宫学研究，有的甚至和故宫没多大关系。作为故宫学人，他们的研究成果都是故宫博物院的研究成果，都很重要，所以我认为有这个区分也是必要的。我们现在重视故宫学，是不是其他研究就不需要了？当然不是。在重点进行故宫学研究的同时，各方面的研究都应重视，都应提倡，在学术研究上每个人都应有自己的一片天地。

二　故宫学与敦煌学的比较

大家知道，清宫档案与敦煌写经、殷墟甲骨，是中国近代文化史上的三大发现。清光绪二十六年，也就是1900年，在敦煌一个石窟的复窟中，人们发现了大量的珍贵文献，约有5万件六朝、隋、唐以至宋代的写本和木刻本及各类文物，它们中的大部分被劫掠到了国外，许多国家的学者争相从事这方面的研究，由此形成了一门新兴的学科，就是敦煌学。敦煌学的概念是陈寅恪先生1930年提出的，他说："敦煌学者，今日世界学术之新潮流也。自发见以来，20余年间，东起日本，西迄法英，诸国学人，各就其治学范围，先后咸有所贡献。"

敦煌与故宫都是在1987年被列入《世界文化遗产名录》的，然而敦煌学与故宫学影响却不一样，一个是早已蜚声海内外的显学，一个则是才向社会提出的新概念。把两者加以比照，更能加深我们对故宫学的认识，坚定我们建立故宫学的决心。前几个月，我读了好几本敦煌学的研究著作，深受启发。

回顾敦煌学的百年历史，我觉得对我们认识故宫学也有借鉴作用。1924年底逊帝溥仪被赶出皇宫，宫廷藏品开始清理，第二年10月10日故宫博物院成立，昔日戒备森严的皇宫成了老百姓自由出入的地方，大量明清档案、图书、书画、瓷器、青铜器、玉器、服饰及其他丰富的宫廷藏品被陆续清理，向社会展出，并通过书刊予以刊布，引起社会的强烈关注，一些学者也开始进行研究。陈寅恪先生在谈到敦煌学时说："一时代之学术必有其新材料与新问题，取用此材料以研究问题，则为此时代学术之新潮流。"这段话的重点在三个"新"字上，即用"新材料"，研究"新问题"，形成"学术新潮流"。故宫博物院成立于"五四"新文化运动高潮之后，参与故宫博物院筹建的骨干力量主要来自北京大学，而北京大学当时已成为全社会在文化思想与新学科研究方面的先导，因此，故宫博物院的成立则具有了用新文化的思想审视、研究传统文化的意义。由此，故宫学也可看作学术的新潮流。

故宫学与敦煌学相比，有三点是相同或相近的。一是研究的范围在不断扩大。敦煌学开始主要集中在新发现的文书及相关的问题上，后来研究范围逐渐扩大，凡与敦煌石窟所发现的文献以及敦煌石窟建筑、壁画、雕塑以至敦煌的历史文化等有关的问题，都成了它的研究对象；在研究的空间上，敦煌学又延伸到与敦煌的相关地区，包括丝路古道上现今武威、张掖、酒泉、吐鲁番以至哈拉浩特（黑城）及青海柴达木盆地一带地区，由于敦煌和吐鲁番都是丝绸之路上的重镇，两者关系密不可分，因此有时候将这些合称为敦煌吐鲁番学。故宫学的研究重点，在很长时间内是铜、瓷、书、画等文物，改革开放以来故宫古建筑日渐为学界关注，最近10多年来宫廷史的研究也提上重要日程。过去研究多局限在紫禁城内，近20多年来故宫的研究已与沈阳故宫、承德避暑山庄、明十三陵及清东陵、清西陵等的研究都结合上了，大家一起研究。

二是海内外的广泛参与。敦煌学很早就成为一门国际性的学科。大量的敦煌文献被劫掠到外国，外国学者较早地就进行了研究，中华人民共和国成立前，我国有的学者就到国外寻访流失的文献，所以长期以来有一句令中国人深感耻辱的话：敦煌在中国，敦煌学在国外。王国维称之为"吾国学术之伤心史"。现在情况有了根本改变。但也应看到，敦煌文物的流散促成了中外学者对其的共同保护与研究，推动了敦煌学术交流，促进了中外文化交流。清末国势日衰，外患频仍，清宫文物珍藏多次遭到劫掠或毁损，许多被抢到异域，不少流落民间，新中国成立后，又把一部分宫廷藏品及珍贵文物、图书调拨给一些博物馆、图书馆及其他机构，这在客观上也为海内外更多的机构和个人参与故宫研究提供了条件，尤其在国内，这方面的合作研究近年来有了较快的进展。

三是在发展阶段上大致相同。敦煌学发展至今已100多年了，故宫学也有80年了，从发展阶段上划分，两个学科都大致可分为三个阶段：中华人民共和国成立之前；中华人民共和国成立至"文化大革命"结束；从20世纪80年代改革开放以来。当然每个阶段又可细分为几个时期。这是和我们国家、社会的重大发展阶段基本一致的。敦煌学在新时期发展中，1983年中国敦煌吐鲁番学会的成立有着重大意义；而1990年倡议、1995年正式成立的中国紫禁城学会，虽不等同于故宫学会，但在故宫学历程中仍具有里程碑意义。

另外，两者都重视文献的整理、公布。明清档案虽已由我院划归中国第一历史档案馆管理，但对它的整理仍为学界所关注，我院现正抓紧文物藏品的清理，并要向社会公布。

通过以上比较，可以开阔我们的思路，加深我们对故宫学的理解。敦煌学与故宫学确有不少相近或相似的地方，但我以为，它们之间仍有一些不同之处，其中之一就是学科性质。对敦煌学是什么性质的学科，学界至今看法不一。有的学者认为，敦煌学是不成系统的，没有规律的，因为藏经洞藏的东西，来自各个方面，来自不同时代，因此，敦煌学是一门学问，而不是一门学科。有的学者认为，敦煌学在其研究对象、范围、方法及学科特点、学科理论等方面，还有许多不确定性、不规范性，在某种程度上它还是一门"模糊学"。在国际汉学界，对敦煌学的学科界定似乎还处在"说不清道不明"的状态。当然，说现在还比较"模糊"，并不是说以后不会清晰。反过来看故宫学，它的特点很明确，它的古建筑，规模宏大的宫殿群，都含有深刻的中华传统文化的意蕴，封建礼制，阴阳五行，都有生动的反映。宫中的藏品，好多是自宋以来封建帝王收藏的承袭，是中国历代艺术品的精华。到清代乾隆年间皇宫收藏达到鼎盛，这些藏品为皇帝所有，乾隆帝曾摩挲把玩，许多书画有他的题跋，他写了无数的吟咏各类艺术品的诗歌，北京图书馆出版社把这些汇编在一起，书名就叫《乾隆御制文物鉴赏诗》。宫中的重要藏品都放在一定的殿堂，并有明确的、完整的记录，例如经74年编撰完成的《石渠宝笈》《秘殿珠林》两部著作，著录了清乾嘉两朝的宫廷书画。每件书画一经编就，除在本幅加盖"乾隆御览之宝""嘉庆鉴赏"等"五玺"或"八玺"外，还在书中分别注明该件收贮处所，以重典守。宫中有专门制造工艺品的造办处，皇帝下令制作什么样的物品，档案上有着详细记载，我们刚出了一本朱家溍先生编选的《养心殿造办处档案辑览》"雍正朝"部分，书中附了一些照片，里面就是至今保存的物品。因此，故宫学的最主要研究对象——古建筑、文物藏品（包括图书、档案）及宫廷历史文化，三者不可分割，有着内在的逻辑联系，是一个文化整体，反映的是以皇帝、皇权、皇宫为代表的皇家文化。因此，故宫学是一门学科，它的性质是明确的。

三　推进故宫学研究的一些措施

我们提出故宫学已经有两年时间了。从我个人来说，从院领导班子来说，不是把故宫学作为一个口号说说而已，而是看到它与故宫博物院长远发展的重要关系，真正当作一件大事，多想办法，切切实实去抓。这期间，我们已经采取了一些措施，并且得到了大家的支持，也是在大家的共同努力下，多数措施取得了明显的成效。我回顾了一下，已经做了和正在做的有六点：

一是成立科研处。这是为了加强故宫的学术研究，包括故宫学研究而成立的一个机构。原来的研究室还在，科研处与研究室，两个牌子一套人马。长期以来，故宫的学术研究处于自发状态，缺乏规划，研究人员没有学术档案，举办学术活动随意性大，研究室主要是为老专家服务，这些年虽然也组织了一些学术研究项目，但承担不了统管全院科研工作的任务。现在有了科研处，明确了统管科研的任务，对外对内名正言顺。科研处现已开始做学术档案了。我一再说没有学术档案是不行的。建立了学术档案，有档可查了，这也是考核干部、考核业务人员的一个重要的基础指标。科研处还要统筹我院的学术研究，制订学术规划，举办学术活动，当然为老专家的服务要继续做好。

二是加强中层干部的配备。在德才兼备的基础上，把一些懂业务，有学术成就的，还有学历高的，像博士等推到领导岗位上来。

三是注意人员结构调整。近两年，我们每年进的应届大学生人数都在30人左右，这是以前所没有的，其中1/4是博士，我想，用不了10年，他们中许多人就是业务骨干了，这也是为故宫的研究，为故宫的未来打基础。我们提出对科研人员进行考核管理，这也是一项改革。但对学术成果、学术水平的评价，一定要坚持科学标准，实事求是，不可简单化。有些人虽然现在文章不多，但他们的学术成就或专业造诣已经很了不起了，他们就像旗帜一样，影响力很大，我们不能要求他们每年写几篇文章，故宫要有"养士"的胸襟和气度，尊重他们，在更高的层次上发挥他们的作用。根据事业的需要，加强某些薄弱环节。例如我院未经整理的文献很多，光名人书札就有4万通，为了加强这方面工作，我们考虑成立一个文献组，请些水平高的人，让他们来牵头搞，这项工作已着手进行。

四是刊物的改进与出版的加强。大家也都看到了，这几年《紫禁城》《院刊》在文儒院长的领导下，面貌已大为改观，这其实也有个与台北故宫相互竞争的问题，是弘扬祖国传统文化的事，应该把它办好。我们故宫这么大，力量雄厚，理应出好的成果，多做些贡献。双刊改版后从内容质量、价格定位，到销路情况都还不错。新创办的《故宫学刊》专门刊登故宫学研究成果的大型学术刊物，我写了《发刊辞》，我们希望实实在在地办下去，一年出一本甚至两本。故宫学能不能站得住，最终是要靠成果来说话。据编刊的同志讲，大家的热情还很高。要继续出版好《故宫学术文库》《明清论丛》。《文库》规格很高，对故宫的研究人员来说，这是一生学术的总结，是最精华的部分，一个人只能出一本。《明清论丛》是我院与北大合办的刊物，会继续出下去。还有一些学会的论文集等，我们也给予支持。去年年底又策划、推出了《紫禁书系》《故宫文丛》，书的质量不错，介于学术与普及之间，是件好事。既要有阳春白雪，也需要大量普及性的东西。所有这些都激发了院里研究人员尤其是中青年研究人员的积极性，院里会采取补贴措施予以支持，保质保量继续做好。资料的整理，诸如1949年前故宫出版的书目的索引等，凡属于这一类的都准备编纂出版，以更好地为社会提供服务。

五是筹建研究中心。建立研究中心这一思路的产生应该是在2003年，是朱诚如副院长提出成立故宫研究院与几个研究所对我的启发。我认为，成立研究所似与体制不符，还需斟酌，因此决定成立研究中心。研究中心一定要突出我们的特点，其实我们的强项也为社会所公认。从我院古建筑、藏品优势及已有的科研基础出发，我们决定成立四个研究中心，一个是古书画研究中心，一个是古陶瓷研究中心，一个是古建筑研究中心，一个是明清宫廷史研究中心。当时我的思路是这样的，古建筑和明清宫廷史是故宫的绝对优势，旁人没有办法和你争，只有我们故宫能牵头；古书画和古陶瓷目前我们虽也是占优势，但面临挑战，因此先搞古书画研究中心与古陶瓷研究中心，目的就是加强这方面的实际工作。我不主张一下子就成立四个研究中心，仓促成立，成立之后怎么干？我们还没有经验，需要探索，所以先成立两个研究中心。这两个研究中心，从2003年的中国宫廷绘画国际研讨会就拿出了方案，征求与会海内外专家的意见，许多专家都很激动，认为故宫应该牵这个头，他们纷纷表示支持。前不久，谢方开副院长到台湾去，我说你给台北故宫石守谦院长捎个话，说我们要办这两个研究中心，听听他的反应。谢院长说他跟石守谦院长说了后，石很高兴，认为是好事，问有什么课题，表示要参与研究。现在筹办的这两个研究中心，各聘请了台北故宫博物院两名研究人员。这两个研究中心已经得到了海内外的广泛认可，大家觉得由故宫来办是好的，都积极参与。这两个研究中心不是挂个牌子，弄几个人就完事了，而是实实在在，要有学术规划，聘请人来要有课题做。古陶瓷研究中心需要一套最新的现代检测设备，我们花了1000多万元，进展比较顺利。还要培训掌握这些机器设备的专业人员。整个筹建工作抓得很紧。延禧宫作为两个中心的所在地，改建维修在抢工抢时。今年的10月10日两个研究中心将正式揭牌，包括两个国际研讨会将同时召开。两个研究中心的活动要有规划，要出成果，要发简报，要有章程。这里我要特别说一下我院所收集的来自全国100多个窑址的3万多陶瓷资料片的问题。这是我院陶瓷研究人员从20世纪50年代以来在全国各地陆续考察收集的，有些窑址已不复存在，所以特别珍贵。我第一次知道这件事，还是2003年在研究室的会议室里，听杨伯达先生讲的，他大声疾呼，说如不抓紧解决，这些瓷片就会混淆起来，前人的辛勤努力就会变得没有意义，后果将很严重。当时我即表示一定抓紧解决。现在要在延禧宫搞个永久性的瓷片标本陈列室，按不同窑址陈列展出，还要出图录，我还为三套陶瓷书写了序。我们要从这两个研究中心取得经验，怎样活动心里有了数，接着再成立古建研究中心、明清宫廷史研究中心。我们将以这些为重点，带动与推进故宫学的研究。

六是加强对外交流。这不仅是故宫学研究的需要，而且是故宫博物院的整个工作，包括收藏、展览、科技保护、信息化建设以及管理等多个方面工作的需要。故宫博物院成立后，就有公开、开放的好风气，但后来未坚持下去。去年冬法国卢浮宫的馆长来，谈到两馆合作，他首先就问，你们都和国际上哪些博物馆有交流？不能说我们与国际上一些著名的博物馆没有交流，但过去主动地与人家来往很少，比较多的是出国办故宫展览。这是我们一个很薄弱的环节。国家博物馆在这方面比我们搞得好，包括有些地方博物馆，如上海博物馆、南京博物院等，我认为都比我们主动。我们为什么不主动？因为我们有很独特的资源，人家不得不求我们。但即使有这么好的资源，如果不改变思路，也可能会限制我们的发展。从故宫要办成世界一流博物馆的目标出发，从故宫事业发展的需要出发，我们必须打破封闭，反对孤芳自赏，及时了解世界上文博事业发展的局势，吸收新的理念，放开视野。这体现在我们的学术研究上，就是要重视与国内外学者的交流，一方面我们的研究人员要多参加国际性的学术会议，同时我们还要举办一些国际会议。

我来故宫以后，故宫在2003年举办了"中国宫廷绘画国际学术研讨会"，我们的《院刊》还出了一期论文专辑，因为和成立古书画研究中心有关系，所以那次会还是很重要的。我们今年有四个国际学术研讨会，一个是和国家清史编纂委员会合作开的学术研讨会，既是为了清史研究，又是为了纪念我们故宫建院80周年，8月下旬举行；一个是结合我院古建维修，举办的中国古建筑的国际研讨会；再一个是古书画方面的《清明上河图》国际研讨会；还有一个是中国古陶瓷的国际研讨会。后两个研讨会与我们要成立的两个研究中心有关。我们两个研究中心都聘请了国际上有关方面的著名学者。另外，我们还重视与国际著名博物馆的合作、交流。今年9月，我们将和英国大英博物馆、俄国艾米塔什博物馆、法国卢浮宫以及日本东京国立博物馆、德国德累斯顿博物馆等的馆长，搞一个对话形式的交流，地点就在故宫，这次活动也是为纪念故宫建院80周年，目前正在联系落实。我们不仅要与皇宫博物馆进行交流，更要与国际上的著名博物馆，特别是国家博物馆加强交流。我们的思想要解放一点，我们就是国家级博物馆。不只是学术研究，我们还要在文物保护上加强合作。不只是博物馆，我们还要和一些国家的政府机构或其他组织开展合作，例如这几年我们和意大利政府合作对太和殿的保护，他们在工作中体现出的严谨作风，他们的一些先进理念，对我们是有启发的；还有与美国IBM公司合作开展的"跨越时空的紫禁城"项目，与日本凸版印刷公司合作建立的数字化应用研究所，和美国世界纪念建筑基金会合作的倦勤斋内装修复原工程，等等，都有重要进展。我们一定要有大的气象，故宫博物院的工作一定要从世界的视角来看待。

同时，我们要重视与国内同行的合作与交流。在这点上，我们一定要克服"龙头老大"的思想。这些年全国博物馆事业发展很快，许多新建的省馆甚至一些地方小馆，都办得很有特色，可供学习借鉴之处很多。我们要谦虚谨慎，与兄弟馆保持经常的联系，学习他们的经验。学术团体这些年发展也很快，这是一支重要的专业队伍，我们的故宫学研究，我院各项事业的发展，社会团体、学术团体都能起到积极的作用。像紫禁城学会，活动一直都很规范，又搞紫禁城文化系列讲座，对我们的维修工程很有帮助。中国博物馆学会，我们给予经费支持，学会刊物上写着"故宫博物院协办"，我们的文儒副院长是它的常务副会长。还有中国文物保护科技协会，它虽然挂靠在中国科协，但会长、秘书长都是故宫的人，也为我院的文物保护工作做了不少事。还有古陶瓷、玉器、宫廷史等专业学会，它们和我们都有密切的联系，今后要继续加强合作。

最近有三件事都与故宫学研究有关，我们召开院学术委员会，充分讨论之后确定了下来：一是与江西省文物考古研究所和景德镇陶瓷考古研究所联合发掘丽阳镇元明青花瓷窑遗址。这件事大家认为意义很大，我还请耿宝昌先生和李辉柄先生专门去考察。20世纪五六十年代我们收集的那几万陶瓷片，就是老先生去现场调查考古得到的。实地考察是故宫学术研究的一个好传统，应该恢复，我们有一支专门学考古的力量，有的人多年来就在景德镇参与陶瓷考古，应该说比以前有了更好的条件，相信会做得更好。这应该是一个开头。第二个是与四川省文物考古研究院联合考察甘孜地区藏传佛教及松格嘛呢石经城。这是相当重要的。第三个是受美国世界纪念建筑基金会委托，维修西藏夏鲁寺。这个项目我们同意做，正与西藏及美国方面协商。故宫在古建筑方面是一面旗帜，是不可小看的，有人说这件事对故宫在经济上没有多少好处，我认为不能这样看，一定要看它起的示范作用，这对故宫形象的提升，对故宫学术的长远发展意义是相当大的。故宫不能光在小圈圈里活动，故宫要走向全国。这三件事我是支持的，我是从这个角度来看待这三件事的，今后有可能还会多搞这类合作。

四　故宫学的建立是一个长期的不断探索的过程

故宫学提出才两年，虽然在社会上引起了一定的反响，但作为一门学科的建立，还是才开了个头，需要长时期的努力，不能浅尝辄止，不能沾沾自喜。结合我院实际，我感到有以下几点应引起注意：

一是把故宫学研究与业务工作结合起来。从故宫博物院来说，故宫学研究并不是纯粹的学术问题，而是和全院的各项工作密切联系、互相促进的。比如，这次故宫古建筑维修是百年来规模最大的一次，它不是简单地解决宫殿的破旧问题，而是进行全面整修，有五项具体的任务，还要传承传统的工艺技术，编纂出版维修档案，现已着手编写《武英殿》卷，这本身就是故宫学研究。再如，文物的清理已经进行好几年了，现在更明确地提出来，就是要和自身的研究结合在一起，文物清理工作与信息化建设、文物展览、文物保管等工作是紧密结合在一起的，这也是故宫博物院的特点。这种研究不是纯书本的、纯文献的，只坐在屋子里边是出不了大家的。因为博物馆是藏"物"的，是要给人看东西的，每办一个展览，角度不同，就会有一个新的成果；一件物品，在一般情况下和在特殊情况下，理解是不一样的，不同的组合，不同的主题，就有进一步挖掘的必要。

二是依靠各方力量深化故宫学研究。故宫学有着丰富的内涵，它的框架结构，它的理论体系、方法论体系等等，都需要进一步探索。这种探索，靠我一个人不行，靠我院的研究人员也不行，要靠社会的参与，靠各有关方面的共同努力。6月10日，我院将召开一个比较隆重的关于故宫学研究的座谈会，我们邀请了李学勤、徐苹芳、苏东海、高崇礼等名家，他们起点高，视野开阔，会谈到他们的认识和意见，会提出好的建议。

三是全面推进故宫学研究。我们拟成立四个研究中心，但成立得再多也不能涵盖故宫学的全面内容。除了四个研究中心的研究，故宫学的其他方面研究也要重视。前边说过，之所以成立四个研究中心，是因为这四个方面的研究是故宫的优势，但对优势要辩证地看，不可绝对化。故宫的青铜器研究、玉器研究等，长期以来也是故宫的优势，但现在急需加强，不然缺少挑大梁的领头人物，弄不好也会变成薄弱环节。有的研究过去不是很在意，像明清宫廷史研究等，从20世纪80年代初成立清宫史学会以来，活动不断发展，但这方面门类太多，可研究的方面也很多，潜力很大。有些方面，比如我刚才提到的藏传佛教，其实故宫的藏传佛教研究过去并不是什么强项，但有一批人钻研下去，成果多了，水平提高了，社会日益关注，也就成了我们的强项。这就使我们得到一个启发，强项和弱项是相对而言的，有好的资源未必一定是你的强项，如果你能抓住某个并不突出的方面，利用得好，出了成果，弱项也能变成强项。优势、弱势我们一定要辩证分析，这方面也牵涉到我们的学术规划问题、人才规划问题。前边说到，在重视故宫学研究的同时，切不可忽视故宫的整体学术研究，不可顾此失彼。这里再强调一下。

四是研究人员的提高问题。近几年来，我院对业务人员的培训、提高是重视的，采取了许多措施，比如说鼓励年轻人上学，并给予一定的补助，包括我们现在组织的学英语等。故宫学术研究水平的提高主要靠我们现在的人，不能寄希望于从外面大量调人，这不现实；也不能仅仅寄希望于接收大学生，毕竟每年进人有限，而且没有八年十年的适应与磨炼，他们是很难成为骨干的。因此，我们必须立足于当前的研究人员，加强对现有人员的培养。如何培养？没有固定的办法。我想，院里当然要创造条件，有一个好的环境，但无论如何，还是靠个人，靠个人的刻苦钻研。现在工作都很忙，一般不会让一个人脱产几年去上学。这其实也是竞争，同样的条件，有的人下的功夫很大，悟出了道道，有了成果，就脱颖而出了。当然也有个门径问题，有个方法问题，要注意向老专家学习求教。朱家溍先生的《故宫退食录》，我读了很受启发。朱先生曾对北京故宫和沈阳故宫的年轻同志讲过如何进行清宫史的研究，他说，最好把一部《清史稿》共40多本都能读一遍，定个计划，半年也就读完了；《大清会典》需要看一遍，这样《大清会典事例》也能比较顺利地利用了。与《大清会典事例》一同参考的，就是《大清会典图》，各种器物、各种事情、吉礼、嘉礼、大朝等站的部位，都有图和图说，还有《皇朝礼器图》都可供查阅。朱先生指出，在上述基础上就可以读《国朝宫史》《国朝宫史续编》，掌握了这些，就可以由整个清代史转入宫史部分了。我希望我们的同志能有计划地多读一些书，基础知识一定要有，没有基础知识就可能犯常识性的错误，要重视资料的收集与运用。现在我们有了电脑，检索什么都方便了，但不管用哪一种办法，实实在在的功夫是要下的。为研究人员创造有利于学习、提高的条件，主要是鼓励参加学术交流活动，参加一些有组织的业务培训，承担研究课题，并在出版方面给予扶持，当然要保证质量，达到一定的水平，还拟组织评选优秀论著的活动等。对研究人员的国内、国外业务考察，院里也会给予支持。以前因为经费等多方面原因，研究人员都是随展览出国，而主动组织的有目的性的出国考察不多。现在我们下决心改变这个状况，从工作需要出发，组织科研人员、相关人员到国外进行必要的、有成效的考察和研究。比如，我们的藏传佛教研究还不错，相关人员就应该到印度和尼泊尔去，看看早期佛教的重要遗址，看和不看是大不一样的；搞陶瓷的人，可到伦敦大学亚非学院的大卫德博物馆、土耳其的伊斯坦布尔老皇宫去考察，肯定会有收获；搞书画的，欧美一些大博物馆所藏的中国书画作品，也是应该看一看。见识广了，对我们的研究工作是大有好处的。当然要有准备，要认真考察，要有考察报告。

最后我想谈点个人对架构学科框架的体会。我在20年前是从事政策研究工作的。我曾在一个省的政策研究室工作过15年，主要搞调查研究，为省委决策服务，在第十年的时候，我想搞了这么多年的政策研究工作，体会很多，也读了不少书，主要还是马克思主义基本理论，便决心写一本《政策学》，那是在20世纪80年代中期，后来写出了《政策学》，20世纪80年代后期出版的。在当时来说，这是中国为数不多的、最早的一批政策学著作之一。《人民日报》《中国图书评论》等报刊都曾有评介文章，给予肯定。政策科学以后有了较快发展，这方面的专著也不断涌现。但我感到架构一个学科的框架是很不容易的。虽费了很大的劲，但还是受当时个人学识等方面的限制，有很多不足之处，带有明显的时代烙印。现在我进行故宫学的研究，就很容易联想起以前这件事。故宫学是博大精深的，对我来说，进行故宫学研究比当年的政策学研究要复杂得多、困难得多，我对故宫了解又不是很深，加之自己的精力也不如以前，往往心有余而力不足。但我知道，故宫学研究我们只是开了一个头，光靠我们是不行的，它的深化要靠大家，靠社会。大家在研究中有不同意见，我认为也是正常的，如果能推翻，言之有理，我也会接受。

今天，我谈了自己在故宫学研究上认识发展变化的过程以及一些感受，毫无保留地说出来，和大家交流，不妥之处，请批评指正。谢谢大家！

（本文为作者2005年5月27日在故宫博物院第1期学术讲座上的讲演）

第三编

在故宫博物院发展史上，有许多闪光的名字，也发生过一些重大事件，例如故宫博物院的重要筹建者和第一任院长易培基以及他的所谓「盗宝案」，终生以保护故宫文物为职志并建立卓越功勋的马衡，对充实故宫文物藏品倾注大量心血并捐献出自己珍藏的新中国文物事业奠基者郑振铎，与故宫颇有缘分并对故宫织绣服饰研究及人才培养做出过贡献的沈从文，等等。他们都曾书写了是故宫历史的重要篇章，为人们所怀念与研究。

厥功甚伟　其德永馨

——纪念马衡先生逝世50周年

　　2005年是故宫博物院成立80周年，也是马衡先生逝世50周年。从1925年故宫博物院成立直至1952年调离，马衡先生在故宫博物院服务了27年，其中19年担任院长之职。这19年中，又多值战争年代，烽烟遍地，故宫文物南迁、西运，以及新旧政权的交替等。马衡先生终生以保护故宫文物为职志，他为保护中华民族珍贵的文化遗产付出的劳苦与做出的功绩，永载青史。马衡又是著名的学者，金石学大师，中国近代考古学和博物馆事业的开拓者。古人云："太上有立德，其次有立功，其次有立言。"①此乃人生之"三不朽"。人生在世求之其一已属不易，而马衡先生在德行、功业、著书立说三个方面都有所"立"，都令我们永远感念。

一　接任院长之前

　　故宫博物院的建立，不仅是民主革命的胜利，也是我国文化艺术史上的一个伟大业绩，在中国博物馆事业发展上更有着标志性的意义。马衡先生积极参加了故宫博物院的肇建工作，为捍卫和保存这个

---

　　① 引自《左传·襄公二十四年》。

新生的博物院进行了不懈的努力，并在他担任古物馆负责人期间，取得了令人瞩目的成就。

1924年11月，爱国将领冯玉祥驱逐清逊帝溥仪出宫，为故宫博物院的建立创造了条件。临时执政府成立了清室善后委员会，以李煜瀛为委员长，决定延揽学者专家，点查古物，筹办博物院，以为学术公开张本。时任北京大学教授、研究所国学门考古研究室主任兼导师的马衡先生，被清室善后委员会聘为顾问，参加点查清宫物品工作。1924年12月24日上午，清室善后委员会顶着段祺瑞执政府要求停止点查的命令而执行乾清宫点查，这是该委员会第一次实施故宫文物清理。档案中保存的这一天的点查组名单中，马衡赫然在列，而后他几乎天天到会入组。故宫博物院1925年10月10日成立，业务部门分古物、图书两馆，易培基任古物馆馆长，马衡与张继任副馆长。故宫博物院成立初期，设临时董事会和临时理事会。第一任理事会设理事9人，李煜瀛为理事长，马衡与黄郛、鹿钟麟、易培基、陈垣、张继、沈兼士、袁同礼等为理事。

故宫博物院成立后，由于北洋军阀政府的干扰，加上时局动荡，经费困绌，处境十分艰难。为了保存故宫博物院，包括马衡在内的院内外进步人士进行了坚持不懈的斗争和努力。1928年6月，国民革命军第二次北伐成功，南京政府任命易培基为"接收北平故宫博物院委员"，易氏"为国务所羁，不能亲来"，便电派在北平的马衡、沈兼士、俞同奎、肖瑜、吴瀛5人为代表，接管了故宫博物院。

国民政府接管后的故宫博物院，渴望各项工作走向正常发展，国民政府委员经亨颐却认为故宫文物为逆产，提出了"废除故宫博物院，分别拍卖或移置故宫一切物品"的议案，国民政府讨论了经的提案，并要求中央政治会议再行复议。故宫博物院的同人得知这个消息后，都很震惊和气愤，决定分头筹划对策。北平方面，由代表易培基接收故宫博物院的马衡等5人于1928年7月8日拟写了传单，将故宫博物院创建经过、建院的必要性及经亨颐提案之不当等情况陈述于国人面前，并于7月9日借招待北平及各地来平的军政要人蒋介石、冯玉祥、阎锡山、李宗仁、邵力子、李济深、吴稚晖、张群等到院参观之机，将传单发给他们，争取各界人士的支持。传单中说："无论故宫文物为我国数千年历史所遗，万不能与逆产等量齐观。万一所议实行，则我国数千年文物，不散于军阀横恣之手，而丧于我国民政府光复故物之后，不幸使反动分子、清室余孽、当时横加非议者，今乃振振有辞；同人等声誉辛苦，固不足惜，我国民政府其何以自解于天下后世？拟请讯电主持，保全故宫博物院原案，不胜万幸！"[①]在南京的张继呈文批驳经的谬论，易培基在中央政治会议上坚持建立故宫博物院的必要性。经过大家的共同努力，经的提案被否决，决定维持有关故宫博物院的原决议案。1929年2月，国民政府任命易培基为故宫博物院院长，业务部门为古物、图书、文献三馆，易兼任古物馆馆长，马衡任副馆长。国民政府公布了《故宫博物院组织法》和《故宫博物院理事会组织条例》，理事会为院中事务最高监督机构，并任命了第一届37名包括党、政、军、文化、宗教等各界知名人士在内的理事会理事，马衡名列其中。

由此可见，马衡先生在接任院长之前，就一直是博物院的中坚，在一些重大事件和院务决策中发挥着重要作用。这数年间，他具体负责的古物馆的工作更是有声有色。古物馆虽先后俱是易培基任馆长，1927年11月江庸也任过馆长，但主要担子还是落在了马衡的身上。古物馆实际上是宫廷珍宝库，古物馆所藏珍宝，不仅种类繁多，而且数量惊人。马衡先生对古物馆内机构的设置、业务的划分等，都有周密的考虑。依文物性质，馆内又设立了书画（书画碑帖）、金石（铜器、玉器、石器等及各种文具）、陶瓷（瓷器、珐琅器、玻璃料器等）、织绣（织绣品及其材料）、雕嵌（雕刻或雕嵌之牙骨竹木漆等器）、杂品等六个部，主要业务为登录、编撰、流传、展览、典藏、

---

① 引自故宫博物院图书馆藏传单。

装潢等方面。马衡还亲自拟写了《故宫博物院古物馆办事细则》，对本馆九课分掌事务做了详细规定①。古物馆同人积极布置陈列展览及进行文物整理、传拓、刊印等工作，成绩显著，后又在装箱南运文物中尽职尽责，马衡先生在其中不仅发挥了自己熟悉古物的优势，还展现了善于组织管理的卓越才能和细致、缜密、务实的工作作风。

除此之外，马衡先生在日常工作中的主要业绩体现在下列几个方面：

（一）陈列展览。在各界人士捐资支持下，古物馆在内东路、内西路各宫次第设立各专门陈列室。1932年，陈列室已达26处。其中主要有：钟粹宫前殿的"宋元明书画专门陈列"，后殿的"扇画、成扇专门陈列"，景阳宫前后殿的"宋元明瓷器专门陈列"，承乾宫的"青瓷专门陈列"，景仁宫前殿的"古铜器专门陈列"，斋宫前殿的"玉器专门陈列"，咸福宫的"乾隆珍赏物陈列"，等等。此外，古物馆还保持、充实和改善了建院初期在中路乾清门至坤宁门四周廊庑开辟的象牙、玛瑙、珐琅、景泰蓝、雕漆、如意、文具等工艺美术类文物的专题专项陈列。这些展览吸引了众多游客，在社会上产生了广泛的影响。

（二）古物的继续清点和整理。这是故宫博物院当时的一项重要业务工作。对于点查完竣的宫殿与文物，除有历史意义的宫殿保留原有格局外，凡与朝廷典制无关或不甚重要的配殿，均予整理装修，辟为文物陈列室。原贮放其间的文物，则进行集中，再分类整理。古物馆的工作量最大。例如提取乾清宫瓷铜玉器、慈宁宫牙骨器、斋宫等处书画、养心殿珐琅器、端凝殿古月轩瓷器等到古物馆，分类登记、整理，移送库房收贮。同时还开始了文物审查与鉴定工作。聘请专家学者担任专门委员，从事鉴定，主要鉴别文物名称与材质、考订文物时代、判别文物真伪。古物馆成立了铜器、瓷器、书画三个审查委员会，马衡亲自主持铜器审查。这是对院藏文物的第一次审查鉴定，也

---

①《故宫博物院古物馆办事细则》手稿，现藏故宫博物院图书馆。

是文物保管工作进一步深入的开端。经过审查鉴定的文物，虽只有一小部分，贡献却很大，后来文物南迁，运走的主要是当时审定过的精品。为了保护文物，古物馆1931年设立了裱画室，对受损的书画进行修裱抢救，并制定了20条《书画装裱规则》；对损坏的存放文物的木座、木匣，也先后雇用工匠来院修理或修补。这些扎扎实实的工作，为文物的管理打下了良好的基础。

（三）古物的传拓刊印。古物馆创立之初便设立了流传课，制定了一套较完备的传拓各种铜器的细则和钤拓古印的规则，对于物品的提送保管、材料纸墨的收发注销、拓工工作的监视以及出品拓片的印鉴登记等一切手续，都有严格的规定。凡是经过审定认为有价值的古器物文字，均付传拓，以资研究流传。从1929年到1932年，传拓达上百种，包括散氏盘、嘉量及宗周钟等。还把藏有秦汉铜印1000余方的"金薤留珍"钤成印谱出售，由马衡等四人负责钤盖工作。为了刊印书画铜瓷等古物，古物馆1928年初就创设照相室，改建玻璃室、暗室，为古器物摄影，出版了多种专辑图录，仅《故宫书画集》就出了47期。这些古器物的传拓刊印，不仅使宫廷珍宝更多地为世人所了解，同时对解决博物院的经费困难也不无小补[1]。

（四）古物馆重要文物装箱南运。1931年"九一八"事变后，东北沦陷，华北告急，鉴于时局不断恶化，经理事会讨论决定，并报国民政府同意，故宫博物院将院藏文物中的精品南迁。图书、文献、古物三馆，装箱难度大不相同，最难的是古物馆。装得不好，文物就容易破碎，例如瓷器，有的其薄如纸，有的其大如缸；又如铜器，看起来似乎坚固，可是一碰就碎；其他脆弱微细之物尚多，装时各有困难[2]。在马衡先生领导下，古物馆的同人积极想办法，虚心学习求教，终于一一克服了困难，保证了包装质量，并按时完成了任务。集中

---

[1] 以上古物馆的工作情况，参阅《故宫博物院古物馆概览》，故宫博物院，1932年。
[2] 参阅庄尚严：《山堂清话》，台北故宫博物院，1980年，第135页。

装箱的以书画、铜器、瓷器、玉器为主，数量也最多，同时装箱的象牙、雕刻、珐琅、漆器、文具、陈设等工艺类文物，也占相当数量。南迁文物共计2631箱63735件，其中仅瓷器就达1746箱27870件。对石鼓的装运，更是渗透了马衡先生的心血。石鼓是人人都知道的国宝，原存于国子监，由故宫博物院代运。10个石鼓，每个重约1吨，鼓上的字是在石皮上，石皮与鼓身已分离，稍有不慎，石皮就会脱落下来。马衡先生负责石鼓的迁运，并认真研究装运的办法。他在《跋北宋石鼓文》中记述了这件事："余鉴于此种情状，及既往之事实，知保护石皮为当务之急。乃先就存字之处，糊之以纸，纵使石皮脱落，犹可粘合，次乃裹以絮被，缠以枲绳，其外复以木箱函之，今日之南迁，或较胜于当日之北徙也。"这个办法是成功的。以后屡次开箱检查，都没有发现新的伤损①。文物南迁分五批进行，第二批迁运由马衡先生押运。

二　1933年文物南迁到抗战胜利

马衡先生1933年7月代理故宫博物院院长。次年4月实授院长。他是因易培基院长被诬盗宝而被迫辞职后上任的。故宫博物院院长是令社会关注并为一些人所觊觎的职务。但等待马衡先生的却是沉重的担子。此时文物南迁基本告一段落，文物的整理、存储为首要任务；抗战中，南迁文物又在西南后方辗转疏散，备受艰难。从1933年后半年到1945年抗日战争胜利的12年中，马衡先生带领故宫同人，在社会有关方面的有力支持下为保护文物安全竭尽心力，做出了伟大的贡献。

对故宫博物院留平文物的清点及南迁运沪文物的点收，是马衡就任代理院长后所着重抓的一项工作。1934年1月行政院就做出了这

---

① 参阅那志良：《典守故宫国宝七十年》，紫禁城出版社，2004年，第69页。

项决定，由于亲自参加并深入了解故宫博物院10年来文物的清理及保管状况，马衡先生对这一基础性建设有着更为深切的体会，正如他于1934年6月呈行政院及本院理事会的报告中所说："院中最困难问题，厥惟文物之整理与保管。盖十年以来，半在风雨飘摇之中，点查则本甚粗疏，整理亦仅及局部，保管更责任难专；非有根本改进之决心，难树永久不拔之基础。譬之故家田产，略无统计，试询其子姓以田亩四至，率茫然不能置对，乃欲责其管理难矣。"①为了做好这项工作，故宫博物院制定了与文物保管有关的"出组规则"；各馆处科组分别制定了详细的办事细则；组成了"文物分类整理委员会"，开始对全院文物进行认真的分类、整理、编目，并办理文物审查。为协助文物审查工作，故宫博物院还颁布了"专门委员会设立章程"，成立了书画、陶瓷、铜器、美术品、图书、史料、戏曲乐器以及宗教经像、法器、建筑物保存设计等委员会，由马衡院长聘任专家学者为委员，其中特约专门委员13人，通信专门委员52人，他们都是各有关专业领域的翘楚。

运沪文物的点查，从1934年1月开始，1937年6月完成。这些文物自北平装箱运出时，清册上只记了品名与件数，没有编造详细清册。这次点收则是按箱登记，核对检验，铜器、玉器、牙器都要记明重量，瓷器还要标明颜色、尺寸（包括口径、底径、腹围、深度等）、款式、有无损伤，巨细靡遗。点查的同时，工作人员又按照马衡院长制定的"全材宏伟""沪上寓公"八字，分别重造三馆一处南迁文物的编号与箱号。点验过的文物全部钤盖上"教育部点验之章"。此外，又将每日点查结果汇集整理，定名为"存沪文物点收清册"，并油印装订，成为故宫南迁文物最完整的著录。

故宫本院留存文物的点查，于1935年7月全面开始，1936年10月结束。点查仍按1924年清室善后委员会的规定为依据，仅登录品名及

---

① 引自报告底稿，现藏故宫博物院档案室。

件数而没有详细登记，一是考虑文物数量大，来不及细查；二是考虑日后需要进一步对全部文物分类整理编目。因此，此次点查只着重于点清留院文物品名、数量，其他工作留待以后再做。这次点查成果也颇丰，凡清室善后委员会于仓促中遗漏者，或载于清室旧目从未发现者，皆逐件检出，并予以补号登录。

与此同时，马衡院长亦为建立南迁文物的保存库呼吁努力。1935年4月，成立了由马衡院长及当时的内政部部长、教育部部长等组成的"保存库建筑工程委员会"，推动设立南京分院。1936年3月，南京朝天宫保存库工程动工，8月完工。这座三层的钢骨水泥建筑，存放着从上海转迁的故宫文物。1937年1月，故宫博物院南京分院成立，马衡院长雄心勃勃，决心在此多干一些事：立即准备修葺朝天宫大成殿、崇圣殿等处，决定一一辟为陈列室，同时计划添置陈列柜，调节照明设备，定做文物储藏柜，进行藏品编目工作，等等。但这些工作没来得及进行，南京分院成立后历时仅半年，"七七事变"就发生了。

"七七事变"后，南京形势日趋紧张，故宫博物院的南迁文物便奉命向西南后方疏散，或称"西迁"，从1937年到1945年日本帝国主义投降，这一迁又是8年。这8年中故宫同人以储藏整理、保护文物完整为首务，尽管备尝艰难，险象环生，有的工作人员还付出了自己的生命，但他们无怨无悔，忠于职守，其中最重要的原因是对自己所承担的神圣责任的深刻认识。正如马衡所说："本院西迁以来，对于文物安危原无时不在慎微戒惧、悉力维护之中，诚以此仅存劫后之文献，俱为吾国五千年先民贻留之珍品、历史之渊源，秘籍艺事，莫不尽粹于是，故未止视为方物珍异而已矣。"[1]马衡院长在这8年中策划调度，鞠躬尽瘁，功莫大焉。

南迁文物的西迁，是分三批进行的。第一批西迁文物共80箱，

---

① 引自"国立北平故宫博物院理事会1940年度会议记录"，现藏中国第二历史档案馆。

多是参加过在英国举办的"伦敦中国艺术国际展览会"的展品，是文物中的精华。1937年8月由南京经汉口始迁长沙，后又转移贵阳、安顺，1944年12月迁到四川巴县。因为开始是向南转移，故又称为南路。第二批文物9331箱（包括古物陈列所、颐和园等处文物精品），又分两次运出，从1937年11月开始，经汉口、宜昌、重庆、宜宾，于1939年9月运抵四川乐山县。这批文物因是沿长江而上到重庆的，所以又称中路。第三批文物7288箱，1937年11月开始，分三次运往陕西宝鸡，后又经汉中、成都，于1939年6月全部到达四川峨眉县。由于这批文物是从南京向北经陇海路转运到陕西的，所以又称北路。这批文物的第一次转运，押运人员为马院长的长子马彦祥，因当时故宫人手不敷，故临时请其协助。文物西迁后，随同西迁文物到后方的工作人员，分散在各个文物存放处，负责文物的日常保管与维护工作。在重庆设立的总办事处，由马衡院长率领一部分人驻守，进行统一调度与安排。

在文物疏散过程中，行政院只是提出文物储放的大致地区，具体的地点则由马衡院长通过实地考察来选择、确定。第一批文物运到长沙后，他即赴长沙视察，做出了在湖南大学后方岳麓山爱晚亭侧开凿山洞以存贮文物的决定。山洞按期凿成后，因形势骤变，又奉令将这批文物运往贵阳。运到贵阳的文物，开始在北门内租屋存储。后马衡院长亲往贵阳视察，觉得不够安全，最安全的地方是山洞，但凡山洞无有不潮湿的，他费了七八天工夫，看了几十处山洞，才知道洞口轩敞的潮湿程度比较好些。最后在安顺县南门外五里找到一个名叫华严洞的山洞，洞外还有庙，有公路直达洞口，他觉得这是比较理想的存放文物的地方。他请了工程设计师，在洞内搭盖两所板房，上盖瓦顶以泻滴水，下铺地板以隔潮气。第二批运往重庆的文物，末批尚未到达，行政院命令限期把存渝文物及正自北路运往成都的文物运出重庆与成都，另外觅地贮存。马衡院长即与押运文物来渝的院里同人，到重庆以西各县寻找贮存地点。最后将存渝文物疏散到距乐山县城20里的安谷乡，择定大佛寺及六姓宗祠为存储仓库。第三批文物从陕西宝鸡到汉中后，敌机轰炸汉中机场，为避空袭，保证文物安全，马衡院长亲自赶到成都，选定东门内大慈寺为仓库，把汉中文物迁存于此。后根据行政院把运到成都的文物运出成都的命令，又决定迁移至峨眉县，存在县城西门外武庙及东门外大佛寺一带。1938年9月，马衡院长又同故宫理事李济先生赴汉中，调查文物迁运及保管状况。路途险阻，因桥梁断了，他们仅在广元就待了好几天。正是这种踏踏实实、不惮劳苦的作风，才使西迁文物找到了较好的存放地。

对于文物的妥善保管，马衡院长更是时刻注意，以求万无一失。这里仅以他在1944年向故宫博物院理事会的报告为例。他说："本院战时业务首在保持文物之完整，举凡库房戒备、庋藏保管、翻检整理诸端，经逐年规划，时加改善，已臻周密，无虞疏失。对于工作之进度，尤无时不在讲求效绩。盖自七七事变以后，本院留用员额仅及战前之半，而事务之繁杂转重于昔，已非通力合作人尽其用，无以竟其事功。故一般从业人员担负工作已相当繁重，绝鲜冗散不力之病。近年又经设置专理人事机构考核课功，益加严密认真，同时厉行奖惩，鼓励自奋，竞求进步，效绩颇彰。"[1]话似平常，但包含了马衡院长的诸多苦辛。处境的艰苦是可以想见的，既有保管上的困难，又有经费上的不足。"特西迁物品，现皆散置川黔各库，为数极多，除陶瓷铜玉以外，余皆楮素之质，霉蠹堪虞。西南气候郁蒸，鼠蚁之患尤甚他处，管理偶不经心，即有损毁之虑。必须经常不断检视翻晒，清理整治，始能策其完整。工作繁重不言可喻，且本院人员经费，早经大量紧缩削减，左支右绌，久苦不克，时有顾此失彼之虞。"[2]据当时随文物西迁的那志良先生回忆，他在峨眉保管文物时，因薪水汇不回去，家在北平，生计成了问题，他便写信给马院长，要求回北平。马

---

① 引自"国立北平故宫博物院理事会1944年度会议记录"，现藏中国第二历史档案馆。
② 引自"国立北平故宫博物院1944年度业务检讨报告"，现藏中国第二历史档案馆。

院长给那回了信，说无论如何不能去。马说他已写信回北平，叫张处长（张庭济，故宫总务处长）把他家里的东西尽量出售，卖的钱，悉数给那家中使用，叫那安心做事。那说："院长这样对我，我怎好执意回去！"①

故宫文物南迁是中国人民保护珍贵历史文物的壮举，也是第二次世界大战中保存人类文化遗产的奇迹。1947年9月3日，马衡院长在北平广播电台做了《抗战期间故宫文物之保管》的著名演讲，简要介绍了抗战时期文物南迁、西迁的经过以及保管之困难等。他说：抗战14年之中，文物多次险遭灭顶之灾，例如当9000多箱文物由重庆运往乐山途中暂存于宜宾沿江码头时，重庆以及宜宾上游的乐山和下游的泸县都遭到敌人的狂轰滥炸，唯有宜宾幸免；长沙湖南大学图书馆在文物搬出后不到4个月就被炸毁；重庆的几个仓库在文物搬出后不到1个月，空房也被炸掉；从南郑到成都时，在把存放在南郑文庙的文物运出后刚12天，文庙就遭敌机投下的7枚炸弹夷平。"像这一类的奇迹，简直没有法子解释，只有归功于国家的福命了。"②

对于马衡院长在抗日战争中保护文物的功绩，郭沫若先生有段恰当的论述。他说："马衡先生同时还是一位有力的文物保护者。中国古代文物，不仅多因他而得到阐明，也多因他而得到保护。前日本帝国主义发动大规模侵华战争时期，马先生担任故宫博物院院长之职，故宫所藏古物，即蒙多方运往西南地区保存。即以秦刻石鼓十具而论，其装运之艰巨是可以想见的。但马先生从不曾以此自矜功伐。"③

故宫博物院文物存沪及安顺期间，还多次举办国内外文物展览，尽量发挥文物的宣传、教育作用。国外展览有两次。第一次是1935

---

① 那志良：《典守故宫国宝七十年》，紫禁城出版社，2004年，第127页。
② 马衡讲演稿手稿，现藏故宫博物院图书馆。
③ 马衡：《凡将斋金石丛稿》郭沫若序，中华书局，1977年。

年，从存沪文物中选择铜器、书画、漆器、织绣、玉器、景泰蓝、家具、文具等各类文物735件，赴英参加"伦敦中国艺术国际展览会"。这是中国历史文物也是故宫博物院文物首次出国展览。这些文物从1935年11月至次年5月，在皇家艺术学院展出，并出版了英文版展品目录及图录，皇家艺术学院还举办过20多次有关中国艺术品的讲演会，参观者逾42万，蔚为英国国际艺术展览史上一大盛事。此次展览，有力地宣传了源远流长、光辉灿烂的中华古代文明。第二次是1939年，故宫又以100件珍贵文物参加莫斯科"中国艺术展览会"展出，同时展出的还有苏联国内收藏家收藏的中国艺术品1500多件。1940年1月，展览会于莫斯科国立东方文化博物馆开幕，后又到列宁格勒展出，6月苏联参加英美同盟，向德宣战，为保障文物安全，提早结束了在列宁格勒的展出，一年后展品运回国内。在国内，抗战前和抗战期间，也曾多次举办故宫博物院文物展览，如1937年3月以396件展品参加在南京举办的第二届全国美术展览会，1943年12月在重庆中央图书馆举办书画展览，1946年4月在贵阳贵州艺术馆举办书画展等。这一系列活动正如马衡先生所说："结果不独在阐扬学术与国际声誉方面，已有相当收获，即于启发民智、增进一般民族意识，亦已有影响，成效颇彰。"[1]

三　抗战胜利后故宫博物院的复原

抗日战争胜利后，马衡院长奉命复原故宫博物院，他组织西迁文物东归，接收流散文物，并顺应历史潮流，依靠进步职工，使南京政府空运北平本院文物珍品去台湾的妄想落空，并拒绝了要其赴台的电令，毅然选择了新生的人民政权。在新中国成立初期，马衡院长

---

[1] 引自"国立北平故宫博物院1944年度业务检讨报告"，现藏中国第二历史档案馆。

又做了许多颇有成效的工作，使故宫博物院的进一步发展有了良好的开端。

北平本院的复原是整个复原工作中的重要部分。沦陷初期的故宫博物院曾向国民政府行政院汇报现状，请示机宜。1937年11月，行政院训令寄到故宫博物院，要求留平职工"于可能范围内，尽力维持"[1]。当时，马衡院长及院内一些主要人员大部分离平，或南下，或转往他处，院内工作则由总务处处长张廷济负责维持。留守职工在极其艰苦险恶的环境下苦撑了8年。抗战胜利，北平地区中国军队接受日军投降的典礼，就在故宫太和殿前举行。北平本院方面的复原工作，本应由马衡院长主持，由于马院长要在重庆筹组西迁文物东归，一时不能返平，就委托文献馆馆长、教育部平津区特派员沈兼士，会同留守北平的故宫博物院总务处处长张廷济负责办理交接事宜。接收工作进展顺利。院里职员，十之八九为抗战前的旧人，全部留任，只有伪院长及少数敌伪派驻的高级职员被免职。机构设置仍如旧制。马衡院长、各馆馆长、总务处长，都恢复了原来的职务。

接管古物陈列所也是抗战后复原中的一件重要工作。1914年成立的古物陈列所，占有故宫外朝的几个主要宫殿，故宫博物院只占用内廷部分。1930年10月，易培基院长向国民政府行政院提出"完整故宫保管计划"，并以理事蒋中正领衔呈送国民政府，计划当即得到行政院的批准，同意将设立在紫禁城外朝的古物陈列所与故宫博物院合并等计划，后因有人对合并提出不同意见，以及东北沦陷，时局不宁，合并工作一直未能完成。1946年12月，南京政府行政院决定将古物陈列所合并到故宫博物院。整个接交工作于1949年3月完成，"完整故宫保管计划"终于实现，故宫作为一个整体由故宫博物院管理。

正像当年精心策划把南迁文物运往西南一样，战后马衡院长又忙于筹办这些文物的出川东归。比较起来，没有了战火，则容易得多。

---

① 转引自刘北汜：《故宫沧桑》，南粤出版社，1988年，第131页。

早在1946年1月，这些在四川三地储藏的故宫文物就分头集中到重庆，至1947年底全部文物都被运回了南京。但其中碰到的困难也不少，即如石鼓，在重庆本拟用船运输，因太重改由10辆汽车从陆路运输，原拟取道川、湘、赣、皖、苏公路直达南京，但因很多地段公路损坏，桥梁失修，加之汽车大都破旧不堪，行车速度极慢，车到南昌后不得不改取水路，从南昌转道九江用船运输，在九江等了24天才租到船只，到南京已用了将近两个月。所以郭沫若先生在谈到马衡院长保护南迁文物功绩时，特别提到石鼓："即以秦刻石鼓十具而论，其装运之艰剧是可以想见的。"

故宫博物院此时还陆续接管和收购了许多散失在外的故宫旧有文物和物品，接收了一批私人收藏家捐献的文物，其中不少是具有极大艺术价值和历史价值的珍品。其中，有天津溥仪旧宅留的文物及天津溥修宅中留有的溥仪物品，合计1307件；有北平清宗人府余存的834册玉牒、册簿等，陈仲恕收存的501件汉印，福兰克福中国学院友谊会的741件古物图书，存素堂的3319件丝绣、铜器、玉器、象牙、书画等文物。个人捐献的，主要有郭葆昌的"郭瓷"和杨宁史的"杨铜"。郭葆昌，字世五，号觯斋，对瓷器以"精鉴别，富收藏"闻名中外，他收藏的瓷器、书画都极精良，郭曾任故宫博物院陶瓷、书画审查委员，于抗战期间去世，藏瓷为其子女数人所有。马衡先生很重视这批瓷器，他对去平津地区清理文物的王世襄先生说：郭瓷是一批重要文物，其中宋瓷有的很精，清官窑古铜彩牺耳尊连故宫都没有，你到北京要注意这批瓷器，向郭家的人恳切地谈一谈，最好不要让它散掉，将来完整地归公家收藏才好。王世襄先生费了好多周折，终于使427件珍贵瓷器入藏故宫博物院[①]。杨宁史是德国侨商禅臣洋行经理，在北平沦陷期间从市肆收购了古铜器、兵器240余件，这些文物

---

① 参阅王世襄：《回忆抗战胜利后平津地区文物清理工作》，《锦灰堆》贰卷，生活·读书·新知三联书店，2003年。

多是当时河南等地出土的，藏于东交民巷瑞典百利公司。杨铜中有极为重要的器物，如经唐兰先生定名为宴乐渔猎攻战纹的战国铜壶，商饕餮纹大钺及鼎、卣、爵杯、玉柄钺等，艺术价值极高。杨宁史1946年将这批文物献给故宫博物院。故宫博物院还特为他辟专室进行展览。马衡先生于1946年7月3日从南京回北平，到后立即去库房观看这两批新入藏的文物。

在此期间，故宫博物院还参加了南京有关方面举办的展览。在参加1946年10月教育部举办的"故宫博物院、中央研究院及京沪名人私人藏品展览"时，马衡院长表现出的可贵的职业责任感，令人称道。当时，教育部要故宫选新入藏的文物若干件参加展出。马衡院长和故宫人员从"杨铜"陈列室中选了几十件精品参加。展览期间，傅斯年、李济等来参观，盛赞"杨铜"中的宴乐渔猎壶，认为花纹真实地反映了战国时的生活，是其他青铜器所没有的。他们提出将这批青铜器暂留南京，把花纹器形拓完一份后再送回北京。李济先生时为南京中央博物院筹备主任，又是故宫博物院理事，与马衡先生同为"清理战时文物损失委员会"副主任，傅斯年先生更是他的老熟人。但马先生不顾情面，当面婉言谢绝。他说，这些铜器是从新辟的杨铜专室中提出的。因精品已去，北京的陈列室只得暂时关闭，如留在此处传拓，陈列室开放延期，观众会有意见。他马上叫随行的王世襄把带去的几份拓片，包括铜壶的花纹展开图送给李济，以免他们再提出要求。事后，马先生对王世襄说，铜器留在此处，夜长梦多，说不定他们要打什么主意，还是早送回去为妙[①]。笔者曾专访过王世襄先生，王先生对马衡先生离开北平时要求把参展铜器拓印一份的决定十分叹服，认为马先生很细心，料事如神。

1948年9月下旬，中国人民解放军发动的辽沈战役行将解放东北

---

① 参阅王世襄：《回忆抗战胜利后平津地区文物清理工作》，《锦灰堆》贰卷，生活·读书·新知三联书店，2003年。

全境，全国战局发生根本变化，南京国民政府准备逃走，时任故宫博物院理事长的翁文灏，理事王士杰、朱家骅、杭立武、傅斯年、李济、徐森玉等在南京开会决定，把故宫博物院南迁的文物运往台湾。行政院又函电马衡院长启程赴京，并嘱选择北平故宫博物院的文物菁华装箱分批空运南京，与南京分院的文物一同迁往台湾。当时马衡先生在解放区的亲属，通过地下党组织和他取得了联系，要求他尽可能使北平文物的空运不能成为事实。在国民党的高级官员中，马衡始终是无党无派的。在这重要关头，他做出了保护国宝、拒绝赴台的决定。他之所以如此选择，是因为他一贯以研究与保护国家的历史文物为己任，完全从祖国的利害得失出发，视人民的意愿而决定的。当南京政府忙于做逃离准备并挑选南迁文物拟运台时，在北平的马衡院长却镇定自若，继续推进各项业务工作。1948年11月9日，他主持召开故宫复原后的第五次院务会，讨论决定了一系列重大事项，如清除院内历年积存秽土，修正出组与开放规则，把长春宫等处保存原状辟为陈列室，增辟瓷器、玉器陈列室及敕谕专室，修复文渊阁，继续交涉收回大高殿、皇史宬等①。马衡院长以实际行动表达了自己的立场与决心。

南京分院迁往台湾的文物，先后于1948年12月22日、1949年1月6日和1949年1月29日分三批自南京起运。北平本院的文物迁运工作，却一拖再拖。马衡院长在职工警联谊会和高层职工的支持与配合下，先是布置古物馆、图书馆、文献馆的工作人员编写可以装运的文物珍品目录报南京行政院审定，然后又让准备包装材料，并告诫有关人员"不要慌，不要求快"，绝不能因装箱而损伤文物，至于装箱工作进展如何，他却从未催问②。他还于1948年底下令将故宫对外出入通道全部关闭，严禁通行，致选装文物精品箱件无法运出。南京分院函电

---

① 引自"国立北平故宫博物院第五次院务会议记录"，现藏故宫博物院档案室。
② 参阅朱家溍：《马衡院长保护故宫文物的故事》，《紫禁城》1986年第2期。

催促，马院长则以"机场不安全，暂不能运出"为由拖延。其时解放军已进关，形势日新，北平几乎是一座孤城。又过几天，东西长安街拆卸牌楼，计划用长安街的路面作跑道，以使飞机在城内起飞降落。但这个城内机场尚未使用，北京已和平解放了，故宫文物一箱也未运出。

1949年1月，北平对外交通断绝，南京政府派专机接运文教界名流，马衡院长1月14日致函南京政府教育部政务次长、故宫博物院理事会秘书杭立武，以病后健康未复婉拒赴南京。信中说："弟于十一月间患心脏动脉紧缩症，卧床两周。得尊电促弟南飞，实难从命。因电复当遵照理事会决议办理，许邀鉴谅。嗣贱恙渐痊而北平战起。承中央派机来接，而医生戒勿乘机，只得谨遵医嘱，暂不离平。"又望停止迁运文物赴台，并以第三批作为结束："运台文物已有三批菁华大致移运。闻第一批书画受雨淋湿者已达二十一箱。不急晾晒即将毁灭。现在正由基隆运新竹，又由新竹运台中。既未获定所，晾晒当然未即举行；时间已逾二星期，几能不有损失。若再有移运箱件则晾晒更将延期。窃恐爱护文物之初心转增损失之程度。前得分院来电谓三批即末批，闻之稍慰。今闻又将有四批不知是否确定。弟所希望者三批即末批，以后不再续运。"①

北平1949年1月底和平解放，故宫博物院3月6日被北平市军管会接管，马衡先生留任院长，全体工作人员均留原工作岗位，职薪不变。1949年2月19日，北京市军管会接管北平文物整理委员会工程处，11月改名为北京文物整理委员会，马衡任主任委员，俞同奎任秘书。这时，故宫博物院各项工作陆续恢复并有新的进展。宫殿开始进行整修。在总务处成立了测绘室，对古建筑进行普查，并对乾隆花园进行测绘。军管会做出了售票款不必缴库，用作恢复费用，并请制订修缮计划的决定，当时故宫博物院开列了21项修缮工程，首先开

---

① 转引自《故宫跨世纪大事录要》，台北故宫博物院，2000年，第200页。

工的有乾隆花园、畅音阁、造办处大库、西六宫屋顶保养等项目。从1950年开始，对从清代堆积下来的外东路箭亭前的垃圾山进行清理。陈列展览也积极进行。1949年9月，故宫博物院开辟了"帝后生活陈列室""禁书陈列室""纺织陈列室""玉器陈列室"4个陈列室。1950年10月举办"清代帝后生活与农民对比展览""国内各民族文物展览""清代帝国主义侵华史料陈列""清代升平署戏曲资料展"等。1952年1月，故宫博物院明代馆、钟表馆和"乾隆时代装潢陈列艺术展"开放。1950年1月，南迁文物第一批1500箱从南京运回。1951年11月，根据周恩来总理批示，文化部社会文化事业管理局副局长王冶秋和马衡院长等从香港以重金赎回王献之的《中秋帖》和王珣的《伯远帖》，并入藏故宫博物院。在新中国成立初期，马衡院长为故宫博物院工作的全面恢复及以后的发展付出了大量心血，打下了基础，做出了重大的贡献。

四 中国近代考古学的前驱

马衡先生又是一位治学谨严的学者。郭沫若先生对其学术成就给予了中肯的评价，他说："马衡先生是中国近代考古学的前驱。他继承了清代乾嘉学派的朴学传统而又锐意采用科学的方法，使中国金石博古之学趋于近代化。他在这一方面的成就是有目共睹的。"①

马衡先生是金石学大师。1922年北京大学研究所国学门成立，他任考古研究室主任兼导师，并在历史系讲授中国金石学。金石学形成于北宋时期。它是在尚未进行科学发掘的情况下，以零星出土的古代铜器和石刻为主要研究对象的学问，是中国考古学的前身。金石学偏重于著录和考证文献资料，以图达到证经补史的目的。宋人欧阳修

---

① 马衡：《凡将斋金石丛稿》郭沫若序，中华书局，1977年。

的《集古录》，为金石有专书之始，其后吕大临、赵明诚等的书为铜器、石刻的研究奠定了基础。自此以后，代有著作，特别是清代乾嘉学派的影响，金石之学大为发展。不少学者通过对金石的研究，补载籍之缺佚，考文字之演变，做出了相当的贡献，对史学的发展也起到了促进作用。但总的来说，其研究范围仅限于对古器的分类定名及对文字的考释疏证，其研究方法也是孤立的、支离破碎的。19世纪末，不断有地下文物大批出现，殷墟甲骨、西北简牍、齐鲁封泥、燕齐陶器等纷纷出土，丰富了金石学研究的内容，扩大了它的研究范围。在此基础上，马衡先生总结金石学研究的成果，并使之系统化，写出了《中国金石学概要》。这部对旧金石学1000年来系统总结的著作，对金石学这门学科的含义、研究对象和范围、研究方法以及它和史学的关系等，都加以系统论述。马先生在金石学各个方面的研究成果及其治学方法，对于旧金石学向考古学过渡，起到了承先启后的重大作用。

马衡先生重视和提倡科学的考古发掘，并亲自参加发掘实践。他继承了清代考据学的一些宝贵经验，又不因循守旧，倡导用西方近代考古学发掘和研究方法丰富中国的金石学。他突破了旧金石学足不出户的书斋式研究，主张到野外实地勘察和进行科学的考古发掘。他说：我们所以要研究历史，并不是想复古，是要晓得我们的老祖宗怎样工作和生活的整个知识，"所以要讲考古，是非发掘不可的"，"有计划有组织的大规模发掘"，以打开"更精确、更复杂的地下二十四史"[1]。他认为，在有计划发掘时，"虽破铜、烂铁、残砖、断壁，亦必记其方位，纤悉靡遗。如此，则一、地点不致谬误，可借以知为古代之某时某地；二、器物之种类、数量、方位不致混淆，可以明各器物之关系及其时之风俗制度；三、建筑物不致有意毁坏，可以

---

[1]《考古与迷信》，刊《晨报副镌》1925 年 12 月 6 日。

觇其时之工艺美术。凡此种种，胥于学术上有所贡献"①。他还多次主持或参加野外考古和调查，如1923年、1924年赴河南新郑、孟津、洛阳等地现场调查，1928年参加辽东半岛"貔子窝"的发掘工作，1930年主持燕下都的考古发掘。马衡先生从一位金石学家向考古学家转变的历程，说明他既是我国传统金石学的集大成者，又是近代考古学的开拓者。

马衡先生金石学的成就，主要集中在《凡将斋金石丛稿》一书中。除过金石学概论，他在铜器、度量衡制度、石刻、石经和书籍形制等方面都有开创性贡献，亦为世所重。

对于铜器的断代研究。马衡先生1927年3月在日本东京帝国大学做了《中国之铜器时代》的讲演，提出我国青铜器以商代为最早的论断，举出7件标准器，并从其记年月日、祖妣称谓、祭名和祭人等事实，证明它们属于殷器。此文发表于殷墟发掘的前一年。马先生的论点已为嗣后殷墟发掘出的实物所证明。这是铜器断代的一个先例。《戈戟之研究》，据当时出土的实物，校正了清人程瑶田的旧说。

对于度量衡制度的研究。度量衡等计量器是检测一切物品的标准。但度量衡制度在历史上是有所变化的，只有弄清历代度量衡的差异，才能对历史上的经济现象有深刻的认识。马衡先生对历代度量衡的研究十分重视，常自称"耿耿此心，固未尝一日忘也"。《新嘉量考释》《隋唐律历志十五等尺》等文，集中了他的研究成果。他曾以新莽货币4枚试制"王莽尺"，用以度量新朝铸行各种铜货币，其尺寸与文献记载一一相同。后在故宫坤宁宫发现王莽时所造"新嘉量"，以王莽尺度量其长度，与"新嘉量"铭文所注明各部位的尺寸，无一不合。马先生进而以王莽尺为标准，对《隋书律历志》中所载唐以前的15种古尺进行测量，并得出它们之间的比例和实际长度，还请琉璃厂仿造了"隋书律历志十五等尺模型"，并附加说明书，作为大学教

①《新郑古物出土调查记》，《凡将斋金石丛稿》，中华书局，1977年，第303页。

学之助。这一成果至今仍然是研究古尺的依据。

对于石鼓制作年代与国别的研究。唐代出土的石鼓，对于其刻石年代和国别，长期以来聚讼纷纭，迄无定论。马衡的《石鼓为秦刻石考》一文，通过文字的演变和传世秦国多种铭刻的比较研究以及石鼓文的内容与称谓、石鼓出土地点等几个方面的综合研究，认为它是东周时秦国缪公时所刻。这一结论，虽然在具体年代上尚有可以商榷前推和后移之处（郭沫若先生考定，石鼓为秦襄公时所作），但确定它为东周时秦国的刻石，则已为学者所公认。正如郭沫若先生所说："石鼓之年代，近人马衡著《石鼓为秦刻石考》论之甚详。石刻于秦，已成不刊之论。"①

对于汉魏石经的研究。马衡先生于此用功最深，成就也最为突出。汉魏石经是经书最早的官定本，对于经学史、版本学、书法等方面的研究，都具有重要的价值。但自刻成以后至于唐代，中经火灾，几经迁徙，仅遗留下来支离破碎的断石残字。马先生积30余年精力，撰写成《汉石经集存》一书（科学出版社1957年版）及论文多篇，对石经刻石的缘起、经数、经本、字体、行款、石数、书碑姓氏以及出土情况详为考订。《汉石经集存》是目前研究熹平石经的集大成巨著，亦是先生学术的结晶。

对于书籍制度的研究。近世出土的汉代简牍，为古代书籍制度的研究提供了新的资料。马衡先生的《中国书籍制度变迁之研究》一文，概括了书籍材质和形式的演进，以及装帧的变化。后来马衡先生在整理研究居延汉简时，除考释了简牍内容、史事外，还特别注意到编册之制、书写工具和简札材料等。②

马衡先生又是中国博物馆事业的开拓者。1934年，马衡院长与

---

① 郭沫若：《石鼓文研究》，上海商务印书馆，1951年影印本，第6页。
② 关于马衡先生的学术贡献，参阅魏连科：《读〈凡将斋金石丛稿〉》，《中国史研究》1979年第2期；傅振伦：《马衡先生在学术上的主要贡献》，《傅振伦文录类选》，学苑出版社，1994年。

北平图书馆馆长兼故宫博物院图书馆馆长袁同礼、中央博物院筹备委员傅斯年等联络博物馆界，倡议组织中国博物馆协会。1935年4月，中国博物馆协会在北平成立，通过了《中国博物馆协会组织大纲》，确定协会的宗旨是"研究博物馆学术，发展博物馆事业，并谋博物馆之互助"，推举马衡为会长。协会下设专门委员会，负责博物馆学术研究、博物馆建筑和陈列、审查出版博物馆学术专著和论文、召开学术讲演等。协会还编印有关博物馆丛书，刊行《中国博物馆协会会报》，两月一期。1936年，中国博物馆协会和中华图书馆协会在青岛联合召开第一届年会，印发了《联合年会的希望》，主张"图书馆博物馆亟应增设，以补充学校教育之不足，且可保存文艺，提高学术"，并且"愿政府与社会时锡匡助，以期促进图书馆及博物馆事业"。年会通过了博物馆行政、建筑、陈列、保管、考古发掘、整理档案等决议35项。中国博物馆协会的成立，促进了博物馆学术研究和博物馆事业的发展。抗日战争时期，会务陷于停顿。1948年6月中国博物馆协会在北京复会，修订了《中国博物馆协会组织大纲草案》，马衡先生再次当选理事长。复原后的第一次会员大会在故宫传心殿召开，马衡主持，列出了编印"中国博物馆一览"、每月出会刊两期、举办学术讲座、编印会员录、每年编印国宝审查报告并编印"国宝集"等工作计划[①]。

马衡先生1952年离开了他以身相许的故宫博物院，此时的他心情当是很复杂的。但他对故宫的挚爱不仅没有改变，反而得到了升华。也就在这一年，他将珍藏的包括宋拓唐刻颜真卿《麻姑仙坛记》卷在内的甲骨、碑帖等400多件文物捐献给了故宫博物院。在他去世后，子女遵其遗愿，又把1.4万余件（册）文物捐给了故宫博物院，有青铜器、印章、甲骨、碑帖、书籍以及法书、绘画、陶瓷、牙骨器等，种

---

① 引自"中国博物馆协会会议记录（1948年6月6日—9月1日）"，现藏故宫博物院档案室。

类众多，数量惊人，精品不少。这是马衡先生日积月累收购来的，花费了他一辈子心血，现在全部捐给了国家，捐给了与他的生命联结在一起的故宫博物院。这批文物虽然有着巨大的价值，但这一义举所表现出的马先生的品格和襟怀更是培育故宫人精神和形成故宫传统的宝贵的精神财富。

"凡德业足以盖人者，人不能忘之。马先生虽颇自谦，然其所成就，已应归于不朽。"[①]故宫人永远感念马先生，全国人民也没有忘记他。在马先生逝世50周年时，故宫博物院特举办马衡先生捐献文物展，选出200多件珍品，以飨世人，同时出版其佚文集，以缅怀他的不朽功绩，并决心以80周年院庆为契机，大力推进他曾为之奋斗的事业，把故宫博物院建设得更加美好，以此告慰马先生及海内外所有关心故宫的人士。

（原载《故宫博物院院刊》2005年第2期，《新华文摘》2005年第14期转载）

---

① 马衡：《凡将斋金石丛稿》郭沫若序，中华书局，1977年。

关于故宫"盗宝案"

　　故宫博物院文献馆于20世纪30年代初，从所藏的军机处档、宫中所存缴回朱批奏折及实录等三种清代文书中辑录，编为《清代文字狱档》，由国立北平研究院出版，第一辑出版于1931年5月。1934年6月10日，鲁迅写了《隔膜》一文，谈清朝的文字狱，文中所引冯起炎一案，见于1933年7月出版的《清代文字狱档》第八辑。鲁迅说："这一两年来，故宫博物院的故事似乎不大能够令人敬服，但它却印给了我们一种好书，曰《清代文字狱档》，去年已经出到八辑。"

　　2005年11月出版的《鲁迅全集》，对上文"这一两年来，故宫博物院的故事似乎不大能够令人敬服"加了条注释，全文如下：

　　　　指故宫博物院文物被盗卖事。故宫博物院是管理清朝故宫及其所属各处的建筑物和古物、图书的机构。1932年至1933年间易培基任院长时，该院古物被盗卖者甚多，易培基曾因此被控告。

　　注者所说，即为"喧嚣一时、腾笑世界"[①]的故宫"盗宝案"，该案历时长久，过程也比较复杂，现在公认是一桩人为的冤案。

---

① 引自吴瀛：《故宫盗宝案真相》吴祖光序，文史资料出版社，1983年。

一 "盗宝案"始末

故宫"盗宝案"的主要关系人是易培基，因此又称"易培基盗宝案"。易培基（1880—1937），湖南长沙人，号寅村、鹿山，毕业于湖北武昌方言学堂。1913年起在湖南高等师范学堂、长沙师范学校任教，兼任湖南省教育行政委员会委员、湖南省图书馆馆长。1922年到广州，为孙中山大元帅府顾问。1924年，出任黄郛摄政内阁的教育总长，北京女子师范大学、上海劳动大学校长等职。1928年任国民政府农矿部部长。为清室善后委员会首席委员，主持筹备建立了故宫博物院，1929年被国民政府任命为故宫博物院院长。

其实在所谓的"易培基盗宝案"之前，就盛传过冯玉祥、鹿钟麟、张璧盗窃故宫珍宝的流言。溥仪出宫后，那时国民军总司令部驻扎在西城旃檀寺，就传说冯玉祥（驱逐溥仪出宫的主持者）趁着旃檀寺失火戒严之际，盗取清宫大批宝物，用骆驼运往西北；又说京师警察总监张璧（参与驱逐溥仪出宫）用迹近豪夺的方法，拿走了溥仪镶嵌有名贵珍珠的帽子；等等。其实，这都是清室中人对冯、张等之逼宫恨之入骨，制造出来中伤他们的谣言。

故宫"盗宝案"的发生，与处分（即处理）清宫无关历史艺术物品一事有直接关系。

清宫所存贮，除历史文物及艺术品外，无关历史艺术的物品也很多，诸如绸缎、皮货、衣服、衣料、茶叶、药品、药材、金砂、银锭等。这些物品，有的在宫内已存放了上百年甚至几百年，至少也是存了数十年的陈货。例如，仅茶叶就堆了7间大殿，放置久了，即成废物。故宫博物院在1927年维持会时期，曾因院中经费不继，决定处理一批与历史文化无关的物品，主要是生活用品，包括金砂、银锭等，以弥补院里开支，由于北洋政府下令"缓办"，才没有实现。易培基出任院长后，又旧事重提。理事会1930年春在南京开会通过了处分本院所存无关文化历史之物品的方案，并通过了处分此类物品的监察委员会规则。后因其他原因，这个方案没有马上执行。直到1931年夏，才着手实施，组织处分物品监察委员会，由院聘请北平地方法院首席检察官、北平市市长、平津卫戍司令、本院寓居北平理事，以及教育学术界人士共同组成，6月7日召开第一次会议，确定了处分的原则：

一、处分的物品，必须遵照理事会议及呈准的原案，仅限与文化历史无关者。

二、处分物品所售得价款，悉数充作基金，不作别用。

三、处分办法，暂定投标、拍卖两种。其零售、公卖，视情形再定。

四、其他一切手续，均由院中斟酌办法。

故宫博物院共先后三次处分物品。物品出售办法，监委会原定投标、拍卖两种，但因拍卖须由拍卖行叫拍，例收佣金二成，公家损失太大，未曾采行；而投标亦恐为商家垄断，低价抑勒，后乃采用公卖、零售两种方式。当年11月开始公卖、零售，每星期日在故宫发售室进行，处理的物品都分别编号造册，由监察委员会审查通过后始予售卖，且均留下样品，或保存，或展出。例如，2000多件皮货中，有五六十张极为罕见的玄狐皮，原存养心殿，只留下几张做陈列品，卖掉其余的。又如，敬事房里存有吉林省出产的稀有珍品——白貂皮7张，分别包在缎包袱皮内，各附满汉文纸条一张，上写"乾隆四十二年十二月二十日，吉林将军福康安恭进白貂皮一张"字样，这些白貂皮全部被留了下来。两个月后又处理了永寿宫存的金砂995两5钱4分，以及养心殿的金件、金币及一部分药材。金砂出售前，先由金店派人来院设炉房，在监察员监视下，化炼成金条，再按市上金价连同金件一起标卖，共得款89511.3元。1932年七八月间，又对永寿宫、景仁宫两处库房的物品进行了处理。售卖所得的款项均存在中国农工银行，专作维修宫殿及宣扬文化的出版基金。三次处分物品后，均分别印出《故宫博物院处分无关文史物品经过概况》小册子，分送有关机关，供检查了解。

三次处分物品，导致了易培基被控盗卖国宝。

1932年8月29日，故宫博物院第三次处分物品之后，突然有人向北平政务委员会控告易培基侵占、盗卖古物。10月，监察院监察委员周利生、高鲁奉派到北平调查其事，历时两周。1933年1月7日，周利生、高鲁向国民政府政务官惩戒委员会提出了弹劾易培基院长出售金器违法一案。弹劾中说：

> 关于盗卖古物一层，虽未查有确切证据，而出售金器一项，殊有违背法令之嫌。

所谓违法，一是说故宫博物院售出金器等，理事会并无决议，行政院也未批准，事后备案，也被批驳；二是说出售的金器，是进贡物品，成色高，因处理时售价太低，有图利商家之嫌；三是说出售了有历史艺术价值的金八仙碗；等等。过了几天，北平《快报》等报的记者谢振翮等7人，联合向北平地方法院检察署检举易培基图利渎职，其所举事由，大抵依据周、高二氏的弹劾文字。这时，舆论哗然，国内外对此十分关注。易培基遂决定提出申辩，澄清真相。他在1933年1月9日具呈国民政府，反驳周利生对报界谈话各点，他指出：

> 一、处分金器，系理事会决定，经行政院批准，也无补呈备案被驳之事，周利生所谈均非事实。
>
> 二、金八仙碗等"均系残品，制作恶劣，绝无美术之可言，多为近时作品，至年代稍远，制作异精，而无损坏者，现皆保存，为数尚多。此等出售物品，凡寻常金店中无不有之，临时监

委会认为无关文化，始予处分"。

三、售出金器，"均系清内务府制办，并非进贡之品，而投标成色有高至9.43者，有标签可证。该委员谓在6成左右，尤非信史"。

四、售出之款，"均作为基金，专款储存，外传移作薪津之事，尚无其事"。

五、周委员忽视档案册籍，只举细故，攻击个人。

易培基又在2月5日的报上发表文章，公开驳斥周利生等的调查报告。3月26日，应政务官惩戒委员会函促提出书面申辩，寄出答辩书，指责周利生等的弹劾"多违反事实"，"原弹劾理由绝无立足之点"，"所弹劾各节，实属故入人罪，毫无意义"。这可视为易案的第一阶段。

监察院弹劾案结束后不久，5月1日下午，突然有南京最高法院检察官朱树声持天津高等法院介绍朱前来故宫参观的信件，到后却要求调阅故宫总务处处分物品的账册、单据，并向经手处分物品的人员查询。接连两天，朱树声带着书记官、法警，在故宫开庭侦讯，找人问话，查看账目、单据，搜寻易培基、李宗侗营私舞弊、盗卖国宝的罪证，最后带走了会计科科长程星龄，行动诡异莫测。当夜，李煜瀛、吴稚晖、易培基、李宗侗、俞星枢、吴瀛6人研商此案的动机及幕后主持人。当时南迁文物尚留最后一批未运，以为是有人企图阻止文物南迁，遂商由吴稚晖、李煜瀛二人出面，给蒋介石及行政院院长汪精卫发了一封密电。当时蒋介石去了四川，汪精卫收到电报后，转给了最高法院检察署检察长郑烈。原来朱树声到北平查案，即为郑烈所指派。郑收到汪交的密电，恐文物南迁因案停顿而遭怪罪，乃于10日急电朱氏，电报中说：

佳电缓办（按佳电未见到。有一漏去日期的电报指示朱树

声，谓"李宗侗刑嫌重大，应即逮捕"。或谓此即佳电）。即查
古物有停顿否？俾转政院，勿借案停顿。张嘱尹即来，费先筹
给。程已保外否？并电覆。烈，蒸。

这时朱树声已返回南京，电报便落到故宫博物院秘书吴瀛手中。
吴瀛、易培基和吴稚晖从来电内容分析，认为发电人烈，即郑烈；
张，即张继；尹，即尹起文，张继夫人崔振华介绍到故宫博物院的职
工，曾经经手处分绸缎，尹曾给来院的朱树声提供几张有问题的打折
扣单据，成了揭发易、李有罪的证据；程，即程星龄。这个电文暴露
了检察官与张继、尹起文有所串通。吴稚晖趁张继的夫人崔振华来北
平之际，持此电报面询之，崔氏直认不讳。这时才知此案的背后系为
崔氏所主导。崔氏收买故宫职员尹起文等做证，指处分物品有弊端，
使崔氏得以向南京地方法院提出控诉，而最高法院检察署检察长郑烈
系张继的门生，故得以指使查案。

在查处易案时，李宗侗也是主要关系人。李宗侗（1895—
1974），字玄伯，河北高阳人，曾留学法国，任过北京大学教授，为
李煜瀛的侄子、易培基的女婿，参与过清宫物品的点查，任故宫博物
院秘书长。1933年初秋，李宗侗为处理古物存沪事去了上海，不久迫
于形势，辞去了秘书长之职。

易培基于1933年10月14日在南京召开故宫博物院理事会前夕，
致电理事会宣布辞职并具呈国民政府行政院请准予辞去院长职务，准
备以平民身份对郑烈等人提出反诉。易培基辞职后第三天，即10月
17日，就提出了反诉，具呈中央监察委员会，并附呈郑烈致朱树声的
电文，故宫职员董琳、张淅的报告书以及故宫离职职员秦汉功的忏悔
书。在长达5000余言的呈文中，易培基严词指责崔振华与最高法院检
察署检察长郑烈等"假借司法独立之权威，朋比勾串，贿买人证，蓄
意诬陷"。他说，在这种情况下，他势难应审，也无法处理政务，因
此提出辞职。他要求："如果政府将郑烈亦暂时解职，能与崔振华同

至地院对质者，培基必立时遵传到案。"21日又呈文行政院、司法行政部，请依法罢免郑烈，希冀裁判之公平。又连续于10月19日、20日、23日及11月22日、23日在上海《新闻报》《申报》，天津《大公报》，南京《救国日报》《民生报》等刊登启事或发表谈话，指摘郑氏。他还编印了一册《故宫讼案写真》散发。但他的种种努力，如石沉大海，并未得到反应。这可视为易案的第二阶段。

对易培基的起诉共有两次。第一次是1934年10月13日江宁地方法院检察官孙伟对易培基、李宗侗、萧瑜、秦汉功等9人提起公诉。1933年10月南京地方法院检察署提出检控易、李，罪嫌仅为违法舞弊，这次起诉重点则在盗卖古物。犯罪事实列了6部分，指易培基、李宗侗调换珠宝，侵占入己：盗取珍珠1319粒、宝石526颗，以假珠调换真珠9606粒，以假宝石调换真宝石3251粒，原件拆去珠宝配件的1496件。此外，整件盗取的有翠花嵌珠手镯等。其余起诉的罪状，除指控易氏多次在报刊启事"妨害公务"及"破坏名誉"外，另三款则为牵连易氏在农矿部部长任内侵占公款罪嫌。易培基案提起公诉后，国民政府行政院曾在10月23日召开会议，汪精卫、孔祥熙、陈公博等20余人出席，会议对易案做出如下决议：令中央古物保管委员会严查故宫中盗换珠宝及盗运古物一案。起诉书全文于11月4日国内报纸上发表出来后，在国内外引起强烈反响，报纸也做了大量的报道。起诉期间，主要关系人易培基一直住在上海法租界亚尔培坊，另一主要关系人李宗侗也在上海租界，都无法传唤到厅受审，也没有通缉到他们。易培基在北平、南京、上海的其他住所都被查封，财产也被没收，只有两名故宫博物院的小职员无处可躲，受到法院拘讯并被判刑。这是易案的第三阶段。

1937年9月30日，江宁地方法院检察官叶峨又对易培基、李宗侗、吴瀛三人提起公诉。吴瀛（1891—1959），字景洲，祖籍常州，毕业于湖北武昌方言学堂，历任内务部和北伐成功后的北平市政督办公署的坐办职务。由于是易培基的同班同学兼好友，受易之邀参加清宫物品点查及故宫博物院的筹备、接管和建设工作，曾于1926年任"故宫博物院维持会"常务委员，后任院秘书、古物审查会专门委员。这次起诉的重点是书画、铜器方面的问题。第一次起诉书公开后，南京、江宁两法院检察官又从1934年12月开始，对迁沪及存平的书画、铜器、玉佛等方面的问题进行检查，画家黄宾虹被法院请来鉴定书画。最后把认定是赝品、伪作的文物全都作为易培基盗宝的罪证封存起来。上海方面封了11箱书画、文物；北平方面，把认为有疑问的铜器及书画装了51箱，封存于延禧宫库房及太庙等处。在起诉书中，检控易氏以赝品换掉的书画多达594号，铜器218号，铜佛101尊，玉佛1尊。检察官认定的依据是：清宫古物，乾隆及以后多已品定，不应再有赝品；况且清室善后委员会成立后，请专家点查鉴定过，更不应有伪作。如果现存古物中有赝品及伪作，就是后来故宫博物院主管文物的人以伪易真；如数量上有短缺，就是被主管人盗走了。而兼任古物馆馆长的正是易培基。检察官认为易等"犯罪嫌疑实为重大"，但却没有证实易培基盗卖、盗换文物的真凭实据。事实上，清宫藏品中原来就不乏赝品、伪作，清室善后委员会的点查也只是粗点，当时专家少，外行人居多，善后委员会编的《故宫物品点查报告》，不少藏品的名称都弄错了，更不要说弄清真伪了。这个起诉书后来被印刷装订为三大册，其中两册为《易培基等侵占古物鉴定书》。在第二次起诉之前，申辩无门的易培基已在9月间病死于战火激烈的上海，终年58岁。这次起诉后不久，上海抗日战争败势已定，南京告急，国民政府各机关纷纷西迁武汉或重庆，司法行政部门已顾不上审理这个案子了。这是易案的第四个阶段。

1948年1月9日，南京四开小报《南京人报》上登出了一条很短的新闻，标题是《易培基案不予受理》，内容则说：

易培基等检察官提起公诉，（原文如此）该刑庭已宣告判决之侵占案，由地院对被告易培基、李宗侗、吴瀛之判决主文称："李宗侗、吴瀛免诉；易培基部分不受理。"判决理由两部说明：一、李宗侗、吴瀛部分，查该被告等于民国十八年分任北平故宫博物院秘书长及简任秘书时，共同将职务上保管之故宫古物陆续侵占入己，经公诉在案。惟犯罪在二十六年以前，依刑法第二条第一项，自无惩治贪污条例之适用，应按刑法治以侵占之罪。但三十六年一月一日业已赦免。二、易培基部分，被告死亡，应谕知不受理，刑事诉讼法第二百九十五条五款有所规定，并经中央监察委员吴敬恒（稚晖）证明，上海地检处查明在案。

原案易培基是主犯，现在则不受理，那么此案就应取消；忽又将李宗侗、吴瀛升为主犯，且未经判决又变成在1937年业已赦免了。自相矛盾而含混不清。从1932年易案发生到1948年《南京人报》的这则消息，一个历时16年闹得沸沸扬扬的案子，就这样糊里糊涂收场了。易培基含冤病死前，写过一份遗呈，请吴稚晖转呈国民政府主席及行政院院长，遗呈最后说："故宫一案，培基个人被诬事小，而所关于国内外之观听者匪细。仰恳特赐查明昭雪，则九幽衔感，曷有既极！垂死之言，伏乞鉴察！"而此时离易培基去世也十有二年，盖棺而未有定论，易只能含冤于九泉之下。

二 "盗宝案"的起因及影响

故宫"盗宝案"的发生，一般认为是张继及其夫人崔振华挟嫌报复。

张继（1882—1947），原名溥，字溥泉，河北沧州人，毕业于日本早稻田大学。1905年加入同盟会。辛亥革命后任同盟会交际部主任、第一届国会参议院议长。1924年反对孙中山联俄、联共、扶助农工的政策，提出"弹劾共产党案"，参与西山会议派活动。1927年后任国民政府司法院副院长、立法院院长、国史馆馆长等职，兼任故宫博物院理事、文献馆馆长。张继夫人崔振华早年曾与张继一起在日本随孙中山从事革命，任国民党中央监察委员。张继"惧内"出名，对崔氏言听计从。据说有一天，不是星期日，崔振华陪着几个朋友到故宫参观，因检票的人不认识她，受到阻拦，十分恼火。后顺路往理事会去，一进大门，看到有人在那里买布，其中也有秘书长李宗侗，李看到崔即吓得由后门跑了。崔氏责问留下的人："今天不是星期日，为什么你有特权，在今天买布？我非检举不可。"最初，只是检举处分故宫物品有舞弊嫌疑，后来不断升级发展，竟酿成易培基盗宝大案。

张继及其夫人崔振华早就对易培基、李宗侗不满。这又牵涉到张继同李煜瀛的关系。李煜瀛（1881—1973），字石曾，以字行，号扩武，河北高阳人。曾在法国留学，1906年加入同盟会。1912年参加创办留法勤工俭学会，设立留法预备学校。1917年后任北京大学教授。1924年起，任国民党中央监察委员、北平临时政治分会主席、总统府资政等职。任清室善后委员会委员长，为故宫博物院创建人之一，并在成立之初主持院务工作，任故宫博物院理事会第一任理事长。张继与李煜瀛都是国民党元老。1928年底国民政府在南京召开故宫博物院第一次理事会，推定李煜瀛、易培基、张继三人为常务理事，李煜瀛兼任理事长。关于故宫博物院院长、副院长人选，亦经大会讨论。本来内定易培基任院长，张继任副院长，但张氏出任副院长，遭到李煜瀛的反对，未获通过。张继没有当上副院长，对李煜瀛一直耿耿于怀。易培基是李煜瀛力荐并支持的，秘书长李宗侗是易的女婿，又是李煜瀛的侄子，张继对易培基、李宗侗的不满，则是十分自然的事。据知道内情者说，这是近因；远因则是李（煜瀛）、张（继）两家皆是河北巨阀，而权力声势，都是李胜一筹，有"既生瑜，何生亮"之感，张继与李"交谊甚深，嫉妒极重"，"要打击李，必先打击易"。易培基、李宗侗在一些事上也得罪了张继。吴瀛说，张继疑心

"处分物品、古物迁移有油水可揩"。在计划南迁文物时，张继曾提出由他掌握2万元迁移费，主持文献西迁，这个建议后来为李宗侗破坏，他认为是不令他"分肥"。①

李煜瀛、吴稚晖、张静江曾先后致函行政院院长汪精卫，为易培基申辩，指责司法不公，皆被汪精卫以行政不干涉司法为辞而置之。吴瀛怀疑汪精卫为易案的幕后支持者。他说，汪精卫与国民党元老派的吴稚晖、张静江、李煜瀛不和，与易培基也有不快。汪与易培基当年同在孙中山身边，初时关系甚好，后因政务分歧，彼此有了矛盾，渐行渐远，直到汪终于不能见容于易。他认为，汪精卫是暗中支持张继的，否则张继还不敢这样做。②

也有一种议论认为，易案与当时中国教育界的派系之争有关。国民政府迁都南京后，改教育部为大学院，蔡元培出任院长，合并国立9校及天津北洋工学院为国立北平大学，李煜瀛为校长，因北京大学发动学潮以及多方的反对，不久废除大学院制，北平大学解散，大学院改回教育部名称，由蒋梦麟为部长，蔡元培专任中央研究院院长，李煜瀛为新设的北平研究院院长。1930年9月，蒋梦麟免除易培基劳动大学校长职务，12月蒋任北京大学校长。在此过程中，蔡元培和李煜瀛因北京大学名称的存废和设立北平大学的问题，发生意见冲突。1928年6月8日，国民政府常务委员会开会讨论北京大学问题时，与会者表示赞成恢复北大旧名（北大此前已改名为京师大学），由蔡兼任校长。但是日开府委会议，易培基秉承李煜瀛旨意，提出北京大学改名为中华大学，由蔡任校长，在蔡未到任之前，以李煜瀛署理。易的这一议案获得通过。北大师生认为，不恢复北京大学名义，"其黑幕尚含有忌嫉与破坏之阴谋"。从此在教育界开始了蔡元培的派系（北

---

① 吴瀛：《故宫盗宝案真相》，文史资料出版社，1983年，第151页。
② 吴瀛：《故宫盗宝案真相》，文史资料出版社，1983年，第153页。

大派）和李煜瀛的派系（中法派）的斗争，且持续了若干年①。陈布雷曾记其事说：

（1930年11月）接行政院秘书长电嘱，即赴京一行，余不明其故，即夜附车往，既至则知蒋公自兼教育部长，而欲调余入部相助也。教部之改组，由于李（石曾）、蔡（孑民）两系之龃龉，石曾先生方面常视蒋梦麟为蔡所提挈之人（不但对蔡不满，且对于《现代评论》派之人物亦不满，而谥之曰吉祥——胡同名——系）。然石曾先生所汲取之人如易培基（劳动大学）、褚民谊（中法大学工学院）、郑毓秀（上海法学院）及萧蘧（中法大学）、谭熙鸿等，在平、沪办学成绩极不佳，且常蔑视教部法令，教部屡欲抑之，石曾先生以为难堪，主去蒋梦麟甚力。吴稚老于李、蔡均友善，而尤同情于李。②

有人据此认为："国立北平大学的花开花谢，蔡、李两系之间，是否已有畛域？或为'故宫盗宝'案的胚胎！"③李煜瀛为易案而致行政院长汪精卫的函中亦说道："今在国民政府旗帜之下，而反动者包揽两部，以司法机关为施行政治阴谋之工具，代欲包办教育者，倾倒其所谓之政敌。前寅兄（即易培基）长劳动大学被阴谋家倾倒，正如故宫博物院之事相同。"

当年《民报》社会新闻版"刍言清议"载有署名"昌言"所撰《故宫古物案之索引》一文，其中说道：

控案者，初不控之于监察院，而遽列入法律范围，所控事

① 参阅周天度著：《蔡元培传》，人民出版社，1983年，第280—281页。
②《陈布雷回忆录》，廿世纪出版社，1949年3月再版，第2部分，第2页。
③ 白瑜：《李石曾·萧瑜与故宫盗宝案》，《传记文学》（台湾）第38卷第5期。

实，零碎复杂，证据简单，而执法者，则有时亦纯作当事人之态度，乃执法最高之监察院，反不闻发一言加一语，甚至委员中且有任意发挥不负责任之幽默讥讽，而作左右袒。……又况因控盗卖故宫古物，而必牵涉其他事情，因踣易培基，而必影响于李石曾等，则此中之秘密，此案之起点，绝非为故宫古物，绝非为国家公益，殆昭昭若揭矣。说者谓现在中国之教育大权，尚操于李石曾辈之手。乃李等既不托之权位，而暗拥此之势力，于是企图夺此教育之牛耳者，势必借一哄动全国之事，转移信仰之心，踣易即所以射李也，崔振华、郑烈等，不过某派之工具也，然则故宫不过系一借题发挥之题目矣。①

易培基"盗宝案"旷日持久，影响甚远，但故宫博物院很少有人提及此事。吴稚晖、李煜瀛等当年为易案鸣不平，后来也讳莫如深，不愿提及。1948年1月9日《南京人报》刊出有关易案的新闻报道后，吴瀛写了一个书面启事，拟公开刊登，征求吴稚晖意见，吴极端反对，在抄稿上批了两行字："无益之事勿为，以示子孙，勿示泛泛看报者！"征求李煜瀛的意见，也是劝不要登，否则他要站到对方去。有人认为，李煜瀛20世纪30年代以后，在国内外文化、政治上的活动，似渐消沉，可能与莫须有的易培基冤案有关。②

在台湾，仍有人认为易培基"盗宝案"是确凿的。以后到了台湾的故宫博物院那志良写了《故宫博物院三十年之经过》一书，书中谈到当年法院让人鉴定书画的真伪，采取十分简单的做法，而清室本身就有许多伪书画，那志良说："无论伪到什么样子，是与易先生无关的。因为法院查的是易案，而没有替清室算旧帐，也没有替古人算老帐。"1961年12月23日，台湾《联合报》刊登了一篇《请监察

---

① 转引自《故宫七十星霜》，台湾商务印书馆，1995年，第98页。
② 参阅《傅振伦文录类选·故宫博物院创始人李石曾》，学苑出版社，1994年5月。

院注意故宫"盗宝案"下文》的文章，对那志良书中对法院的"鉴定书""有讽刺字句"表示强烈不满，认为当年检察官对易培基、李宗侗的起诉书"更是可信的官方文件"。文章说：

> 以如此巨案，以尊重司法独立的中华民国基地出现这种书籍，是不是企图对这一巨案作翻案文章？而撰写人又为故宫古物现存保守人，瓜田李下，为什么这样不怕嫌疑呢？
>
> 事实上，不仅如此，与这一巨案有关系的人现在更肆无忌惮，招摇过市了。这些人初来台湾，尚只应用别号，而近数年来则公然用上述"实录""起诉书"的主名出现。这一事实更充分说明台湾社会是非观念日趋低落。否则，这样的人敢无所忌惮么？

吴相湘的《易培基与故宫盗宝案》长文，被收入《民国百人传》第三册，该文完全重复当年起诉书的内容，认为易培基"官运亨通，应有作为，不幸竟利用职权侵占大量古物珍宝，被法院查出通缉，断送政治生命，永留污名"。这篇文章影响也很大。①

易培基从受聘担任清室善后委员会图书博物馆筹备会主任开始，即投入主持筹建故宫博物院的工作，并付出了大量心血，在担任院长期间，更是筚路蓝缕，多所创建。他按《故宫博物院组织法》的规定，调整了院的职能机构，成立各种专门委员会，延聘著名专家学者到院工作，进一步整理院藏文物；首次提出《完整故宫保护计划》，并筹措专款整修破损严重的宫殿建筑；增辟陈列展室，组织安排古物、图书、文献资料的陈列展览；创办《故宫周刊》，对外宣传介绍院藏古物、图书、文献以及宫殿建筑。在此期间，还筹组建立了警卫队和守护队，为故宫博物院建立了专门的安全保护机构和专职的安全

---

① 吴相湘著：《民国百人传》第三册，（台湾）传记文学出版社，1979年1月再版。

工作队伍。他不仅是故宫博物院的创建人之一，而且为故宫博物院各项事业的发展做出了贡献。在故宫博物院各项事业蓬勃发展的今天，人们永远不会忘记易培基的功绩。

易培基"盗宝案"是个冤案，它充分反映了国民党统治下官场的黑暗、司法的腐败。1983年，吴瀛所著《故宫盗宝案真相》在大陆出版发行，该书引用了大量历史资料，说明了这一冤案的起因及形成过程。1988年，故宫博物院刘北汜所撰《故宫沧桑》出版，此书也全面记述了这一冤案的始末。1995年，王树卿、邓文林所著《故宫博物院历程（1925—1995）》出版，该书指出这是对易培基的"莫须有"罪名。1995年，台北故宫博物院编写的《故宫七十星霜》以《盖棺而论未定——所谓盗宝疑案》为题，论述了这一冤案。可以说，易案为冤案，已成了人们的共识。

三　马衡与"盗宝案"

马衡（1881—1955），浙江鄞县人，字叔平，早年在南洋公学读书，曾任北京大学研究所国学门考古研究室主任。1924年11月受聘于清室善后委员会，参加点查清宫物品工作，后任故宫博物院理事会理事，古物馆副馆长，1933年7月任代理院长，次年任院长，1952年调任北京文物整理委员会主任委员。抗战期间，主持西迁文物的维护工作。北平解放前夕，坚守院长岗位，确保故宫建筑与文物的安全，并与社会名流呼吁国民党当局避免战火，保护北平文化古城。

之所以要谈马衡与故宫"盗宝案"的关系，是因为在吴瀛的《故宫盗宝案真相》《故宫尘梦录》等书中，都提到马衡在易案中站到了张继一边。他举了个例子：有人散布谣言，说易培基把一大批成扇送给张学良了。成扇是属于古物馆的，马衡虽是古物馆副馆长但却是实际负责人（易培基兼馆长），人家问他，他却说："不知道！"吴瀛说，这仿佛是知道而避免得罪人的表现，使人家得到一个疑心的反证。台北故宫博物院编写的《故宫七十星霜》一书，在易培基辞职、马衡接任这一节，专门加了个标题"张继提出由马衡继位"，春秋笔法，褒贬自见；此书述及马衡抵制北平故宫文物珍品运台及本人婉拒搭乘专机赴南京的章节，所加的标题是"首鼠两端的马衡"，这也是政治立场使然。

新中国甫一成立，吴瀛就向中央政府反映易案，要求平反昭雪，今天惜无从知道吴所反映的具体内容。但此事为马衡所知，而且牵涉到了他自己。《马衡日记》1949年10月24日记载：

> 闻吴瀛以"易案"经十余年沉冤莫白，特上书华北人民政府，请予昭雪。董老搁置未复，顷又上书毛主席，发交董老调查。晨诣冶秋始知吴瀛之请昭雪"易案"，完全对余攻击。谓张继、崔振华之控诉易培基，为余所策动，殊可骇异。因请冶秋转达董老，请拨冗延见，以便面谈，并希望以原书为示，俾可逐条答复。①

看来董必武并未见马衡，马衡则把自己1936年庆贺张菊生（即张元济，清光绪进士，曾任刑部主事、总理各国事务衙门章京，因参与维新运动被革职，20世纪30年代在上海主持商务印书馆，致力于文化事业）70寿辰时写的《关于书画鉴别的问题》一文加了一段350字的附识，托送董必武。这见于《马衡日记》1950年2月4日的记载：

> 取旧日张菊生先生七十生日论文集中印《关于书画鉴别的问题》一文加以附识，托冶秋致董必老。②

---

① 《马衡日记附诗抄——一九四九年前后的故宫》，紫禁城出版社，2006年，第93页。
② 《马衡日记附诗抄——一九四九年前后的故宫》，紫禁城出版社，2006年，第113页。

"附识"全文如下：

　　此文为易案而作。时在民国廿五年，南京地方法院传易寅村不到，因以重金雇用落魄画家黄宾虹，审查故宫书画及其他古物。凡涉疑似者，皆封存之。法院发言人且作武断之语曰：帝王之家收藏不得有赝品，有则必为易培基盗换无疑。盖欲以"莫须有"三字，为缺席裁判之章本也。余于廿二年秋，被命继任院事。时"盗宝案"轰动全国，黑白混淆，一若故宫中人，无一非穿窬之流者。余生平爱惜羽毛，岂肯投入漩涡，但屡辞不获，乃提出条件，只理院事，不问易案。因请重点文物，别立清册，以画清前后责任。后闻黄宾虹鉴别颟顸，有绝无问题之精品，亦被封存者。乃草此小文，以应商务印书馆之征。翌年（廿六年），教育部召开全国美术展览会，邀故宫参加，故宫不便与法院作正面之冲突，乃将被封存者酌列数件，请教育部要求法院启封，公开陈列，至是法院大窘，始悟为黄所误。亟责其复审，因是得免禁锢者，竟有数百件之多。时此文甫发表或亦与有力欤。著者附识。一九五〇年一月。①

　　在《关于鉴别书画的问题》中，马衡旁征博引，列举了历史上许多书画名家和风雅帝王关于书画鉴定方面的理论，他指出："书画之真赝问题早已成为不易解决之问题。虽一代鉴家董文敏（即董其昌）也认为'谈何容易'。其中问题复杂得很，不是简单的几句话所能解决的。"他说："现在故宫所藏书画，有许多品质虽劣，名头则甚不小，……凡是名气越大的，件数必愈多。大约臣工进献之时，不管内容如何，贡品单子上不能不写得好看。好在是送礼的性质，无关政

---

　　① 转引自方继孝：《马衡〈附识〉谈易案》，《旧墨记——世纪学人的墨迹与往事》，北京图书馆出版社，2005年。

事，也谈不到欺君之罪。于是'往往有可观览'之外，尽有许多不可观览的。"有些虽为赝本，但流传有绪，本身价值并无动摇的书画，马衡也发表了自己的见解。总之，马衡通过大量实例，论证了书画之赝本自古有之。帝王之家、社会名流所藏书画，大多来自于民间，当然不乏赝品。书画的真赝鉴定"谈何容易"，而法院仅听黄宾虹一家之言就断定"帝王家收藏不得有赝品，有则必为易培基盗换无疑"，实在是没有道理的。

在易培基最困难的时候，也是最不好为其讲话的时候，马衡以学术论文的形式为易氏辩诬，也实在难能可贵。

以上对故宫"盗宝案"的起因、过程及影响等做了叙述与分析，相信读者对此案及易培基的受诬沉冤会有一个明晰的认识。因此，笔者认为，《鲁迅全集》的这条注释就有修改的必要。

（本文原载《鲁迅研究月刊》2007年第9期，原题为《由〈鲁迅全集〉的一条注释谈故宫"盗宝案"》，《新华文摘》2007年第24期转载）

郑振铎与故宫博物院

郑振铎先生是新中国文物事业的奠基者。在他负责新中国最初近10年的文物保护和考古发掘研究工作中，对制定和宣传文物政策，保护古代文物，培养和扩大考古工作者的队伍，推动文物考古事业的发展，筚路蓝缕，功德永垂。这近10年也是故宫博物院发展的关键时期，对这座中国最大的国家博物院，郑振铎先生从新中国文化建设和祖国优秀传统文化继承的高度，以政治家的高瞻远瞩与艺术家的精到见识，从厘清指导方针到理顺发展思路，从充实文物藏品到确定展陈方案，都倾注了大量心血，为故宫大步迈进创造了良好的条件，打下了坚实的基础。故宫与郑振铎先生有一种特殊的感情。

清宫承袭宋、元、明三朝宫廷遗产，再加上清朝的重视，文物收藏极为丰富。1925年故宫博物院成立，使饱受战火劫毁及逊帝溥仪一伙盗损的宫廷文物开始受到完整的保护。当日寇铁蹄践踏我东三省时，1.3万多箱文物离宫南迁。南迁文物辗转10余年，基本未受损失，创造了第二次世界大战中人类保护文化遗产的奇迹。在国民党蒋介石政权行将覆亡时，这批文物中约1/4被运往台湾，量不算多，却多为精品。值得提及的是，郑振铎先生深知故宫这批中华民族瑰宝的巨大价值及其在中国人民心目中的重要地位，当他得知蒋介石准备运这批"国宝"时，便极度不安，在1948年底致友人的一封信中他表达了这种忧虑："古物古书，在南京者'身份'极重。故宫所藏，为流传有自之'国宝'，即研究未竟之'生坑'，未为世人所知者，亦复极多。不知有何作（打）算。弟耿耿不寐，殊为焦虑。……弟所怕者惟以'北京人'之覆辙为虑耳。"①

郑振铎的"焦虑"源自他对保护中国古代文物重要性的充分认识。他早年以文学出名，后来较多地与博物馆、图书馆接触，加上抗日战争中抢救文物的实践，使他逐渐把更多的精力用在文物考古上。他的这一兴趣的变化曾引起社会的关注。1948年5月30日，《新民晚报》刊登了一篇访问他的文章，题为《从文学转到考古的郑振铎》，提到他"讲了一些关于中国执政者一向就不注意这些事情（按，即文物考古工作），也不帮助有心从事这一工作的研究者"，"古物大都为外人收买了去"，"简直是民族文化的大罪人"。该访问记还附载了郑先生提供的《唐代贵族的出行》和《北魏时代的妇女》两幅陶俑照片。这两件陶俑，就包括在他以后捐献给故宫的大批陶俑之中。

随着蒋介石的溃逃，大批珍贵文物被运到了台湾。郑振铎担心的事情终于发生了。也许是个缘分，1949年11月他就任新生的中央政府文化部的文物局局长，负起了主管全国文物考古事业的重任，得以宏图大展；而他一直所关注的故宫博物院就在其直接领导之下。他雷厉风行，抓紧工作。这一月的上旬，周恩来总理就在他送呈的筹备故宫博物院陈列的初步方案上做了批示。这一年冬，他作为政务院指导接收工作委员会华东工作团文教组组长奔赴南京，做出了将暂存故宫博物院南京分院的"南迁文物"万余箱全部运回北京本院的决定，并立即开始筹运，次年1月第一批1500箱就回到阔别10多年的古老皇宫。当时故宫博物院面临很多工作，堆积如山的垃圾要清除，破败不堪的宫殿要维修，大量的宫廷遗物要清理，过去的展陈内容要改革，等等，但最重要的是弄清故宫博物院的性质，确定它的发展方向。

故宫博物院的性质是什么？郑振铎先生与文化部文物局及故宫博

---

① 《郑振铎文博文集·致夏鼐（1948年12月5日）》，文物出版社，1998年，第491页。

物院对此进行了认真的探索。他在一年的实践中形成了一个基本的思路，即要使故宫成为一个最丰富的分门别类的各个博物馆的集合体，以美术品及工艺美术品的收藏、展示为主。[①]这个思路在不断完善。1951年他在国外的演讲中热情洋溢地介绍了这座在明清两代皇宫建筑的基础上建成的中国最大博物院："建筑与装饰都保存着原状，而在这个古老的建筑中陈列着中国历代的艺术品——包括绘画、雕塑和许多种类的美术工艺品；从新石器时代的彩陶到清末的宫廷日用品，选择其中最精美的，按着年代的顺序陈列出来，一方面可以看出中国各时代的艺术的发展的过程，同时，也给研究者们以仔细研究祖国的伟大的艺术的最优良的传统的作品的机会，作为'推陈出新'的帮助。"[②]1953年郑振铎先生亲自起草的《故宫博物院改进计划的专题报告》，更为明确地提出："故宫的性质应该是：文化、艺术、历史性的综合博物院，而以艺术品的陈列为其中心。这是和克里姆林宫及冬宫博物院的性质有些相同的。"他对此做了进一步的阐发：这是一个中国博物院；这是一个全国最大的集中了中国历代最优秀的最精美的美术品和工艺美术品的博物院；这是一个陈列中国历代人民最好的创造和发明的最大的宝库。从这里，艺术家们可以汲取无穷尽的最好的民族遗产的泉源。从这里，工艺美术工作者们可以得到最好的最典型的创作的感兴。1957年3月，文化部讨论了故宫博物院的性质、方针和任务，认为其性质为文化艺术性的博物馆。[③]

有着近500年皇宫历史的故宫不仅是明清时期中国政治活动的中心，是皇权的标志，也是集中收藏各种文物珍宝的场所，它本身又是中国古代建筑艺术的最高体现。可以说故宫从来就具有文化艺术这一面的性质。把故宫定为文化艺术性质的博物院，应该说是基本上符

---

① 《郑振铎文博文集·文物工作综述》，文物出版社，1998年，第74页。

② 《郑振铎文博文集·新中国的文物工作》，文物出版社，1998年，第175页。

③ 《中华人民共和国文物博物馆事业纪事》上册，文物出版社，2002年，第117页。

合故宫实际的。但由于受当时整个社会的文物观念及文物保护意识的影响，在对"文化艺术"的理解上，人们的视野还不够开阔。相对来说，故宫古建筑本身的巨大价值以及宫廷文化遗存的独特意义，还未能像今天这样引起人们的普遍重视。从全面保护文化遗产的理念出发，故宫的多方面价值和故宫博物院的丰富内涵正在被人们所认识。这是在前人探索基础上的一个不断深入的过程。这个过程当然不会完结。

这里要强调的是，以郑振铎先生为代表的中国文博界前辈领导人和学者，突出故宫博物院文化艺术性的特点，具有重要的、深远的意义。故宫所藏艺术品颇丰，这些艺术品既是中国人民智慧和创造力的体现和结晶，更是中华五千年文明的载体和见证。它们和雄伟壮丽的紫禁城宫殿结合为一个整体，相映生辉，更加灿烂，在世人心目中，已经成了中华民族文明古国的象征。虽然故宫原藏的一些艺术珍品被盗运走了，但这并不影响故宫在人们心中的地位。故宫是不可替代的。因此，把故宫建成文化艺术性博物院，既是全国人民的共同的强烈愿望，也反映了新中国在文化建设上的战略眼光和宏大气魄。在藏品征集上，它也使故宫突破了清宫旧藏的局限，而能面向全中国，并着眼于各个艺术门类的积累，增强了工作的主动性和计划性。这一指导思想对故宫博物院后来的发展产生了重大的影响，故宫至今仍保持这一特色，在文物征集上至今仍坚持"征集原清宫遗散在外的文物和各艺术门类中的精品"的方针。

要把故宫办成"陈列中国历代人民最好的创造和发明的最大的宝库"，最大的困难是藏品不足。当时故宫博物院的文物藏品是个什么状况呢？由郑振铎先生亲自拟写的《故宫博物院改进计划的专题报告》（1953年5月30日）中说："据该院最近统计，计文物共七十三万件（其中十多万件在南京分院），图书共三十九万册，档案共三百六十万件（存南京分院者尚有一千二百四十箱，未计入）。非文物物资共五十四万件，尚未整理分类物品计三十六万件，书版（殿版书及佛经的木板）计二十八万件，以上总计五百九十余万件。若除掉档案、图书和书版等四百二十七万余件不计，则故宫所藏文物及非文物物资凡一百六十三万余件。在文物中，以瓷器十二万八千九百七十五件为最大宗。其次，玉器有一万二千三百三十九件，漆器有一万三千〇四件，珐琅器有七千四百四十四件，古铜器有三千一百三十九件，书画有四千二百六十八件，舆图画像有九千六百二十九件，冠服带履及其他服饰有三万四千三百八十五件。古钱币有三千三百六十六件，清钱有十六万五千九百五十七件，织品有三万七千七百九十件，钟表有一千二百三十三件，象牙雕刻有一千七百三十三件，亦为大宗。"①郑振铎先生认为，这些藏品还是很不够的，离"最大的宝库"还有很大差距。但是新生的中央人民政府有信心也有能力实现这个目标，使古老的皇宫不仅重现昔日收藏颇丰的盛况，而且补充更多的过去皇宫所没有的精美艺术品。而完成这一任务的具体的筹划组织工作，则历史地落在了郑振铎先生与他所领导的文物局身上。

征集流失各地的清宫旧藏文物，是充实故宫博物院藏品的一个重要方针。人们乐于称道的中央政府斥巨资从香港购回清宫国宝"三希"中的"二希"（《中秋帖》和《伯远帖》）就是一例。郑振铎先生从中起了重要作用。新中国成立初期，人民政府委托徐伯郊在香港为国家秘密收购文物。1951年10月，郑先生随中国文化代表团出访印度、缅甸，途经香港，得悉"二希"可能被外国人买去，便紧急委托徐伯郊先生向政务院报告，全力抢救。他在印度给国内去信，明确说，郭（葆昌）家的"二希"，"总要设法买下的"，并且提出了解决款项不足的几个办法②。后在周总理关心下，国宝"二希"由文

---

① 《郑振铎文博文集·故宫博物院改进计划的专题报告》，文物出版社，1998年，第210页。
② 《郑振铎文博文集·致刘哲民（1951年10月31日）》，文物出版社，1998年，第498页。

物局王冶秋副局长、故宫博物院马衡院长等从香港购回。郑先生在缅甸得知此喜讯，给国内朋友写信，信中说："'二希'已由政府收购，这是一个好消息。"并说："凡是'国宝'，我们都是要争取的。"[1]1952年，中央政府又从香港购买唐韩滉《五牛图》、五代顾闳中《韩熙载夜宴图》、宋徽宗赵佶《祥龙石图》、宋马麟《二老观瀑图》、元任仁发《张果见明皇图》、元王蒙《山水轴》等珍贵文物，并移交故宫博物院收藏。后来故宫博物院又从香港购回一批珍贵书画。

当日本帝国主义投降时，伪满皇宫里收藏的古代书画，即以赏溥杰名义盗运出去的书画，几乎全部流散到了市场，对此新中国积极收集。1952年8月，文化部发出在全国范围内收回故宫文物的通知，通知明确规定："为了保存这些古代优秀的文化遗产，经报请政务院文教委员会批准，凡在各地'三反''五反'运动中发现的故宫文物，其已判决没收和已由当地政府收回的，均应及时送缴中央，拨还故宫博物院集中管理。"[2]这一有力措施使相当一部分流失的文物得以回到故宫。故宫博物院对历史积压的藏品进行了科学整理，从无账缺号以及次品中又发现了文物2876件，其中极为名贵的有商代青铜器三羊尊、唐代卢楞伽画《六尊者像册》等，而重见天日的宋徽宗《听琴图》、马麟《层叠冰绡图》，则是作为易培基"盗宝"案实物留下的。

这次征集当然不囿于原清宫旧藏，还着力征购民间的收藏，特别是近200多年来辗转在私人收藏者手里的古今法书名画巨迹，其中许多作品，是清室所不藏和未及收入的。吴兴庞元济于清末收集古书画，毕生所集达700余件，为国内最大的一个私人收藏者。庞氏去世

---

①《郑振铎文博文集·致刘哲民（1951年12月13日）》，文物出版社，1998年，第499页。

②《中华人民共和国文物博物馆事业纪事》上册，文物出版社，1998年，第44—45页。

后，尚有400余件珍贵藏品分散上海、苏州二地，"皆为著录有征、可遇而不可求之物"，其子孙意欲出售。1952年，郑振铎先生就收购这批古书画事亲自代文化部向政务院文教委员会拟写报告，提出"亟拟全数收购，俾能充实1953年拟辟之故宫博物院绘画馆"，请求准予在文化部本年度经费中拨出所需经费，由王冶秋副局长即带款办理收购之事，"事在紧迫，恳即行批准"①。此外为了更多地征集到流散在社会的古法书名画，1950年，经郑振铎先生推荐，先后将张珩先生、徐邦达先生从上海调到北京，在北海团城设立收购点，为在故宫博物院开辟绘画馆做准备。以后这批书画都转交到故宫博物院，成为其文物收藏中的重要部分。

1952年可以说是文物征集的一个高潮期，许多文物精品源源不断地收到了故宫，而且名画尤多。郑振铎在这一年9月18日致友人的信中说："近这几天来，收到的唐宋元的名画真迹极多，心里万分高兴。有的是向来不曾见之'著录'的，但是大多数还是溥仪携出故宫的东西。这些古画，不仅内容精彩，而且数量丰富。"②

全国党政机关、人民团体和一些事业单位将所藏文物纷纷拨交故宫，也成了故宫新收藏的重要部分。其中大部分是中央文化部文物局拨交的，这不仅因为文物局统管着全国的文物事业，更重要的原因是郑振铎及其继任王冶秋两位局长都是文物方面的专家学者，他们深知充实故宫珍藏的重要意义，于是给予了重点的扶持。

在故宫文物征集中，个人捐赠是不可忽视的一个方面。1951年，毛泽东主席给郑振铎写信，将友人送他的明代王夫之手迹《双鹤瑞舞赋》卷由文物局转交故宫博物院收藏，1952年和1958年，毛主席又将钱东壁临《兰亭序十三跋》和唐李白《上阳台帖》转赠故宫博物院。许多党和国家领导人，社会各界知名人士，港澳及海外华侨以及国际

---

①《郑振铎文博文集·关于收购古书画事代文化部拟稿》，文物出版社，1998年，第206页。
② 刘哲民编：《郑振铎书简·1952年9月18日》，学林出版社，1984年。

友人，文博界的专家学者，包括故宫博物院的领导和专家，都慨然将珍藏的文物无私地捐献给了故宫博物院，孙瀛洲、张伯驹、吴瀛、朱文钧及其子、韩槐准、刘九庵等，所献尤多，其高风旷怀，令人感佩。

这一曾集中数年进行并至今持续不辍的文物征集使故宫的文物藏品不断丰富。到1959年新中国成立10周年时，故宫新增文物近14万件。到2003年底，新收藏的文物已达223506件，其中个人捐献文物2万件，捐献文物中一级品达324件，捐赠人数为600人次。在解放后最初近10年的文物征集工作中，郑振铎先生付出了大量的心血。

令郑振铎先生欣慰的是，随着珍贵文物的不断充实，他所设想的故宫成为各类博物馆的集合体、成为中国历代艺术品"宝库"的目标正在一步步实现。1953年11月，文化部社会文化事业管理局从征集的历代名画中选出隋唐至明清的杰作500余件，在故宫博物院新建立的绘画馆首次展出，喜不自胜的郑先生分别在《人民日报》和《光明日报》上发表文章，以示祝贺。在新中国成立10周年时，故宫博物院的宫廷原状、历代艺术、专题展览三大系列的陈列基本完成。在保留宫廷史迹方面，整理了从太和殿起的三大殿以及后三宫、西六宫的整体及外东路乐寿堂一带的陈列，面积达6300余平方米。正式开放的古代艺术史的陈列则有历代艺术馆、绘画馆、雕塑馆、青铜器馆、陶瓷馆、织绣馆、珍宝馆，以及与西六宫原状一起的明清工艺美术馆，如漆器、珐琅、竹木牙雕等专题陈列，战国时秦国石鼓则陈列于箭亭。这些展品，既有清宫旧藏，也有新征集的文物，包括了多个艺术品门类，它们互相补充，蔚成系列，成为不可分割的一个整体，全面地反映了中国古代艺术的光辉灿烂。它向世人昭告这个坐落在古老皇宫中的博物院不仅恢复了昔日风采，并且焕发出新的诱人的魅力，同时，也从一个方面充分展示了新中国文物事业的伟大成就。

郑振铎先生不仅关心故宫文物征集工作，对编辑有关故宫出版物也十分重视。故宫是中国古代文化的重镇，这里收藏了大量古代文物精华。宣传故宫，就是将中国古代优秀文化遗产介绍给世界。郑先生为此做了大量工作。他尤其注重图书所起的作用。他参与了《宋人画册》《故宫博物院所藏中国历代名画集》等书籍的选编工作，并为这两部图书撰写了序言，较为详尽地阐述了这些珍贵艺术品的价值及在中国艺术史上所占有的位置。为了编辑出版高质量的书籍，郑振铎先生将上海的鹿文波开文制版所和戴圣保申记印刷所的职员与设备全部迁入京城，成立故宫博物院印刷所，故宫博物院从此拥有了高水平的彩色铜版与珂罗版印刷设备。后在故宫印刷所基础上组建了文物出版社印刷厂。其印刷的书籍如《故宫博物院藏瓷选集》《故宫博物院藏花鸟画选》等，印刷质量达到当时国际先进水平。这些书籍的出版，不仅提高了故宫的地位，对树立中华人民共和国的国际新形象，也起到了积极的作用。

话题再回到郑振铎先生向故宫捐献陶俑事上。从举国上下争相为故宫博物院充实艺术品收藏的背景来看，郑先生将自己购买珍藏的陶俑毅然捐献出来，就是十分自然的了。1950年7月7日，郑先生在给友人的信中便提到"明器迁移事"，欲将其捐献给故宫，只是由于各种原因，当时未能成行。1952年他在给周恩来总理的信中说："我个人收藏这些陶俑，无甚用处。而各博物院，特别是故宫博物院，则极为需要。"[1]按照先生意愿，故宫悉数接收了他个人收藏的陶俑（其中包括一部分建筑模型和唐三彩器皿），计655件；后郑先生又向故宫捐献了两件南宋时期的泥塑罗汉像。

这批陶俑，从购买、编印出版以及科学研究，都凝聚着郑先生的大量心血，这里不能不多说几句。陶俑是中国古代丧葬中使用极为普遍的一种随葬冥器（或称"明器"），埋在墓室中起殉葬作用。俑自商代后期开始出现，到清代初年消亡绝迹，延续数千年。俑的质地多种多样，以陶土烧制的人物形象及动物等形象为数最多。历来的封建

---

[1]《郑振铎文博文集·致周恩来总理（1952年6月16日）》，文物出版社，1998年。

统治者，所宝爱的主要是古代铜器及玉器，对于书画也较为重视。而陶俑之类，因为陪葬所用，向来被视为不祥之物，不为盗墓者所取。到了清中期，方有学者留意收购。清末由于帝国主义的商人和古董家的收购，大量陶俑精品流失海外博物馆及私人手中。

郑振铎先生的这批陶俑主要是1947年春到1948年冬两年之间收购的。当时上海的古董市场从北方涌来不少古明器陶俑，外国人买了很多，一些古董商人也纷纷收购盗运出国。强烈的爱国心和责任感激发着郑先生，他又拿出了抗战期间抢救古书的劲头，不遗余力地购买陶俑，以期减少这些珍贵文物流失国外。这些东西亦不便宜，精品更为昂贵，这使他已陷入窘况的家境更为紧张，"时时有举鼎绝膑之虞，负债累累"。①他在1948年日记本第一页上用红墨水写道："用钱要有计划，要经济，少买书，不买俑！还账要紧！！！千万，千万！！"②话虽如此，但他还是以微薄之力，坚持购买，自称"大类愚公移山"，"不顾一切的继续的在做着这种没有人做的傻工作"。③努力的结果，就是汉魏六朝隋唐俑四五百件充塞家中，地上架上，莫非是"俑"，其中尤多精品。他在一篇文章中颇有感触地说："时春暮尤寒，天阴欲雨，落花好雨，地上膏滑，独对如林的古俑，如在墟墓间也。"④这种苦心孤诣是值得的，因为"亦从帝国主义者手中夺回不少好东西"。⑤

郑振铎先生收藏文物绝不是为个人孤芳自赏，而总是想让更多的人去欣赏，去研究。鉴于国内从未有系统地介绍这类古代殉葬物的图录，而他所收藏的明器陶俑，又有某些是过去所未发现的，即如罗振

---

①《郑振铎文博文集·致周恩来总理（1952年6月16日）》，文物出版社，1998年，第512页。

② 转引自陈福康编著：《郑振铎年谱·1947年12月30日》，书目文献出版社，1988年。

③ 转引自《郑振铎年谱·1947年5月8日》。

④ 转引自《郑振铎年谱·1947年5月8日》。

⑤《郑振铎文博文集·致周恩来总理（1952年6月16日）》，文物出版社，1998年，第512页。

玉的《古明器图录》和日本人大村西厓、滨田耕作、大塚稔等的有关书籍中，都未见有相似者，他就在收藏的同时，着手编印《中国古明器陶俑目录》，以广流传，嘉惠学人。其中除一小部分是见诸著录的外，其余都是他自己的收藏。图版已由上海出版公司制就印成，但因"说明"未撰，迟迟未能面世。他对自编自印此书颇为自慰。1948年1月3日《日记》："装订好了《陶俑图录》样本一册，很高兴。"[①]1月19日《日记》："下午，看俑久之，自觉'图录'当为今代第一矣！颇自豪，然亦辛勤之酬报也。"[②]新中国成立后，郑先生从政之暇，忙于完成《中国历史参考图谱》，《中国古明器陶俑目录》一书则又被搁下，但总是念兹在兹，盼望它能与读者见面。1950年底，他在给上海出版界一位朋友的信中说："《陶俑》目录可先奉上，唯'说明'，因忙于编《图谱》，一时实不能动笔，奈何？可否先将目录印出，装订出书？（说明后补）。"[③]1953年，郭若愚先生表示可代写"说明"，只是没有实物，不能详细写每件陶俑的尺寸大小，郑振铎即对郭愿代写极为感谢，表示器物的尺寸可由他自己填补。全书终于完成了，却发现实物中被古董商以伪乱真掺杂的几件赝品也收了进去，亟须换补，于是又一次搁了起来。这一搁就是30多年，直至1986年才由上海古籍出版社出版，虽然是件憾事，但毕竟了却了郑先生的夙愿。

对这批陶俑，郑振铎先生不只是收藏、印图录，而且进行了认真的研究。购买伊始，他就着手拟写《看俑录》一书，"将有'图录'之辑，而先写这部《看俑录》，随见随记，不按年代"。[④]这是一个宏大的计划，而购买、编印、研究三者的结合，又是一个系统的工程。这部书后未见出。1933年由哈佛燕京社出版的郑德坤、沈维

---

① 转引自《郑振铎年谱·1948年1月3日》。

② 转引自《郑振铎年谱·1948年1月19日》。

③ 《郑振铎书简·1952年8月30日》。

④ 转引自《郑振铎年谱·1947年5月8日》。

钓的《中国明器》，系统论述了中国明器的种类、艺术风格与时代特征，但对陶俑历史文化价值的认识，郑振铎先生的研究在我国应是最全面也最为深刻的。郑先生的中国陶俑艺术研究成果，集中而充分地反映在他为《陕西省出土唐俑选集》一书所作的序言中。这篇序言写于1957年4月24日至26日他在西安考察文物考古工作期间，论述了"俑"的历史和唐俑的特点，与其在美术史和雕塑史上的重要地位。这是郑先生多年来陶俑研究的总结，5500多字，一气呵成，每句话都很有分量，从中可见作者艺术家的慧眼和深厚的学术功底。虽是为陕西出土唐俑而作，但着眼于全国；重点是唐俑，但也论述了不同时代陶俑的特点及其传承关系。他在研究中提出了许多重要见解，例如对西安出土的牵马俑、咸阳出土的男童立俑，他研究后认为都是"昆仑奴"，证明唐代"昆仑奴"的使用颇为普遍，且以其勇力著称，"不仅历史文献和小说传奇所描写的人物有了实物例证，而且在中国有非洲民族的塑像也是最早的"。[1]而其收藏中便有两件"昆仑奴"俑。可见在20世纪40年代，他对"昆仑奴"俑已了然于胸了，这绝非一般收藏者所能企及。再如，他对骊山脚下秦始皇陵前出土的一对大陶俑十分重视，其脸部表情安静而富有自信力，它们正是属于秦国全盛时代的伟大的美术创作。他认为，"它们出土于秦始皇陵前并不是偶然的，它们出现于秦始皇陵的外墙的范围以内，可能乃是当时布置在守陵者们的屋内，或即埋在地下，作为陵的守护者们的一部分的"。[2]过了16年，当秦始皇陵前大量精美绝伦的兵马俑重见天日时，郑振铎先生的推断及他的卓见得到了充分证明。

以上用这么长的篇幅述说郑振铎与这批陶俑的关系，可见这批东西在先生眼中的价值，它们对先生来说绝不是"无甚用处"，而是极

---

①《郑振铎文博文集·〈陕西省出土唐俑选集〉序言》，文物出版社，1998年，第358页。

②《郑振铎文博文集·〈陕西省出土唐俑选集〉序言》，文物出版社，1998年，第354页。

为珍贵，大有用处。

为什么郑振铎先生认为故宫博物院特别需要这批陶俑呢？这既与这批文物的艺术价值有关，更是郑先生从把故宫办成历代艺术"宝库"的宏大构想出发，为不断丰富故宫艺术门类身体力行的有力证明。

这批陶俑是郑先生殚精竭虑搜罗而来的，多为精品，"其中有绝精者，足为我国雕塑艺术的最好的代表作"。其巨大的艺术价值，使这批藏品本身有着很高的地位，与其他艺术珍品相比，毫不逊色。这批文物被评为一级品的就有18件之多，涵盖汉唐，而唐俑尤多。郑先生认为，在"俑"的历史上，唐代乃是一个黄金时代，唐俑是世界上最美好的艺术的品种，最突出的是马俑和男女俑。中国各时代没有比唐代的雕塑者对于马匹的塑造更为活泼、更为全面、更为出奇制胜的了，而人物的创作也更是观察细腻、洞悉人性，显示出了他们的不同的性格。郑先生捐献的精华，主要是唐代的人物俑，尤其是一组持乐器的女俑，形神兼备，姿态各异；而对称伴舞的两件女俑，双角高髻，描眉点唇，长裙曳地，手臂甩动开合，动作优美舒缓，艺术水平极高。那唐三彩骆驼在丝绸之路上长途跋涉、昂首长鸣的神态栩栩如生，背负的生丝、兽腿、鸭子、水壶等物生动清晰，釉色鲜明、形象传神的唐三彩马，更是难得的佳品。当时各公私博物馆这类藏品多不超过三百件，首都各博物馆，亦多贫乏，雕塑尤少。郑振铎确信这批文物在故宫展览中会引起轰动，他在给友人的信中说："'故宫'正缺这一类东西。此次陈列出来，当大可轰动。因北京方面，亦久无好的陶俑出现了。"[1]1953年故宫博物院成立陶瓷馆，他捐献的一些陶俑陈列在内。从两位医生手中购回的唐三彩骆驼和马，后配置了座架，曾安放在故宫太和殿内展出，见者无不称美。

郑先生的捐品完善了故宫艺术藏品的种类，促进了雕塑艺术的

---

[1]《郑振铎书简·1952年8月30日》。

陈列和研究。从传统的文物观念以及藏品的实际状况看，故宫博物院过去珍重的主要是铜、瓷、书、画等，雕塑等艺术品则没有受到足够的重视，雕塑中的陶俑类更没有地位。在郑振铎先生捐献这批陶俑之前，陶俑是阙如的。作为集各种艺术类大全的博物院，没有陶俑这一重要艺术品种，故宫的艺术门类显然是不完全的。郑先生捐品的意义，就在于推动故宫包括陶俑在内雕塑类艺术的展出和研究。正如郑先生所说，一方面补充其"不足"，一方面也提供了研究古代社会生活及衣冠制度的最真实可靠的材料。故宫早就有陶瓷馆，1958年则筹办雕塑馆。笔者查阅了当时的会议记录，此事由唐兰先生主持，考古学家阎文儒、雕塑家刘开渠等参加，认真讨论了雕塑馆的主题思想，统一了对雕塑艺术地位的认识。在"雕塑馆总说明"中说："在过去的时代里，雕塑艺术不为统治阶级及士大夫所重视，没有人去保护和研究，近百年来，帝国主义分子又乘机进行盗窃与破坏。只有在今天党的领导下，我们才能把历来不为人重视的雕塑艺术，初步收集并陈列出来，与广大群众见面，供给大家欣赏和观摩。"雕塑馆陈列品共计337件，其中复制品56件，有砖雕、画像石、泥塑及石刻佛造像，时代从商代到清季，而其中陶俑（包括铅俑、木俑、银俑）达到1/3，这里面就有郑振铎先生所捐献的精品。而后故宫又接受捐赠或购买了一批陶俑，总数量已达两三千件。故宫博物院古器物部亦成立了雕塑组，有专人整理、研究陶俑，进行深入研究，当然任务还很艰巨。

1958年8月，郑振铎先生为《故宫博物院所藏中国历代名画集》撰写了序言。这部画集分前、后两编。"前编"收录的是运到台湾的故宫旧藏，郑先生指出，印出这些珍品具有更巨大、更重要的意义，"这就严正的表明了：台湾乃是中国领土的不可分割的一部分，保存于台湾的所有的中国历代的文物、图书，以及其他珍宝——包括这个'前编'里所印入的和所未曾印入的古画在内，都是属于中国政府和人民的"。① "后编"所收乃为北京故宫博物院所藏清室古今名画的一部分，包括收集回来的溥仪盗运出宫的部分在内，再加上收集起来的近200多年来流传在私人收藏者手里的名迹。在这篇长达万言的序言里，郑先生对中国数千年的书画收藏史进行了详细而精到的论述，这其实是一篇出色的学术论文，也是郑先生最后一次对故宫的关爱。过了50天，郑先生不幸遇难。哲人其萎，天地同悲；岁月悠悠，勋业永存。

郑先生留给故宫的，绝不只那些精美的陶俑，更重要的是他对文博事业认真执着的精神，是他永远令人感怀的无私胸襟和超卓识见。

（原载《捐献大家——郑振铎》，紫禁城出版社，2005年，《故宫学刊》2005年总第2辑转载，题为《故宫学人二题》）

---

① 《郑振铎文博文集·〈故宫博物院所藏中国历代名画集〉序言》，文物出版社，1998年，第397页。

沈从文与故宫博物院

一 沈从文与故宫：三种说法

看过一篇专谈故宫学术研究历史的文章，其中提到新中国成立初期，为了把故宫的各项工作搞上去，还大量引进人才，"如唐兰、徐邦达、沈士远、罗福颐、孙瀛洲、沈从文等一批名家，均先后在这一时期调入故宫"[①]。沈从文是中国现代著名作家，又是在织绣服饰研究领域做出过重大贡献的文物名家。我自然是希望沈先生曾在故宫工作过。而关于沈先生是否在故宫工作的问题，主要有三种说法。

2004年，看到《沈从文晚年口述》，便买了一本认真阅读，心想肯定会弄清他是否在故宫工作过，但看后还是不明白。倒是该书目录前一段引自《不列颠百科全书》关于沈先生的生平介绍，提到了这件事，其中说：沈从文"1949年后，在北京中国历史博物馆、故宫博物院做文物研究工作。1978年后任中国社会科学院历史研究所研究员"[②]。在"故宫博物院做文物研究工作"是否就一定调入故宫？似乎还不明确。我又查了《大美百科全书》，在"沈从文"条目中说："1949年坚持留在北京迎接'解放'，曾下放四川等地，后被安置在

---

① 故宫博物院编：《故宫博物院七十年论文选》杨新序言，紫禁城出版社，1995年。

② 《不列颠百科全书》第 15 卷，中国大百科全书出版社，1999 年，第 288 页。

中国历史博物馆，长期从事文物管理、讲解、鉴定和研究工作。'文革'期间受到冲击。1978年调至中国社会科学院历史研究所任研究员。"[1]却只字未提及故宫。我又索性找了《中国大百科全书》，则是这样介绍的："1957年后，沈从文放弃了文学生涯，在中国历史博物馆、故宫博物院等单位工作，研究出土文物、工艺美术图案及物质文化史等，1978年后在中国社会科学院历史研究所任研究员，继续研究中国古代服饰及其他史学领域的专题。"[2]说得确凿无疑，沈从文曾是故宫的人。三本权威性的大部头的百科全书，说法不一。几乎无所适从的时候，我想起查档案。故宫博物院档案室保存着从清室善后委员会点查清宫物品以来的大量院务活动记录，包括解放以来的人事调动档案。果然有了结果。

二　一封信引出的一场工作调动

故宫博物院保存着一份调沈从文到故宫的档案。1956年5月9日，故宫博物院收到文化部文物管理局《调沈从文到故宫博物院工作的通知》，该通知"主致"历史博物馆，"抄致"故宫博物院。通知中说："你馆沈从文同志业经部同意调故宫博物院工作。接通知后，请即办理调职手续为荷。"随通知还附有沈从文、丁玲、刘白羽、王冶秋及中国作协党组的信函6件。看完所附信函，才知沈的这次调动是由他一封致丁玲的信引起的。他的信全文如下：

沈从文与故宫博物院丁玲：

帮助我，照这么下去，我体力和精神都支持不住，只有倒

①《大美百科全书》第24卷，外文出版社、光复书局，1994年，第468页。
②《中国大百科全书·中国文学Ⅱ》，中国大百科全书出版社，1988年，第716页。

下。感谢党对我一切的宽待和照顾，我正因为这样，在体力极坏时还是努力做事。可是怎么做才满意？来帮助我，指点我吧。让我来看看你吧，告我地方和时间。我通信处东堂子胡同廿一历史博物馆宿舍（是外交部街后边一条胡同）。

从文　廿一日

信未注明年、月，从其他相关材料判断，应该是1955年11月21日。丁玲（时任中国作协副主席）并未见沈从文，而是立即把沈的信转给了刘白羽（时任中国作协书记处第一书记）、严文井（时任中宣部文艺处长），并写了一封信，全文如下：

白羽、文井同志：

转上沈从文给我的一封信给你们看看。

一九五〇（四九）年，我同何其芳同志去看过他一次。那时他的神经病未好。五一年土改前他来看我一次，我鼓励他下去。后来又来信说不行，我同周扬同志说，周扬同志说他要王冶秋打电报叫他回来好了。可是沈从文给王冶秋的信又说得很好，可能是后来回来的。五二年问我要了二百元还公家的账，大约他替公家买东西，公家不要，我没有问他，他要下就给他了。去年他老婆生病想进协和，陈翔鹤同志要我替他设法，好象〔像〕不去不行，我又向陈沂同志替他要了一封介绍信交陈翔鹤同志给他。现在又来了这样一封信。我知道他曾经同陈翔鹤还是谁谈过想专搞创作。过去好像周扬同志也知道。我那个时候觉得他搞创作是有困难的（当然也不是绝对不行）。在历史博物馆还是比较好。看现在这样子，还是不想在历史博物馆。这样的人怎么办？我希望你们给我指示，我应该怎样同他说？如果文井同志能够同我一道见他则更好。我一个人不想见他，把话说扭了就说不下去了。我看见他的萎糜〔靡〕不振，彷〔仿〕相隔世之人的样子，也忍不

369

住要直率的说吧。有另外一个人就好得多了。怎么样？

敬礼！

丁玲　廿二日

刘白羽收到丁玲信后，遂给周扬（时任中宣部副部长兼中国作协党组书记）做了报告，并附送沈致丁、丁致他和严文井的信。刘说他对沈从文一点也不了解，"如无罪恶，似乎还是有人出面给以开导，了解一下情况，如有问题需要解决一下也解决"。他建议，如有必要，丁玲、严文井、陈翔鹤还可以接触一下沈从文，或另外指定人与他接触。刘白羽的信没有日期。周扬12月7日做了批示，批给陈克寒（时任文化部副部长）、钱俊瑞（时任文化部副部长）和王冶秋（时任文化部文物事业局副局长）三位，提出中国作协方面让丁玲、严文井等去看沈，同时也希望文物管理局对沈予以照顾，"对他的工作，亦应考虑重新安排。结果望告知"。陈克寒12月9日在此信上批示："请冶秋同志找沈一谈，并复周扬同志。"

王冶秋12月14日找见了沈从文，谈了两个小时，当天即向周扬等中宣部、文化部领导写信汇报。信中说，沈现在帮助出版局搞《中国历史图谱》，已搞出上半部，明年3月间可完成下半部，最近情绪不好，可能系搞这一工作遇到一些困难。据沈讲，此工作由出版总署一领导负责，提纲是科学院近代史所一专家写的。该专家与这位负责人的看法有些不同，又不愿多找，沈负责实际编辑、找材料等工作，夹在当中不好说话，又无助手，因此进展很慢，他有些着急，但表示还愿把这工作搞完。对于未来工作，沈谈了两点意见："（一）写作。他说虽然同生活有些隔绝，但也参加过土改等，再钻进去还是可以写的。组织上若认为他还可以做这工作，愿听组织决定。（二）搞中国工艺美术史的研究工作。明锦、丝织、瓷器、玉器等他都有些常识，而且能钻进去，也愿意搞出些成绩来，愿意到各地去看看藏品，及现在的生产情况。"王冶秋信中说：沈从文"表示听组织决定。看情况，他是思想上有些矛盾，又想搞创作，但没有生活，又怕受批评；又想搞文物，又怕不受人重视"。"他愿多做些工作，但就是不知做那样好，他自己说：'没有主意，脑子乱得很。'"王冶秋个人的意见：1.若觉得他可以写作，则可调作协，专门写作；2.仍在历史博物馆或故宫博物院搞研究工作。故宫明年（1956）拟搞织绣服饰馆，他愿来主持这事也好。王在信中还说："也许他与丁玲同志谈得更深一些，可以请丁玲同志再提供一些意见，请考虑并指示。"周扬、陈克寒于12月20日对这封信做了批示。可能是装订的原因，周扬的批示缺了一行，但周批示的精神仍是很完整。他提出让沈搞些通讯特写之类，也是有好处的，"把这样一个作家改造过来，也是一件值得做的事。如作协不好安排，可否分配到中央美术学院任教，这样总比在历史博物馆和文艺界接近一些，也许于他的心情也有好处"。周批示请陈克寒酌，陈的批示为："请考虑能否让他搞创作。"

过了一个来月，已是来年1月中旬，刘白羽又给周扬写信，说严文井已与沈从文的夫人谈了，征求意见，"她觉得还是主持织绣服饰馆为宜"。信中说，已决定让沈当政协委员，但沈不适宜做行政工作，如主持故宫织绣馆，应以专家兼行政工作对待，配一有力助手，他可以研究这方面问题，同时跑跑写写。周扬的批示是："同意这样办。只是他的行政职务问题，须与文化部商量决定。"日期是1月19日，应是1956年。2月16日，中国作家协会党组致函文化部党组，对沈的工作安排提出了建议：

> 关于沈从文先生的工作问题，经我们几次和他本人及夫人接触，最后他夫人表示还是去故宫博物馆主持织绣服饰馆，同时进行写作为好。……如这样安排，则应配备一个有力的助手帮他进行领导和组织工作，让他以主要精力去从事这方面的研究工作，并以一定的时间出去参观和深入生活，进行写作。他的待遇以专家兼行政工作的办法解决。……

这样又过了八十来天，1956年5月7日，文物管理局便正式下发了调沈从文先生到故宫博物院工作的通知。从沈从文给丁玲写信到调令下发，约半年时间，至此应是尘埃落定。沈从文新中国成立后的"转行"及多年的游移不定、矛盾反复，是中国现代文学史上颇受人们关注的一件事，他与丁玲的交往与恩怨也为研究者感兴趣，沈、丁的这一信简及相关资料，为研究者提供了新材料。我们也看到，对沈从文先生的工作，当时党的组织和领导还是相当重视的，而在他的工作去向上，他的夫人的意见则起了决定性作用。

调令已发，沈从文先生到故宫博物院工作应是不争的事实；但再细一看，这张调动通知的右边竖写着"没有来"三个字。在所附的中国作协党组致文化部党组的函件上，故宫博物院人事科注了一段话："因本人不愿来院工作，现征得组织全〔同〕意来我院陈列部兼研究员工作。"时间是1957年1月23日。这说明，虽然1956年6月就下了调动通知，但沈并未到故宫报到，这半年多，他的工作大约仍在协商之中，最后还是没有离开历史博物馆。就是说，沈从文先生并未正式调入故宫博物院。

三　在故宫织绣馆的劳绩

但关于沈从文先生曾在故宫博物院工作的说法，并非无稽之谈，而是事出有因。沈先生与故宫博物院有过密切的关系。他虽未正式调入故宫博物院，但实实在在在故宫上过班，神武门内东侧大明堂原织绣组办公室有他的办公桌。他不只从事研究，还做了大量的实际工作，就连故宫博物院的一些人也理所当然地以为沈先生就是故宫的工作人员。

沈从文先生文物研究兴趣广泛，涉及玉工艺、陶瓷、漆器及螺钿工艺等多个方面，但用力最勤、成就尤为突出的是对织绣服饰的研究。他自20世纪50年代初期即开始研究中国古代锦缎、刺绣、染缬工艺的历史，随着时间的推移，视野也从关注织绣品纹样扩展到工艺纹样史，从研究织绣品扩展到服装及整个服饰制度的广泛领域。他在故宫博物院做兼职研究员期间，受到了故宫领导和职工的尊重与支持，不仅取得了明显的研究成果，而且为故宫织绣馆的建立以及人才的培养付出了大量的心血，做出了突出的贡献。

沈从文先生当时在北京历史博物馆工作，任设计员，从事陈列设计、撰写说明的工作，也经常担当说明员的任务。历史博物馆就在午门及两侧的朝房。这就为沈先生与故宫博物院的联系提供了方便条件。1954年，故宫博物院李杏南收集明代刊印的《大藏经》封面，编成《明锦》一书。这些裱装经面的材料，多从内库和"承运""广惠""广盈""赃罚"四库中取用，大部分材料可代表明早期的产品。沈从文为该书写了题记，对书中所选图案的风格及演变史做了介绍，在结尾时说道："本书材料的收集和编选，是在故宫博物院服务的李杏南先生二十年来热心爱好的结果。李先生用个人业余时间注意到这个问题，表现了对于民族文化遗产的爱护热忱，是值得尊重和感谢的。"[1]我们从题记中可以看到沈先生在丝织物图案发展史研究方面的水平，也可想见他当时与故宫有关专业人员的交往。故宫有着大量丰富的宫廷织绣服饰，沈从文到故宫兼任研究员后，参与并指导对这些藏品的整理，如他所说："故宫藏上万种绫罗绸缎，我大抵都经过手。"[2]不只是织绣，他通过努力钻研，对故宫的绘画等多种藏品也极其熟悉。1973年，沈从文曾为安徽省马鞍山市恢复太白楼草拟陈列方案和参考资料，在《历代绘画和李诗有关材料》中，共提供了与李白诗歌有关的40件绘画，其中28件是故宫藏品。他在提到每件画时，或注明在《故宫周刊》某期，或注明"故宫"，或注明"故宫单印过，

---

① 《〈明锦〉题记》，《沈从文全集》第30卷，北岳文艺出版社，2002年，第127页。
② 《大连会议事情》，《沈从文全集》第27卷，北岳文艺出版社，2002年，第288页。

可用"；"因系随手抄下"，有的记不清册数，就注明"《故宫周刊》□册"；在"二十八、元朱碧山制银槎杯"中，他做了这样的说明："亦即太白杯之一种，上题诗句'百杯狂李白，一醉老刘伶。为得酒中趣，方留世上名'。故宫藏品之一（有不少件）。据《故宫博物院院刊》郑珉中同志介绍文，并引用图六种。"①

　　沈从文先生与故宫有着很深的感情，曾把自己花钱买的不少织绣样品和其他藏品捐给故宫："此处收藏主要是纸张，较好的，已送本馆三百七十多种，另外的多送了故宫，和其他公家。"②1963年政协会议时，他提案建议，将京郊上方山庙宇中存明代《大藏经》用织锦装裱的经面、经套调来北京。此提案通过后，故宫博物院派人挑选了1700多种并保存在织绣组。③故宫博物院对沈从文的研究工作及他承担的其他工作，始终给予热情支持。1960年沈从文先生协助工艺美术院校编写、校订专题教材，向故宫求助，故宫即在北五所库房里找了几间房子，陈列院藏的一些文物，供编写者观看，又提供了大量有关图录、文献和图像资料。

　　故宫博物院丰富的织绣藏品，为沈从文先生的研究工作提供了难得的实物资料，他如鱼得水，潜心研究，写出了一批很有价值的论文（有的生前未发表）。1956年秋他写了《中国刺绣》一文，这篇长达1.8万字的文章，运用院藏文物、历史资料和出土实物，全面论述了中国刺绣的发展历史以及不同时代在艺术和技术上的特色，并对"琐丝法""铺绒法""洒线绣""平金绣""刻〔缂〕丝"等现仍常用的几种技法的历史及艺术特征做了详细介绍。故宫博物院织绣组于1956

---

　　①《历代绘画和李诗有关材料》，《沈从文全集》第28卷，北岳文艺出版社，2002年，第350—353页。

　　②《上交家中破瓷器的报告》，《沈从文全集》第27卷，北岳文艺出版社，2002年，第182页。

　　③《我为什么始终不离开历史博物馆》，《沈从文全集》第27卷，北岳文艺出版社，2002年，第253—254页。

年10月28日将此文作为《中国织绣参考资料》之一种，油印45份供内部交流。1959年沈从文先生发表《清代花锦》一文，以清宫藏品为基础，研究了整个清代锦缎的内容及与明代艺术特点的不同。他在文章中说，故宫的这些藏品，"预计不久当陆续彩印一部分出来，供生产和研究部门参考"。他看到清代锦缎多仿旧，但也不断翻新，"又有直接仿宋的，如前人所说，是根据原装北宋拓《淳化阁帖》20个不同锦面，由吴中机坊纺织，大行于时。这20种锦名虽不得而知，新近我们在故宫装裱康雍写经部分，发现许多种两色小花锦，纹样秀美，风格特殊，不像一般清代设计，有可能通属北宋旧式"。清锦内容，他总结为仿旧、创新、吸收外来图案加以发展三个大类。他又概括了明清锦缎在组织图案和配色艺术上的区别：明代较沉重，调子常带有男性的壮丽；清代图案特别华美而秀丽，配色则常常充满某种女性的柔和。他还分析了在使用材料上两代的不同。[1]从1956年至20世纪60年代前后，他还发表了《介绍三片古代刺绣》《谈皮球花》《谈挑花》《谈广绣》《谈杂缬》《谈锦》《蜀中锦》《花边》《从文物中所见古代服装材料和其他生活事物点点滴滴》等，与人合编出版《中国丝绸图案》，以及编选《中国古代服饰资料选辑》等。这是沈从文学术生涯中一个十分重要的时期，为他以后的进一步研究打下了良好的基础。

　　用服饰研究的成果解决文物的断代问题，沈从文先生也是独辟蹊径，有很多精到的见解。他说，有许多种为专家所不易判断时代的画幅，特别是人物故事画，或有车乘马匹日用家具的山水卷画，从衣服制度和身旁携带日用家伙等文物常识，都可以得到许多有力旁证，可以帮助判断出相对年代。"例如马匹装备，从头到尾，都充满时代特征，更容易并合其他材料，判断年代。即或只是一只孤立的鹰，鹰脚下站的那个锦垫，若上有花纹，也即是一种线索，还可以估计出年

---

①《清代花锦》，《沈从文全集》第30卷，北岳文艺出版社，2002年，第187—189页。

代。"①对朱启钤先生收藏的一批缂丝，伪满洲国博物馆曾印成《纂组英华》一书，影响甚大，20世纪50年代，北京人民美术出版社已制成彩版准备出版，送沈审定，沈说所定时代不可靠，不值得彩印，并具体指出：

> 说是宋代作《天官》一幅，衣上花纹只乾隆时流行。另一《喜到春来》幅，上面有小鞭炮，更哪里会是宋？又一幅定元代刻金佛像，事实上也是乾隆时作，因为故宫还有相同的十多轴。又有幅色彩格外鲜明的《三秋图》，上有"崔白"二字，即定为北宋，不知还有制作色彩完全相同的织锦在故宫，就只作明清间物。②

在故宫博物院织绣馆的建设上，沈从文先生更是付出了辛勤的努力。故宫织绣馆是1959年新中国成立10周年时与青铜器馆、陶瓷馆、历代艺术馆同时对外开放的。陈列是博物馆实现其社会功能的主要形式，是博物馆特有的语言。沈从文先生1959年为织绣馆拟写了1.1万余字的《织绣陈列设计》，分"前言""陈列目的""主题结构"三个部分。在"前言"中，沈从文先生回顾了中国3000年养蚕织丝的历史以及对世界的贡献："我院收藏丝绸织绣，素称丰富，就这一部门材料，有系统的，分门别类的，布置一个专馆展出，显明可以提高广大人民对于祖国丝绸织绣伟大成就应有的认识。"在"陈列目的"中他指出："这个陈列，一方面应按时代顺序、品种分类排列，一面还将择有代表性的部分材料，作重点突出，适当结合部分历史文献、图表、生产工具，原料及补充材料，加以表现。应当使一般观众看过后，对于这一部门生产上的总成就，得到一种明确而深刻的印象，明

---

① 《陈述检讨到或不到处》，《沈从文全集》第27卷，北岳文艺出版社，2002年，第262页。

② 《用常识破传统迷信》，《沈从文全集》第27卷，北岳文艺出版社，2002年，第231—232页。

白它在国民经济上和工艺美术上的作用和位置，提高人民爱国主义的热情，以及由此得到启发，'古为今用'，推陈出新，明日创造出更多、更新纪录的信心。""主题结构"又分古代部分（由商到唐）、宋元明、清代（及现代）三个单元。三个单元又分九个历史时期，每个历史时期既点出织绣发展特点，又列出可陈列的实物，并有附陈物品，最后有较为详细的说明，对每个单元的陈列重点及注意事项也做了强调①。这一缜密而系统的陈列设计得到批准后，沈从文又与故宫同事一起布展，使这个专馆向群众开放，达到了预期目的。在《沈从文全集》中，还收有他为故宫织绣馆所拟写的三则说明，一是800来字的"刺绣（陈列总说明）"，二是约600字的"宋代丝绸艺术说明"，三是340余字的"清代丝绸说明"。这些说明用最简约的文字概括了不同时期织绣的艺术特色，浸透着先生的心血。②清宫织绣藏品甚丰，沈先生在《如何看故宫织绣馆清代部分》的说明稿中，结合陈列品，简明勾勒了清代织绣的发展状况：

宫廷织绣，多成于如意馆名手，蟒服云龙，椅垫规矩花图案，秀美精工，超越前代。观赏织绣，多大幅巨制，如本室陈列之佛说法图，有织、绣、刻〔缂〕丝三种不同作品，结构富丽堂皇，可称一代杰作。小品写生花鸟，多取法蒋廷锡、邹一桂等人画本。刻〔缂〕丝用仇英、禹之鼎作故事画，如李白《春夜宴桃李园图》，及太和殿陈列之《赤壁赋图》，着色明丽清倩，自成一格。刻〔缂〕丝间绣，如《三羊开泰图》，在技术上是新发展。又由于捻金银线技术进步，平金银绣和刻〔缂〕丝加金及金地刻〔缂〕丝亦流行。此外传统刺绣中戳纱、结子、琐丝、钉

①《织绣陈列设计》，《沈从文全集》第28卷，北岳文艺出版社，2002年，第295—304页。

②《故宫织绣馆说明（三则）》，《沈从文全集》第28卷，北岳文艺出版社，2002年，第381—383页。

锦、贴绢、堆绫等技法，都得到发展机会。穿珠和珊瑚绣、孔翠毛织绣、水钻绣、刮绒绣，更扩大了刺绣使用材料范围，地方绣风格也日益显著。[①]

沈从文先生一直认为，明清丝绸中的精美图案，是能直接为生产服务的。送文物上门到工厂、学校，便于生产或教学工作的同志——特别是丝绸设计师傅看看，作为学习和参考，启发生产设计，丰富新品种内容，并解决民族形式的要求。出于这一目的，他于1958年夏秋带故宫博物院和中国历史博物馆部分馆藏明清绸缎、刺绣，先后到杭州、苏州、南京三地，贴近我国丝绸织绣生产基地做巡回展出，历时3个月。他十分认真地对待这次巡展，拟写了总说明文稿，故宫博物院陈列部主任唐兰先生进行了审改。（附带说明的是，北岳文艺出版社的《沈从文全集》在这件事的注释中，介绍唐兰先生时任故宫博物院副院长，[②]这是不确的。唐当时是陈列部主任，1961年才任副院长。织绣组是陈列部下设部门。）在结束了杭州、苏州两地展出后，沈从文向单位领导做了阶段工作报告。他在报告中说，这次展览获得很大反响。在杭州展出，每天观众平均达三四百人。在苏州展出观众虽较少，但影响却大于杭州，因为一再来参观的，多和丝绸生产有密切关系，每天都有些人来临摹花纹，看过后各有所得。他又总结了在两地展出取得的九条经验，提出了两地目前特别需要协助解决的五个问题，并客观分析了这次展出的得失。报告最后说，"这种小型展出，似乎还可扩大范围作些试验，例如去四川成都展览文竹器和丝绸，去湖南长沙展览明清日用瓷和刺绣（也可去搪瓷厂和热水瓶厂，甚至于第一汽车厂），去重庆和贵州展览明清描金剔红彩绘漆器，针对生产

[①]《如何看故宫织绣馆清代部分》，《沈从文全集》第28卷，北岳文艺出版社，2002年，第359页。

[②]《明清丝绸展览说明》，《沈从文全集》第28卷，北岳文艺出版社，2002年，第362页。

需要，必然可收到一定成果"。他指出："'一切研究，都为的是有助于新的生产改进和提高'，这个提法对目前文物工作者说来，还像不大习惯，但是事实上却必然要这样做，文物工作才会有新的意义。"①在已经过去近半个世纪的今天，沈从文先生的这些主张及实践，仍然是极其可贵的。

1958年10月，故宫博物院与湖北省博物馆在汉口联合举办"六百年工艺美术品展览"，展品全部由故宫提供，主要有明清两代的瓷器、漆器、织绣、珐琅、玉器、料器、竹木牙雕等10多种工艺美术品800多件。沈从文先生对于参展的清代服饰织绣，做了认真的策划，选了两部分材料：一是清代宫廷服饰织绣，二是清代艺术性织绣及民间日用刺绣。他提出了希望达到两个目的：一是使多数观众对近300年织绣工艺水平有个比较明确的印象；二是使少数美术设计工作者有机会向优秀民族遗产学习，得到有益启发，为人民创造万千种更优秀的新作品。他为此撰写了《清代服饰织绣展览介绍》。在沈从文先生未发表的文字中，还有八则写于20世纪50年代后期的关于一组明清文物展品的说明，分别是"明宣德炉""明清雕玉""明清景泰蓝""明清漆器""琉璃料器""画珐琅器""明清小说""明清绘画"，这些说明介绍了各种艺术传统的特点，言简意赅，融汇着自己的研究成果。例如在"明清绘画"中说："明清两代绘画，工艺装饰画比文人画，还更多保持传统的现实主义风格，而又更富于创造性。"原稿旁留有作者的附注，如"武汉展说明，从文拟，请删改""院中汉口展出用，馆中陈列可参"。②"院"指故宫博物院，"馆"指中国历史博物馆。

清宫遗存的服饰织绣品相当丰富，研究力量当时则十分薄弱。沈

①《苏杭两地织绣展览一点经验》，《沈从文全集》第28卷，北岳文艺出版社，2002年，第363—371页。

②《明清文物说明（八则）》，《沈从文全集》第28卷，北岳文艺出版社，2002年，第387—391页。

从文先生在织绣组的又一重要贡献，就是带起了一批研究人才。1956年，故宫博物院从社会上招收了一批高中毕业生，沈先生亲自指导织绣组的年轻人进行织绣服饰的整理、分类、排架，为他们讲课，买经书皮子或出外考察也常带他们。在沈先生的指导和扶持下，这些人进步很快，有的后来成为这方面的专家，例如陈娟娟就成长为故宫博物院研究员、国家文物鉴定委员会委员、中国丝绸文物复制中心副主任，并出版了多种著作。

四　参与几个委员会的工作

其实在到故宫博物院织绣组兼做研究工作之前，沈从文先生就曾以专家身份多次受聘故宫博物院，或参加具体业务工作，或进行顾问咨询，其中最主要的是1954年参加处理故宫博物院积压非文物物资的审查委员会工作。

当时故宫积压库存物品多至150余万件，其中不少是珍贵的艺术品与具有历史价值的文物，但也有不少并无艺术价值与历史价值的物资，有些正在损坏。根据"整理历史积压库存物品方案"，故宫博物院决定对其进行大力清理，以改变库房拥挤杂乱的情况，使珍贵文物的保管条件得到改善。处理非文物物资，分整理、审查和处理三个阶段。第一阶段工作由故宫博物院负责进行，将库存非文物加以整理与划分并分类汇集，分别造册，以备审查。第二阶段工作分两步，第一步先由故宫博物院组织"审查组"，依据院"审查文物与非文物暂行规定"，对整理出的非文物进行初审。第二步由院外专家参加的，经文化部批准组织的"故宫博物院文物与非文物审查委员会"对初审的非文物物资进行复审，然后由审查委员会常务委员会审核。第三阶段，由文化部邀请中央有关机关派员会同组成的"故宫博物院非文物物资处理委员会"做出处理决定，报请国务院批准处理。

　　沈从文先生以院外专家身份被聘为故宫博物院审查文物与非文物委员会委员。1954年11月27日,他与叶恭绰、老舍、陈梦家、容肇祖、傅振伦、王世襄、王振铎、荣孟源、唐兰、单士元等10多位院内外专家出席了审查委员会第一次会议,会议决定成立四个物品审查组:木器家具组,陈梦家、欧阳道达为召集人;瓷器组,傅振伦、陈万里为召集人,沈从文为成员;宫廷器物组,唐兰、荣孟源为召集人;衣料皮毛组,沈从文、张景华为召集人,并拟聘专业内行人员协助鉴别。这时故宫博物院已提供了第一批整理的物品,供各个组分别审查。

　　衣料皮毛组的审查任务是繁重的。特别是皮货就有10多万件,有狼、猞猁、狐、貂、银鼠、灰鼠、滩羊、天马、沙狐、水獭、大马等各种动物皮皮筒及皮袍、夹肩、马褂等,仅貂皮就有15973张,另有大马皮14890张。在沈从文先生领导下,衣料皮毛组对这些物品进行了认真审查,并提出了一些意见。1955年2月18日召开的审查委员会常务委员会第一次会议,对各小组审查后提出的意见进行了认真的研究,并决定:"关于沈从文同志提出貂皮是否应作非文物处理的问题,一致同意貂皮本身并非文物,除同意小组共同意见保留一百一十张作为标本外,其余可作非文物处理。"这次仅皮货就处理了100480件。

　　1957年,经文化部文物管理局批准,故宫博物院对审查文物与非文物的专家做了调整,沈从文仍在其中。

　　沈从文先生还被聘为故宫两个专业委员会的委员。1954年,故宫博物院成立近代工艺美术筹委会,由8人组成,沈从文与美院的程尚仁、庞薰琹、祝大年4人为院外专家。1957年,为了改进文物修复技术,提高工作质量,经文化部文物管理局批准,故宫博物院成立了由9人组成的文物修复委员会,其中沈从文与张珩、王世襄、陈梦家为聘任的院外专家,下设绘画、铜器、工艺品3个组,沈从文先生在工艺品组。①

---

① 有关沈从文任故宫博物院三个委员会委员的资料,现藏故宫博物院档案室。

五　是"顾问"还是"兼职研究员"

　　沈从文先生在故宫从事研究工作的身份，现在有两种说法，一是织绣组顾问，一是研究员。由北岳文艺出版社2002年出版的《沈从文全集》中，有《沈从文年表简编》，其中写道：1956年5月，"吴仲超院长请他兼任故宫博物院织绣研究组顾问，每周有一定时间在故宫上班"[①]。出版社的说明大约来自沈从文先生的自述。沈先生1968年8月在一份申诉材料中说，朱启钤收藏的一批缂丝曾被伪满洲博物馆当成"国宝"，"我时在故宫丝绣组作顾问，从东北调原物到故宫，打量作织绣馆主要陈列品，调来一看，才明白绝大部分号称宋、元时作品都极可疑，有时简直十分荒唐，因此原物退还"[②]。1968年12月他又在一份申诉材料中说："故宫几年前曾花了六七百元买了个'天鹿锦'卷子，为了上有乾隆题诗，即信以为真。我当时正在丝绣组作顾问，拿来一看，才明白原来只是明代衣上一片残绣，既不是'宋'也不是'锦'。"[③]从20世纪50年代起即受到沈先生教诲和关怀的黄能馥（中央工艺美术学院教授）、陈娟娟夫妇回忆说："1957年沈先生到我们故宫织绣组当顾问，带我们上课，上荣宝斋、珠市口。给他几十元车马费他不要，全买了书放在织绣组的书柜里。"[④]前文说过，故宫博物院在沈从文先生调动的档案上有"来我院陈列部兼研究员工作"的说明。那么沈从文在故宫博物院究竟是"顾问"还是"研

[①]《沈从文全集》附卷，第25页。

[②]《用常识破传统迷信》，《沈从文全集》第27卷，北岳文艺出版社，2002年，第231页。

[③]《我为什么始终不离开历史博物馆》，《沈从文全集》第27卷，北岳文艺出版社，2002年，第251页。

[④] 引自陈徒手：《午门城下的沈从文》，《读书》1998年第10期。

究员"？

据向故宫博物院杨伯达（当时任陈列部副主任）、郑珉中（1946年秋就来故宫博物院工作）等先生了解，他们表示未听说沈从文被故宫博物院聘为顾问，院档案也查不出这方面的记载。中华人民共和国成立以来，故宫博物院曾成立过多种专门委员会，聘请院外一些专家学者担任委员，但并未有顾问的设置。至于做研究员应是肯定的，因为这时候的研究员不是评聘，而由领导机关任命。笔者查了故宫博物院有关历史档案，发现沈先生1957年曾拟定为织绣组"研究负责人"。

这要从故宫博物院织绣组的演变说起，故宫博物院所藏清宫织绣服饰颇多，这方面的整理、研究一直是颇具特色的重要业务工作。1929年，易培基院长兼任馆长、马衡先生任副馆长的故宫博物院古物馆，设立了6个部，织绣（织绣品及其材料）与书画、金石、陶瓷、雕嵌、杂品等同列。1951年机构改革，成立了保管部、陈列部、群众工作部等，陈列部下设织绣组。1956年决定将织绣组与历代工艺组合并。但合并后又发现在实际工作中有一些困难，主要是历代工艺组需要分时代研究各种工艺品的发展，不适宜于单独研究织绣，另外，故宫旧藏织绣服饰将近31万件，绝大部分与宫廷历史有关，于是在第二年即1957年8月，故宫博物院陈列部拟对内部设置进行调整，把织绣划到宫廷历史组，即宫廷历史组（兼织绣）。

当时陈列部拟内设7个组，组的领导实行双轨制，一是行政负责人，设组长；一是学术委员会，设研究负责人。宫廷历史组（兼织绣）的组长是魏松卿，研究负责人是沈从文（兼）、朱家溍。按照陈列部拟定的工作规程，各组研究负责人的职责有三项：一是进行科学研究，每年提出研究计划，由部统一呈院批准后执行。二是编写陈列方案和说明，由专门委员会或组织专家讨论修正后，由部呈院批准执行。三是制订组的年度陈列、科学研究、培养干部计划，解决学术问题及指导干部进修。这个报告因故未被院领导批准，但从沈从文在织绣组所做的工作看，已是在实际上履行着"研究负责人"的职责。

据杨伯达、郑珉中等先生介绍，沈从文当时想搞织绣，愿意来故宫博物院帮忙工作，但不愿调来故宫博物院。这样，就被故宫博物院聘请来做织绣研究，并协助办织绣馆和培养织绣研究人员，但编制仍在历史博物馆。"文革"开始后，他就不来上班了，直至"文革"后与故宫博物院脱离关系。

通过对以上材料的分析以及沈从文先生在织绣组的具体工作，笔者认为，沈先生似未担任过"顾问"。但沈先生在"文革"申辩材料中，自述任织绣组顾问，也绝不会无根据。估计是当时院领导口头所说。吴仲超院长是十分爱才的领导，王世襄、朱家溍两位先生曾以自己为例，对吴院长甚为赞许。吴院长在1954年上任不久，就聘沈先生参与故宫的有关工作。故宫对沈先生始终是尊重的。沈先生在织绣组做兼职研究员工作，但不是一般的研究员，而是本组的陈列展览、科学研究、人才培养等工作的实际负责人。正是这一特殊身份，才使他有可能在故宫博物院织绣组做了如此多的重要而影响深远的工作。

（本文原载《故宫学刊》2005年总第2期，题为《故宫学人二题》，《新文学史料》2006年第1期转载）

附

《故宫与故宫学》台湾版序

故宫有着丰富的内涵。然而人们见仁见智，印象与理解各不相同。有人说故宫就是庄严雄丽的紫禁城，有人说故宫代表国之瑰宝的文物藏品，也有人说故宫专指声名远播的故宫博物院。这些看法虽然都有道理，但却都不全面。故宫是个文化整体，它不仅拥有今天可以看得见的古建筑、文物藏品及故宫博物院，还拥有作为明清两朝皇宫时期留下来的虽然看不见却鲜活存在的历史和人事。只有把这些不同方面综合起来，才是一个完整的故宫。

故宫具有整体性、累积性、象征性等特点。经过近六百年风雨的紫禁城，凝聚着、承载着中华五千年的文明。这也是故宫学得以形成的最重要的基础。故宫是一座宝藏，是一部大书。我们对故宫还了解有限，知之不深，还需要不断地挖掘，认真地研读。这就是故宫学的任务。

我在北京故宫博物院工作的这几年，对故宫的价值及故宫学的内涵作了一些尝试性探索，发表了二十多篇文章，结集成书，名为《故宫与故宫学》，已于二〇〇九年初由紫禁城出版社出版。现在，承蒙台北远流出版公司垂青，从中选取十五篇，另作繁体字版印行。我想，本书虽然只是反映自己对故宫与故宫学的一管之见，但通过与读者的交流，可能会使更多的人关注故宫、了解故宫、研究故宫、保护故宫，在继承中华传统文化中创造新的生活，应该是件好事。

即使这么一本小书，它的出版，也是要付出相当的努力。在此，我谨向远流出版公司王荣文董事长以及负责本书编辑的曾文娟女士、郑祥琳女士，表示衷心的感谢！

郑欣淼

2009年9月15日

附

《故宫与故宫学》台湾版编者的话

故宫是一座宝藏，是一部大书。经过近六百年风雨的紫禁城，凝聚着、承载着中华五千年的文明。

——北京故宫博物院院长郑欣淼

对台湾的读者而言，说起"故宫"，就是指矗立在台北外双溪，典藏着"翠玉白菜""肉形石""谿山行旅图""寒食帖"等瑰丽国宝的中华文物库。而在千里之远的北京，也有一座以"紫禁城"为主体，融合历史、建筑、文物的故宫博物院。二〇〇五年，两院在同一天分别庆祝建院八十周年，这八十年里，两院有二十四年共同的历史，直到一九四九年的分离。从此，两岸故宫各自成为两岸三地华人文明艺术的精神堡垒，各自做出积极的贡献与发展。

两岸故宫的文物藏品，不仅是两岸的公产，更是全人类的公产，需要人们一起去关怀，去保护。此书的出版，就是希望在政治分隔的现状之外，读者能以宏观的视野，深化并认识两岸故宫，看待各自的发展与特色，更以世界文化遗产的制高点，共同欣赏同根同源的中华文化资源。

此书收录的十五篇文章，是作者担任北京故宫博物院院长任内，七年来对故宫价值的认识与故宫学探索的精华：

第一部"故宫"，为故宫与故宫博物院的概说：数百年讳莫如深的明清宫城，如何向世人敞开神秘大门，成为人民的博物馆？历经雷电火灾的侵害，改朝换代的巨变，故宫老建筑如何修缮，百万件文物如何清理？数位科技的投入，古老的文化珍品如何在世人面前重放光彩？

第二部"故宫学"，乃是对故宫学的研究范围、学科特点，以及各项学术成果与历程，作出探索与梳理，涵盖了清史、明宫史、藏传佛教等。

第三部"故宫的人与事"。从马衡、易培基、郑振铎到沈从文，在故宫人的故事里，我们看到了抗战期间文物西迁的曲折动荡，感动于一个个有识之士为华夏文明做出的无私奉献。

作者说：本书虽然只是反映自己对故宫与故宫学的一管之见，但通过与读者的交流，可能会使更多的人关注故宫、了解故宫、研究故宫、保护故宫，在继承中华传统文化中创造新的生活，是件好事。

在推动两岸故宫跨越时空的交流与合作上，两岸故宫人正积极地做出努力。远流期望这本书的出版，亦能为此贡献绵力，引领台湾读者打开认识北京故宫的大门。

《故宫与故宫学初集》编辑后记

  郑欣淼先生所著《故宫与故宫学》一书，由紫禁城出版社2009年2月出版。因作者后来又有《故宫与故宫学二集》《故宫与故宫学三集》问世，这次收入《郑欣淼文集》，书名遂定为《故宫与故宫学初集》。原著目录只有文章题目，这次在篇名下增加了一级题目。同时，按照文章内容，把全书分为三编，每编加了按语，概括介绍本编内容。2009年10月，台湾远流出版公司出版此书。这次编辑，收入了台湾版中作者的序与编辑的话。

《郑欣淼文集》书目